Cathérine Aubier

Die sinnliche Kraft Ihres Sternzeichens

Ein ganz persönliches Horoskop für Sie und Ihn

Deutsche Erstausgabe

WILHELM HEYNE VERLAG

MÜNCHEN

HEYNE RATGEBER
08/9095

Titel der Originalausgabe
COMMENT LES SEDUIRE SELON LEUR SIGNE DU ZODIAQUE
Aus dem Französischen übertragen von Rolf Jurkeit

Copyright © M. A. Editions, Paris 1985
Copyright © der deutschsprachigen Ausgabe 1987
by Wilhelm Heyne Verlag GmbH & Co. KG, München
Printed in Germany 1987
Umschlagfoto: Mauritius, Mittenwald
Umschlaggestaltung: Atelier Ingrid Schütz, München
Satz: Schaber, Wels
Druck und Bindung: Ebner Ulm

ISBN 3-453-41747-X

Inhalt

Einführung 11

Der Widder (21. März–20. April)
Überblick über die Persönlichkeit des Widders 14
Steckbrief des Zeichens Widder 15
Liebe 16
Bindungen 18
Die Berufe des Widders 19
Erste Phase: Kennenlernen 21
Zweite Phase: Die Beziehung 28
Kleine Geschenke erhalten die Freundschaft 31
Dritte Phase: Wie man mit einem Widder Schluß
macht 32
Berühmte Widder 35
Die Tierkreiszeichen und ihr Verhältnis zum Widder ... 35

Der Stier (21. April–20. Mai)
Überblick über die Persönlichkeit des Stiers 39
Steckbrief des Zeichens Stier 40
Liebe 41
Bindungen 43
Die Berufe des Stiers 45
Erste Phase: Kennenlernen 46
Zweite Phase: Die Beziehung 54
Kleine Geschenke erhalten die Freundschaft 58
Dritte Phase: Wie man mit einem Stier Schluß
macht 59
Berühmte Stiere 61
Die Tierkreiszeichen und ihr Verhältnis zum Stier 62

Der Zwilling (21. Mai–21. Juni)
Überblick über die Persönlichkeit des Zwillings 65
Steckbrief des Zeichens Zwilling 66
Liebe 67
Bindungen 69
Die Berufe des Zwillings 71
Erste Phase: Kennenlernen 72
Zweite Phase: Die Beziehung 78
Kleine Geschenke erhalten die Freundschaft 81
Dritte Phase: Wie man mit einem Zwilling Schluß
macht 83
Berühmte Zwillinge 85
Die Tierkreiszeichen und ihr Verhältnis zum Zwilling .. 85

Der Krebs (22. Juni–22. Juli)
Überblick über die Persönlichkeit des Krebses 89
Steckbrief des Zeichens Krebs 90
Liebe 92
Bindungen 95
Die Berufe des Krebses 97
Erste Phase: Kennenlernen 98
Zweite Phase: Die Beziehung 105
Kleine Geschenke erhalten die Freundschaft 109
Dritte Phase: Wie man mit einem Krebs Schluß
macht 110
Berühmte Krebse 112
Die Tierkreiszeichen und ihr Verhältnis zum Krebs 113

Der Löwe (23. Juli–22. August)
Überblick über die Persönlichkeit des Löwen 116
Steckbrief des Zeichens Löwe 117
Liebe 119
Bindungen 122
Die Berufe des Löwen 123
Erste Phase: Kennenlernen 124

Zweite Phase: Die Beziehung 132
Kleine Geschenke erhalten die Freundschaft 137
Dritte Phase: Wie man mit einem Löwen Schluß
macht 138
Berühmte Löwen 140
Die Tierkreiszeichen und ihr Verhältnis zum Löwen 140

Die Jungfrau (23. August–22. September)

Überblick über die Persönlichkeit der Jungfrau 144
Steckbrief des Zeichens Jungfrau 145
Liebe 148
Bindungen 151
Die Berufe der Jungfrau 154
Erste Phase: Kennenlernen 154
Zweite Phase: Die Beziehung 162
Kleine Geschenke erhalten die Freundschaft 167
Dritte Phase: Wie man mit einer Jungfrau Schluß
macht 168
Berühmte Jungfrau-Geborene 170
Die Tierkreiszeichen und ihr Verhältnis zur Jungfrau ... 170

Die Waage (23. September–22. Oktober)

Überblick über die Persönlichkeit der Waage 173
Steckbrief des Zeichens Waage 174
Liebe 176
Bindungen 179
Die Berufe der Waage 181
Erste Phase: Kennenlernen 182
Zweite Phase: Die Beziehung 189
Kleine Geschenke erhalten die Freundschaft 191
Dritte Phase: Wie man mit einer Waage Schluß
macht 195
Berühmte Waage-Geborene 196
Die Tierkreiszeichen und ihr Verhältnis zur Waage 197

Der Skorpion (23. Oktober–21. November)

Überblick über die Persönlichkeit des Skorpions 200
Steckbrief des Zeichens Skorpion 201
Liebe 204
Bindungen 208
Die Berufe des Skorpions 209
Erste Phase: Kennenlernen 210
Zweite Phase: Die Beziehung 216
Kleine Geschenke erhalten die Freundschaft 222
Dritte Phase: Wie man mit einem Skorpion Schluß
macht 223
Berühmte Skorpione 226
Die Tierkreiszeichen und ihr Verhältnis zum
Skorpion 227

Der Schütze (22. November–20. Dezember)

Überblick über die Persönlichkeit des Schützen 230
Steckbrief des Zeichens Schütze 231
Liebe 235
Bindungen 237
Die Berufe des Schützen 239
Erste Phase: Kennenlernen 241
Zweite Phase: Die Beziehung 248
Kleine Geschenke erhalten die Freundschaft 254
Dritte Phase: Wie man mit einem Schützen Schluß
macht 255
Berühmte Schützen 257
Die Tierkreiszeichen und ihr Verhältnis zum
Schützen 258

Der Steinbock (21. Dezember–19. Januar)

Überblick über die Persönlichkeit des Steinbocks 261
Steckbrief des Zeichens Steinbock 262
Liebe 264
Bindungen 266

Die Berufe des Steinbocks 268
Erste Phase: Kennenlernen 270
Zweite Phase: Die Beziehung 277
Kleine Geschenke erhalten die Freundschaft 283
Dritte Phase: Wie man mit einem Steinbock Schluß
macht 284
Berühmte Steinböcke 286
Die Tierkreiszeichen und ihr Verhältnis zum
Steinbock 288

Der Wassermann (20. Januar–18. Februar)
Überblick über die Persönlichkeit des Wassermanns 292
Steckbrief des Zeichens Wassermann 293
Liebe 296
Bindungen 298
Die Berufe des Wassermanns 300
Erste Phase: Kennenlernen 301
Zweite Phase: Die Beziehung 308
Dritte Phase: Wie man mit einem Wassermann Schluß
macht 312
Kleine Geschenke erhalten die Freundschaft 314
Berühmte Wassermann-Geborene 315
Die Tierkreiszeichen und ihr Verhältnis zum
Wassermann 316

Fische (19. Februar–20. März)
Überblick über die Persönlichkeit des Fische-
Geborenen 320
Steckbrief des Zeichens Fische 321
Liebe 324
Bindungen 326
Die Berufe des Fische-Geborenen 328
Erste Phase: Kennenlernen 329
Zweite Phase: Die Beziehung 335
Kleine Geschenke erhalten die Freundschaft 341

Dritte Phase: Wie man mit einem Fische-Geborenen
Schluß macht 342
Berühmte Fische-Geborene 344
Die Tierkreiszeichen und ihr Verhältnis zum Fische-
Geborenen 344

Einführung

Irgendwann im Leben haben wir sie alle schon einmal kennengelernt, die Einsamkeit. Das Gefühl kommt für einige Tage über uns, oder aber es bedrückt uns lange Jahre. Wir erleben die Einsamkeit in unserer Wohnung, zuweilen auch inmitten einer Menschenmenge ... Es gibt Menschen, die sich von der Einsamkeit inspiriert fühlen, in anderen verursacht sie Depressionen. Wie auch immer, es kommt der Tag, an dem man vor dem Spiegel steht und zu sich selbst sagt: »Schluß damit! Ich will nicht mehr allein sein!« Man ist es einfach leid, gottverlassen am Küchentisch zu sitzen und die beiden Spiegeleier anzustarren, die man sich in die Pfanne geschlagen hat. *Sogar die Spiegeleier haben Gesellschaft, nur ich nicht* ... Adam hat die Nase endgültig voll vom Hemdenbügeln, und Eva ist es herzlich leid, vom Inhaber der Autowerkstatt ausgenommen zu werden wie eine Weihnachtsgans, nur weil sie eine Batterie nicht vom Vergaser unterscheiden kann. Also – Schluß mit der Einsamkeit!

Was tun? Wie kann man den richtigen Partner oder die richtige Partnerin kennenlernen? Etwa indem man sich in die Untergrundbahn oder an den Strand von Saint-Tropez setzt und seinen Wunsch nach Gesellschaft durch ein Pappschild um den Hals mit der Aufschrift »Herz zu verschenken« kenntlich macht? Nein, danke. Erstens würde so etwas unserer Selbstachtung einen vernichtenden Stoß versetzen, und außerdem weiß man nie, was für einen Partner man sich mit einer solchen Methode einfangen würde. Überhaupt: Wer will den Mitmenschen schon wie ein Bettler gegenübertreten, der eine milde Gabe erhofft?

Gewiß, das Leben zu zweit ist kein Allheilmittel für unsere Probleme, manchmal ist der Partner sogar selbst Anlaß zum Ärger. Aber wenn man mit einem anderen Menschen zusammenlebt, hat man immer die Wahl, die Verbindung fortzusetzen oder abzubrechen. Es ist sehr leicht, eine unerwünschte Partner-

schaft zu beenden. Viel schwieriger ist es, einen geeigneten Gefährten oder die richtige Partnerin zu finden, die uns von unserer Einsamkeit erlösen. Der amerikanische Forscher Kinsey hat
die Schwierigkeiten in seinem berühmtgewordenen Werk ge-
schildert ...

Bleibt demnach noch die Kleinanzeige in der Zeitung. »Gut
aussehender Mann sucht Frau für fantasievoll gestaltete Freizeit«. Oder: »Modern gesinntes weibliches Wesen sucht liebevol-
len Begleiter für gemeinsame Reisen«. Der Nachteil: Auch bei
dieser Methode ist völlig offen, mit wem man schließlich zu-
sammenkommt ...

Sie finden, das Ganze gestaltet sich reichlich schwierig? Es
gibt auch dafür eine Lösung. Warum lassen wir uns nicht von
der Astrologie helfen? Die Sterndeutung rät uns, wie wir einen
Partner finden und ihn verführen, sie sagt uns auch, was wir tun
können, um ungeeignete Partner rechtzeitig zu erkennen. Tatsache ist, daß jedes Tierkreiszeichen eine unterschiedliche Auffassung von dem hat, was man als Liebe bezeichnet. Jedes Sternbild symbolisiert andere erotische Fantasien und spezifische
Verhaltensweisen im sexuellen Bereich. Was der eine faszinierend findet, wirkt auf den anderen abstoßend. Die Traumfrau
eines Jungfrau-Geborenen sieht ganz anders aus als das Mädchen, dem ein Zwilling sein Herz schenkt.

Entsprechend dem psychologischen Grundmuster, das Ihnen
durch das Datum ihrer Geburt vorgegeben ist, bevorzugen die
einzelnen Tierkreiszeichen ganz verschiedene Örtlichkeiten, wo
sie verkehren. Auch die Art, sich zu zerstreuen, und das Benehmen eines jeden Tierkreiszeichens ist verschieden.

In dem vorliegenden Buch, finden Sie Hinweise auf das Charakteristische der zwölf Zeichen, auf das Liebesleben und auf die
geheimen Wünsche der Menschen, die unter dem entsprechenden Stern geboren sind. Natürlich wird dabei nicht nur die Cha-
rakteristik der Männer, sondern auch der Frauen berücksich-
tigt. Es werden Ratschläge gegeben, wie man die Angehörigen
der verschiedenen Tierkreiszeichen auf sich aufmerksam machen und sie zur Liebe verführen kann. Sie erfahren, wie man
eine Waage-Frau oder einen Löwe-Mann an der äußeren Er-

scheinung und dem Benehmen erkennt. Außerdem werden die Orte verraten, wo sich die Zugehörigen eines bestimmten Sternzeichens bevorzugt aufhalten. Natürlich wird in diesem Buch auch gesagt, welche Mittel man anzuwenden hat, um den Mann der Träume oder die Auserwählte zum Traualtar zu bugsieren ...

Oder aber auf faire Weise mit dem Partner oder der Partnerin Schluß zu machen!

Achtung, fertig, los! Das Ziel bestimmen Sie selbst: Happy end auf dem Standesamt oder ein erotisches Abenteuer, das sich auf das Bett beschränkt. Was Sie tun können, wenn Sie sich zum Schluß des Spiels allein wiederfinden? Dann versuchen Sie es einfach noch einmal! Erobern Sie das Herz Ihres Traumpartners. Dieses Buch ist wie ein roter Faden für Sie, der Sie durch den Dschungel führt. Hand aufs Herz, ist es nicht viel unterhaltsamer, auf die Jagd nach einem passenden Lebensgefährten zu gehen, als allein daheim zu sitzen und einen Liebesfilm im Fernsehen zu betrachten?

Widder

Element: Feuer
Geburtsherrscher: Mars

Überblick über die Persönlichkeit des Widders

Der Widder ist ein verläßlicher, freimütiger und mutiger
Mensch, der in allen Lebenslagen ohne Umwege auf sein Ziel
zumarschiert. Mit Floskeln, die irgendwelche Umstände be-
schönigen könnten, hält er sich nicht auf. Es macht ihm Spaß,
andere Menschen zu überraschen, seine Umgebung zu schockieren. Außerordentlich unternehmungslustig, neigt er zu Unge-
duld und zu Handlungen, deren Konsequenzen nicht immer genügend überdacht sind. Der Widder ist immer auf der Suche
nach einer Aufgabe, nach einem hohen Ziel, einem Ideal, für das
er sich einsetzen kann. Er ist der Mensch, der sich des armen
Waisenkindes erbarmt. Aber Vorsicht! Kaum hat er das unschuldige Wesen vor den bösen Mächten des Schicksals gerettet,
galoppiert er wieder seinen Traumgespinsten nach ... Das kleine Mädchen, das er vor dem Ertrinken rettet, läßt er einfach am
Strand sitzen. Es ist doch wirklich nicht sein Problem, daß das
Kind jetzt eine Lungenentzündung bekommt. Für den Widder
zählt die gute Absicht, nicht das Ergebnis. Mit Details befaßt er
sich nicht.

Von gemütvoller und dynamischer Wesensart, lieben es die
Geborenen dieses Tierkreiszeichens, eine Gruppe von Anhän-
gern, von begeisterten Jüngern um sich zu versammeln. Eines ist
der Widder wirklich nicht: langweilig. Sein Zorn ist rasch ver-
raucht, er ist unfähig zu Intrigen, Verleumdungen und Heuchelei, leichtgläubig bis zur Naivität. Der Widder ist ein einfacher,
aber keineswegs einfältiger Mensch. Er sucht nicht nach eckigen
Eiern. Komplizierte Zeitgenossen langweilen ihn, ja er meidet sie

Steckbrief des Zeichens Widder

Die wichtigsten Tugenden: Freimütig, unternehmungslustig, begeisterungsfähig

Die wichtigsten Schwachstellen: Impulsiv, ungeduldig, leichtgläubig

Bevorzugte Rolle in der Gesellschaft: Playboy/Femme fatale

Denkbar ungeeignet als: Diplomat(in)

Historische Vorbilder: Ritter ohne Furcht und Tadel/ Jungfrau von Orleans

Männliches Vorbild im Film: Ben Hur

Bevorzugtes Beförderungsmittel: Kanonenkugel

Lieblingsgericht: Gegrilltes Rindfleisch

Drink: Bloody Mary

Lieblingsfarbe: Feuerwehrrot

Bevorzugter Lesestoff bei männlichen Geborenen dieses Tierkreiszeichens: Sportzeitung

Lieblingssport: Boxen

Bevorzugte Kleidung: Jeans

Kopfkissenbuch: Die drei Musketiere

Lieblingssage: Jason und das Goldene Vlies

Bevorzugte Zerstreuung im Urlaub: Spaziergänge auf der Strandpromenade

Lieblingssendung im Fernsehen für männliche Geborene dieses Tierkreiszeichens: Direktübertragungen von Sportveranstaltungen

Das Möbelstück, das der Widder am wenigsten missen möchte: Fitness-Fahrrad

Metall: Eisen

Glücksstein: Rubin

Was bei ihm oder ihr oft zu kurz kommt: Der Verstand

Bevorzugte Musik: Märsche

Wo er (sie) sich am liebsten aufhält: Fußballstadion

wie die Pest. Sollten Sie ein hochintellektueller Fan der Filme von Alain Resnais sein oder ein begeisterter Leser von Kafka, dann tun Sie gut, sich einen anderen Partner oder eine andere Partnerin zu suchen. Der oder die Widder-Geborene paßt nicht zu Ihnen.

Sprechen wir etwas ausführlicher von den Schwachstellen des Widder-Mannes und der Widder-Frau. Dieses Tierkreiszeichen ist, psychologisch gesehen, unfähig, bei einem Konflikt den Rückzug anzutreten. Alles, was sich um einen Widder herum abspielt, geht ihn an. Wenn er zu einer Gruppe von Menschen im Gespräch stößt, nimmt er an, daß selbstverständlich von ihm die Rede ist.

Was der Widder tut, ist immer sehr spektakulär, wenn auch zuweilen wenig wirksam. Er macht gern viel Wirbel, ohne daß der Aufwand zu entsprechenden Resultaten führt. Der Widder verrennt sich oft in Dogmen und wird dann zum Fanatiker, der alle Andersdenkenden für verrückt hält. Das Motto: Wer die Dinge anders sieht als ich, ist blind ...

Wenn er unzufrieden ist, zum Beispiel weil es nichts für ihn zu tun gibt (das ist für einen Widder die schlimmste Strafe), verlegt er sich aufs Kritisieren. Es kommen dann auch kleinliche Charakterzüge zum Vorschein. Dinge, Ideen oder Menschen, alles wird unter Beschuß genommen.

Liebe

Der Widder-Mann geht an die Verführung einer Frau recht forsch heran. Keusche Liebe, höfliches Werben um die Schöne, das mag er nicht. Führt man ihm die Troubadoure früherer Jahrhunderte als leuchtendes Beispiel vor Augen, so wird er argumentieren: »Die waren bloß impotent.« Der Widder ist ein ungeduldiger Eroberer. Er gibt die Belagerung auf, wenn der Widerstand zu groß ist oder wenn ihm das Ganze zu lange dauert. Man kann sich einen Widder gut vorstellen, wie er die Frau seines Herzens bei Nacht und Nebel zu Pferd entführt, aber er ist nicht der romantische Liebhaber, der dem schönen Geschöpf auf einer Waldwiese Kränze flechten wird.

Der Widder neigt zur Liebe auf den ersten Blick, Sympathien und Antipathien bestimmen sein Verhalten. Er läßt sich vom Instinkt leiten, nicht von der Vernunft und schon gar nicht von Überlegungen wie Eigennutz.

Bei ihm ist es immer eine Verbindung für das ganze Leben. Jedesmal. Wenn die Sache dann auseinandergeht, wird der Widder-Mann verkünden, daß er nie wieder eine andere Frau lieben kann. Man liebt nur einmal, und weil irgend etwas schiefgelaufen ist, ist damit endgültig Schluß! Gebranntes Kind scheut das Feuer. »Man soll den gleichen Fehler nicht zweimal begehen«, so sind die Sprüche, die der Widder bei solchen Gelegenheiten hören läßt. In dieser Phase ist man geneigt, ihn für nicht besonders intelligent zu halten.

Aber dann verliebt er oder sie sich aufs neue. Wer auf die ausgefallene Idee kommt, einen Widder-Geborenen oder eine Frau dieses Tierkreiszeichens an die letzte Flamme zu erinnern, macht eine überraschende Feststellung. Er (oder sie) hat vergessen, daß es diese Beziehung überhaupt gab. Der Widder hat dabei auch noch ein reines Gewissen ... Der Grund: Er lebt in der Gegenwart, da liegt seine Stärke. Es ist diese Eigenschaft, die dem Widder nach Fehlschlägen immer wieder einen neuen Anfang ermöglicht. Sein sexuelles Verhalten kann man nur als »gesund« bezeichnen. Für ihn ist körperliche Liebe eine Notwendigkeit wie Essen und Trinken. Er mag sich in diesem Bereich keine Beschränkungen auferlegen, andererseits vermeidet er Übertreibungen. Er kommt im erotischen Bereich meist recht schnell zur Sache. Seine Fantasie und seine Begierde sind auf das Erreichbare gerichtet. Der Widder bleibt in dem Umfeld, das ihm vertraut ist. Liebe, das ist für ihn Gegenwart, nicht aber Träume, die sich in der Zukunft verlieren. Wenn ein Widder mit einer Frau schläft, dann braucht sie keine Angst zu haben, daß er in Gedanken ihre Schwester, Catherine Deneuve oder eine hübsche Nachbarin liebt. Das gleiche gilt übrigens für die Widder-Frau. Was sie tut, das tut sie ganz. Sie schläft nur mit dem Mann, den sie liebt. Läßt die Anziehung nach, wird die Widder-Geborene sich einen neuen Mann suchen, anstatt das Vakuum mit dem übergeblendeten Traumbild von Paul Newman zu füllen.

Die Widder-Frau, wo wir schon von ihr sprechen, ist spontan. Sie spielt sich nicht auf, sie ziert sich nicht. Wenn der Mann ihr als Partner zusagt, so würde es ihr nie einfallen, noch eine Weile lang die Spröde zu spielen, wie es andere Frauen tun. Koketterie ist für sie ein Fremdwort. Sie ist in jeder Hinsicht eine Frau von heute. Was mit den eigenen Gefühlen, mit Liebe, Sex und Libido zu tun hat, behandelt sie mit Freimütigkeit und Natürlichkeit. Zu ihren Wesenszügen gehört aber auch eine schwärmerische Veranlagung. Eine Widder-Frau hat überhaupt nichts dagegen, wenn der Mann Himmel und Hölle in Bewegung setzt, um sie zu erobern ...

Sie ist dem Mann eine hundertprozentig treue Gefährtin. Allerdings fühlt sie sich in vielen Fällen in der Rolle der Geliebten wohler als in der Rolle der Ehefrau. Ehetrott langweilt sie. Es gilt für Frauen und Männer dieses Tierkreiszeichens: Der Widder verabscheut jede Routine.

Bindungen

Widder-Geborene heiraten oft sehr jung, entweder weil sie frühreif sind oder aber weil sie sich von den Eltern unabhängig machen wollen. Ein Angehöriger dieses Tierkreiszeichens findet es völlig normal, daß er mit dem ersten Mädchen, das er kennenlernt, die Ehe eingeht. Er glaubt allen Ernstes, daß die Bindung fürs ganze Leben halten wird, und natürlich schenkt er seiner Partnerin blindes Vertrauen, daß auch sie ihm treu sein wird.

Wie steht es mit der Neigung zum Seitensprung? Kommt es zu Anfechtungen, so wird der Widder sich erst einmal nach Kräften wehren, vor allem, um sich die eigene Charakterstärke zu beweisen. Erst wenn die Leidenschaft lichterloh brennt, gibt der Widder dem Druck, der von außen kommt, nach. Jedenfalls wird er (oder sie) allen, die es hören wollen, ausführlich von den schweren Skrupeln erzählen, die er (oder sie) bei dieser Gelegenheit zu überwinden hatte! Ein Widder braucht eine gute Ausrede, die es ihm ermöglicht, aus dem Schützengraben aufzutauchen, dessen Wände aus Freimütigkeit und Ehrlichkeit, den wichtigsten Eigenschaften dieses Tierkreiszeichens, gefügt sind.

Was Seitensprünge im allgemeinen anbelangt, so ist es nur der erste Schritt, der dem Widder, männlich oder weiblich, schwerfällt ... Ist die bestehende Bindung erst einmal angeknackst, wird er oder sie den Riß in aller Unschuld vergrößern. Mit anderen Worten: Ein Widder, der den süßen Honig der Untreue gekostet hat, wird auf diesen Leckerbissen in der Zukunft kaum noch verzichten wollen!

Wenn das Vertrauen eines Widders enttäuscht wird, nimmt er das sehr übel. Es ist nicht so sehr die Eifersucht, die ihm zu schaffen macht, sondern die Heuchelei und die Lügen des Partners oder der Partnerin. Es gibt Widder-Geborene, die sich von einem solchen Schock nie mehr erholen. Sie werden ewig und einen Tag darüber klagen, wie übel man ihnen mitgespielt hat. Mißtrauen und Rachsucht können das weitere Verhalten prägen. Nicht selten reagiert ein Widder auch auf die Untreue des Partners, indem er den Spieß umdreht.

Die Berufe des Widders

1. Berufe, die den Symbolen des Mars (Eisen, Feuer, Blut) entsprechen:
   - Metallverarbeitung, Industrie, Eisenindustrie
   - Metzger
   - Feuerwehrmann
2. Berufe, die körperliche Aktivität und schnelle Reaktionen voraussetzen:
   - Sportlehrer, Berufssportler
   - Chauffeur, Pilot
   - Zirkusclown, Stuntman
3. Berufe, wo man andere Menschen führen kann, und Aufgaben, die mit Angriff und Verteidigung verbunden sind:
   - Soldat, Polizist
   - Reiseführer
   - Rechtsanwalt

Rat an Eva

Sie sollten sich für einen Widder-Mann entscheiden, wenn folgende Feststellungen für Sie zutreffen:

● Sie sehnen sich seit Ihrer frühen Kindheit danach, von einem Räuber entführt zu werden.

● Ihre Träume sind von häßlichen Bestien erfüllt, die Sie mit einer einzigen Berührung ihres Zauberstabs in den siebten Himmel der Liebe befördern.

● Sie haben ein geradezu fanatisches Interesse an Hochleistungssportlern und haben die Wände Ihres Zimmers mit Fotos solcher Sportler tapeziert.

● Sie haben gerade eine Liebschaft mit einem Skorpion hinter sich und haben die Nase ein für allemal voll von den Komplikationen, die dieser Mann Ihnen eingebrockt hat!

Warnung! Meiden Sie den Widder-Mann, wenn Sie zu den Frauen gehören, die die Lust am Tennisspiel für eine Geisteskrankheit halten.

Rat an Adam

Sie sollten sich für eine Widder-Frau entscheiden, wenn folgende Feststellungen für Sie zutreffen:

● Sie verabscheuen die Engländer, weil diese die Jungfrau von Orleans auf dem Scheiterhaufen verbrannt haben, obwohl das Mädchen – wie der Name beweist –, ein völlig unschuldiges Geschöpf war.

● Sie sind von Ihrer Mutter mit Liebe überschüttet worden und haben sich dabei äußerst wohl gefühlt.

● Die Verbindung mit Ihrer letzten Freundin ging in die Brüche, weil das Mädchen eine Schlankheitskur begann.

● Sie glauben aufrichtig, daß die Frau dem Manne ebenbürtig ist.

Warnung! Meiden Sie die Widder-Frau wie die Pest, wenn Sie keinen Lärm vertragen können.

ERSTE PHASE

Kennenlernen

Wo treffe ich Widder?

Im folgenden sind einige Örtlichkeiten aufgeführt, wo Widder sich gerne aufhalten. Die Liste erhebt keinen Anspruch auf Vollständigkeit:

- Fitness-Zentren, Sportveranstaltungen.
- Autorennen (männliche Widder-Geborene sind wahre Besessene am Steuer). Moto-Cross-Veranstaltungen. Unbedingt hingehen: Autorennen von Le Mans und Start zur Rallye Paris–Dakar. Sie erkennen den Widder-Mann übrigens ganz leicht, indem Sie ihm auf die Schuhe sehen. Bei derartigen Veranstaltungen ist er so aufgeregt, daß er alle paar Sekunden mit dem Fuß aufstampft.
- Disneyland. Widder-Männer sind große Kinder.
- Öffentliche Bibliotheken. Widder, die keine Bücher lesen, kaufen zumindest Lucky Luke-Comic-Hefte.
- Boxschulen. Achten Sie unter allen Umständen darauf, daß Sie den Raum mit einem ironischen Lächeln betreten.
- Vor dem Eingang eines Kinos, in dem ein Wildwestfilm oder ein Abenteuerfilm vom Typ »Indiana Jones« gespielt wird.

Wo man Widder-Frauen trifft:

- In Veranstaltungen, wo es um die Befreiung der Frau geht.
- In supermodernen Frisiersalons.
- Beim Konditor (sie ist süchtig auf Süßigkeiten!).

Mancher wird sich fragen, ob man einen Widder-Geborenen nicht auch im Rahmen des beruflichen Alltags, zum Beispiel an seiner Arbeitsstelle, kennenlernen kann. Mein Rat ist, daß es wenig Sinn hat, in irgendwelchen Amtsstuben oder in einer Filiale der örtlichen Sparkasse mit einem Tierkreiszeichen anzubandeln. Es gibt sicher eine ganze Reihe von Pförtnern an öffentlichen Gebäuden, die Widder sind, aber das berufliche Umfeld sorgt dafür, daß diese Menschen sich in ihrer Haut nicht besonders wohl fühlen. Sie sind deshalb wenig geneigt, tagsüber auf einen Flirt einzugehen. Wenn Sie der gutaussehende Angestellte in seinem Glaskasten oder die hübsche Bankbeamtin, deren Scheitel vom Neonlicht überstrahlt ist, wirklich faszinieren, sollten Sie bis zum Büroschluß warten, um Ihre Verführungskünste zu entfalten ... Wo Sie mit Ihrer Eroberung hingehen, ist klar: zu einer der vorher beschriebenen Örtlichkeiten.

Was die Widder-Menschen in ihrer Mittagspause machen? Am liebsten verbringen sie diese Zeit in einem Café, wo sie sich mit Arbeitskollegen oder Freunden über den Film unterhalten, den sie am Abend zuvor gesehen haben. Beliebte Themen bei männlichen Widdern sind auch die Laune des Chefs und das Tor, das in die Geschichte des Fußballs eingehen wird.

In den Ferien

Sie haben einen Entschluß gefaßt. Sie wollen einen Widder kennenlernen und möchten sich bei der Verwirklichung Ihres Ziels nicht völlig auf den Zufall verlassen. Was tun?

1. Machen Sie Camping-Urlaub, denn Widder lieben Camping. Allerdings verstehen die Angehörigen dieses Tierkreiszeichens darunter nicht die Art von Urlaub, zu der man mit Auto und Wohnwagenanhänger aufbricht. Nein, sie lieben das Abenteuer, das Leben aus dem Rucksack. Einen Vorteil haben Sie, wenn Sie dabei mitmachen. Sie brauchen keinen eigenen Schlafsack und kein Zelt mitzunehmen, denn die Gastfreundschaft der Widder kennt keine Grenzen. Immerhin sollten Sie daran denken, eine kleine Reiseapotheke einzupacken. Widder vergessen so etwas grundsätzlich. Was Ihnen Gelegenheit bietet, sich als Krankenschwester zu betätigen. Der Widder-Mann handelt sich beim Kampf gegen die Natur nicht selten blaue Flecken ein, die verarztet werden müssen. Ein Fläschchen Wundheiltinktur sollte deshalb zu Ihrer Ausrüstung gehören.

2. Reisen Sie ans Meer oder ins Gebirge, nicht aufs flache Land. Im Sommer werden Sie Widder-Geborene beim Skifahren auf irgendeinem Gletscher antreffen, im Winter beim Surfen, denn für dieses Tierkreiszeichen gehört Unangepaßtsein zum Programm.

3. Verzichten Sie, zumindest vorübergehend, auf lange Sonnenbäder im Liegestuhl. Der Widder liebt im Urlaub die Bewegung, er will sich voll verausgaben, das Alter spielt dabei keine Rolle. Ein Tip: Widder ziehen dem Badevergnügen die Sportarten vor, die an Land betrieben werden können. Sie lieben die Gefahr. Was für Sie bedeutet, daß Sie Ihre Taucherausrüstung zu Hause lassen sollten. Ebenso den Tischtennisschläger, Pingpong ist für Widder einfach zu brav, zu harmlos. Wenn es Sie aber reizt, ein Bad im Meer zu nehmen, dann sollten Sie bei geeigneter Gelegenheit die Ertrinkende spielen. Wie ich bereits sagte, spielen Widder-Männer sehr gern den Retter.

Wie man einen Widder erkennt

Die Widder beiderlei Geschlechts haben eine gesunde, sportliche Ausstrahlung. Das Auftreten zeugt von Entschlossenheit. Der Gang ist weit ausgreifend und schnell, wobei der Widder sich sehr aufrecht hält. Er trägt die Nase hoch. Tatsache ist, daß ein Widder nicht so genau hinschaut, wo er den Fuß hinsetzt! Der Blick ist offen und freundlich, der Händedruck energisch bis schmerzhaft. Achten Sie darauf, daß Sie bei der Begrüßung nicht »autsch!« schreien.

Charakteristische Gesten? Der Widder fährt sich gern durchs Haar, das in den meisten Fällen dicht gewachsen und kurz geschnitten ist. Dieser Menschentyp ist immer in Bewegung.

Der Widder-Mann ist körperbewußt, er pflegt seine Muskulatur. Oft sind es Männer mit breiten Schultern und Muskeln, die die Nähte des Oberhemds auf eine arge Probe stellen. Herr Widder kleidet sich einfach, Jeans und Pullover. Er mag nichts, was auffällt.

Bei gesellschaftlichen Anlässen, wo Krawattenzwang herrscht,

erkennen Sie den Widder an seinem übergroßen, knallroten
Schlips oder an der nackten Frau, die auf die Krawatte aufge-
druckt ist!

Bei der Unterwäsche bevorzugt er die einfachen Lösungen. Er
mag Slips, die zugleich als Badehose dienen können. Typisch ist,
daß er sich gar nicht erst die Mühe macht, die Farbe seiner
Socken auf sein T-Shirt abzustimmen. Viele Widder wirken
nachlässig gekleidet. Löcher in den Socken sind keine Selten-
heit ...

Frau Widder wirkt meist forsch und sogar frech. Ob sie nun
zum wohlgenährten oder mageren Typ gehört, es widerstrebt
ihr, sich zusammenzunehmen, sich irgendein Vergnügen zu versagen.

Je nach Örtlichkeit und Tageszeit wird die Widder-Frau läs-
sige Eleganz zur Schau tragen. Sie mag Jeans, und es macht ihr
Spaß, ohne Make-up, mit flatterndem Haar über die Wege zu
radeln. Abends mag sie es dann vielleicht eher ausgeflippt, sie
verwandelt sich in ein anderes Wesen. Grüne Lidschatten,
schwarz umrandete Augen, eine extravagante, eng anliegende
Robe ... Sie genießt es, die Gesellschaft zu schockieren. Wenn
der Abend zu Ende geht, wird sie das teure Kleid achtlos in den
Schrank werfen und mit einem Seufzer der Erleichterung den
Pyjama überstreifen, den sie bei ihrem letzten Freund abge-
staubt hat.

Wie man einen Widder auf sich aufmerksam macht

Frage: Wie hält man als Fußgänger ein Auto an, ohne dem
Fahrer ein Handzeichen zu geben?

Antwort: Man legt dem Fahrer ein Hindernis in den Weg.

Um die Aufmerksamkeit eines Widders auf uns zu lenken,
benutzen wir eine ganz ähnliche Methode. Denken wir daran,
daß die Angehörigen dieses Tierkreiszeichens immer in Eile
sind, sie haben hundert Dinge, über die sie sich gerade den Kopf
zerbrechen. Böse Zungen behaupten sogar, man kann einem
Widder auf der Nase herumtanzen, ohne daß er es merkt, so
zerstreut ist dieser Menschentyp. Jedenfalls muß die Frau, die

einen Widder-Mann aus seinem Halbschlaf aufwecken will, sehr
dick auftragen. Es funktioniert nur, wenn sie etwa so unüber-
sehbar ist wie eine rote Verkehrsampel. Besonders leicht haben
es folglich alle Frauen, die von geradezu überirdischer Schönheit
sind.

Nehmen wir an, Sie sind nicht überirdisch schön, nur hübsch.
Dann hilft es Ihnen nichts, wenn Sie sich dem Mann Ihrer
Träume als Mauerblümchen nähern. Ebenso unwirksam ist das
sündteure Parfüm, mit dem Sie den Widder beeindrucken wollten. Die Blume, die ihm im Wege steht, zertrampelt er, er hat sie
nicht einmal bemerkt. Wie das? Sein Blick geht weit nach vorn,
in die Ferne gerichtet, nie auf die eigenen Füße. Was das Parfüm
angeht, wird sich der Widder-Mann eine halbe Stunde später
ganz vage erinnern, daß ihm eine aufregend duftende Frau ent-
gegengekommen ist. Aber davon haben Sie nichts mehr. Die
Chance ist vertan!

Sie müssen also zu ganz außerordentlichen Maßnahmen grei-
fen.

Das beste Mittel: Bringen Sie ihn zum Staunen. Tun Sie
genau das, was er nie erwartet hätte. Für einen Widder-Mann
müssen Sie sich aufreizend, ja provozierend anziehen. Zu dem
vornehmen Empfang, wo alle anderen Damen hochgeschlossen
erscheinen, werden Sie halbnackt antreten, wenn irgend möglich
mit einem kleinen Leoparden, den Sie am Halsband führen, – es
kann natürlich auch eine gezähmte Python sein. Wenn es auf der
Terrasse eine Turnstange gibt, sollten Sie Ihre Trapeznummer
zeigen. Vielleicht können Sie auch die Aufmerksamkeit auf sich
lenken, indem Sie Ihre brennende Zigarette in sein Champa-
gnerglas fallen lassen ... In dieser Phase der Beziehung geht es
nicht um gutes Benehmen, sondern darum, unter allen Umständen aufzufallen. Später können Sie immer noch zeigen, daß Sie
die gesellschaftlichen Regeln beherrschen.

Zwei Vorschläge, die fast immer den gewünschten Erfolg herbeiführen:

● Rufen Sie um Hilfe. Der Grund ist zweitrangig. Sie ertrinken,
  ein Rowdy auf der Piste hat Ihnen mit roher Gewalt die Ski

abgenommen, böse Straßenräuber haben Sie überfallen. Täuschen Sie eine Ohnmacht vor, aber achten Sie darauf, daß die Ohnmacht nicht zu lange dauert.

• Kaufen oder mieten Sie einen wunderschönen Sportwagen, vorzugsweise knallrot, und schneiden Sie Ihrem Widder den Weg ab, ohne ihn dabei anzusehen.

Sollten Sie nicht die Mittel haben, um einen Sportwagen zu kaufen oder zu mieten, genügt es auch, wenn Sie an Ihrem Auto einen Rallye-Aufkleber anbringen. Nützt das alles nichts, müssen Sie sein Auto rammen.

Um die Aufmerksamkeit einer Widder-Frau auf sich zu ziehen, muß der Mann ebenfalls die Schocktherapie benutzen. Auch hier ist ein Sportwagen hilfreich. Allerdings sollte der Mann beim Kennenlernen seine guten Manieren herauskehren. Er wird anhalten und ihr den Wagenschlag öffnen ... Seien Sie galant. Das ist ungewohnt für diesen Frauentyp, denn die Widder-Frau hat eine Art, die bei Männern normalerweise keine Gentleman-Instinkte weckt.

Nachdem der schwierige Anfang gemacht ist, verwandeln Sie sich sehr schnell vom Gentleman in den netten Jungen von nebenan. Denken Sie daran, die Widder-Frau lacht gern. Sorgen Sie dafür, daß sie etwas zu lachen hat. Zwei Tips:

Zetteln Sie irgendeinen Wettstreit mit ihr an, zum Beispiel einen kleinen Wettlauf. Wichtig ist, daß Sie die Schöne zum Schluß gewinnen lassen. Das geht, indem Sie ein paar Schritte zurückbleiben und keuchen: »Sie sind einfach zu schnell für mich!«

Oder aber Sie sorgen dafür, daß die Widder-Frau, auf die Sie es abgesehen haben, zu einem Ihrer Freunde eingeladen wird. Sie kommen als letzter. Sie wirken abgekämpft, ausgelaugt. Mit abwesendem Lächeln beantworten Sie die Fragen Ihres Freundes, die sich auf Ihre letzte Reportage im Tschad, auf Ihre Teilnahme an den Olympischen Spielen oder auf die Elefantenjagd in Afrika beziehen. Wenn Sie über Elefanten nicht so Bescheid wissen, erzählen Sie von Ihrem Besuch auf einer Reptilienfarm.

Wenn die Widder-Frau jetzt immer noch nicht mit der Wim-

per zuckt, bleibt Ihnen immer noch die Flucht nach vorn. Sie
sagen so laut, daß es jeder im Raum hören kann: »Ich verstehe
nicht, daß man Frauen den Führerschein gibt! Außerdem ist
mir völlig unklar, warum man Frauen das Wahlrecht zugebilligt
hat!« Sie haben gute Chancen, daß die Widder-Frau nach dieser
Bemerkung ein angeregtes Gespräch mit Ihnen beginnt ...

Und wenn alles schiefläuft? Wenn Sie beim Aussteigen aus
Ihrem wunderschönen Sportwagen auf einer Bananenschale
ausrutschen und vor der Frau Ihrer Träume zu Fall kommen?
Was tut eine Frau, wenn ihr Trick mit der Ohnmacht nicht
funktioniert, weil der Widder-Mann von einer anderen Frau, die
das Manöver durchschaut, gewarnt worden ist?

Keine Angst, Sie haben immer noch Chancen, das Spiel zu
gewinnen. Der Widder ist nämlich eines der wenigen Tierkreiszeichen, in dessen Augen Lächerlichkeit nicht tötet. Sollte er
oder sie über Ihre Ungeschicklichkeit in Lachen ausbrechen,
haben Sie ausgesorgt. Alles weitere geht wie von selbst.

Hier noch einmal die wichtigsten Punkte:

1. Bringen Sie das Objekt Ihrer Wünsche zum Staunen, ohne
   indes einen unmittelbaren Kontakt aufzunehmen. Der Widder mag zu nichts gezwungen werden.

2. Denken Sie daran, daß die Widder beiderlei Geschlechts genau wissen, was sie wollen. Sie kennen sich aus in der Kunst
   des Verführers und reagieren ablehnend, wenn Sie es ihnen
   zu leicht machen.

3. Wenn gar nichts geht, wenn er oder sie durch Sie hindurch-
   schaut, als seien Sie Luft, bleiben Ihnen zwei Möglichkeiten.
   Die erste: Sie halten Ausschau nach einem anderen Partner,
   der nicht so begriffsstutzig ist. Sie sind unsterblich in Ihren
   Widder verliebt? Wenn es eine Frau ist, werden Sie der
   Freund, bei dem sie ihre Probleme ablädt. Wenn es ein Mann
   ist, werden Sie seine Vertraute, die Gefährtin, mit der er nicht
   schläft, aber der er alles erzählt. Irgendwann, vielleicht erst
   nach ein paar Jahren, werden Sie das Kapital Ihrer Investi-
   tion zurückbekommen. Mit Zinsen.

ZWEITE PHASE

Die Beziehung

Wie man einen Widder verführt und an sich bindet

Die Widder-Geborenen sind geradlinig denkende Lebewesen, die sich nie die Mühe machen würden, eine Beziehung zu jemandem aufzubauen, der sie nicht wirklich interessiert. Nachdem es Ihnen gelungen ist, die Aufmerksamkeit des Widders auf sich zu lenken, geht es nun darum, das erste Rendezvous zustande zu bringen. Die folgende Methode bietet sich an:

1. Sorgen Sie dafür, daß sich ihre Wege möglichst oft kreuzen. Natürlich ganz zufällig. Wenn Sie solche Gelegenheiten nicht herbeiführen, müssen Sie damit rechnen, daß der Widder Sie vergißt.

2. Wie man einen Widder-Mann einfängt? Warten Sie, bis er Sie einlädt. Wenn sich das hinzieht, lassen Sie ihn ganz beiläufig wissen, daß Sie sich sehr für den Besuch einer bestimmten Sportveranstaltung interessieren. Aber Vorsicht! Die Eintrittskarten für die Veranstaltung dürfen Sie nicht selbst kaufen. Der Widder würde die Falle ahnen und die Flucht antreten.

3. Wie man eine Widder-Frau einfängt? Gehen Sie geradewegs auf Ihr Ziel los. Laden Sie die Schöne an einem Samstagabend zum Essen und Tanzen ein, in einem festlichen Rahmen. Das Restaurant, in das Sie die Widder-Frau führen, sollte gediegen, anheimelnd und gemütlich sein ...
   Ein bewährter Trick: Ausgehen mit einer Gruppe von Freunden. Wenn Sie es schaffen, in die kleine Clique aufgenommen zu werden, mit der sich ein Widder-Mann zu umgeben pflegt, haben Sie das Rennen schon fast gewonnen.

Sex

Auf das erste Rendezvous folgt die erste gemeinsame Nacht. Keine Angst, alles geht gut, wenn Sie sich gegenüber dem Widder-Mann sehr weiblich und gegenüber der Widder-Frau sehr männlich geben. Übertreiben Sie nicht. Wenn Sie ein Mann sind, sollten sie bei der Eroberung einer Widder-Frau nicht den Casanova spielen. Wenn Sie eine Frau sind, meiden Sie es, den Eindruck einer Messalina zu erwecken. Ihre exotischen Gewänder können Sie an diesem Abend im Schrank lassen. Ein bißchen erotische Ausstrahlung allerdings ist immer richtig, ob Ihr Widder nun ein Mann oder eine Frau ist.

Wichtig: Denken Sie daran, daß die Geborenen dieses Zeichens in vielen Fällen das Etikett des Supermanns oder der Superfrau leid sind, das ihnen angehängt wird. Der Widder-Mann mag es, wenn Sie bei sportlichen Unternehmungen mitmachen, und ganz allgemein beeindruckt es ihn, wenn Sie die Initiative ergreifen. Was Sie tun, sollte ganz natürlich, ohne gespielte Schamhaftigkeit geschehen. Mit einem Haremsmädchen, das alles über sich ergehen läßt, kann der Widder-Mann wenig anfangen. Was die Widder-Frau angeht, so genießt sie es, wenn man sie bei dieser Gelegenheit das schwache Weib spielen läßt. Machen Sie ihr Komplimente über die Zartheit, die sich hinter ihrem energischen Auftreten verbirgt. Heben Sie Ihre Weiblichkeit hervor, reden Sie ihr ein bißchen nach dem Mund, um sie dann mit stürmischer Leidenschaft an sich zu reißen. Wie wäre es, wenn Sie die Frau Ihrer Träume in einem Heuhaufen verführen? Ihr Verhalten muß signalisieren, daß Sie den Gefühlen, die Ihnen von der Widder-Frau eingeflößt werden, nicht länger widerstehen können!

Wenn Sie wollen, daß der ersten wunderschönen Nacht viele weitere folgen, müssen Sie Einfallsreichtum beweisen. Sorgen Sie für Abwechslung, das gilt nicht nur für die Stellungen bei der Umarmung, sondern auch für das, was Ort und Zeitpunkt der Zusammenkünfte angeht. Was Sie von Anfang an vermeiden müssen: Das vorgeplante Schäferstündchen nach dem Kinobesuch am Wochenende. Ebenfalls verboten: Die Liebe nach dem

Fernsehen! Alltagstrott in Dingen der Erotik gefällt niemandem, und einem Widder-Geborenen schon gar nicht. Jedenfalls ist das gemeinsame Betrachten einer »Dallas«-Folge alles andere als ein Aphrodisiakum. Wichtiges Detail: Widder, besonders männliche Widder-Geborene, sind stolz auf ihr körperliches Leistungsvermögen, auf ihre sportliche Form. Ein solcher Mann nimmt es Ihnen übel, wenn Sie ihn beim Stemmen der Hanteln an den Rippen kitzeln. Ebenso unangebracht ist es, wenn Sie ihm, während er sich mit Sportsfreunden über irgendein Fußballspiel unterhält, Ihre Hand aufs Knie legen.

Das Leben mit einem Widder

Es ist nicht kompliziert, mit einem Widder auszukommen. Allerdings müssen gewisse Grundsätze beachtet werden.

- Lassen Sie dem Widder vollkommene Freiheit. Die Geborenen dieses Tierkreiszeichens brauchen das Gefühl der Unabhängigkeit.
- Ihr Verhalten gegenüber einem Widder sollte von großer Offenheit geprägt sein. Täuschen Sie ihn, oder belügen Sie ihn, wird er das nie verwinden. Wenn die Gefahr besteht, daß Ihre Eskapaden entdeckt werden, dann bleibt Ihnen nur die Chance, die Flucht nach vorn anzutreten. Gestehen Sie ihm alles, noch bevor er Verdacht geschöpft hat. Das ist jedenfalls besser, als in flagranti oder bei einer Lüge ertappt zu werden.
- Führen Sie von Zeit zu Zeit kleine Eifersuchtsszenen auf. Für Widder-Geborene ist das ein Liebesbeweis.
- Wenn Sie einen Widder betrügen, müssen Sie sich darüber klar sein, daß er Gleiches mit Gleichem vergelten wird. Die Rache kommt mit mathematischer Sicherheit!
- Wenn er Sie betrügt, sollten Sie eine Szene hinlegen, die sich gewaschen hat. Gehen Sie ganz aus sich heraus, so etwas macht einem Widder keine Angst. Sorgen Sie dafür, daß billiges Geschirr im Hause ist, das Sie bei dieser Gelegenheit zerschmettern können. Die Belohnung ist süß. Es gibt nichts Schöneres, als sich mit einem Widder wieder zu vertragen ...

Kleine Geschenke erhalten
die Freundschaft

Geeignet für Widder beiderlei Geschlechts:
- Ein grobgestrickter Pullover aus irischer Wolle
- Ein Fahrrad
- Ein Abonnement für einen Fitness-Club
- Ein Asterix-Heft

Nur für »ihn«:
- Eine elektrische Spielzeugeisenbahn oder Spielzeug mit Fernsteuerung
- Eine vollständige Ausrüstung für die von ihm bevorzugte Sportart
- Poster für einen Western von John Ford
- Ein Cowboyhut

Nur für »sie«:
- Ein Kaminrock im Schottenmuster mit passendem Schal
- Eau de Toilette der herben Geschmacksrichtung
- Ein Roboter, der saubermacht und das Haus in Ordnung hält
- Schmuck im barocken Stil

Wenn es etwas mehr kosten darf:
- Ein Sportwagen, am besten ein Kabrio
- Gemeinsamer Urlaub auf einer Ranch in Texas

Das besondere Geschenk:
- Ein Schaukelstuhl

Die Grundregel, die immer befolgt werden muß: Sorgen Sie für Überraschungen. Seien Sie unberechenbar. Der Widder haßt jede Routine, das kann gar nicht genug betont werden.

Wie man einen Widder zur Ehe rumkriegt

Wenn man eine Widder-Frau zum Traualtar schleppen will, sollte man auf Umwege verzichten. Sagen sie ihr: »Am 10. August wird geheiratet. Hast du einen besonderen Wunsch, wo wir die Flitterwochen verbringen sollen?« Indem Sie ihr Mitbestimmung des Reiseziels einräumen, erleichtern Sie es ihr, die Idee der Ehe zu verdauen.

Sie sind eine Frau und wollen einen Widder auf den Gang zum Standesamt einstimmen? Auch wenn Sie noch so ungeduldig sind, Sie müssen warten, bis er um Ihre Hand anhält. Dann allerdings beschränkt sich Ihre Antwort auf zwei Worte: »Ja. Wann?« Nachdem Sie Ihre Zusage gegeben haben, stürzen Sie sich demonstrativ in die Vorbereitungen zur Hochzeit. Es kommt nämlich vor, daß Widder, denen man zuviel Zeit läßt, es sich anders überlegen ...

DRITTE PHASE

Wie man mit einem Widder Schluß macht

Variante Nr. 1: Sie wollen mit ihm (oder ihr) Schluß machen.

Der Widder, an den Sie geraten sind, ist zu ehrgeizig, oder die Widder-Frau, mit der Sie sich verbunden haben, ist zu eitel. Widder, das ist hier anzumerken, übertreiben bei allem, was sie tun. Jedenfalls haben Sie genug von ihm (oder ihr). Die Beziehung hat zwei Monate gehalten oder zwanzig Jahre, aber jetzt soll Schluß sein. Was tun, um von einem Widder loszukommen?

Sagen Sie ihm (oder ihr), was Sie wollen, und nehmen Sie dabei kein Blatt vor den Mund. Es darf kein Zweifel an Ihren

Absichten bleiben. Erzählen Sie dem Widder nichts von Ihrem seelischen Zustand. Verlieren Sie sich auch nicht in Erklärungen von der Art »Ich muß allein sein, um über alles in Ruhe nachzudenken«. Sagen Sie statt dessen: »Ich liebe einen anderen bzw. eine andere.« Das ist das einzige Argument, das ein Widder versteht. Auch wenn ihm (oder ihr) die Wahrheit weh tut.

Sie sollten wissen, daß die Reaktionen Ihres Partners, wenn er Sie wirklich liebt, sehr dramatisch sein können, das trifft vor allem für weibliche Widder-Geborene zu. Was sie tut, das tut sie ganz, und deshalb fällt es ihr auch sehr schwer, sich von Gefühlen loszusagen, die eben noch den Mittelpunkt ihres Lebens darstellten. Gut möglich, daß sie eine Depression durchlebt. Auch ein Selbstmordversuch ist nicht ausgeschlossen. Der Abbruch einer Beziehung bringt den weiblichen Widder völlig aus dem Gleichgewicht. Vergessen wir nicht, daß der schwache Punkt aller Widder-Geborenen ihr Kopf ist; diese Regel gilt im weitesten Sinne des Wortes. Sie können beim Bruch mit der Widder-Frau Katastrophen vermeiden, indem Sie ihr etwas Zeit lassen, ohne ihr allerdings die geringste Hoffnung auf eine Fortsetzung der Beziehung zu machen. Sobald Sie Klarheit geschaffen haben, wird Frau Widder zur Tat schreiten, unüberlegt und blind, wie es ihrem Naturell entspricht. Ähnlich verhält sich der männliche Widder, dem man die Liebe aufkündigt. Insgesamt ist es leichter, mit einem männlichen Widder Schluß zu machen, als mit einem weiblichen.

Wenn der Bruch vollzogen ist, kann man nicht darauf hoffen, mit einem Widder so etwas wie freundschaftliche Beziehungen aufrechtzuerhalten, dazu sind die Menschen dieses Tierkreiszeichens zu konsequent. Wenn Sie den Widder verlassen, verschwinden Sie für immer aus seinem Leben. Und wenn Sie mit ihm verheiratet waren, wenn Sie sogar Kinder miteinander hatten? Sie werden sehen, es wird Schwierigkeiten bereiten, sich mit ihm oder ihr über das Sorgerecht sowie das Besuchsrecht für die Kinder zu einigen. Ein Widder will alles oder nichts. Er oder sie wird Sie allerdings nicht mit Geldforderungen behelligen, auch die Vermögensauseinandersetzung sowie die finanzielle Versorgung der Kinder wird Ihr Partner oder Ihre Partnerin nicht als

Druckmittel gegen Sie mißbrauchen. Ihm ist jetzt nur eines wichtig: Er will nie wieder etwas von Ihnen hören, will Sie nie wiedersehen.

Variante Nr. 2: Sie wollen, daß die Initiative zum Bruch von Ihrem Partner (oder Ihrer Partnerin) ausgeht.

Der Schlüssel zur Lösung dieses Problems: Es gibt eine Reihe von Verhaltensweisen, bei denen auch der gutmütigste Widder die Geduld verliert. Er reagiert, indem er fluchtartig das Haus verläßt oder Sie vor die Tür setzt. Ein Widder läßt es Sie sehr klar wissen, wenn die Liebe zu Ende ist. Zugegeben, das entscheidende Gespräch ist alles andere als angenehm. Der Vorteil: Die Trennung geht rasch über die Bühne!

Wie man einen männlichen Widder nervt

- Schließen Sie sich für das Make-up ins Badezimmer ein. Schminken Sie sich wie eine Puppe, die niemand anfassen darf ...
- Wechseln Sie zur vegetarischen Ernährungsweise über. Simulieren Sie Übelkeit, wenn Fleisch auf den Tisch kommt.
- Folgen Sie ihm, wohin er auch geht, mit einem kleinen Medikamentenkoffer. Fragen Sie ihn in Anwesenheit seiner Sportsfreunde, ob er auch nicht vergessen hat, seine wollene Unterhose anzuziehen.
- Verwenden Sie bei jeder sich bietenden Gelegenheit das Argument »Deine Mutter hat gesagt, daß ...«

Wie man einen weiblichen Widder nervt

- Sagen Sie zu ihr: »Ich bin deine merkwürdigen Ansichten endgültig leid. Warum kannst du dich nicht benehmen wie andere Frauen?« Sehr geeignet, um den Bruch herbeizuführen, ist auch die Bemerkung »Du solltest über dieses Problem mit meiner Mutter sprechen, die versteht mehr davon«.
- Verbringen Sie mehrere Wochenenden, in denen Sie mit einer biederen Schottenmusterdecke auf den Knien in Ihrem Lieblingssessel sitzen und Kreuzworträtsel lösen.
- Machen Sie jeden Tag ein Mittagsschläfchen.

- Verlangen Sie von ihr, daß sie über ihre privaten Ausgaben auf Heller und Pfennig Rechenschaft ablegt.

Berühmte Widder

Herren:

Johann Sebastian Bach, Jean-Paul Belmondo, Marlon Brando, Wernher von Braun, Wilhelm Busch, Charlie Chaplin, Alec Guiness, William Holden, Herbert von Karajan, Lenin, Gregory Peck, Anthony Perkins, Omar Sharif.

Damen:

Doris Day, Anna Magnani, La Mistinguett, Diana Ross, Simone Signoret.

Die Tierkreiszeichen
und ihr Verhältnis zum Widder

Sie selbst sind ...

Widder

Der Kontakt kommt recht leicht zustande. Zu Anfang entwickelt sich alles ganz erfreulich. Die kameradschaftlichen Gefühle überwiegen. Typisch für die Beziehung ist, daß das Feuer recht schnell wieder erlischt. Eher eine Urlaubsliebe, keine Beziehung auf Dauer.

Stier

Der Stier ist schnell in seinen Reaktionen, Sie aber brauchen Zeit, um sich zu entscheiden. Darin besteht der große Unterschied. Weil Sie nach einem ganz unterschiedlichen Rhythmus leben, ist die Chance einer Verbindung gering ... Kommt es zu einem Miteinander, so besteht ihre Funktion darin, den Stier zu beruhigen. Er kann Ihnen dafür von seiner Energie etwas abgeben.

Zwilling

Sie passen gut zueinander, weil Sie auf der gleichen Wellenlänge senden. Am schönsten kommt das im Urlaub zum Ausdruck, wo Sie sich miteinander herrlich amüsieren. Im Alltag kommt es schon mal zu kleinen Streitereien, Sie machen das, damit keine Routine einkehrt ... Ihre Bindung mit dem Widder kann lange dauern. Entscheidend wird sein, daß Sie nicht an seiner Blindheit für alles, was man Nuancen nennen könnte, verzweifeln.

Krebs

Schwierig. Der Widder geht sehr aus sich heraus, Sie aber fressen alles in sich hinein. Er vergißt, Sie aber neigen dazu, allen Streit immer wieder aufzuwärmen. Es kommt selten vor, daß ein Krebs sich gleich beim ersten Rendezvous mit einem Widder versteht. Die Partnerschaft kann funktionieren, wenn Sie bereit sind zu akzeptieren, daß der Widder Sie bei aller Liebe nicht versteht und nie verstehen wird. Sind Sie wirklich in der Lage, diese Bedingung zu erfüllen?

Löwe

Ideale Beziehung für kurze Zeit. Die Begeisterungsfähigkeit des Löwen überträgt sich auf Sie und verleiht Ihnen Mut ... Die Gefahr der baldigen Trennung ist damit allerdings keineswegs ausgeräumt. Widder und Löwe verfolgen ganz verschiedene Ziele. Er lebt ganz in der Gegenwart, während Ihr Blick auf die Zukunft gerichtet ist. Der Widder ist ein Tierkreiszeichen, das sich viel vom Leben erwartet.

Jungfrau

Ein Abenteuer mit einem (oder einer) Jungfrau-Geborenen kann Ihnen nicht schaden. Der Partner bzw. die Partnerin wird Ihnen helfen, Ihre Hemmungen über Bord zu werfen und mehr Duldsamkeit gegenüber anderen Menschen zu beweisen. Auf lange Sicht allerdings werden Sie Ihren Partner unreif finden.

Waage

Astrologisch gesehen der ideale Partner. Sie profitieren von der Unternehmungslust des Widder-Geborenen. Alle Zweifel, die sich früher als Hemmnis erwiesen, sind jetzt vergessen. Sie werden übrigens Gelegenheit haben, Ihre Fähigkeiten als Vermittler einzusetzen. Widder-Geborene machen gern Dummheiten, die dann von anderen ausgebügelt werden müssen.

Skorpion

Zwei Sternzeichen, die sich leidenschaftlich voneinander angezogen fühlen. Das Ganze ist wunderschön, so lange es Hindernisse gibt, die Ihrer endgültigen Vereinigung im Wege stehen. Sobald Sie zueinander gefunden haben, beginnt die große Langeweile. Sie, der Widder, werden es sein, der dem Skorpion Beschränktheit vorwirft.

Schütze

Sie werden sich glänzend verstehen! Der Schütze-Geborene ist genau der Typ, der Ihnen gefällt, und er ist fasziniert von Ihnen. Damit das auch so bleibt, müssen Sie weiterhin das Ideal verkörpern, unter dem Sie angetreten sind. Ihr Motto heißt Freiheit. Weichen Sie von diesem Pfad ab, geht alles in die Brüche. Der Widder, ob männlich oder weiblich, mag einen Gefährten, der ihn bei seinen Abenteuern begleitet, kein Heimchen und keinen Pantoffelhelden.

Steinbock

Zu Anfang gestaltet sich die Beziehung etwas schwierig. Alles wird besser, wenn Sie daran denken, daß Sie ihm nie seine Spontaneität vorhalten dürfen. Dinge aus dem Impuls heraus zu tun, so etwas hat seine Vorteile. Wichtig ist, daß Sie dem Widder gegenüber Ihre Gefühle deutlich zeigen, denn er ist ein Mensch, der die anderen nach dem äußeren Eindruck beurteilt. Sie sollten es ihm auch nicht übelnehmen, wenn er Ihnen auf die Schulter klopft.

Wassermann

Widder und Wassermann sind zwei Zeichen, die einander in Freundschaft, sogar als Komplizen verbunden sind. Paradoxerweise wird Ihre Rücksichtnahme auf seine Freiheitsgelüste dazu führen, daß er diese Freiheit zurücknimmt. Sie sind es, der in das Leben des Widders Stabilität einkehren läßt, seine Unzufriedenheit schwindet. Den Freimut Ihres Partners, seine Art, die Dinge ohne Umschweife anzugehen, werden Sie schätzen lernen, auch wenn Sie seine Handlungsweise manchmal naiv finden.

Fische

Sie sind der ideale Partner, um dem Widder seine Aggressionen zu nehmen. Er sehnt sich danach, das ganze Leben an Ihrer Seite zu verbringen. Sie sollten bei alledem wissen, daß der Widder Sie nicht ganz verstehen wird. Besonders harmonisch ist die Partnerschaft, wenn Sie von extrovertierter Wesensart sind.

Der Stier

Element: Erde
Geburtsherrscher: Venus

Überblick über die Persönlichkeit des Stiers

Von allen Tierkreiszeichen ist der Stier dasjenige, das sich am tiefsten an der Wirklichkeit orientiert. Beschaulich, ruhig, mit langsamen Reaktionen ausgestattet, aber durchaus begeisterungsfähig, empfängt er mehr Impulse, als er abgibt. Es dauert eine Weile, bis der Stier eine Idee begriffen oder einen Menschen verstanden hat. Er muß sich nämlich die Dinge einverleiben, um sie zu bewältigen. Wenn er sich einmal eine feste Meinung gebildet hat, ist er nicht mehr davon abzubringen, da kann sich ereignen, was will. Der Stier ist von positiver, konstruktiver Wesensart. Was er aufbaut, gründet sich auf Informationen, die er sorgfältig geprüft hat. Sein Wirklichkeitssinn und sein Gespür für das Machbare führen dazu, daß er Komplikationen, Zweifel und Geheimnisse unerträglich findet. Er ist von tiefem Mißtrauen gegen alles erfüllt, was mit Symbolen, mit dem Seelenzustand der Menschen und mit irrationalen Verhaltensweisen zu tun hat. Wenn er sich überhaupt mit Psychologie befaßt, dann um Dogmen aufzubauen, mit denen sich der Faktor Zeit besiegen läßt. Sigmund Freud war Stier.

Charakterlich ist der große Vorteil des Stiers seine Verläßlichkeit. Er ist jemand, dem man wirklich vertrauen kann, ein Fels in der Brandung. Zwar läßt er sich kaum anmerken, was er empfindet. Wenn man ihn aber erst einmal kennt, ist es einfach, seine Reaktionen und Handlungen vorauszusehen. Stiere ändern sich nicht, sie hassen den Wechsel. Dinge, die anders als gewöhnlich laufen, machen den Stier nervös, ängstlich oder wütend, er verliert dann leicht die Orientierung. Zwar stimmt es,

Steckbrief des Zeichens Stier

Die wichtigsten Tugenden: Verläßlichkeit, Geduld, Gutmütigkeit

Die wichtigsten Schwachstellen: Schwerfälligkeit, Eifersucht, Naschhaftigkeit

Bevorzugte Rolle im Beruf: Gärtner

Denkbar ungeeignet als: Jongleur

Seine Leinwandheldin: Emmanuelle

Bevorzugtes Beförderungsmittel: Traktor

Lieblingsgericht: Kohlrouladen

Lieblingsgetränk: Beaujolais

Lieblingsfarbe: grün

Lieblingszeitung: Wirtschaftsblatt

Lieblingssport: Gewichtheben

Bevorzugte Kleidung: Schlafanzug oder Hausmantel

Kopfkissenbuch: Die Enzyklopädie der sexuellen Freuden

Lieblingssage: Theseus und der Minotaurus

Lieblingssendung im Fernsehen: Börsenkurse

Das Möbelstück, das der Stier am wenigsten missen möchte: Ohrensessel

Metall: Kupfer

Edelstein: Saphir

Gefährdeter Körperteil: Hals

Musik, die er (oder sie) besonders gern hört: Wagner, auf dem Akkordeon gespielt

Wo er (sie) sich am liebsten aufhält: Die eigene Wohnung

daß Stier-Geborene Probleme mit blinder Entschlossenheit angehen, es stimmt aber auch, daß sie vor unvorhergesehenen Hindernissen nicht selten versagen. Der Stier verliert bei solchen Gelegenheiten seine Kraft und den Glauben an sich selbst.

Die erwähnte Eigenschaft ist der Grund, warum wir zwischen zwei Arten von Stier-Geborenen unterscheiden müssen. Da ist einmal die Gruppe, die noch keinem unerwarteten Hindernis begegnet ist. Zum zweiten gibt es die Gruppe, die diese traumatische Erfahrung bereits hinter sich hat. Die einen sind von großem Durchsetzungsvermögen erfüllt, die anderen werden den Rest ihres Lebens nach dem Sprichwort »Gebranntes Kind scheut das Feuer« agieren. Diese zweite Gruppe ist immer mißtrauisch, daß man sie in eine Falle locken will, das gilt sowohl für den materiellen Bereich als auch für die Liebe.

Das schlimmste, was einem Stier passieren kann, ist Enteignung, in jeder Bedeutung des Wortes. Dieses Tierkreiszeichen will erwerben, bewahren und mit dem Pfunde wuchern. Wenn man ihm das verwehrt, so bedeutet das für den Stier ein großes Drama. Ein Ausweg ist, daß er seinen Besitzdrang jetzt auf jene, die er liebt, ausdehnt ...

In der Arbeit ist der Stier hartnäckig, leistungsfähig und ausdauernd. Probleme, die sich nicht durch Analyse lösen lassen, bewältigt er durch seinen sicheren Instinkt.

Der Stier liebt die Natur, die »Mutter Erde«, das einfache Leben ebenso wie den Überfluß. Vor Ausschweifungen schreckt er nicht zurück. Er liebt es, auf großem Fuß zu leben, und wird von den Freunden für seine Gastfreundschaft geschätzt. Seine erotischen Begierden sind recht ausgeprägt, das gilt sowohl für die männlichen als auch für die weiblichen Geborenen dieses Zeichens.

Liebe

Die Stiere, das gilt für »ihn« und »sie«, sind zutiefst sinnlich, den fleischlichen Freuden des Lebens zugeneigt. Sie gehen ganz in der Liebe auf, geben sich dem Partner vollständig hin, ohne

Vorbehalte und ohne Hintergedanken. Von zärtlichem, ja leidenschaftlichem Temperament, gibt der Stier seinem Partner bzw. seiner Partnerin das Gefühl unbedingter Sicherheit. Wer lebt nicht gern in der Gewißheit, daß er von dem geliebten Gegenüber nie verlassen wird ...

Tatsache ist, daß sich ein verliebter Stier ein bißchen naiv benimmt. Er (oder sie) ist treu wie Gold und stellt sich vor, daß die Partnerin (oder der Partner) ebenso veranlagt ist. Kein Wunder, daß es da oft zu Enttäuschungen kommt ...

Der Stier ist besitzergreifend und eifersüchtig bis zur Besessenheit. Die Vorstellung, vom Partner betrogen zu werden, kann bei den Angehörigen dieses Tierkreiszeichens zu einer regelrechten Manie ausarten. Schicksalsschläge wie Trennung, Untreue oder den vollständigen Abbruch von Beziehungen kann der Stier nur sehr schwer verkraften, es sei denn, daß er die Ereignisse selbst herbeigeführt hat. Wenn er einmal enttäuscht worden ist, neigt er dazu, sich in sein Schneckenhaus zurückzuziehen, und ist dann nicht selten von einer panischen Angst vor neuen Bindungen erfüllt. Manche Stiere, die solche Erfahrungen hinter sich haben, gebärden sich wie Sammler, die den geliebten Menschen wie einen Gegenstand behandeln. Die physische Liebe steht unter den Dingen, die einem Stier wichtig sind, ganz oben. Sowohl die männlichen als auch die weiblichen Geborenen dieses Zeichens erfahren die Partnerin bzw. den Partner mit allen Sinnen, die den Menschen von der Natur verliehen sind. Ein Stier will riechen, schmecken, berühren ... Was unter anderem bedeutet, daß er die Trennung von dem geliebten Menschen nur sehr schwer erträgt ... Erzwingen die äußeren Umstände eine solche Trennung, so sieht sich der Stier den größten Versuchungen ausgesetzt. Platonische Liebe zu einem Wesen, das sich weit entfernt aufhält, ist nichts für ihn, und man darf annehmen, daß der Keuschheitsgürtel im Mittelalter für Stier-Frauen erfunden wurde, an deren charakterlicher Standfestigkeit der Kreuzritter, der sich auf Jahre von seinem geliebten Weib verabschiedete, berechtigte Zweifel hatte.

Der Stier hat keine Komplexe, und es gibt wenig Dinge, die ihm Angst machen. Die Geborenen dieses Zeichens finden zunächst einmal alles schön und wunderbar. Inmitten der schlimmsten Spelunke wirkt die Stier-Frau wie ein unschuldiges Wesen, das aus Zufall in diese Umgebung verschlagen worden ist. Spricht man sie auf ihre leichtsinnige Lebensführung an, so erhält man die folgende Antwort: »Laster? Was verstehen Sie eigentlich darunter?«

Der Stier-Mann sprüht vor Charme. Die Frau, die ihn kennenlernt, verspürt alsbald Lust, mit Sack und Pack zu ihm zu ziehen. Nachforschungen über diesen Mann anzustellen, das erscheint ihr nicht mehr wichtig. Jeder Stier hat auch feminine Züge, einer der Gründe, warum es ihm gelingt, die feminine Prägung seiner Partnerin voll erblühen zu lassen. Voller Sinnlichkeit und von unerschöpflicher Geduld beseelt, ist der Stier der Mann, der die Initiative ergreift. An seine Schulter kann die Frau sich anlehnen, bei ihm fühlt sie sich bestens aufgehoben ... Wobei gesagt werden muß, daß der Stier nur selten den seelischen Zustand einer Frau richtig erkennt.

Die typische Stier-Frau gibt sich offen, weiblich, liebenswürdig. Zu ihren Eigenschaften gehört Pflichtgefühl. Sinn für Ordnung und Organisation beherrscht ihr Berufsleben, sie ist auch eine gute Hausfrau. Nur selten wird sie ihr Privatleben beruflichen Gesichtspunkten unterordnen.

Im Grunde treu, bleibt die Stier-Frau doch ihr ganzes Leben der Versuchung zum Seitensprung ausgesetzt. So läßt sie sich zum Beispiel von Männern verführen, die mit dem Instrument der Überraschung arbeiten und es verstehen, die Frau aus dem Alltag herauszulösen. Mit anderen Worten: Eine Stier-Frau sollte man besser nicht allein lassen!

Bindungen

Von bedächtiger Wesensart, wird der Stier, ob männlich oder weiblich, keine Ehe aus der Laune des Augenblicks heraus schließen, wie er überhaupt gegen Entscheidungen ist, die Hals über Kopf getroffen werden. Wie selbstverständlich wird sich ein Mann dieses Tierkreiszeichen über den finanziellen Hinter-

grund der in Aussicht genommenen Ehepartnerin erkundigen.
In ähnlicher Weise wird die Stier-Frau die Einkommensverhält-
nisse ihres Verlobten nachprüfen. Geschäftssinn? Berechnung?
Für einen Stier ist das nur Sinn für die Realitäten des Lebens.
Von Luft und Liebe, so wird er Ihnen erklären, kann man nicht
leben ... Nach der Heirat kümmert sich der Stier rührend um
das wirtschaftliche Wohlergehen der Familie. Den Kindern soll
es an nichts fehlen. Für das Finanzielle wird bestens vorgesorgt
... Nicht so gut sieht es mit dem geistigen Einklang zwischen
dem Stier und seinem Ehepartner sowie den Kindern aus! Die
männlichen Geborenen dieses Zeichens glauben allen Ernstes,
daß sie ihre Pflicht getan haben, wenn genügend Brot auf den
Tisch kommt. Liebe? »Ich habe dich doch geheiratet, das ist der
Beweis, daß ich dich liebe.« Der Stier-Mann ist nachts der leidenschaftliche Liebhaber, am Morgen darauf sind die zärtlichen
Worte, die er seiner Gefährtin ins Ohr geflüstert hat, vergessen,
und natürlich vergißt er auch ihren Geburtstag.

Im Unterschied dazu ist das Verhalten der Stier-Frau zu ihrem Partner immer von Zuneigung geprägt. Sie trägt dieses Gefühl offen zur Schau ... Allerdings ist es ihr im Grund herzlich
egal, was im Kopf des geliebten Mannes vor sich geht.

Ein Stier läßt sich höchst ungern scheiden, es sei denn, daß er
sich im Bett mit seiner Partnerin nicht mehr versteht. Bevor er
die Scheidung beantragt, wird er eine Beziehung zu einer anderen Frau aufnehmen, damit die sexuellen Bedürfnisse auch während der Übergangszeit befriedigt werden.

Man muß sagen, daß sich die meisten Stier-Geborenen auf
den Lorbeeren ihrer Ehe ausruhen, das gilt für beide Geschlechter. Sie sind dann höchst überrascht, wenn sich der Partner vernachlässigt vorkommt und sein Glück außerhalb der Ehe sucht.

Der Stier ist nicht für die Einsamkeit geschaffen, die Angehörigen dieses Tierkreiszeichens leben deshalb selten allein. Um
einen Stier zu verführen, muß man ihn meistens aus einer beste-
henden Bindung herauslösen. Was bedeutet, daß man erst einmal eine Rivalin (oder einen Rivalen) aus dem Felde schlagen
muß.

Die Berufe des Stiers

1. Berufe, wo er (oder sie) mit der Erde und der Natur zu tun haben:
   - Landwirtschaft, Gartenbau, Landschaftspflege, Tierzucht und alles, was mit Blumen und Pflanzen zu tun hat ...
2. Berufe, die mit dem Bauwesen in Verbindung stehen:
   - Architekt, Bauunternehmer, Anstreicher, Maurer ...
3. Bildende Künste:
   - Zeichnen, Malen, Bildhauerei ...
4. Berufe, die mit Geld zu tun haben:
   - Bankier, Bankangestellter, Finanzexperte, Finanzmakler ...

Rat an Eva

Sie sollten sich für einen Stier-Mann entscheiden, wenn folgende Feststellungen für Sie zutreffen:

- Sie gehören zu den Frauen, die in der Programmzeitschrift wie süchtig nach Gary Cooper-Filmen Ausschau halten.
- Sie träumen davon, Arm in Arm mit Ihrem Mann einzuschlafen, und es stört Sie nicht, daß dieser Mann ein Bäuchlein hat.
- Sie haben einige Jahre mit einem Partner hinter sich, der sexuelle Probleme hatte.
- Ihre Bekannten finden, daß Sie zu fett kochen und daß Ihre Gerichte zu schwer im Magen liegen.

Warnung! Meiden Sie den Stier-Mann, wenn Sie kein Mittagessen mögen, bei dem jede Menge Wein getrunken wird und das sich bis vier Uhr nachmittags hinzieht.

Rat an Adam

Sie sollten sich für eine Stier-Frau entscheiden, wenn folgende Feststellungen für Sie zutreffen:

- Sie haben sehr darunter gelitten, daß sich Ihre letzte Freundin zu einer Abmagerungskur entschloß.
- Sie mögen gern hausgemachte Konfitüre, aber Sie haben keine Ahnung, wie man Konfitüre einkocht.
- Gertenschlanke Geschöpfe wie Jane Birkin lassen Sie gleichgültig.
- Sie sehnen sich nach der Daunendecke zurück, mit der Ihre Mutter Sie als Kind zugedeckt hat.

Warnung! Meiden Sie die Stier-Frau, wenn Ihnen die Vorstellung, auf dem Lande leben zu müssen, Alpträume verursacht.

ERSTE PHASE

Kennenlernen

Wo treffe ich Stiere

1. Am Arbeitsplatz, im Betrieb. Die Geborenen dieses Zeichens halten sich bevorzugt an den folgenden Örtlichkeiten auf:
   - In Achitekturbüros.
   - In einer Akademie für Schöne Künste.
   - In Gebäuden und Häusern, die noch nicht ganz fertiggestellt sind.
   - In Pflanzschulen, Gärtnereien und Blumengeschäften.
   - In einer Bank.
   - In landwirtschaftlichen Betrieben.
2. Stiere verkehren viel in Restaurants. In der Mittagspause im Büro zu bleiben, einen Apfel zu knabbern und nachher einen Becher schwarzen Kaffee aus dem Automaten zu trinken,

das ist nicht ihre Art! Statt dessen bevorzugen sie Gaststätten, die für ihre gute Küche berühmt sind, darunter solche, wo man mittags kaum eine Frau antrifft. Der typische Stier tafelt in einem Lokal, wo die Wirtin noch selbst hinter dem Herd steht, zu einem guten Mittagessen gehören für ihn ein Tisch mit karierter Tischdecke ebenso wie duftende Schwaden, die aus der Küche in den Gästeraum dringen ...

3. Das Wochenende verbringt der Stier am liebsten in der eigenen Wohnung, wo er irgend etwas repariert oder aufräumt. Zu seinen Vergnügungen für den arbeitsfreien Teil der Woche gehören Fernsehen, das Gießen der Pflanzen auf dem Balkon und die Jagd auf Maulwürfe, soweit ein eigener Garten vorhanden ist. Die Stier-Frau macht das gleiche oder sie kocht.
Bei unverheirateten Stieren ist der Lebensrhythmus etwas anders: Sie verbringen das Wochenende gern außer Haus. »Er« wird sich mit seinen Freunden zum Essen in einem guten Restaurant verabreden. »Sie« benutzt den Samstag für einen Streifzug durch die Geschäfte, kauft irgendwelchen Schnickschnack, begibt sich zum Friseur oder trifft sich mit einer Schulfreundin in einem Café.

4. Von Natur aus seßhafte Wesen, können die Stiere großen Reisen nichts abgewinnen. Im Urlaub suchen sie sich einen ruhiggelegenen Ort, wo es nicht zu heiß ist. Übertrieben trockenes Klima behagt ihnen überhaupt nicht. Es ist deshalb sinnlos, in der marokkanischen Wüste, in der Negev-Wüste oder in der Kalahari-Wüste nach einem Stier Ausschau zu halten. (Wenn Sie dort trotzdem aus Zufall auf einen Geborenen dieses Zeichens treffen sollten, haben Sie leichtes Spiel. Einzige Bedingung ist, daß Sie daran gedacht haben, eine Flasche guten Rotwein auf die Reise mitzunehmen!)
Typisch für Stiere ist, daß sie an den Urlaubsort, der sich aus ihrer Sicht als ideal ergeben hat, Jahr für Jahr wiederkehren. Mehr als alle anderen fühlt sich dieses Tierkreiszeichen vom Leben auf dem Lande angezogen. Stiere haben eine ausgeprägte Schwäche für reizvolle Hügellandschaften, wie man

sie in Frankreich oder in der Schweiz findet. Sie träumen davon, in einer solchen Gegend Urlaub zu machen ... Ich bin überzeugt, daß männliche Geborene dieses Zeichens beim Betrachten der Hügel an den Körper einer üppigen Frau, an eine Rubens-Schönheit, denken ...

Und so verbringen die Stier-Männer ihre Ferien immer wieder auf dem gleichen Gutshof, wo sie die Kühe beim Namen kennen. Natürlich hat der Stier keine Angst vor dem Hofhund, auch wenn dieser mit einem warnenden Schild als »bissig« bezeichnet wird. Er trinkt die kuhwarme Milch und labt sich am hausgemachten Käse ...

Welchen Zerstreuungen sich ein männlicher Stier in solch einer Umgebung hingibt? Angeln oder Jagd. Wichtig ist ihm auch der regelmäßige Mittagsschlaf, dem in Einzelfällen erotische Erlebnisse vorangehen dürfen!

Soweit der Stier sowieso schon auf dem Lande wohnt (es gibt recht viele, für die das zutrifft), wird er die Ferien am Meer verbringen, wo er Jahr für Jahr das gleiche Apartment oder den gleichen Bungalow mietet. Wenn er Camping mag, wird er immer wieder auf den gleichen Campingplatz zurückkehren.

Wenn ein Stier ausnahmsweise ins Ausland reist, entscheidet er sich für Länder, wo es kühl und grün ist: Irland, Schottland ... Angeln ist angesagt!

An den folgenden Örtlichkeiten haben Sie gute Chancen, auf einen Stier zu stoßen:

a) Geschäfte für Anglerbedarf (die Geborenen dieses Zeichens gehen in solche Geschäfte, auch wenn sie gar nichts kaufen wollen, nur um zu träumen).

b) Parks im Umfeld der Großstädte und einfache Hotels auf dem Lande.

c) Erkundigen Sie sich bei den Eigentümern von Ferienhäusern, ob es nicht einen Gast, männlich oder weiblich, gibt, der seit vielen Jahren jeden Sommer wiederkehrt. Dieser Gast ist mit großer Wahrscheinlichkeit ein Stier.

Woran man einen Stier erkennt

Das männliche Exemplar ist meist von kleiner Gestalt und strahlt Verläßlichkeit aus. Man hat den Eindruck, daß sich die Füße des Stiers beim Gehen nur zögernd vom Boden lösen, die Geborenen dieses Zeichens sind mit der Erde gleichsam fest verankert. Von stämmigem Naturell, neigt der Stier dazu, im Laufe der Zeit ein Bäuchlein zu entwickeln, von dem er sich nur schwer wieder befreien kann (dieses Sternbild hat einen Horror vor Schlankheitskuren).

Allerdings ist der Körper eines Stiers immer muskulös. Er verfügt über starke Schultern, an die man sich anlehnen kann. Was den Oberbau angeht, sind die Männer dieses Zeichens von allen Tierkreiszeichen am besten ausgestattet ...

Eine physische Besonderheit ist der Hals, der meist kurz und massig ausfällt und zwischen den Schultern versinkt. Nicht umsonst spricht man von einem Stiernacken.

Der Stier-Mann mag bequeme Kleidung. Er haßt Krawatten, die ihn erdrosseln, und ebenso haßt er enggeschnittene Hemden, knappsitzende Gürtel, die seine Atmung behindern könnten. Wenn irgend möglich, trägt er Samthosen und Flanellhemden, deren Weichheit ihn an die Daunendecken seiner Kindheit erinnern. Bei aller Lässigkeit in der Kleidung wird der Stier darauf achten, daß die Farben, die er trägt, einigermaßen aufeinander abgestimmt sind. Eine Ausnahme von dieser Regel ergibt sich nur, wenn er unter ungeheurem Zeitdruck steht. Dann kann es vorkommen, daß er zu einem orangefarbenen Hemd eine grüne Krawatte anlegt!

Innerhalb einer Gruppe von Männern erkennen Sie den Stier daran, daß er fast immer sitzt, die Beine bequem von sich gestreckt. Der Gesichtsausdruck ist zufrieden bis scheinheilig. Von Zeit zu Zeit hebt der Stier die Lider, seltsamerweise immer gerade dann, wenn eine Frau vorübergeht. Hintergrund dieser Angewohnheit: Er verehrt die Frauen, mag sie, liebt sie. Der Dame seines Herzens bleibt er treu, was ihn aber nicht daran hindert, anderen Schönen nachzusehen. Einfach so, weil es seine Sinnlichkeit anstachelt ...

Entsprechend ihrem männlichen Gegenpart ist auch die Stier-Frau von geringer Körpergröße. Figürlich neigt sie zur Mollig-keit. Die Haut ist glatt und elastisch, die Formen rund. Ein Mann, der eine Vertreterin dieses Zeichens am Badestrand sieht, verspürt den Wunsch, ihr in den Hintern zu kneifen. Die Stier-Frau gibt sich sinnlich, manchmal sogar provozierend, der Gang ist langsam, die Bewegungen ausgeglichen. Selten, daß sie einem Betrachter Mitleid einflößt, eher schon Lust auf Liebe ...

Gewiß gibt es auch magere Stier-Frauen. Die Gründe für die Abweichung können im psychologischen Bereich liegen. Mög-licherweise hat diese Frau große Schwierigkeiten mit sich selbst, oder sie weigert sich, ihre Weiblichkeit zu akzeptieren.

Zwar hat die Stier-Frau in modischen Dingen nicht das, was man einen untrüglichen Geschmack nennt, aber sie hat insge-samt eine glückliche Hand bei der Auswahl ihrer Kleider. Sie mag Seide, Mousseline- und Wollstoffe und aufgebauschte Röcke. Egal, ob ihr für die Kleidung viel oder wenig Geld zur Verfügung steht, wird sich die Stier-Frau immer betont weiblich anziehen.

Koketterie ist für sie kein Fremdwort. Sie träumt von einem sündteuren Pelzmantel, unter dem sie nur ein hauchdünnes Sei-dentrikot trägt ...

Wie man eine Stier-Frau inmitten einer Gruppe von Men-schen erkennt? Sie ist von Männern umgeben. Wenn keine Männer verfügbar sind, langweilt sie sich und verläßt den Schauplatz.

Wie man einen Stier auf sich aufmerksam macht

Alles kommt auf den richtigen Zeitpunkt an, genauer gesagt auf den richtigen Wochentag.

An den Werktagen hält sich der Stier, ob weiblich oder männ-lich, an seinem Arbeitsplatz auf. Er arbeitet sogar, wenn er krank ist. Erst wenn die Krankheit so ernst ist, daß er nicht mehr arbeiten kann, läßt sich der Stier ins Krankenhaus einlie-fern.

Was tun, um einen Vertreter oder eine Vertreterin dieses
Tierkreiszeichens auf sich aufmerksam zu machen?

Eine Möglichkeit: Man sucht den Stier an seiner Arbeitsstelle
auf. Vor allzu großen Hoffnungen sei gewarnt. Es dürfte nicht
leichtfallen, ihn (oder sie) von seiner Arbeit abzulenken. Immerhin, es gibt zwei empfehlenswerte Methoden:

a) Sie sorgen dafür, daß Sie eine Anstellung in der gleichen
   Firma erhalten. Unter einem Vorwand werden Sie dann
   mehrmals am Tag sein (ihr) Büro aufsuchen. Wenn Sie eine
   Frau sind, die es auf einen Stier abgesehen hat, können Sie
   das Kennenlernen erzwingen, indem Sie im Vorbeigehen an
   seinen Bürosessel stoßen. Da »er« ein höflicher Mensch ist,
   wird er sich erkundigen, ob Sie sich weh getan haben. Wichtig an der ganzen Prozedur ist, daß Sie dem Sessel mit Ihren
   Hüften einen möglichst starken Stoß versetzen, sonst besteht
   die Gefahr, daß der Mann Ihrer Träume in seine Akten vergraben bleibt. Wenn Sie ein Mann sind, der eine Stier-Geborene erobern will, sollten Sie es nicht bei einem Stoß gegen
   ihren Sessel bewenden lassen. Besser ist, wenn Sie neben ihrem Schreibtisch zu Fall geraten und der Länge nach hin-
   schlagen. Wenn Sie aufstehen, machen Sie ein Gesicht wie
   ein Indianer, dem trotz schlimmster Qualen kein Schmer-
   zenslaut zu entlocken ist. Das Traumwesen, nachdem Sie
   sich verzehren, wird Ihnen jetzt eine Aspirintablette, einen
   Wundverband oder eine Tafel Schokolade anbieten. Jetzt
   haben Sie die Qual der Wahl!

b) Werden Sie Kunde oder Lieferant der Firma, wo Ihr Stier
   arbeitet. Sie haben dann die Gelegenheit, ihm (oder ihr) etwas abzukaufen oder zum Kauf anzubieten. In beiden Fällen
   sollten Sie um den Preis feilschen. Dann werden Sie merken,
   wie die Augen Ihres Gegenübers erstrahlen. Mit ein bißchen
   Glück sollte es Ihnen gelingen, die Verhandlung bis zum
   Ende der Geschäftszeit hinzuziehen, so daß sich Ihnen die
   Möglichkeit eröffnet, das beruflich bedingte Gespräch bei einem Aperitif zu Ende zu führen.

Am Wochenende und im Urlaub gelten andere Regeln. Die Methoden, die ich Ihnen jetzt vorschlage, zielen alle darauf ab, den Stier aus dem Trott zu bringen, so daß er Ihnen Beachtung schenkt.

1. Gehen Sie möglichst oft an seinem (ihrem) Gartenzaun entlang. Zeigen Sie sich beeindruckt von der Pracht seiner (ihrer) Rhododendronbüsche. Nachdem Sie diese Nummer einige Wochen lang vorgeführt haben, sprechen Sie ihn (sie) mit den folgenden Worten an: »Wie machen Sie das nur, daß ihr Rhododendron so herrlich wächst? Würden Sie mir bitte das Geheimnis verraten?«

2. Gießen Sie Ihre Balkonpflanzen genau in dem Augenblick, wo der Stier an Ihrem Haus vorbeigeht. Sorgen Sie dafür, daß er (sie) ein paar Wasserspritzer abbekommt.

3. Wenn Sie den Kontakt mit Ihrem Stier im Rahmen eines Urlaubs beginnen wollen, bewaffnen Sie sich am besten mit einer Angelrute. Die Würmer, die Sie als Köder für die Fische benötigen, buddeln Sie natürlich unmittelbar vor seinem Bungalow aus.

4. Es gibt einen Trick, der sich im Urlaub am Meer bewährt hat. Sie kaufen sich auf dem Markt einen riesengroßen Fisch. Sie setzen sich eine Unterwassermaske auf die Stirn und legen Gummiflossen an, vielleicht können Sie auch ein Boot mieten, das Sie als Sportfischer ausweist. Sie verlassen das Boot und schleppen den schweren Fisch über den Strand. Wenn Sie an der Stier-Frau vorbeikommen, stöhnen Sie: »Der Bursche hat mich wirklich einige Arbeit gekostet, gestern war's nicht so schwer ...«
   Achten Sie aber darauf, daß der Fisch, den Sie kaufen, nicht tiefgefroren ist, damit der Stier Ihre List nicht durchschaut!

5. Kaufen Sie ein Grundstück neben dem Bungalow des Stiers. Wenn er (oder sie) für den Urlaub ein Apartment gemietet hat oder über eine Eigentumswohnung an Ihrem Ferienort verfügt, können Sie sich in dem Gebäude einmieten. Sie eröffnen dann den Kontakt mit dem Stier, indem Sie an seine

Tür klopfen und ihn (oder sie) um einen Hammer und ein paar Nägel bitten.

Die aufgeführten Methoden funktionieren bei Stieren beiderlei Geschlechts. Wenn Ihr Stier eine Frau ist, können Sie außerdem die folgenden Tricks ausprobieren:

1. Wenn Ihre Auserwählte vom Einkauf im Supermarkt zurückkehrt, öffnen Sie ihr die Tür zur Wohnanlage und helfen ihr, die Pakete in die Wohnung zu tragen. Sprechen Sie dabei kein Wort.

2. Fahren Sie am Steuer eines großen Autos vor. Noch wirkungsvoller ist es, wenn Sie sich von einem Freund chauffieren lassen.

3. Folgen Sie der Stier-Frau in eine Boutique. Kaufen Sie eine größere Anzahl Kleider, ohne nach dem Preis zu fragen (gegebenenfalls muß die Verkäuferin bei diesem Husarenstück als Ihre Komplizin mitmachen). Wenn die Verkäuferin Anstalten macht, Sie bei einem besonders teuren Kleidungsstück von sich aus über den Preis zu informieren, sagen Sie lässig: »Der Preis spielt keine Rolle. Für die Frau, die ich liebe, ist mir nichts zu teuer!« Es kann nicht ausbleiben, daß die Stier-Frau die geheimnisvolle Unbekannte, die auf diese Weise verwöhnt wird, von Herzen beneidet. Wie es weitergeht? Ein paar Tage später folgen Sie Ihrer Angebeteten in die gleiche Boutique und verkünden der Verkäuferin, daß Sie von Ihrer undankbaren Freundin verlassen worden sind. (Es versteht sich, daß Sie diese Methode des großzügigen Einkaufens nach geglückter Anbahnung des Kontaktes mit Ihrer Stier-Frau nicht weiterpraktizieren dürfen, es sei denn, Sie sind Milliardär ...).

Und wenn's nicht klappt? Wenn »er« sein Auge auf eine andere Strandschönheit wirft? Wenn »sie« einen Mann mit noch größerem Auto oder noch dickerer Brieftasche findet?

Dann bleibt Ihnen nur noch eine Chance.

Wenn Sie ein Mann sind, müssen sie dafür sorgen, daß Ihnen der Ruf eines Herzensbrechers vorausgeht.

Wenn Sie eine Frau sind, müssen Sie sich den Ruf einer außerordentlich leidenschaftlichen Frau verschaffen, den Ruf eines weiblichen Wesens, an dessen Moral ein Zweifel erlaubt ist.

Die Neugier der Stier-Geborenen auf sexuellem Gebiet wird Ihnen die Beute ins Netz treiben ...

ZWEITE PHASE

Die Beziehung

Wie man einen Stier verführt und an sich bindet

Ihr Verhalten darf auf keinen Fall brüsk wirken. Mit martialischem Gehabe können Sie bei einem Stier keinen Blumentopf gewinnen. Es kommt vielmehr darauf an, seiner Sehnsucht nach Weichheit und Süße zu entsprechen. Sie haben gewonnen, wenn Sie bei dem Stier den Eindruck erwecken, daß das Zusammenleben mit Ihnen leicht und problemlos ist.

Halten Sie sich allerdings vor Augen, daß Sie Geduld und Zeit brauchen, um diesen Fisch an Land zu bringen. Wie ich bereits sagte, reagieren Stiere nur langsam. Möglicherweise vergehen Tage oder Wochen, bis er (oder sie) Sie überhaupt bemerkt. Sie dürfen in dieser Phase unter keinen Umständen den Mut verlieren. Aus einem Grund, den niemand kennt, wirft sich der Stier, weiblich oder männlich, in Ihre Arme, wenn Sie die ganze Sache vielleicht schon verloren glauben. Typisch die Bemerkung, die er (sie) nach erfolgter Annäherung Ihnen gegenüber machen wird: »Ich spiele schon seit vielen Tagen mit der Idee, Sie anzusprechen, aber ich hatte nie den Mut dazu ...«

Der Stier männlichen Geschlechts schätzt es, wenn Sie freimütig und zugleich sehr sanft auftreten. Geben Sie sich weiblich, ohne daß man Sie als Dummerchen abstempeln könnte.

Nein, Sie sollten ihn nicht einige Wochen hinhalten, bevor Sie mit ihm ins Bett gehen. Wenn Sie den Eindruck haben, daß er eine Erklärung für Ihre Bereitwilligkeit erwartet, sagen Sie einfach: »Ich kann nicht länger warten, ich liebe dich.« Im Unterschied zu anderen Sternzeichen weiß der Stier ein solches Verhalten zu schätzen. Er mag es, wenn eine Frau in der Liebe mit offenen Karten spielt, und verachtet die Heuchlerin, die seiner Werbung mit den Worten »Ich bin nicht die Art von Mädchen, für die Sie mich halten«, ausweicht ... Die Tugendhafte zu spielen, das ist die beste Methode, um einen Stier zu verjagen.

Der weibliche Stier möchte erobert werden. Diese Frauen lieben es, wenn ein gewisser Druck ausgeübt wird. Die Vorstellung, die Beute eines Mannes zu werden, hat für sie etwas Erregendes. Das ist der Grund, warum Sie sich bei der Werbung um eine Stier-Frau entschlossen geben müssen. Die Schöne sollte den Eindruck gewinnen, daß Sie ganz genau wissen, was Sie wollen. Und Sie wollen natürlich nur eines: diese Frau. Kommen Sie recht bald aufs Bett zu sprechen, sonst hält Sie die Stier-Frau vielleicht noch für impotent. Wenn Sie ihr gefallen, sich bei der Werbung aber zuviel Zeit lassen, wird sie Ihnen übrigens mit großer Wahrscheinlichkeit eine süße Falle stellen. Eine Falle, vor der sie keine Angst zu haben brauchen: Sie werden von weichen Armen aufgenommen!

Sex

Wenn Sie vor der ersten Liebesnacht mit einem (oder einer) Stier-Geborenen stehen, sollten Sie alle Hemmungen abstreifen. Ihr Motto lautet jetzt: In der Liebe ist alles erlaubt, was gefällt. Gehen Sie auf die erotischen Fantasien des Partners bzw. der Partnerin ein, ergreifen Sie die Initiative, lassen Sie den anderen spüren und hören, daß Sex Ihnen Spaß macht. Machen Sie aus der Nacht mit ihm bzw. ihr ein Fest der Sinne. Eine gute Idee ist es, wenn Sie für die erste Ruhepause einen kalorienreichen Imbiß vorbereiten ...

Mit anderen Worten: Einmal genügt nicht. Die erste Nacht muß sich unauslöschlich in das Gedächtnis des Stiers eingraben. Es ist wohl am besten, wenn Sie sich vorsorglich für den nächsten Tag freinehmen ...

Was »vorher« geschieht, ist für den Stier, ob männlich oder weiblich, sehr wichtig. Ebenso wichtig sind die Koseworte und Zärtlichkeiten während der Umarmung. Sparen Sie nicht an Streicheleinheiten ... Und machen Sie kein Märtyrergesicht, wenn er bzw. sie schon wenige Minuten nach der Erfüllung neue Taten erwartet ... Die einzige Entschuldigung, die ein Stier gelten läßt, ist ihre völlige körperliche Erschöpfung.

Sie wollen, daß dem Glück der ersten Nacht viele weitere Liebesnächte folgen? Dann müssen Sie dafür sorgen, daß Ihr Partner bzw. Ihre Partnerin gar nicht erst zur Ruhe kommt. Verabreden Sie sich für den nächsten Abend. Wenn Sie nicht genügend erotische Fantasie haben, informieren Sie sich über ausgefallene Stellungen, indem Sie sich rasch ein Buch besorgen, wo dieses Thema abgehandelt wird. Es gibt nur ein Mittel, einen Stier zu verführen und an sich zu binden: Sex. Mit dem Argument, Sie seien beruflich überlastet, oder mit dem Hinweis auf Ihre Migräne können Sie diesem Tierkreiszeichen nicht kommen. Einen Stier lieben, heißt, daß Sie sexuell ständig zur Verfügung stehen müssen. Versagen Sie in diesem Punkt, werden Sie Ihren neuen Freund bzw. Ihre Freundin sehr unglücklich machen. Er bzw. sie wird sich dann sehr rasch jemanden suchen, der weder an beruflicher Überlastung noch an Migräne leidet.

Das Leben mit einem Stier

Ich möchte an dieser Stelle aus dem Buch des Astrologen Francois-Régis Bastide zitieren: »Wenn Sie ins Gefängnis müssen, sorgen Sie dafür, daß Ihr Zellengenosse ein Stier ist, denn die Geborenen dieses Zeichens sind die besten Partner, um auf engem Raum zusammenzuleben.«

Bastide hat recht, allerdings gibt es einige Regeln, besonders im sexuellen Bereich, die Sie beachten müssen, damit alles klappt.

1. Nehmen Sie Rücksicht auf seine (ihre) Gewohnheiten. Lassen Sie seine (ihre) persönlichen Gegenstände an dem Platz, den er (sie) ihnen zugeordnet hat. Versuchen Sie nicht, ihn (sie) zu einer anderen Methode der Kaffeezubereitung zu überreden.

2. Der Stier, das gilt für »ihn« und »sie«, tut sich schwer, die Freunde und Freundinnen zu akzeptieren, die Sie aus der Zeit vor Beginn Ihrer Beziehung haben. Sie sollten ihm bzw. ihr die Freunde deshalb nur nach und nach vorstellen . . . Für seine (ihre) Toleranz können Sie sich bedanken, indem Sie seine bzw. ihre Freunde einladen. Der Stier freut sich, wenn er anderen vorführen kann, was für eine prächtige Wahl er getroffen hat.

3. Wenn Sie mit einem Stier-Mann zusammenleben wollen, sollten Sie kochen lernen. Wenn Sie nichts Anständiges auf den Tisch bringen, wird Ihr Partner in einem Restaurant oder zu seiner Mutter essen gehen.

4. Leben Sie nicht über Ihre Verhältnisse.

5. Lassen Sie ihn (sie) spüren, daß diese Bindung auch für Sie etwas ganz Besonderes ist. Gehen Sie auf seinen (ihren) Vorschlag ein, die Stätten seiner (ihrer) Jugend zu besichtigen. Daß es in dem alten Bauernhaus, das seiner (ihrer) Familie gehört, kein fließendes Wasser gibt, darf Sie nicht stören. Der Stier mag es, wenn Sie seine nostalgischen Gefühle teilen.

6. Sprechen Sie nie über Ihre früheren Liebschaften. Der Stier ist eifersüchtig auf Ihre Vergangenheit!

7. Seien Sie ihm (ihr) ein treuer, aufmerksamer Gefährte. Ersparen Sie ihm (ihr) unliebsame Wechselbäder. Halten Sie zu ihm (ihr), wenn er (sie) in finanziellen Nöten ist.

8. Das Wichtigste: Nichts tun, was das Vertrauen, das der Stier in Sie gesetzt hat, untergraben könnte.

Wie man einen Stier zur Ehe rumkriegt

Sprechen wir zunächst von der Strategie, die bei einem Stier-Mann anzuwenden ist. Wenn er noch jung und begeisterungsfähig ist, bringen Sie das Gespräch auf das Haus, das Sie gemeinsam bauen wollen. Ist er ein reifer Mann, müssen Sie sich bei ihm unentbehrlich machen. Verteidigen Sie ihn gegen Störungen, gegen Menschen, die er nicht mag.

Um eine Stier-Frau zum Traualtar zu führen, gibt es zwei

Kleine Geschenke erhalten
die Freundschaft

Geeignet für Stiere beiderlei Geschlechts:

- Ein Gemälde, das eine Schäferszene darstellt
- Eine Zimmerpflanze
- Eine Langspielplatte mit Frank Sinatra oder Barbara Streisand
- Ein wunderschönes Abendessen in einem Feinschmeckerrestaurant

Nur für »ihn«:

- Ein Schal, den Sie für ihn gestrickt haben
- Ein Lexikon über Gartenbau
- Ein Hund
- Ein technischer Baukasten

Nur für »sie«:

- Ein kostbarer Schal
- Ein Pelzmantel
- Eine Schachtel Konfekt
- Ein schwüles, sinnverwirrendes Parfüm
- Ein historischer Roman

Wenn es etwas mehr kosten darf:

- Ein Landhaus
- Eine Urlaubsreise nach Irland

Das besondere Geschenk:

- Einladung zu einer festlichen Abendveranstaltung, bei der berühmte Intellektuelle unverständliche Probleme diskutieren

Methoden. Die erste besteht aus viel Geduld, lassen Sie die Zeit
für sich arbeiten. Die zweite Methode besteht darin, daß Sie die
Schöne im Überraschungsangriff zum Standesamt schleppen!
Sie haben gute Chancen, daß das funktioniert. Die Stier-Frau
sehnt sich danach, von einem Mann leidenschaftlich begehrt zu
werden ...

Es gibt eine dritte Methode, ein radikales Mittel, das bei Stier-
Geborenen beiderlei Geschlechts anwendbar ist: Tun Sie so, als
wollten Sie jemand anderen heiraten!

DRITTE PHASE

Wie man mit einem Stier Schluß macht

Zunächst einmal: Es ist alles andere als leicht, die Bindung mit
einem Stier zu beenden.

Stellen Sie unter allen Umständen sicher, daß er (sie) nichts
von der Existenz einer Nebenbuhlerin (oder Nebenbuhlers) bemerkt. Ganz im Ernst: Sie schweben in Lebensgefahr, wenn Sie
diese Regel nicht beachten. Stiere sind außerordentlich eifersüchtig, sie sind dann zu allem fähig. Die Geborenen dieses Zeichens beschränken sich in einer solchen Situation nicht mit dem
Zerschlagen des gemeinsamen Porzellans. Wenn Sie ihn (sie)
reizen, könnte er (sie) gegen Sie tätlich werden.

Es bleibt die Lösung, dem Partner die Freundschaft in einem
Brief aufzukündigen. Sie ziehen aus der gemeinsamen Wohnung
aus und nehmen Ihre persönlichen Habseligkeiten mit.

Sie sollten wissen, daß der Stier unter der von Ihnen vollzogenen Trennung wahnsinnig leidet. Was Sie selbst angeht, so
brauchen Sie gute Argumente, um der Versuchung zu widerstehen, alsbald zu dem Verlassenen zurückzukehren.

Ein weiteres Problem ist das Geld. Wer einen Stier heiratet,
sollte Gütertrennung vereinbaren. Tat man das nicht, so sind die
beiden Anwälte auf Jahre hinaus mit der Aufgabe beschäftigt,
die Löffel und Tassen auseinanderzudividieren. Besonders die

Stier-Frau wird Geld als Druckmittel einsetzen. Der Mann läuft Gefahr, arm wie eine Kirchenmaus aus dem Rechtsstreit hervorzugehen, denn die Stier-Frau versteht es ausgezeichnet, die Richter und Sachverständigen der Justiz auf ihre Seite zu bringen. Wenn sie vor Gericht von dem schmackhaften Eintopf spricht, den sie Ihnen jeden Sonntag zubereitet hat, schmelzen die Herren in den schwarzen Talaren dahin. Was auch immer Sie zu Ihrer Verteidigung vortragen, man wird Sie für ein Charakterschwein halten.

Wenn die Bindung mit dem Stier nur eine Bettgeschichte war und wenn Sie dem Partner bei der Beendigung der Affäre die Initiative überlassen, wird es eine Trennung in aller Freundschaft. Er (oder sie) kann sich bei dieser Gelegenheit sogar zu Ihrem Komplizen verwandeln. Wenn Sie es ihm (ihr) besonders leicht machen wollen, sagen Sie zum Abschied: »Im Bett warst du besser als alle, die ich überhaupt kennengelernt habe.« Das ist ein Lob, für das Ihnen der Stier ewig dankbar sein wird.

Alles in allem können Sie froh sein, wenn der Stier ohne viel Theater aus Ihrem Leben verschwindet. Beten Sie zu Gott, daß er (sie) recht bald eine neue Partnerin (oder einen neuen Partner) findet. Stiere sind nachtragend ... Es kann Ihnen passieren, daß ein Partner dieses Tierkreiszeichens Sie viele Jahre nach dem Ende der Beziehung bei Ihrem neuen Freund (oder Ihrer neuen Freundin) anschwärzt, um sich für das ihm zugefügte Unrecht zu rächen.

Aus alledem wird klar, daß es viel besser ist, wenn Sie die Initiative zur Beendigung der Bindung dem Stier zuschieben. Ich werde Ihnen jetzt einige Tips geben, wie man das macht.

Trennung von einem Stier-Mann

- Bringen Sie täglich Tiefkühlkost oder Konserven auf den Tisch.
- Plündern Sie sein Bankkonto.
- Mokieren Sie sich in aller Öffentlichkeit über seinen sexuellen Appetit. »Er ist wie ein Tier. Mein letzter Freund war da ganz anders, viel zärtlicher ...«
- Verdienen Sie mehr Geld als er.

Trennung von einer Stier-Frau

- Machen Sie sich über ihre Art, sich zu kleiden, lustig. Sagen Sie ihr in Gegenwart von Freunden: »In diesen Hosen siehst du wie ein Clown aus.«
- Beginnen Sie eine Diät. Ernähren Sie sich ein paar Tage lang nur noch von Salat und Schinken. Sagen Sie zu ihr: »Eine solche Diät würde dir auch ganz gut tun.«
- Zeigen Sie ihr, wie unberechenbar Sie sind. Sagen Sie ein vereinbartes Treffen mit ihr im letzten Augenblick wieder ab.
- Wenn sie das nächste Mal mit Ihnen schlafen will, machen Sie ihr die überraschende Eröffnung, daß Sie einer religiösen Sekte beigetreten sind, die sexuellen Kontakt zwischen Mann und Frau verbietet.

Berühmte Stiere

Herren:

Honoré de Balzac, Johannes Brahms, Gary Cooper, Salvadore Dali, Duke Ellington, Henry Fonda, Sigmund Freud, Jean Gabin, Bernhard Grzimek, Hans-Joachim Kulenkampff, Karl Marx, Jehudi Menuhin, Robert Oppenheimer, Johannes Paul II., Robespierre, Bertrand Russell, Shakespeare, Gustav Stresemann, Charles Trenet, Orson Welles, Stevie Wonder.

Damen:

Königin Elisabeth II. von England, Ella Fitzgerald, Königin Juliane der Niederlande, Katharina die Große, Ruth Leuwerik, Golda Meir, Evita Peron, Madame de Stäel.

Die Tierkreiszeichen
und ihr Verhältnis zum Stier

Sie selbst sind ...

Widder

Sie werden sich anstrengen müssen, damit diese Partnerschaft gutgeht. Das Wichtigste ist, daß Sie es lernen, die Langsamkeit und Bedächtigkeit des Stiers zu akzeptieren. Vermeiden Sie es, ihn wegen dieser Eigenschaft zu kritisieren, denn das verabscheut er. Insgesamt wird Ihnen die Verbindung mit einem Stier Sicherheit und Stabilität bringen, ein Rahmen, der in jeder Weise Ihren Interessen entsprechen dürfte.

Stier

Sie könnten mit einem Stier sehr glücklich werden, wenn Sie mit ihm auf einer einsamen Insel lebten ... Da das nicht der Fall ist, kommt es oft zum Streit. In Gesellschaft von Freunden kann keiner von Ihnen beiden der Versuchung widerstehen, dem anderen eins auszuwischen ... Eifersuchtsszenen tun ein übriges, um Ihre Beziehung zu komplizieren.

Zwilling

Der Stier scheint wie geschaffen für Sie. Ob Mann oder Frau, Sie werden Ihren Gegenpart nach Strich und Faden verwöhnen. Im Grunde Ihres Wesens sind sie von seinen Eigenschaften gerührt, Sie spüren, daß sich hinter seiner Schwerfälligkeit eine empfindsame Seele verbirgt. Irgendwann einmal wird der Stier Ihnen zeigen, daß er leidenschaftlicher Ausbrüche fähig ist. Sie werden es mit der Angst zu tun bekommen, wenn Sie ihn so erleben!

Krebs

Genau der Partner (oder die Partnerin), von dem (der) Sie immer geträumt haben. Der Freund, an den Sie sich anlehnen können. Und wenn es eine Frau ist: Das sinnliche, wohlgerundete, mütterliche Wesen, das alle Probleme wegzaubert ... Wie Sie, so sehnt sich auch der Stier nach einem harmonischen Familienleben. Warten Sie nicht, bis er (sie) dieses Ziel zugunsten anderer Interessen aufgibt ... Sie sind glücklich mit Ihrem Stier? Sie sollten wissen, daß er (sie) keine Ahnung hat, wie es in Ihrem Inneren aussieht. Von dem, was Sie darüber verraten, versteht er (sie) kein Wort.

Löwe

Eine überaus komplizierte Beziehung! Die Sache beginnt recht leidenschaftlich. Sie werden versuchen, den Stier zu zähmen, seine Eigenschaften zu beeinflussen ... Der Widerstand, den er Ihnen dabei entgegensetzt, wird Sie nur noch anstacheln. Aber irgendwann ist alles vorbei. Es ist Ihnen nicht gelungen, den Stier von seinem Weg abzubringen.

Jungfrau

Eine segensreiche Verbindung. Sie können das beurteilen, weil Sie, ebenso wie der Stier, schon eine Reihe von Partnerschaften hinter sich haben. Ziehen Sie mit dem Mann (der Frau) Ihre Träume aufs Land. Sie beide sind keine Menschen, die ein Abenteuer an das andere reihen wollen.

Waage

Sie haben beide sentimentale Züge. Aber es gibt einen Unterschied. Der Stier ist seelisch aus viel gröberem Holz geschnitzt als Sie. Seien Sie also nicht schockiert, wenn er seine bezeichnende Eigenschaft, die unbändige Lust am Leben, herauskehrt. Dieser Partner (oder diese Partnerin) schenkt Ihnen Treue und umgibt Sie mit der Sicherheit, nach der Sie sich so lange gesehnt haben. Kommen Sie ihm (ihr) deshalb auf halbem Wege entgegen.

Skorpion

Der Stier ist für Sie nach den astrologischen Gesetzen der ideale Partner, der friedliche Hafen, in den Sie Ihr Lebensschiffchen lenken können. Was nicht bedeutet, daß Sie beide nicht viele leidenschaftliche Nächte miteinander verbringen werden. Einzige Frage: Gefällt Ihnen die Ruhe, die der Stier in die Beziehung

einbringt? Können Sie es ertragen, wenn er sich über Ihre See-
lenprobleme lustig macht?

Schütze

Kennzeichnend für Sie beide ist, daß Sie das Leben aus vollen
Zügen genießen wollen. Es gibt also Gemeinsamkeiten. Allerdings wird der Stier sich nie mit Ihrem Drang nach Unabhängigkeit anfreunden können. Er (oder sie) ist ein Wesen, das nur
Klares und Wahres anerkennt. Wenn Sie von Liebesabenteuern
mit wechselnden Partnern die Nase voll haben, ist der Stier Ihr
idealer Partner.

Steinbock

Ein Urlaubsflirt, das ist nichts, womit Sie einen Stier an sich
binden könnten. Was er (sie) sucht, ist eine verläßliche Partnerin
bzw. einen treuen Mann. Wie gut, daß Sie in diesem Punkt bestens zueinander passen. Einziges Hindernis: Keiner von Ihnen
wagt es, dem anderen seine Liebe einzugestehen. Mein Rat:
Trinken Sie zusammen ein Glas Wein, das steigert die Unternehmungslust ...

Wassermann

Ihre Anstrengungen, zueinander zu gelangen, sind sinnlos, Sie
leben in verschiedenen Welten. Es stimmt, daß Sie eine große
Anziehungskraft aufeinander ausüben, aber das allein garantiert
noch kein Verständigung. Der Stier sieht die Dinge materialistisch, er will Sie für sich allein. Demgegenüber steht Ihr stark
ausgeprägter Freiheitssinn. Je kürzer Ihre Beziehung zu einem
Stier dauert, desto besser. So bleiben Ihnen Wunden erspart.

Fische

Der Stier sorgt für die Wesen, die er liebt, und Sie genießen es,
verwöhnt zu werden. Sie passen also denkbar gut zusammen ...
Allerdings müssen Sie, der (oder die) Fische-Geborene, lernen,
seine Fragen mit ja oder nein zu beantworten. Wenn Sie das
nicht können, sieht er rot ...

Zwillinge

Element: Luft
Geburtsherrscher: Merkur

Überblick über die Persönlichkeit des Zwillings

Neben den Fischen ist der Zwilling das einzige Tierkreiszeichen, das uns ein doppeltes Gesicht zeigt. Der Planet, der bestimmenden Einfluß auf den Zwilling ausübt, heißt Merkur, so benannt nach dem geflügelten Götterboten aus der griechischen Mythologie. Wir haben es demnach bei dem Zwilling mit zwei Tendenzen zu tun: Verdoppelung und Mitteilungsbereitschaft.

Die Zwillings-Geborenen schätzen die Gesellschaft anderer Menschen so sehr, daß sie oft nicht einmal darauf achten, wer diese Menschen sind und was für Vor- und Nachteile sie haben. Warum ein Zwilling so handelt? Nicht aus Mangel an Unterscheidungsfähigkeit, sondern aus Neugier. Für ihn ist jedes menschliche Wesen Neuland, das es zu erkunden gilt.

Der Zwilling ist neuen Ideen und Plänen gegenüber aufgeschlossen, er interessiert sich nicht nur für die Menschen, sondern auch für die Dinge, die er noch nicht kennt. Er ist in der Lage, mehrere Tätigkeiten zur gleichen Zeit zu verrichten. Er taumelt von einer Erkenntnis zur anderen bis zu dem Extrem, daß die Menschen anderer Tierkreiszeichen ihn als flatterhaft beurteilen.

Geschicklichkeit und Anpassungsfähigkeit sind zugleich Stärke und Achillesferse des Zwillings. Es sind diese beiden Eigenschaften, die ihn immer wieder auf die Füße fallen lassen. Der Zwilling entdeckt auch in dunkelster Nacht, in schier auswegloser Situation, einen Weg, der zum Licht führt. Die Achillesferse des Zwillings ist der Neid, den viele Menschen wegen seines Erfolgs gegen ihn empfinden.

So kommt es, daß die Geborenen dieses Tierkreiszeichens

Steckbrief des Zeichens Zwilling

Die wichtigsten Tugenden: Unternehmungslust, Anpassungs-
fähigkeit, Intelligenz
Die wichtigsten Schwachstellen: Unbeständigkeit, Egoismus,
Sorglosigkeit
Seine beste Rolle: Journalist
Denkbar ungeeignet als: Verwaltungsangestellter
Seine Vorbilder: Die drei Musketiere
Bevorzugtes Beförderungsmittel: Taxi
Lieblingsgericht: Die Vorspeise
Lieblingsgetränk: Coca-Cola
Lieblingssport: Rollschuhfahren
Lieblingsfilm: »Manche mögen's heiß« mit Marilyn Monroe
Lieblingssendung im Fernsehen: Walt Disney-Filme
*Das Möbelstück, das der Zwilling am wenigsten missen
möchte:* Sofa
Metall: Merkurium
Glücksstein: Achat
Gefährdetes Organ: Lunge
Seine Lieblingsmusik: Jazz
Wo er (sie) sich am liebsten aufhält: Nachtklub

von anderen gern als leichtfertig, oberflächlich, sorglos, verantwortungslos bezeichnet werden. Die Liste der schlechten Eigenschaften, die dem Zwilling angelastet werden, erhebt keinen Anspruch auf Vollständigkeit ...

Gibt es vielleicht ein Körnchen Wahrheit in der Kritik, die an
diesem Sternbild geübt wird? Der Zwilling erscheint leichtfertig,
weil er vor allem, was schwierig ist, Angst hat. Sein Wahlspruch:
»Das Leben ist viel zu kostbar, als daß man es ernstnehmen
dürfte.« Schon in der Wiege lernt der Zwilling, daß Weinen und

Klagen nichts nützt. Er lernt, daß Intelligenz und Humor bessere Waffen sind als Kanonen und daß sich mit Worten mehr
ausrichten läßt als mit Taten.

Der Zwilling hat eine Angewohnheit, die Angehörigen der
anderen Sternkreiszeichen eine Gänsehaut über den Rücken
jagt. Statt eine klare Stellungnahme zu geben, wie man es von
ihm erwartet, fängt er an zu dozieren ...

Wie kommt es, daß der Zwilling den anderen Menschen als
verantwortungslos und gefühlsarm erscheint? Das Element des
Zwillings ist die Luft, und wie alle Zeichen, die von diesem Element beherrscht werden, fürchtet der Zwilling die Emotionen,
Während andere Menschen mit dem besten Gewissen der Welt
in ihren Gefühlen baden, hält der Zwilling ein solches Verhalten
für obszön, zumindest aber für gefährlich. Sie, die als wahre
Überredungskünstler gelten, werden wortkarg, wenn irgend jemand versucht, sie zur Parteinahme für eine bestimmte Seite zu
zwingen. Ebenso ablehnend reagieren sie, wenn jemand in ihre
Intimsphäre eindringen will. Sie scherzen gern, aber das ist nur
eine Methode, um den Schmerz zu überspielen, erlittene Wunden auf magische Weise verschwinden zu lassen.

Der Zwilling braucht die Bewegung im Wechsel, er scheut
feste Gewohnheiten. Jede Wiederholung langweilt ihn. Einer
monotonen Arbeit wird er sich bei der ersten Gelegenheit entziehen.

Zur Doppelgesichtigkeit des Zwillings gehören seine Liebe
zum Spiel und seine Fantasie. Aber auch wenn er den Clown
spielt, bleibt er ein Mensch, der sich selbst ganz kritisch beobachtet. Hinter der lächelnden Maske verbirgt sich die Bitterkeit
eines Menschen, der sich unverstanden fühlt.

Liebe

Zunächst einmal ist festzuhalten, daß die Liebe nicht zu den
Dingen gehört, die einem Zwilling besonders wichtig erscheinen.
Nicht, daß sie liebesunfähig wären, aber sie haben Angst, eine
Bindung einzugehen. Oft meint man, daß der Zwilling in seinem

früheren Leben ein Sklave gewesen ist. Es fällt ihm schwer, sich vorzustellen, daß es einen Menschen geben könnte, der ihn liebt, ohne ihn zu erdrücken.

So kommt es, daß der Zwilling Partnerschaften von kurzer Dauer bevorzugt. Oft dauert das Abenteuer nur eine einzige Nacht. Die Trennung frustriert den Zwilling, aber sie gibt ihm zugleich das Gefühl der Sicherheit zurück.

Eine große Liebe mit einem Zwilling kann zerbrechen, sobald die Partnerin oder der Partner auch nur den Anschein erweckt, als wollte sie (oder er) von dem geliebten Wesen Besitz ergreifen. Dann fliegt der Zwilling davon wie ein Nachtfalter, der vor der Morgenröte flieht. Der Zwilling hat einen geradezu manischen Freiheitsdrang. Sieht er diese Freiheit bedroht, so kann er sich in einen grausamen Menschen verwandeln, in ein Wesen, das andere in skrupelloser Weise manipuliert. Wenn er mit dem Rücken zur Wand kämpft, wird der Zwilling Sie ins Aus manövrieren, er schreckt dann auch nicht davor zurück, sich gegen einen bisherigen Freund zu verschwören ...

Auf der einen Seite verfügen Zwillinge über eine Eigenschaft, die von vielen Menschen als Vorteil empfunden wird. Sie leben ihr eigenes Leben und tauchen nur aus ihrer Versenkung auf, wenn jemand sie um einen Gefallen bittet. Sie sind weder argwöhnisch noch eifersüchtig, wollen nicht mit dem Kopf durch die Wand und billigen jedem Mitmenschen im Zweifelsfall gute Absichten zu. Nur selten weichen sie einem Dialog, den man ihnen anbietet, aus. Mag sein, daß wir für einen Zwilling immer nur eines von zahlreichen Eisen sind, das er im Feuer liegen hat. Jedenfalls wird man sich beim Zusammenleben mit ihm über Langeweile nie beklagen können.

Im sexuellen Bereich liebt der Zwilling das Ausgefallene. Ebenso prickelnd empfindet er die Rolle des Exhibitionisten. Mit einer Frau zu schlafen, während er von einer anderen Frau, die im Wandschrank versteckt ist, durch das Schlüsselloch beobachtet wird, das gehört zu den Fantasien, die Angehörige dieses Tierkreiszeichens erregen ...

Aber so sehr die Leidenschaft lodert, ein Zwilling wird sich nie zum Sklaven seiner Gefühle machen lassen.

Der *männliche Zwilling* liebt es, anderen Menschen Fragen zu stellen, was ihm einen gewissen Charme verleiht. Die Frau, mit der er sich unterhält, gewinnt den Eindruck, daß er sich ernsthaft für sie interessiert. Große Enttäuschung, wenn sie ihm eine Gegenfrage stellt. Dann merkt sie nämlich, daß er ihr überhaupt nicht zugehört hat. Der Wortwechsel verläuft etwa nach folgendem Muster:

Ihre Frage: »Und Sie, welchen Beruf üben Sie aus?«

Seine Antwort: »Was ich sagen wollte, haben Sie gestern Abend die interessante Sendung über Menschenaffen gesehen?«

Der Zwilling liebt die Frauen mit der Art von Zuneigung, wie sie ein Forscher für aufgespießte Insekten empfindet. Er gebraucht sie, wie man ein Auto gebraucht ... Seine größte Angst: daß man ihn austricksen könnte ...

Der *weibliche Zwilling* gibt sich im Kontakt mit anderen Menschen verständnisvoll, ist aber auf ein intellektuelles Stimulans angewiesen. Sie interessiert sich für eine Menge Dinge, von denen Sie noch nie gehört haben. Sobald Sie versuchen, ihre Aufmerksamkeit auf ein bestimmtes Thema zu lenken, wird sie nervös. »Entschuldigen Sie bitte, aber ich habe einen dringenden Anruf zu tätigen.« Und das ist nicht einmal gelogen. Die Zwillings-Frau leidet nämlich ebenso wie der Zwillings-Mann an der Telefoniersucht. Der Zwilling macht alles am Telefon, sogar Liebe ...

Wenn sie sich langweilt, beginnt die Zwillings-Frau zu klatschen. Sie ruht nicht, bevor sie nicht alle Geheimnisse ihrer Nachbarn ausgespäht hat ...

Bindungen

Man sollte annehmen, daß die Zwillinge wegen ihrer Flüchtigkeit allein leben, aber dem ist nicht so. Viele Zwillinge heiraten jung und lassen sich dann ohne viel Federlesens wieder scheiden. Wenn sie in reiferem Alter eine Ehe eingehen, so geschieht das, um der Einsamkeit zu entrinnen. Ausnahmen sind jene Zwillinge, die ihr Leben lang ein ganzes Netz leidenschaftlicher Beziehungen zu Personen des anderen Geschlechts unterhalten. Sie brauchen keine Ehepartner.

Im Alter zwischen 30 und 50 ist der Zwilling sexuell am aktivsten. Liebe? In seinen Verhältnissen zum anderen Geschlecht legt der Zwilling ungefähr soviel Romantik an den Tag, wie sie der Redakteur einer Verbraucherzeitschrift fürs Abfassen seiner Texte aufbringt. Ehe? Für einen Zwilling stellt sich ganz ernsthaft die Frage, welche Vorteile die Ehe ihm überhaupt einbringen soll. Finanzielle Sicherheit? Der Zwilling verdient soviel Geld, wie er will. Kontakte? Er hat keine Schwierigkeiten, neue Bekanntschaften anzuknüpfen. Bleiben als einziges Argument die Kinder. Aber um Kinder zu haben, braucht man nicht zu heiraten ... Entschließt sich ein Zwilling trotz solcher Überlegungen zur Ehe, so bleibt er in dieser Bindung, es sei denn, man versucht seine Freiheiten zu beschneiden. Er ist nämlich intelligent genug, um zu wissen, daß es in jeder Ehe Schwierigkeiten gibt. Warum also nach einer neuen Partnerin (oder nach einem neuen Partner) Ausschau halten?

Trotzdem muß man sagen, daß Treue nicht zu den starken Seiten des Zwillings gehört. Er und sie flirten, was das Zeug hält. Werden andere Menschen nur von einem Teufel versucht, so sind es bei den Zwillingen mindestens zehn ... Sie lieben den Wechsel ... Das folgende Bonmot könnte von einem Zwilling stammen: Die Liebe macht nur ganz am Anfang Spaß. Das ist der Grund, warum man möglichst oft neu anfangen sollte ...

Rat an Eva

Sie sollten sich für einen Zwilling-Mann entscheiden, wenn eine der folgenden Feststellungen für Sie zutrifft:

- Sie haben lange mit einem schweigsamen Steinbock zusammengelebt.
- Sie explodieren, wenn Ihr Partner Ihnen eine Eifersuchtsszene macht.
- Ihre Eltern drängen Sie zur Ehe. Kein Tag vergeht, ohne daß Ihre Mutter Sie fragt, wann Sie endlich erwachsen werden.

Die Berufe des Zwillings

1. Tätigkeiten, wo es auf raschen Kontakt und auf den Austausch von Informationen ankommt:
   - Journalist, Reporter, Radiosprecher, Fernsehmoderator
   - Animateur in einem Freizeitklub
   - Vertreter, Werbefachmann, Verkäufer
   - Briefträger, Postbeamter
2. Intellektuelle Berufe:
   - Schriftsteller, Redakteur, Literaturkritiker, Übersetzer, Dolmetscher
   - Buchhändler, Verleger
3. Berufe, für die man viel Fantasie braucht:
   - Komödiant, Chansonnier
   - Akrobat, Jongleur, Zauberer, Clown

Vermeiden Sie die Bindung mit einem Mann vom Sternzeichen Zwillinge, wenn Sie die folgende Feststellung mit Ja beantworten können:

● Bei zwei Umzügen geht ebensoviel kaputt wie bei einem Brand in der Wohnung.

Rat an Adam

Sie sollten sich für eine Zwilling-Frau entscheiden, wenn eine der folgenden Feststellungen auf Sie zutrifft:

● Sie wollen von zu Hause ausziehen, haben Alpträume, wenn Sie sich vorstellen, daß Ihnen die Mutter das ganze Leben lang hineinreden wird.
● Sie bedauern von tiefstem Herzen, daß Sie keine jüngere Schwester haben ...
● Es langweilt Sie, allein zum Kurs für Steptanz zu gehen.

- Ihre frühere Gefährtin hatte die Angewohnheit, sich pünktlich um acht Uhr abends mit einem Emanzipationsbuch ins Bett zurückzuziehen.

Vermeiden Sie die Bindung mit einer Frau vom Sternzeichen Zwillinge, wenn Sie die folgende Feststellung mit Ja beantworten können:

- Lange Gespräche und Zigarettenqualm lösen bei mir Anfälle von Migräne aus.

ERSTE PHASE

Kennenlernen

Wo treffe ich Zwillinge?

Überall und nirgends müßte die korrekte Antwort lauten ... Er ist von unsteter Wesensart. Kaum haben Sie ein Gespräch mit ihm begonnen, so verabschiedet er sich. Und das, obwohl Sie sich so sorgfältig auf die Themen, die ihn interessieren, vorbereitet hatten ... Es bleibt Ihnen nichts anderes übrig, als sich bei der Jagd auf den Zwilling mit dem Zufall zu verbünden ... Trotzdem möchte ich Ihnen einige Ratschläge geben, wie Sie Ihrem Ziel näherkommen können. Besteht die Möglichkeit, einen Zwilling, ob männlich oder weiblich, in seiner beruflichen Sphäre kennenzulernen? Die Antwort lautet: Ja. Allerdings müssen Sie beachten, daß die meisten Zwillinge keinen seßhaften Beruf haben. Wie auch immer, begeben Sie sich in die Redaktionen der Zeitungen, in die Verlage, in die Rundfunkstationen, in die Bibliotheken, hinter die Kulissen der Schauspielhäuser.

Es ist eine Tatsache, daß Zwillinge sich gern unter Menschen mischen. Sie lieben das Gedränge, sie lieben das Stimmengewirr. Auf jedem Empfang, bei jeder Konferenz, bei politischen Ver-

sammlungen und in literarischen Zirkeln werden Sie eine ganze
Anzahl von Zwillings-Geborenen antreffen ... Einziges Kriterium für dieses Tierkreiszeichen: Am Ort der Handlung müssen
sich möglichst viele Menschen aufhalten.

Und am Wochenende? Sie dürften wenig Erfolg haben, wenn
Sie Ihren Rucksack schnüren und diesem Tierkreiszeichen im
Wald und auf der Heide nachspüren. Dort gibt es keine Zwillinge. Mehr Erfolg haben Sie, wenn Sie sich in verräucherten Bars
umtun. Ein gutes Jagdgebiet sind auch die Filmtheater, in denen
ausgefallene Filme gespielt werden. Zwillinge gehen gern in die
Spielzeugabteilungen der großen Warenhäuser, wohlgemerkt
nicht nur die Zwölfjährigen, sondern auch die erwachsenen
Männer. Die Zwillings-Frau werden Sie im Warenhaus in der
Abteilung »Innenausstattung« antreffen, wo sie bunte Kissen
für ihr Sofa aussucht.

Ob man einen Zwilling im Urlaub kennenlernen kann? Das
ist möglich, aber planen läßt sich so etwas nicht. Zwillinge sind
unberechenbar, das gilt natürlich auch für die Wahl ihres Ur-
laubsortes.

Angehörige dieses Tierkreiszeichens verbringen ihren Urlaub
in ihrer Heimatstadt, wo sie sich als Touristen verkleiden und
die Welt mit den Augen eines Fremden betrachten. Ihre Sucht,
neue Menschen kennenzulernen, ist unersättlich. Im Grunde ihres Herzens ist der Zwilling auf der Suche nach einem Doppel-
gänger.

Wenn ein Zwillings-Geborener nach Übersee reist, dann tut
er das nicht, um die dortigen Museen zu studieren. Ihn interessieren in der Fremde vor allem die Menschen. Ein Zwilling, der
Ägypten bereist, wird die Pyramiden, falls überhaupt, nur ganz
vage in Erinnerung behalten. Dafür kann er Ihnen recht genau
das Straßennetz von Kairo aufzeichnen und Ihnen aus dem Gedächtnis die Namen der Straßen und Gäßchen nennen, die vom
Markt zum Omnibusbahnhof führen. Natürlich hat er die
Omnibusse nicht nur fotografiert, er ist auch mit ihnen gefahren. Bei dieser Gelegenheit hat er, wie sollte es anders sein,
Freundschaft mit einigen Bettlern geschlossen ... Was für Sie
bedeutet, daß Sie bei der Jagd nach dem Zwilling die klassischen

Stätten der Kultur vergessen können. Suchen Sie »ihn« oder »sie« statt dessen im quirligen Zentrum der großen Metropolen Durchstreifen Sie New York, Los Angeles, Istanbul. Irgendwann werden Sie einen Zwilling kennenlernen, mit dem Sie sich zusammentun können.

Wie man einen Zwilling erkennt

Wichtigstes Merkmal: Der Zwilling bleibt nie lange am gleichen Ort. Er kennt jeden, spricht mit jedem, stellt alle möglichen Fragen, und dann verläßt er die Gesellschaft. Er macht ein grämliches Gesicht, wenn die anderen lachen. Er lacht, wenn der Rest der Gruppe in Trübsal versinkt ... Der Zwilling gebärdet sich wie ein Harlekin, wie ein Chamäleon ... Das kann faszinierend wirken, manchmal aber auch befremdend.

Wenn der Zwilling sich inmitten einer Gruppe von Menschen befindet, ist es zum Beispiel unmöglich zu sagen, mit welcher Begleiterin oder mit welchem Begleiter er (oder sie) gekommen ist. Er (oder sie) behandelt alle mit der gleichen Herzlichkeit. Dem Zwillings-Mann macht es nichts aus, bei der Begrüßung nacheinander drei Frauen auf das herzlichste zu umarmen. Und die Zwillings-Frau schreckt nicht davor zurück, mit drei Männern gleichzeitig zu flirten ...

Wenn Sie »ihn« oder »sie« in Aktion sehen, werden Sie denken: Ich bin todsicher, daß die beiden was miteinander haben. Sie werden mit diesem Urteil oft falsch liegen, es sei denn, Sie sind ein skeptischer Steinbock, der sich zu einer solchen Annahme wahrscheinlich gar nicht erst versteigen würde ...

Im Straßenverkehr erkennen Sie den Zwilling an seinem Verhalten, das von fröhlicher Disziplinlosigkeit gekennzeichnet ist. Rote Ampeln sind für ihn nicht so wichtig. Er parkt, wo er will, verarbeitet den Strafzettel, den ihm eine Politesse unter den Scheibenwischer geschoben hat, zu hübschen Papierschnitzeln, befährt Einbahnstraßen in der falschen Richtung und macht sich einen Spaß daraus, seine neue Hupe auszuprobieren ...

Ob dick oder dünn, groß oder klein, Zwillinge wirken immer lässig, das liegt an der Lebhaftigkeit ihrer Gesten. Wie sie sich kleiden? Alles ist erlaubt. Der Zwilling liebt gewagte Farbkombinationen. Sie können ihn mitten in der Großstadt in geblümten Bermuda-Shorts antreffen. Er liebt T-Shirts mit lustigen Inschriften. Nur bei ganz besonderen gesellschaftlichen Anlässen bequemt sich der Zwilling zu formeller Kleidung. Die Einsicht, daß es von Vorteil sein kann, sich den herrschenden Sitten und Gebräuchen zu beugen, dauert allerdings nur kurze Zeit. Sobald der Zwilling die Oper oder den Festsaal verläßt, ist er wieder ganz der alte. Die Zwillings-Frau macht sich ein Vergnügen daraus, Bekannte und Fremde durch ihre ausgefallene Kleidung zu schockieren. Ballettrock, schwarze Lederweste und Sandalen – warum nicht?

Der männliche Zwilling liebt raffinierte Kleidung, allerdings wird er sich nie nach der klassischen Mode anziehen. Er mag das Ultramoderne und schreckt nicht einmal vor den modischen Attributen des Punk zurück.

Die Zwillings-Frau spielt gern Theater, sie ist für Überraschungen gut. Sie erscheint heute ohne jedes Make-up, um ihre Freunde und Bekannten morgen mit einer fantasievollen Kriegsbemalung in Erstaunen zu versetzen. Sich viermal am Tag umzuziehen, das ist für sie nichts Besonderes. Mit viel Geschick verwendet sie das modische Beiwerk, um sich den Umständen entsprechend in Szene zu setzen ...

Der Zwilling, das gilt für den Mann und die Frau, hat ein kindliches Vergnügen daran, sich zu *verkleiden.*

Wie man einen Zwilling auf sich aufmerksam macht

Um es gleich vorweg zu sagen: Das ist nicht schwer. Die Geborenen dieses Sternzeichens sind ständig auf der Ausschau nach Neuem, ihr Blick wird von jedem ihnen unbekannten Menschen wie magisch angezogen. Es besteht also keine Notwendigkeit, sich dem Zwilling in den Weg zu stellen. Wenn Sie mit den Armen rudern, wird er annehmen, daß Sie irgendeinem anderen Menschen ein Zeichen geben wollen. Er wird dann gemeinsam mit Ihnen nach jenem Unbekannten suchen, ein Verwirrspiel, an dem Ihnen nicht gelegen sein kann.

Der Zwilling hält seine Umgebung ständig unter Beobachtung, wobei er zunächst auf ein wertendes Raster verzichtet. Liebe auf den ersten Blick, so etwas kann ihm nicht passieren. Einziges Kriterium für ihn ist, ob er aus einer neuen Bekanntschaft Profit ziehen kann. Es wird in diesem Stadium darauf ankommen, das Interesse des Zwillings so zu wecken, daß er näher hinschaut ...

Was aber interessiert einen Zwillings-Geborenen? Von klassischer Schönheit fühlt er sich nur in seltenen Fällen angezogen. Ein Mensch mit strahlender Erscheinung kann einem Zwilling sogar Angst machen, denn er selbst ist mit seinem Aussehen nie ganz zufrieden. Insgesamt beurteilt er seine Zeitgenossen nach ihrem Benehmen, ihren Gesten, ihrer Erziehung.

Zwillinge mögen keine Menschen, die sich allzu sehr von ihnen unterscheiden. Gewiß, man muß etwas tun, um ihre Neugier anzustacheln, das bedeutet aber nicht, daß man sie mit ausgefallener Kleidung schockieren sollte. Die geheimnisvolle Schöne, die sich einem Zwilling im reizvollen Aufzug einer Witwe naht, hat keine Chance. Vor einer solchen Frau würde er sofort Reißaus nehmen!

Und so bleibt Ihnen die Wahl zwischen zwei Methoden. Die erste besteht darin, daß Sie sich nach seinem Vorbild ummodeln. Sie benehmen sich wie er (oder sie), Sie tragen die gleiche Kleidung, verkehren in den gleichen Lokalen, geben sich genau so entspannt wie der Zwilling, den Sie für sich gewinnen wollen ...

Die zweite Methode heißt Beredsamkeit, Diskutierlust, Dialektik. Sie können jeden Zwilling durch das Wort beeindrucken. Um sich für diese Aufgabe fit zu machen, sollte Ihnen jedes Mittel recht sein. Besuchen Sie einen Rhetorikkurs. Unterhalten Sie sich in Ihren eigenen vier Wänden mit Ihrer Katze oder mit den Topfpflanzen, aber reden Sie! Das Thema, über das Sie sprechen, tut nichts zur Sache. Immerhin sollten Sie sich aber über die neuesten Filme und über die neuesten Skandale der »guten Gesellschaft« unterrichten. Das ist dann der Gesprächsstoff, den Sie bei der Begegnung mit Ihrem Zwilling ausbreiten. Erzählen Sie von Ihren Gefühlen, Ihren seelischen Er-

schütterungen. Der Zwilling reagiert beeindruckt, denn er selbst
hat nicht die Angewohnheit, von seinen Empfindungen zu sprechen.

Was tun, wenn's nicht klappt? Was tun, wenn der Blick des
Zwillings mit unverkennbarer Gleichgültigkeit über Sie hinweg-
streift?

Es gibt kein Mittel, das zu ändern. Der Zwilling, der Sie nicht
zu bemerken geruht, findet Sie ganz einfach *langweilig*. Ob
dieses Urteil begründet ist oder nicht, steht auf einem anderen
Blatt ... Jedenfalls wird er Sie in zwanzig Jahren noch ebenso
uninteressant finden wie heute. Sie tun also gut, wenn Sie sich
nach einem anderen Partner bzw. einer anderen Partnerin umsehen ... Bei einem Steinbock werden Sie mit Sicherheit mehr
Erfolg haben.

Wir hatten von der Möglichkeit gesprochen, daß der Zwilling
Sie langweilig findet. Es gibt eine zweite Möglichkeit, warum er
(oder sie) auf Ihre Bekanntschaft verzichtet. Er (oder sie) hat
entdeckt, daß Sie seine (ihre) Freiheit bedrohen. Versuchen Sie
nicht, einen Zwillings-Geborenen über die Gefahr hinwegzutäu-
schen. Es hat wenig Sinn, wenn Sie ein Schild mit der Aufschrift
»Ich verpflichte mich, deine Freiheit zu respektieren« vor sich
hertragen. Einziger Ausweg: Sie müssen sich von Grund auf ändern, sich in ein Wesen verwandeln, das peinlich genau in seinem eigenen Territorium bleibt. Hand aufs Herz: Ist der Zwilling Ihrer Träume diese übermenschliche Anstrengung wert?
Zweite Frage: Glauben Sie wirklich, daß Sie Ihren Charakter
ändern können? Es ist doch so, daß wir allenfalls unser Benehmen den Anforderungen des Partners anpassen können. Ich
würde Ihnen von einer solchen Kehrtwendung um 180 Grad
jedenfalls abraten. Schließlich ist der Zwilling, ob weiblich oder
männlich, kein Dummkopf, dem Sie mit Erfolg ein solches
Theater vorspielen können ...

ZWEITE PHASE

Die Beziehung

Wie man einen Zwilling verführt und an sich bindet

Ein Rendezvous mit einem Zwilling zustandezubringen, dazu brauchen Sie nicht auf übernatürliche Kräfte zurückzugreifen. Wenn Sie ihm (oder ihr) erst einmal aufgefallen sind, wird er alles tun, um Sie näher kennenzulernen. Sie sollten sich allerdings vor übertriebenen Hoffnungen hüten. Daß der Zwilling Sie zu einem Abendessen eingeladen hat, bedeutet nicht, daß er Ihnen für alle Zeiten sein Herz schenkt. Er ist ganz einfach neugierig auf Sie. Was bedeutet, daß der längste Teil des Weges noch vor Ihnen liegt ...

Geben Sie sich entspannt. Er sollte nicht den Eindruck gewinnen, daß von dieser Zusammenkunft Ihr Lebensglück abhängt ... Einen Krebs-Geborenen könnten Sie mit einer solchen Politik an sich fesseln, nicht aber einen Zwilling. Daß Sie große Erwartungen in ihn setzen, würde dem Zwilling Angst machen. Wenn Ihnen der Sinn nach einem romantischen Liebesabenteuer steht, so müssen Sie sich dieses Geständnis für später aufheben. Vertiefen Sie sich statt dessen in das Gespräch mit dem Mann oder der Frau, die Sie erobern wollen. Wenn er nicht auf die Idee kommt, Sie einzuladen, müssen Sie die Initiative ergreifen.

Das Rendezvous ist zustandegekommen, Sie sitzen beim Essen. Lenken Sie jetzt das Gespräch auf ein Thema, das ihn (oder sie) interessiert. Vermeiden Sie in diesem Stadium Fragen, die seine (ihre) persönliche Sphäre berühren. Sprechen Sie über philosophische Probleme, über soziale Insekten, über die Sitten und Gebräuche der Papuas oder über Politik, es kommt wirklich nicht drauf an! Beim Nachtisch allerdings müssen Sie bei sich selbst angekommen sein. Sie sollten den Zwilling auf taktvolle Weise informieren, daß er (oder sie) Eindruck auf Sie gemacht hat ... Bei alldem bleibt Ihr Gesprächston kühl. Emotionen zu zeigen ist in diesem Stadium *streng verboten*.

Die Chancen stehen gut, daß Ihr Zwilling von Ihnen so fasziniert ist, daß er (oder sie) mehr über Sie in Erfahrung bringen möchte. Jetzt ist der richtige Augenblick, um ihn (oder sie) auf ein Glas Wein oder auf eine Tasse Kaffee in Ihre Wohnung einzuladen ...

Nachdem Sie gemeinsam ein paar Flaschen geleert haben, können Sie ihm (oder ihr) die entscheidende Frage stellen:

»Sollen wir miteinander ins Bett gehen?«

Der Zwilling wird diese Frage zunächst unbeantwortet lassen. Wie sich die Dinge weiterentwickeln, hängt allein vom Zufall ab. Die Geborenen dieses Tierkreiszeichens entscheiden solche Dinge aus der Laune des Augenblicks heraus.

Während Sie über die Liebe, über Ihre gemeinsame Zukunft, über Gott und die Welt nachdenken, denkt er (oder sie): »Wenn sie ihr Glas (bzw. er sein Glas) das nächste Mal mit zwei Fingern ergreift, werde ich mit ihr (ihm) schlafen. Faßt er (sie) das Glas mit drei Fingern an, dann nicht.«

Ich frage Sie, was wollen Sie mit einem solchen Menschen anfangen?

Wie es weitergeht? Reines Glücksspiel. Was auch immer Sie tun, Ihr Gegenüber bleibt unberechenbar. Vielleicht ist es am besten, wenn Sie in dieser Situation ganz einfach abwarten, bis er (oder sie) aus der Reserve hervorkommt ... Wenn sich in dieser Hinsicht nichts tut, sollten Sie sich in herzlicher Atmosphäre von Ihrem Flirt verabschieden. Sagen Sie ihm (oder ihr), daß es ein wunderschöner Abend war, daß Sie es genossen haben, mit jemandem zu sprechen, der nicht nur ans Bett denkt. Damit bleiben Ihre Karten im Spiel. Sie haben gute Chancen, die Partie bei einem zweiten Treffen für sich zu entscheiden, denn die Neugier des Zwillings ist geweckt.

Sex

Es gibt keine festen Regeln, wie die erste Nacht mit einem Zwilling verläuft. Ein Frauenheld, der Don Juan und Casanova viele

Male in den Schatten gestellt hat, kann bei einer Zwillings-Frau vor die Wand laufen. Eine geborene Verführerin, die mit ihren raffinierten Liebeskünsten schon Dutzende von Männern in ihre Netze verstrickt hat, kann einen Zwillings-Mann, wenn das Schicksal es so will, völlig kalt lassen.

Wie ist das zu erklären?

Der Grund ist, daß Sie einen Zwillings-Geborenen, ob männlich oder weiblich, nicht mit erotischen Techniken beeindrucken können. Was er (oder sie) sich vor allem wünscht: Es soll anders sein als beim letzten Mal. Wenn die Verflossene des Zwillings-Mannes ein Äbtissinentyp war, dürften Sie mit dem Benehmen einer Dame vom horizontalen Gewerbe Erfolg haben, und umgekehrt!

Bei der Liebe mit einem Zwilling hängt alles vom Augenblick, von den Umständen, von der Laune Ihres Partners bzw. Ihrer Partnerin ab. Es bleibt Ihnen also nichts anderes übrig, als auf Ihre Intuition, auf Ihre guten Eingebungen, zu vertrauen ... Und auf Ihren Charme.

Das Leben mit einem Zwilling

Mit einem Zwillings-Geborenen gut auszukommen, ist ein Kinderspiel, wenn Sie folgende Regeln beachten:

1. Fragen Sie ihn (oder sie) nie, wie der Tag im Büro war.

2. Vermeiden Sie es, von seiner (ihrer) Lebensführung zu sprechen, die wirklich verrückt ist, von seinen (ihren) Schlafgewohnheiten, die äußerst ungesund sind, von seinen (ihren) Eßgewohnheiten, die im wahllosen Verzehr von Süßigkeiten gipfeln. Ebenso tabu ist sein (ihr) Alkohol- und Zigarettenverbrauch.

3. Finden Sie sich damit ab, daß er (sie) Freunde und Freundinnen hat, die zu den unmöglichsten Zeiten in Ihr Haus kommen und Ihren Liebling zu einem feuchtfröhlichen Zug durch die Diskotheken abholen.

4. Befreunden Sie sich mit seiner (ihrer) Angewohnheit, Entscheidungen erst im letzten Moment zu treffen und ständig neue Pläne zu schmieden.

Kleine Geschenke erhalten
die Freundschaft

Geeignet für Zwillinge beiderlei Geschlechts:

- Karten für einen Kostümball
- Marionetten aus Kambodscha
- Ginseng-Wurzeln
- ein Walkman

Nur für »ihn«:

- Videokassette von Walt Disney
- Zauberkasten mit Gebrauchsanleitung
- Krawatte mit total verrücktem Muster
- Abonnement für eine Tageszeitung

Nur für »sie«:

- Ein Bettüberwurf aus Patchwork
- Ein Spielzeugpanther in Rosa, natürliche Größe
- Ein Make-up-Koffer mit den neuesten Modefarben
- Ein Wendemantel

Wenn es etwas teurer sein darf:

- Eine Rundreise durch die USA, mit Aufenthalt in allen Großstädten
- Ein Motorrad

Das besondere Geschenk:

- Schmuck (klassischer Geschmack)

5. Streichen Sie ein für allemal die Eifersucht aus Ihrem Gefühlsrepertoire. Wenn Sie eine Desdemona sind, die sich nach einem eifersüchtigen Othello sehnt, sind Sie mit einem Stier viel besser bedient.

Mit anderen Worten: Es lohnt sich nicht, wenn Sie sich für Ihren Zwilling aufopfern. Nicht nur, daß er das nicht schätzt, Sie

würden ihn verlieren. Nichts als Schwierigkeiten? Sie haben
recht. Einfach ist das Leben mit einem Zwilling wirklich nicht.
Mit einer Ausnahme: Sie sind selbst ein Zwilling. Es ist wohl
kein Zufall, daß die Geborenen dieses Tierkreiszeichens oft einen Partner des gleichen Zeichens heiraten ...

Wie man einen Zwilling zur Ehe rumkriegt

Wenn Ihr Zwilling sich bereits im reifen Alter befindet, ist es
recht schwierig, ihn (oder sie) zum Traualtar zu schleppen. Soweit er (oder sie) noch im Elternhaus lebt, haben Sie einen guten
Verbündeten, nämlich seinen (oder ihren) Wunsch, sich möglichst bald dem elterlichen Einfluß zu entziehen. So oder so, der
Zwilling wird immer zögern sich festzulegen. Er wird sich immer
fragen: Was wird aus dieser Beziehung in zwei, in zehn, in zwanzig Jahren? Um den gordischen Knoten zu durchschlagen, gibt
es zwei Möglichkeiten, eine gute und eine weniger gute.

Die weniger gute Methode besteht darin, Druck zu erzeugen.
Sie könnten z. B. einen anderen Mann bzw. eine Frau erfinden,
die um Sie werben ... Möglich, daß der Zwilling auf eine solche
Herausforderung mit einem Heiratsantrag an Sie reagiert.

Die bessere Methode ist, das Zusammenleben mit dem Zwilling ohne Trauschein zu beginnen. Wenn Sie erst einmal unter
dem gleichen Dach wohnen, können Sie beim Tempo immer
noch zulegen. Möglich, daß Ihr Zwilling auf den Vorschlag zur
Ehe, den Sie dann äußern, wie folgt antwortet: »Alles in allem
verstehen wir uns ja gar nicht so schlecht. Nachdem nun schon
einige Kinder da sind, könnten wir in der Tat ins Auge fassen,
ob man die Dinge nicht legalisiert ...«

Warum ich Ihnen zur Vorsicht rate: Eine Ehe mit einem un-
zufriedenen Zwilling ist die Hölle. Wenn es sich um einen Mann
handelt, wird er sich zu einem Nervenbündel entwickeln. Eine
unglückliche Zwillings-Frau wird launisch und unerträglich. Er
(oder sie) wird Sie vor aller Welt kritisieren, Sie nach Strich und
Faden betrügen ... Das ganze könnte sich zu einem richtigen
Alptraum entwickeln, das versichere ich Ihnen!

Es gibt Weine, die im Verlauf des Alterungsprozesses ungenießbar werden. Man könnte den Zwilling mit einem solchen Wein vergleichen ...

DRITTE PHASE

Wie man mit einem Zwilling Schluß macht

Sie leben mit einem Zwilling, und Ihre Geduld ist zu Ende. Ihre Bindehautentzündung ist chronisch geworden. Schuld sind die Tabakwolken, die Ihr Liebling ständig um sich verbreitet. Sie haben sich entschlossen, die Bezahlung der Telefonrechnung zu »vergessen«, denn Sie wünschen sich nichts sehnlicher, als daß die Post den Anschluß sperrt. Sie sind es leid, die festgetretenen Erdnüsse von dem Teppich aufzuklauben, der den Lieblingssessel Ihres Gefährten (Ihrer Gefährtin) markiert. Sie träumen davon, durch eine glückliche Fügung des Schicksals wieder mit dem (oder der) Jungfrau-Geborenen zusammenzutreffen, von dem (der) Sie sich vor Jahren getrennt hatten. Bei diesem Mann (dieser Frau) wußten Sie wenigstens, woran Sie waren ...

Die Beziehung ist kaputt, Sie wollen mit ihm (oder ihr) Schluß machen.

Ihnen steht eine angenehme Überraschung bevor: Es ist leicht, die Beziehung zu einem Zwilling zu beenden. Jedenfalls läßt Ihr Partner bzw. Ihre Partnerin sich nicht anmerken, daß ihm bzw. ihr der Bruch nahegeht! Es bleibt Ihnen sogar erspart, Ihre Entscheidung zu begründen. Der Zwilling lebt viel zu sehr in der Zukunft, als daß er sich mit dem Aufarbeiten der Vergangenheit befassen möchte ... Die Trennung, die Sie sich wünschen, ist also kein Problem.

Auch wenn Sie auseinandergezogen sind, bleibt er Ihr guter Freund, ob Sie das mögen oder nicht. Ihnen jetzt mit Intrigen zuzusetzen, so etwas liegt ihm nicht. Sie werden feststellen, daß er (oder sie) sich ehrlich freut, wenn Sie ihm (ihr) eines Tages berichten, daß Sie einen neuen Partner bzw. eine neue Partnerin gefunden haben. Im Falle einer Scheidung wird sich der Zwilling, ob Mann oder Frau, Ihnen gegenüber sehr fair verhalten, das gilt für den finanziellen Bereich und auch für das Sorgerecht über die Kinder. Gar nicht ausgeschlossen, daß Ihnen der Zwilling bei der Scheidung mit einer lässigen Geste alles überläßt, was er besitzt. Ihm ist vor allem wichtig, daß er seinen Frieden hat ...

Sie tun also gut, wenn Sie sich bei der Trennung von Ihrer sympathischen Seite zeigen. Machen Sie ihm bzw. ihr keine Vorwürfe. Sagen Sie nicht: »Es ist wirklich unmöglich, mit dir auszukommen.« Der Zwilling neigt dazu, eine solche Kritik sehr ernstzunehmen ... Das einzige, was Sie damit bewirken: Sie verringern seine (ihre) Chancen für die Zukunft.

Sie können die Dinge natürlich auch so arrangieren, daß es der Zwilling ist, der den endgültigen Bruch herbeiführt. Das ist gar nicht so schwer, denn die Geborenen dieses Tierkreiszeichens warten nie, bis der Karren völlig in den Dreck gefahren ist. Wenn sie spüren, daß der Haussegen nicht mehr gerade hängt, handeln sie.

Ich gebe Ihnen jetzt einige Ratschläge, was Sie tun können, um einen Zwilling zum sofortigen und endgültigen Abbruch der Beziehungen zu provozieren. Die geschilderten Methoden sind auf beide Geschlechter anwendbar:

- Kontrollieren sie die Post, die der Zwilling empfängt.
- Durchwühlen Sie seine (ihre) Taschen.
- Kritisieren Sie seine Freunde (ihre Freundinnen).
- Lassen Sie regelmäßig das Essen anbrennen, und behaupten Sie dann, dies sei seine Schuld, weil er immer zu spät nach Hause kommt ...
- Durchschneiden Sie das Telefonkabel mit der Schere. Begründen Sie das mit den dringend notwendigen Einsparungen im Haushalt.
- Schenken Sie ihm bzw. ihr Kleidung von konservativem Zuschnitt, genau die Mode, vor der ihm (ihr) graust ...
- Beschuldigen Sie ihn (sie) der Oberflächlichkeit.
- Sagen Sie ihm (ihr): »Du hast keine Ahnung von Politik.«

Berühmte Zwillinge

Herren:

Charles Aznavour, Albrecht Dürer, Che Guevara, Johnny Halliday, John F. Kennedy, Henry Kissinger, Thomas Mann, Eddy Merckx, Fürst Rainer von Monaco, Prinz Philipp von England, Jean-Paul Sartre, Richard Wagner, John Wayne.

Damen:

Judy Garland, Ulla Jacobsson, Lilli Palmer, Françoise Sagan, Cathérine Sauvage.

Die Tierkreiszeichen und ihr Verhältnis zum Zwilling

Sie sind ...

Widder

Sie sind fasziniert von der Lebhaftigkeit und dem Einfallsreichtum des Zwillings, machen aber auch die Feststellung, daß Ihr Partner bzw. ihre Partnerin sich nicht eindeutig festlegt. Wenn Ihnen das Zusammenleben trotzdem Spaß macht (was wahrscheinlich ist): Meinen Glückwunsch! Ihre Beziehung kann fünfzig Jahre und länger währen.

Stier

Fleiß und Erwerbssinn des Zwillings beeindrucken Sie. Sie fragen sich, warum macht er (sie) das alles? Könnte er (sie) sich nicht ein bißchen mehr Ruhe gönnen? Mein Rat: Eifern Sie dem Zwilling nach. Er wird Ihnen seine Dankbarkeit beweisen, indem er Sie seelisch aufmuntert. Was Sie dringend nötig haben!

Zwillinge

Die ideale Partnerschaft. Nur ein Zwilling kann einen Zwilling
verstehen. Meine Bitte: Laden Sie mich zur Hochzeit ein!

Krebs

In der Verbindung mit einem Zwilling tauchen Sie gleichsam
wieder in das Reich Ihrer Kindheit ein. Ihre Liebe ist für die
anderen ein Wunder, etwas Unbegreifliches. Die Frage ist erlaubt, wer von Ihnen beiden sich in der Ehe um die finanziellen
Dinge kümmern wird. Wenn weder Ihr Partner noch Sie Erfahrung mit dem Finanzamt, mit Banken und Behörden haben,
sollten Sie einen Menschen engagieren, der diese Dinge für Sie
erledigt.

Löwe

Sehr günstige Konstellation. Sie wissen beide, was Sie wollen.
Wenn es Unstimmigkeiten gibt, bringen Sie das klar zur Sprache. Bei dieser Gelegenheit legt jeder von Ihnen die Karten auf
den Tisch. Kaum vorstellbar, daß Sie je ernsthaft miteinander
streiten werden ... Der Zwilling, ob männlich oder weiblich,
wird sich übrigens als Ihr Ratgeber bewähren.

Jungfrau

Zunächst werden Sie den Zwilling amüsant, ja faszinierend finden. Nach einer Weile allerdings beginnen Sie ihn zu kritisieren.
Sie beschuldigen ihn der Oberflächlichkeit, und er revanchiert
sich, indem er Sie als verklemmt bezeichnet. Keiner von Ihnen
beiden verfügt über das Talent die Beziehung im Gleichgewicht
zu halten, eine Verbindung, die nicht lange halten wird ...

Waage

Es geht hoch her in Ihrer Verbindung mit dem Zwilling. Zwar
haben Sie sich gegenseitig die Treue geschworen, aber das bedeutet nicht, daß Sie mit dem Leben abgeschlossen haben. Der
eine läßt dem anderen bei den Spielen in Nachbars Garten viel
Freiheit ... Weder für Sie noch für den Zwilling ist es etwas
Besonderes, wenn jeder von Ihnen den Abend in Gesellschaft
seiner Freunde bzw. Freundinnen verbringt. Langeweile, so et-

was gibt es bei Ihnen nicht. Sobald es zu Problemen kommt,
finden Sie wieder zueinander. Man spricht miteinander, man
kommt sich näher, man verträgt sich wieder. Positiv!

Skorpion

Seine Manie, die Probleme mit dem Intellekt zu lösen, verlangt
Ihnen Bewunderung ab. Allerdings fühlen Sie sich auch oft von
Ihrem Zwilling verletzt, weil er sich so wenig um Ihre Gefühle,
um die Empfindsamkeit Ihrer Seele, kümmert. Wenn es nicht
mehr weitergeht, werden Sie versuchen, Ihren Partner mit Gewalt in Ihre Probleme einzubeziehen. Warnung: Zwillinge verabscheuen das. Die Verbindung kann glücklich sein, wenn Sie
sich mit Ihrem Partner (Ihrer Partnerin) in der Mitte treffen.

Schütze

Sie sind tolerant genug, den Zwilling weder zu kritisieren noch
sich über seine Schwächen lustig zu machen. Das nämlich wäre
ein Verhaltensfehler, den Ihnen Ihr Liebling schwer übelnehmen
würde. Der Zwilling wird Ihren Freiheitssinn respektieren. Vielleicht dauert das Glück nur eine Nacht, vielleicht das ganze Leben. Bringen Sie den Mut auf, Ihre Chancen auszuloten.

Steinbock

Sie sind vom Charme des Zwillings völlig überrollt. Sein Einfluß
ist so positiv, daß Sie Ihr sprichwörtliches Mißtrauen hintanstel-
len. Pflegen Sie den Kontakt mit dem Zwilling, und sei es nur,
um Ihr Ego aufzubauen. Was Sie beide vereint, ist Ihr Sinn für
Humor. Eine Eigenschaft, die Ihnen helfen wird, auftauchende
Probleme zu bewältigen.

Wassermann

Der Dialog zwischen Ihnen verläuft harmonisch, jeder von Ihnen findet ohne Mühe die passenden Worte. Der Wassermann-
Geborene hat ähnliche Schwachstellen wie der Zwilling, und das
verbindet. Beide können sich der Toleranz rühmen. Die Regel
ist, daß der Zwilling Sie trotz gewisser seelischer Parallelen nie
ganz begreifen wird. Zum Beispiel billigt er Ihnen mehr Idealismus zu, als Sie haben ... Bleibt zu sagen, daß ein Partner vom

Tierkreiszeichen Zwillinge Sie nie kritisieren, nie Ihre Pläne durchkreuzen wird. Und das ist, wie ich meine, die Hauptsache ...

Fische

Sie werden schier endlose Gespräche miteinander führen. Die Diskussion kann so lange dauern, daß keiner von Ihnen sich mehr daran erinnert, mit welchem Thema Sie begonnen haben. Sie sollten wissen, daß Sie unter dem Zwilling leiden werden. Ihren Sinn für Romantik kann er nicht teilen, er findet so etwas altmodisch.

Krebs

Element: Wasser
Geburtsherrscher: Mond

Überblick über die Persönlichkeit des Krebses

Der Krebs ist ein Tierkreiszeichen, das vom Symbol der *Kindheit* bestimmt wird. Von dieser Tatsache ausgehend, beschreiben viele Astrologen die Geborenen dieses Zeichens als Menschen, in deren Charakter wir alle Vorteile und Nachteile kindhaften Denkens wiederfinden. So begegnet uns in der entsprechenden Literatur der weibliche Krebs als Mädchen, das furchtbar gern mit Puppen spielt, sich früh verheiratet und von diesem Augenblick an im Schatten ihres Gatten lebt. Eine solche Frau opfert sich für den Mann und die Kinder förmlich auf. Wird sie von ihrem Ehepartner verlassen, versinkt sie in tiefe Depressionen. Zuweilen findet sie einen Ausgleich, indem sie ihren Kindern in der Rolle der Schwiegermutter, die sich in jede Ehe einmischt, das Leben schwer macht.

Natürlich gibt es Krebs-Geborene, auf die eine solche Beschreibung paßt. Vor allem im vergangenen Jahrhundert haben viele Krebs-Frauen gelebt, die sich genau in dem oben angedeuteten Rahmen bewegten. Inzwischen ist die Rolle der Frau allerdings eine andere, und die Krebse haben in ihrer Persönlichkeitsentwicklung Fortschritte gemacht, zu denen man sie nur beglückwünschen kann. Ist es nach alledem noch gerechtfertigt, wenn man sagt, daß der Krebs ein Tierkreiszeichen ist, dessen Denken und Handeln von der Kindheit beherrscht wird? Ja, denn für den Krebs ist die Kindheit eine als großes Glück empfundene Ausnahmesituation, eine Erfahrung, die ihn für immer prägt. Es war der Franzose Sully-Prud'homme, der sagte: »Kindheit ist eine Wunde, die nie ganz verheilt.« Es scheint, als

Steckbrief des Zeichens Krebs

Die wichtigsten Tugenden: Empfindsamkeit, Einfallsreichtum, Liebesfähigkeit

Die wichtigsten Schwachstellen: Sturheit, Aggressivität, Launenhaftigkeit

Lieblingsrolle des weiblichen Krebses: Kindermädchen/Amme

Denkbar ungeeignet als: Nachtwächter

Historisches Vorbild: Marcel Proust

Weibliches Vorbild im Märchen: Dornröschen

Lieblingsbeschäftigung: Kinderwagenschieben

Lieblingsgericht: Eier

Bevorzugtes Getränk: Milch

Lieblingsfarbe: Elfenbein

Bevorzugte Lektüre: Programmzeitschriften fürs Fernsehen und Zeitschriften mit Kochrezepten

Lieblingssport: Alle Sportarten, wo man als Spieler in die Defensive gehen kann

Bevorzugte Kleidung: Schlafanzug

Kopfkissenbuch: Der kleine Prinz

Lieblingsfilm: Mary Poppins

Bevorzugte Zerstreuung: Klassisches Ballett

Bevorzugte Sendung im Fernsehen: Spätausgabe der Tagesschau

Das Möbelstück, das der Krebs unter keinen Umständen missen möchte: Bett

Metall: Silber

Glücksbringer und bevorzugter Schmuck: Perlen

Laster: Schlemmen

Bevorzugtes Musikstück: Die Kinderszenen von Robert Schumann

Wo er (sie) sich am liebsten aufhält: Die eigene Wohnung

hätte Sully-Prud'homme bei dieser Erkenntnis besonders die Krebs-Geborenen im Auge gehabt.

Tatsache ist, daß alle Krebse von dem Klima und den Ereignissen gezeichnet sind, die sie in den ersten Lebensjahren begleiteten. Mehr noch als bei anderen Sternzeichen beeinflussen diese Erfahrungen das Liebesleben und die menschlichen Beziehungen des erwachsenen Krebses. Unbewußt versuchen die Geborenen dieses Zeichens, die harmonischen oder frustrierenden Erlebnisse aufs neue herbeizuführen, die in ihrer Jugend von Bedeutung waren. Dies kann in einigen Fällen zu Verhaltensweisen führen, die nur noch ein Psychoanalytiker verstehen kann. Es ist im Rahmen dieses Buches unmöglich, auf Einzelheiten einzugehen, aber ich gebe Ihnen einen guten Rat: Wenn Sie sich mit einem Krebs verbinden wollen, dann erkundigen Sie sich nach seiner Familie. Lassen Sie sich die Eltern vorstellen! Das ist eine Vorsichtsmaßnahme, die Ihnen viele schlaflose Nächte ersparen kann, Nächte, wo Sie sich den Kopf über einen Menschen zerbrechen, der drei Schritte vor und vier Schritte zurück geht, über einen Gefährten, der im täglichen Leben eine kaum zu überbietende Gleichgültigkeit an den Tag legt, um in einem kitschigen Film in Tränen auszubrechen. Typisch für einen Krebs ist, daß er ja sagt, wenn er nein meint, daß er eisern an seinen Vorurteilen festhält, daß er auf die Mitmenschen einen denkbar faulen Eindruck macht, obwohl er sich wie kein anderes Tierkreiszeichen die Vorteile der größten Kraft zunutze macht, die es im Universum gibt: Trägheit.

Von allen Sternzeichen sind die Krebs-Geborenen die empfindsamsten und verletzlichsten Menschen. Im Unterschied zu den anderen Zeichen, die vom Wasser beherrscht werden (Skorpion und Fische), verfügt der Krebs nicht über die Kunst, sich aus einer schlimmen Situation zurückzuziehen. Jeder Angriff wird von ihm als lebensgefährlich empfunden, jede Lieblosigkeit verunsichert ihn, stürzt ihn in einen Wirbelsturm dunkler Gefühle. Der Krebs nimmt alles, was ihm widerfährt, sehr ernst. Hinzu kommt, daß er ein phänomenales Gedächtnis hat, das alle Erfahrungen und Gefühle wie ein Computer registriert ...

So ist es zu erklären, daß sich der Krebs mit einer Aura der

Gleichgültigkeit umgibt. Das ist gleichsam seine Rüstung, die ihm hilft, sich von den Menschen abzukapseln. Kein Krebs läßt gern durchscheinen, wie sensibel und verletzlich er ist.

Wir finden diese Methode, sich vor schmerzhaften Erfahrungen zu schützen, übrigens auch bei den Jungfrau-Geborenen. Denken wir bei diesen beiden Sternzeichen daran, daß ihr Bedürfnis, sich vor den Mitmenschen durch eine Art Panzerung zu schützen, sehr ausgeprägt ist.

Sowohl der männliche als auch der weibliche Krebs sind friedliche Wesen, von ruhigem Temperament, Menschen mit festen Gewohnheiten, beharrlich bis zur Sturheit, Charaktere, denen das Familienleben über alles geht. Der Krebs schätzt Sicherheit, er wird zum unduldsamen Egoisten, wenn er dieses Grundbedürfnis bedroht sieht.

Eine andere Seite des Krebses: Er ist fantasiebegabt, verträumt, launisch ... Wenn ein Krebs zu Hause ist, träumt er von anderen Orten. Ist er auf Reisen, träumt er von seinem Zuhause ... Es ist wirklich so, daß die Krebs-Geborenen einen sicheren Hafen brauchen, den sie anlaufen können. Mit dieser Sicherheit im Rücken sind sie zu Taten fähig, für die ein anderer nicht den Mut aufbrächte. Fehlt der Hafen, so wird der Krebs alles Menschenmögliche tun, um sein Bedürfnis nach Sicherheit zu befriedigen. Das kann soweit gehen, daß alle anderen Aktivitäten im Leben zurücktreten.

Das seelische Gleichgewicht des Krebses hängt auch von seinem Bezug zur Wirklichkeit ab. Gelingt es ihm, die Nabelschnur zur Mutter zu durchschneiden, kann er große Taten vollbringen, ein solcher Krebs *lebt seinen Traum.* Findet eine Loslösung, aus welchem Grunde auch immer, nicht statt, so flüchtet sich der Krebs in die Welt der Fantasie, ein solcher Mensch *verträumt sein Leben.*

Liebe

Wer noch nie einen Krebs geliebt hat, weiß nicht, was Zärtlichkeit ist. Die Geborenen dieses Zeichens sorgen sich um ihren

Partner oder ihre Partnerin in einer Weise, die man nur bewundern kann. Die Liebe, der Wunsch, Kinder zu zeugen und großzuziehen, ist die große Triebkraft, die alle Krebse bewegt. Es ist dieses Gefühl, das einen Krebs ausrufen läßt: Das Leben ist schön! Die Spuren, die ein Krebs auf dieser Erde hinterläßt, sind seine Kinder und die Liebe, die er seinem Partner oder seiner Partnerin gegeben hat.

Krebse sind romantisch veranlagt. Als Kinder sind sie naiv, in der Jugend und als Erwachsene immer noch leichtgläubig. Wenn sie lieben, dann mit der ganzen Kraft ihres Herzens. Zerbricht die Beziehung, so setzt der Krebs sie nicht selten in seinen Träumen fort. Er umgibt den Menschen, der ihn verlassen hat, mit einem Heiligenschein und hofft allen Ernstes, daß irgendwann eine gute Fee auftauchen wird, die den Abtrünnigen zurückbringt.

Mit schier unglaublicher Beharrlichkeit und Zähigkeit klammert sich der Krebs an die Dinge, die ihm wichtig scheinen. Oft gewinnt er diesen Kampf.

Liebe, das ist für einen Krebs-Geborenen die Liebe zur Familie. Abenteuer und Flirts interessieren ihn nicht. Zwar gibt es Krebs-Frauen, die auf den Typ Mann hereinfallen, der sich als Märchenprinz ausgibt. Ziel aller Träume und Bemühungen bleibt jedoch die Heirat, oder, wenn es sich um ein ganz modern gesinntes Krebs-Mädchen handelt, eine eheähnliche Gemeinschaft, das Leben am warmen Ofen ... Mehr als andere sind die Angehörigen dieses Tierkreiszeichens auf Zuwendung angewiesen. Sie wollen verwöhnt werden, leiden sehr unter der Gleichgültigkeit des Partners und erholen sich nur sehr schwer von Enttäuschungen. Man liebt nur einmal – das kann nur ein Krebs gesagt haben.

Die Geborenen dieses Zeichens sind treu, sie brauchen sich dazu gar nicht anzustrengen. Für die Mitmenschen bringen die festgefügten Ansichten des Krebses oft Ärger mit sich. Ein Krebs geht wie selbstverständlich davon aus, daß eine Bindung ewig dauert. Er vergißt dabei, daß auch die tiefsten und ernsthaftesten Gefühle von der Gewöhnung erstickt werden können. Oft lebt ein Krebs, ohne daß er es weiß, nur durch das Wesen, das er liebt ... Wer sich in der Bindung mit einem Krebs beengt, ja eingesperrt vorkommt, übertreibt nicht. Zwar haben die Menschen dieses Tierkreiszeichens bei allem was sie tun, die besten Vorsätze. Aber schon Oscar Wilde sagte, daß der Weg zur Hölle mit guten Vorsätzen gepflastert ist!

Für einen Krebs ist Sexualität zwangsläufig mit Zärtlichkeit gepaart. Er will umsorgt werden, nur dann ist er in der Lage, sich dem geliebten Wesen ganz hinzugeben. Typisch für den Krebs ist, daß er gern im Dunkeln liebt. Verführen Sie einen Krebs-Geborenen nie bei hellichtem Tag, wenn Sie ihm (oder ihr) nicht schwere psychische Wunden zufügen wollen!

Wenn der Krebs einmal Vertrauen zu Ihnen gefaßt hat, wird er sich in bewundernswerter Weise Ihren Bedürfnissen anpassen. Das gilt auch für ausgefallene sexuelle Wünsche, die Sie vielleicht hegen ...

Der männliche Krebs wird als Partnerin immer eine Frau auswählen, die entweder seiner Mutter gleicht oder genau ihr Gegenteil darstellt, je nachdem, ob er zu seiner Mutter ein gutes oder schlechtes Verhältnis hatte. Es fällt ihm schwer, sich im weiteren Verlauf von dem Bild zu lösen, das er sich von seiner Lebensgefährtin gemacht hat. Er wird sich zu seiner Ehefrau oder Freundin immer so verhalten, wie er sich zu seiner Mutter verhalten hat. Die Situation ist für die Frau nicht immer einfach, es kann zum Beispiel vorkommen, daß der Mann sich an sie klammert ... Der Krebs ist launisch, aber im Endeffekt wird er immer die Grundrichtung einhalten, die er seinem Leben gegeben hat. Nichts auf der Welt kann diese Prägung verändern.

Der weibliche Krebs ist in der Lage, ganz verschiedene Rollen zu spielen, er tut das zu seinem Schutz. Die Idee, die dahintersteckt, ist gar nicht so unvernünftig. Wenn man den Menschen einen anderen Charakter vorspielt, als man hat, werden sie einen in Ruhe lassen ...

Es gibt zwei Rollen, die die Krebs-Frau lieber als alles andere spielt: Kindfrau oder Mutter. Als Kindfrau gibt sich die Krebs-Geborene empfindsam, gefühlsbetont, sprunghaft und unvernünftig. Das sind dann genau die Eigenschaften, die andere Frauen, die dieses Theater durchschauen, auf die Palme bringen.

Die Kindfrau tendiert zu einem älteren Mann, bei dem sie sich anlehnen kann, vorzugsweise zu einem Stier.

Bleibt die Rolle der Mutter. Als Mutter ist die Krebs-Frau unendlich zärtlich und liebevoll. Den Mann drängt sie in die Rolle des Vaters, des Erzeugers ...

Die Krebs-Frau hat etwas von einer Bienenkönigin, die den Mann kastriert, indem sie ihn auf die Funktion der Zeugung reduziert ... Vielen Männern macht die Vorstellung, auf diese Weise von einer Frau verplant zu werden, Angst!

Grundsätzlich gilt, daß die Krebs-Frau sehr für das Familienleben geeignet ist. Allerdings hat sie soviel Liebe zu geben, daß man sich oft davon erdrückt fühlt.

Bindungen

Machen wir uns nichts vor, ein Krebs beginnt jede Bindung mit der Absicht, eine Ehe daraus zu machen. Das trifft sogar dann zu, wenn er schon verheiratet ist. Er träumt dann von einer Scheidung. Motto: Mit dir werde ich glücklicher sein ...

Wer keine feste Bindung eingehen will, sollte deshalb die Finger vom Krebs lassen ... Mißachtet man dieses Gebot, so wird man sich schneller, als man denkt, vor dem Traualtar wiederfinden!

Ist das Ja-Wort einmal gesagt, so kann sich das Zusammenleben mit einem Krebs durchaus erfreulich entwickeln. Bedingung ist, daß man sich nicht über die Verträumtheit eines solchen Partners mokiert. Der Krebs erwartet, daß man seine romantische Ader respektiert. Das sollte man übrigens schon deshalb tun, weil von den Ideen des Krebses oft fruchtbare Anstöße ausgehen.

Wie es weitergeht? Der Krebs wird Sie nie im Stich lassen, Ihnen nie weglaufen. Es sei denn, Sie entwickeln sich zu einem Tyrann, der die Kinder grün und blau schlägt. Ihre Ehe hat gar keine Kinder? Dann dürften Sie an Ihrem Krebs nicht mehr lange Freude haben. Er (oder sie) wird ohne viel Worte verschwinden. Warum er (oder sie) sich nicht ausspricht? Der

Krebs findet, über Schwierigkeiten redet man nicht. Außerdem will er (oder sie) Ihnen den Schmerz ersparen, der mit solchen Diskussionen verbunden ist!

In den meisten Fällen wird es so sein, daß Sie Ihren Krebs nicht mehr loswerden, auch wenn Sie es versuchen. Er klammert sich gleichsam so fest an den Felsen, daß Sie ihn nur mit Hilfe eines Messers davon lösen können! Wenn Sie ihm untreu werden, so wird er so tun, als ob er das gar nicht bemerkt. Er (oder sie) stürzt sich in die tägliche Arbeit, macht sich schier unentbehrlich. Er (oder sie) ist immer noch fest davon überzeugt, daß Sie ihn (oder sie) lieben, auch wenn Sie durch Ihr Verhalten tausendmal bewiesen haben, daß es nicht so ist ... Er (oder sie) hängt an Ihnen wie eine Klette. Kommt es trotz allem zur Scheidung, so dürfte der Streit um das Vermögen und die Kinder zu einem wahren Alptraum ausarten. Die Krebs-Frau zum Beispiel wird Ihnen mit ihrem Anwalt und allen möglichen Forderungen zusetzen, immer in der Hoffnung, daß Sie vor den Schwierigkeiten, die sich anläßlich der Trennung auftürmen, kapitulieren und in ihre Arme zurückkehren. Im Grunde lieben Sie einander ja immer noch, das zumindest möchte sie Ihnen suggerieren. Viel Vergnügen! Machen Sie sich darauf gefaßt, daß die Krebs-Frau keine Gelegenheit ausspart, Ihre Nerven zu strapazieren ... Das Gleiche gilt für männliche Krebs-Geborene. Selbst wenn der geschiedene Partner bzw. die Partnerin bereits wiederverheiratet ist, wird der Krebs einen Vorwand finden, ihn (oder sie) täglich anzurufen. Sei es, weil das gemeinsame Kind Röteln hat, sei es, weil der Kleine in der Schule nicht recht mitkommt, sei es, weil der Wasserhahn tropft oder weil die Belege für die Einkommensteuererklärung vorbereitet werden müssen ... Alles und jedes kann als Entschuldigung dienen. Das Schlimme ist, der Krebs fühlt sich bei solchen Hilferufen völlig im Recht. Er (oder sie) ist wirklich am Ende, demoralisiert, am Boden zerstört. Man sollte es sich dreimal überlegen, bevor man einen Krebs verläßt ...

Die Berufe des Krebs-Geborenen

1. Berufe, für die man Einbildungskraft und Fantasie braucht:
   - Erzähler, Schriftsteller, Illustrator
2. Berufe, bei denen man mit Kindern zu tun hat:
   - Kinderarzt, Säuglingsschwester
   - Lehrkraft an einem Institut, das sich der Ausbildung werdender Mütter widmet, z. B. an einer Volkshochschule, Sozialhelfer bzw. Sozialhelferin
   - Animateur oder Sportlehrer/Sportlehrerin in einem Ferienlager für Jugendliche
3. Berufe, die sich mit der Erforschung der Vergangenheit befassen:
   - Historiker, Geschichtslehrer, Archäologe, Archivar, Kurator in einem Museum, Antiquar
4. Berufe, die mit der Betreuung von Gästen zu tun haben:
   - Hotelier, Wirt, Animateurin in einem Ferienclub
5. Berufe, die am Strand ausgeübt werden:
   - Strandwärter, Bademeister
   - Lehrer für die verschiedenen Wassersportarten

Rat an Eva

Sie sollten sich für einen Krebs-Mann entscheiden, wenn folgende Feststellungen für Sie zutreffen:

- Sie haben schlechte Erfahrungen mit dem starken Geschlecht gemacht, die Männer sind alle Verbrecher ...
- Ihr letzter Freund hatte die Angewohnheit, jeden Morgen um fünf Uhr aufzustehen, um einen Waldlauf zu machen.
- Sie sind mit der Erziehung Ihrer zwölf Kinder einfach überfordert.
- Ihre Freunde werfen Ihnen vor, daß Sie sie mit Ihrer Mütterlichkeit förmlich erdrücken.

Warnung! Meiden Sie die Verbindung mit einem Krebs-Mann, wenn Sie ein Spiel wie Pétanque unsportlich finden.

Rat an Adam

Sie sollten sich für eine Krebs-Frau entscheiden, wenn folgende Feststellungen für sie zutreffen:

- Im Grunde Ihres Herzens sind Sie ein kleiner Junge geblieben. Sie sehnen sich nach der Großmutter, die Ihnen damals so schöne Geschichten erzählt hat.
- Sie finden, die Hauptaufgabe der Frau ist das Kinderkriegen.
- In der Familie fühlt sich der Mensch immer noch am wohlsten!
- Sie sind ein BH-Fetischist.

Warnung! Vermeiden Sie die Verbindung mit einer Krebs-Frau, wenn folgende Feststellung für Sie zutrifft:

- Wenn eine Frau schmollt, spüren Sie das fast unüberwindliche Bedürfnis, sie zu erdrosseln.

ERSTE PHASE

Kennenlernen

Wo treffe ich Krebse?

Die Krebse sind häusliche Wesen. In Bars, Nachtklubs und an ähnlich verrufenen Orten sich die Zeit um die Ohren zu schlagen, das liegt ihnen nicht. Schon deshalb nicht, weil das die Stunden für den Schlaf zu sehr beschneiden würde. Es ist nun einmal so: Ein Krebs braucht viel Schlaf, er ist am glücklichsten im Bett ... Die Hoffnungen und Wünsche der Krebs-Geborenen drehen sich im wesentlichen um die Familie. Das Heim ist ihr ein und alles. Wenn sie irgendwelchen

Zerstreuungen nachgehen, dann solchen von der friedlichen Art. Nur sehr selten werden Sie auf einen Krebs treffen, der fanatischer Sportler ist. Nicht einmal im Urlaub kann sich ein Geborener dieses Zeichens für Sport erwärmen ... Der Krebs ermüdet schnell, Leistung um der Leistung willen, das findet er einfach dumm. Wenn es hoch kommt, wird der Krebs am Sonntagvormittag zu einem gemächlichen Dauerlauf starten, natürlich in einem dicken Trainingsanzug. Während er (oder sie) läuft, träumt er (oder sie) von dem reichhaltigen »Brunch«, das zu Hause auf ihn (oder sie) wartet ... In manchen Fällen ist Jogging für den Krebs nur ein Vorwand, um sich gleich nachher für die Anstrengung mit herrlichen Leckerbissen zu belohnen!

Wenn Sie sportlich veranlagt sind und einen Krebs kennenlernen wollen, der ähnliche Interessen hat wie Sie, sollten Sie schwimmen gehen. Der Mann, der mit lässiger Geste drei Längen im Kraulstil schwimmt, um sich dann in einen vorgewärmten Bademantel zu hüllen und ein Glas Milch zu schlürfen, ist möglicherweise ein Krebs. Außerdem werden Sie Krebse in Kursen für Selbstverteidigung, zum Beispiel in Aikido-Lehrgängen, antreffen. Der Krebs findet eine entsprechende sportliche Ausbildung ideal, um sich vor Angriffen der Mitmenschen zu schützen ...

Wo Sie viele Krebse antreffen werden: im Kino. Die Geborenen dieses Zeichens lieben Filme, bei denen sie träumen können, zum Beispiel romantische Streifen, die in der Vergangenheit spielen. Krebse, die den Krieg hassen, haben gar nichts gegen blutige Auseinandersetzungen einzuwenden, wenn diese auf der Leinwand stattfinden und die Verwicklungen der amerikanischen Bürgerkriegsparteien zum Inhalt haben. Wenn die Heldin des Films dann noch eine verruchte leidenschaftliche Frau ist, hat der Krebs, wonach er (oder sie) sich sehnt ... Es liegt auf der Hand, was den Krebs im Kino so fesselt, ist die Möglichkeit auf den Schwingen der Fantasie der Wirklichkeit zu entfliehen. Sich in eine andere Welt, in ein anderes Jahrhundert, oder in die Rolle einer Romanfigur zu versetzen, ist für dieses Sternzeichen eine überaus verlockende Methode, der Langeweile zu entrinnen.

So ist es zu erklären, daß wir unseren Krebs in der heimeligen Düsternis eines Filmtheaters antreffen, wo er beim Happy-End vor lauter Mitgefühl ins Taschentuch schluchzt. Das ist seine Art, Gefühle zu zeigen.

Was für Filme kommen außer »Vom Winde verweht« für den Krebs in Frage? Zum Beispiel Kinderfilme, Filme von Walt Disney, Horrorfilme, wenn sie nicht gar zu schockierend sind. Der Krebs liebt es, sich zu gruseln, aber nicht so sehr, daß es ihm den Schlaf raubt!

Der weibliche Krebs treibt sich gern in den Möbelabteilungen der Kaufhäuser herum, auch dort, wo Betten und Oberbetten verkauft werden. Solche Dinge zu betrachten, gibt den schönen Träumen Nahrung ... Die Krebs-Frau scheint immer auf der Suche nach Dingen, mit denen sie ihr Haus noch gemütlicher gestalten kann.

In seinem Element ist der Krebs auf Familienfeiern! Taufe, Kommunion, Hochzeit, das sind die Anlässe, wo man ihn antreffen wird. Schon seltener auf Beerdigungen, denn viele Krebse haben Angst vor dem Tod. Wenn Sie einen Krebs kennenlernen wollen, brauchen Sie sich also nur auf eine Familienfeier einladen zu lassen. Halten Sie dort Ausschau nach einem Mann oder einer Frau mit rundlichem Gesicht. Der Krebs mag Naschwerk ... Er ist derjenige, der Braut, Bräutigam und alle Verwandten mit guten Ratschlägen eindeckt ...

In den Ferien

In wüstenhaften Gegenden oder im Gebirge werden Sie kaum einen Krebs antreffen. Dieses Tierkreiszeichen liebt das Meer und die Sonne. Die Krebse rekeln sich im Sand und verschlingen ein Eis nach dem anderen. Merkwürdigerweise kennen sie die örtlichen Eisdielenbesitzer mit Namen, ebensogut kennen sie sich in den verschiedenen Spezialitäten aus, die in den Eiscafés des Ortes angeboten werden. Hin und wieder begibt sich der Krebs ins Wasser, aber immer nach dem Motto: Nichts übertreiben! Er mag sanft abfallende Strände und Badeorte, wo es keine Gezeiten gibt. Warum keine Gezeiten? Ein Strand bei

Ebbe ist für den Krebs eine Herausforderung, einen langen Marsch durchs Watt anzutreten. Aber der Krebs geht nicht gern. So kommt es, daß die Geborenen dieses Zeichens am liebsten am Mittelmeer, auf den Inseln im Pazifik oder in der Karibik Urlaub machen.

Und noch etwas: Der unverheiratete Krebs hat einen Horror vor dem Alleinsein. Er sucht deshalb im Urlaub gern einen Ferienclub auf. Organisierte Ferien, wo für Gesellschaft gesorgt ist und alles im Preis inbegriffen ist, das ist so recht nach dem Geschmack der Krebse. Dort fühlen sie sich wohl, treiben Sport, fahren Wasserski und segeln. Oder aber sie spielen Pétanque!

Woran man einen Krebs erkennt

Machen Sie sich zunächst von allem frei, was Sie in astrologischen Büchern über das Äußere der Krebs-Geborenen gelesen haben. In der einschlägigen Literatur wimmelt es von Krebs-Geborenen, die angeblich an ihren molligen Formen zu erkennen sind!

Tatsache ist, daß viele Krebse ausgesprochen dürr sind. Nicht am Gewicht, sondern an seiner Haltung, an seinen Bewegungen können Sie den Krebs von anderen Tierkreiszeichen unterscheiden. Wenn es ein Mann ist, gibt er sich betont lässig. Man hat den Eindruck, er könnte seine Glieder in jede gewünschte Stellung bringen, die unmöglichsten Verrenkungen ausführen. Unverkennbar auch das Gesicht des Krebses. Vielleicht ist der Mann keine Schönheit, aber er strahlt Charme aus ...

Der Blick ist verträumt, abwesend, nach innen gerichtet, voll verborgener Zärtlichkeit ...

Der bestimmende Himmelskörper des Krebses ist der Mond, und so gibt er sich gern romantisch, ein Wesen, das uns Sterbliche mit einem Gemisch aus Neugier und Verwunderung betrachtet ... Die Kleidung des männlichen Krebses ist, von den beruflichen Zwängen einmal abgesehen, von lockerer Eleganz. Warme, weiche Stoffe, bequem geschnittene Anzüge, eine Bügelfalte, die nur noch in Ansätzen zu erkennen ist. Knie und

Ellbogen des Anzugs sind ausgebeult. »Er« sieht immer so aus, als hätte er im Anzug geschlafen.

Die Krebs-Frau ist weich, anschmiegsam, auch sexy. Ob sie nun dick oder dünn ist, sie versteht es, einen zerbrechlichen Eindruck zu machen. Oft wirkt sie so, als wartete sie auf einen Mann, der sich ihrer annimmt, auf einen Beschützer. Die Kleidung der Krebs-Frau ist überaus weiblich, reich verziert. Ihr gefallen die Modelle, die mit Spitzen und Volants versehen sind, Lady Di's Garderobe ist dafür ein gutes Beispiel. Bei den Stoffen bevorzugt die Krebs-Frau Wolle oder Jersey-Stoffe. Sie verwendet viel Sorgfalt auf ihr Make-up und ihre Frisur. Manchmal kommt einem die Krebs-Frau wie eine wunderschöne Figur aus Meißner Porzellan vor ...

Der Krebs gibt sich einsilbig, wenn er seinen Gesprächspartner nicht gut kennt. Sobald er mit dem anderen warm geworden ist, spricht er über alles mögliche, er neigt dann sogar zur Klatschhaftigkeit. Eine Unterhaltung, wo sich Frage und Antwort in logischer Folge aneinanderreihen, kann man mit einem Krebs nicht führen, weil er einem kaum zuhört! So wird man immer wieder feststellen, daß er einem Antworten gibt, die mit der Frage nichts zu tun haben. Nicht selten tritt deswegen der Krebs bei einer Konversation fürchterlich ins Fettnäpfchen. In der Schule sind die Krebs-Geborenen diejenigen, die für »Aufmerksamkeit während des Unterrichts« miserable Noten bekommen ...

Wie man einen Krebs auf sich aufmerksam macht

Keine leichte Aufgabe, denn der Krebs schwebt immer in höheren Regionen! Hinzu kommt, daß er Menschen, die ihn von seiner Wolke auf die Erde zurückholen, ausgesprochen unsympathisch findet.

Ideal ist es, wenn Sie dem Krebs von einem gemeinsamen Bekannten vorgestellt werden mit einer Bemerkung, die seine (ihre) Neugier erweckt. Beispiel: »Meine liebe Alexandra, hier stelle ich dir den Freund vor, der den Atlantik mit dem Tretrad überquert hat.« Oder: »Lieber Michael, das ist meine Freundin

Claire. Sie ist Höhlenforscherin und hat bei ihrer letzten Expedition vierundzwanzig Tage unter der Erde verbracht, ohne während dieser Zeit ein Auge zuzumachen.« Eine andere Methode, um das Interesse eines Krebses zu erwecken: Leihen Sie sich bei einer befreundeten Familie ein hübsches, pausbäckiges Baby aus. Blond sollte es sein. Betreten Sie mit dem Baby im Arm das Büro oder die Wohnung des Krebses. Die Wirkung kann nicht ausbleiben, der Krebs beißt an. Zwar sind es nicht Sie, sondern das Baby, was ihn in dieser Phase interessiert. Immerhin, der von Ihnen ersehnte Kontakt ist zustandegekommen!

Sie sind eine Frau, die einen Krebs-Geborenen erobern möchte? Dann sollten Sie sich vor der irrigen Annahme hüten, daß er den ersten Schritt tun wird. Das funktioniert nicht einmal, wenn Sie von atemberaubender Schönheit sind. Im Gegenteil, Ihre Schönheit kann den Erfolg sogar vereiteln, denn der Krebs hat Angst vor Ihnen. Besonders gutaussehende Menschen verunsichern ihn. Viel besser würde ihm (oder ihr) jemand gefallen, der im Aussehen noch unter dem Durchschnitt liegt, da gibt es nämlich nicht so viele Rivalen (oder Rivalinnen), die aus dem Felde geschlagen werden müssen! Einer der Gründe für die Zurückhaltung des Krebses in der Liebe ist, daß er von scheuer, ängstlicher Wesensart ist. Er weiß nicht, wie er sich in einer bestimmten Situation benehmen soll. Er hat Angst, sich lächerlich zu machen. Er fürchtet, zurückgewiesen zu werden ...

Sie müssen also selbst die Ärmel hochkrempeln und zum Angriff übergehen. Überraschen Sie den Krebs, das ist die beste Methode, ob das Objekt Ihrer Wünsche nun männlichen oder weiblichen Geschlechts ist. Treten Sie dem Krebs gegenüber und sagen Sie: »Ich finde Sie wahnsinnig sympathisch!« Der Krebs wird versuchen, Ihnen auszuweichen. Sie aber lassen in Ihren Bemühungen nicht locker. Sie bringen den Krebs zum Schmunzeln. Wenn er (sie) erst einmal lacht, haben Sie leichtes Spiel. Diese Regel gilt nicht nur im Büro, sondern auch im Urlaub oder bei einem Kennenlernen am Wochenende ... Wenn Sie eine Frau sind, sollten Sie nicht davor zurückschrecken, vor Ihrem Krebs den Clown zu spielen. Sie rauchen eine Zigarette und verschlucken sich. Sie fahren Ski und fallen alle drei Sekunden hin. Sie surfen und fallen ein dutzendmal hintereinander ins Wasser. Der Krebs ist gerührt ...

Der Krebs-Frau begegnen Sie mit Höflichkeit und Feinfühligkeit, zumindest beim Beginn der Beziehung. Sagen Sie ihr klipp und klar, was Sie an ihr schätzen. »Sie sind eine der wenigen Frauen, die nicht auf Abenteuer aus ist.« Mag sein, daß Ihr Krebs-Mädchen sich nach einem Liebesabenteuer sehnt, aber das würde sie nie zugeben. Im Gespräch mit ihr können Sie übrigens recht schnell vertraulich werden. Sagen Sie ihr, was Ihnen auf dem Herzen liegt, und hören Sie sich ihre Sorgen an. Sprechen Sie von Ihrer Kindheit, von der Katze, mit der Sie damals gespielt haben ... Laden Sie sie ins Kino ein, und kaufen Sie ihr Süßigkeiten ... Mit anderen Worten, Sie müssen dieses Geschöpf einwickeln! Danach lassen Sie zwei Tage vergehen, ohne Ihre Eroberung anzurufen ... Wenn Sie den Kontakt dann wieder aufnehmen, benutzen Sie die folgende Eröffnung: »Ich hätte zwei Karten für einen Ballettabend. Hättest du Interesse?«

Was tun, wenn's nicht klappt? Was tun, wenn Ihr Krebs trotz einer geschickten Eröffnung über Sie hinwegsieht? Was tun, wenn er (oder sie) Ihre Einladung unter Hinweis auf seine (ihre) Grippe ablehnt?

Üben Sie jetzt keinen Druck aus ... Lassen Sie einige Monate ins Land gehen, und unternehmen Sie dann einen neuen Versuch. Wobei Sie nach der gleichen Methode wie beim ersten Mal verfahren. Ein guter Tip: Machen Sie sich bei dem Mann (der Frau) Ihrer Träume unentbehrlich. Sie könnten ihm (oder ihr) zum Beispiel anbieten, daß Sie seinen (oder ihren) Wagen waschen oder seine (ihre) Einkommensteuererklärung ausfüllen. Jetzt schaut der Krebs Sie schon aus viel freundlicheren Augen an ...

ZWEITE PHASE

Die Beziehung

Wie man einen Krebs verführt und an sich bindet

Will man die begonnene Beziehung mit einem Krebs vertiefen, so muß man ihn (oder sie) in Sicherheit lullen. Es versteht sich, daß das nicht im Handumdrehen möglich ist. Es kann Wochen oder Monate dauern, bis der Krebs seine Ängste vergißt. Wichtig ist, daß Sie sich in der ganzen Zeit von Ihrer verläßlichen Seite zeigen. Sie sind pünktlich, vertrauenswürdig, der Mensch, auf den man sich verlassen kann. Sie strahlen Autorität und Entschlossenheit aus. Sie nehmen sich der kleinen Probleme an, die jedem Krebs das Leben schwer machen, als da sind: Bankauszüge, kleine Reparaturen am Haus, der Gang zum Amt ... Natürlich sollten Sie sich mit dem Krebs so oft wie möglich verabreden, das ist unumgänglich. Sie arbeiten nach dem Motto: Steter Tropfen höhlt den Stein. Machen Sie sich mit dem kleinen Universum des Krebses vertraut. Nach einer Weile wissen Sie, wo »er« die Schokolade, wo »sie« die Rollen mit dem Nähgarn aufbewahrt ...

Danach heißt es: Vorsichtig sein! Glauben Sie nicht, Sie könnten mit dem Krebs eine Affäre haben, die sich zu dem von Ihnen gewünschten Zeitpunkt in Wohlgefallen auflöst. Wenn Sie nicht aufpassen, finden Sie sich mir nichts, dir nichts, auf einer abschüssigen Bahn wieder, die zu einem Ziel führt, das möglicherweise nicht das Ihre ist: vor dem Traualtar ...

Wenn Sie eine Frau sind, die von einem Krebs-Mann zurückgewiesen wird, dann sollten Sie wissen, daß das ganz einfach aus Angst geschieht. Angst vor der Versuchung, Angst vor dem Weib, Angst vor der Bevormundung durch eine Frau! Krebs-Männer sind in ihrer Jugend (diese kann bis ins hohe Alter dauern) oft unverbesserliche Abenteurer, die eine Heidenangst vor festen Bindungen haben. Darin liegt das große Dilemma des männlichen Krebses ... Erweist sich Ihr Krebs-Mann als ängstlich, dann müssen Sie die verständnisvolle Gefährtin spielen. Sie hören ihm nächtelang zu, wie er seine Seelenpein ausbreitet ... Dauert die Wartezeit zu lange, hilft nur eines: *Sie müssen ihn vergewaltigen.*

Sex

Sie haben richtig gelesen. Sie sind es, die den Krebs-Mann vergewaltigt, damit es überhaupt weitergeht. Auf dem Weg, den Sie in der ersten Nacht zu gehen haben, liegt allerdings ein Stolperstein, dem Sie unbedingt ausweichen müssen. Ich will Ihnen erklären, worum es sich dabei handelt.

Der Krebs-Mann ist im allgemeinen ein einfallsreicher Liebhaber. Es wäre eine ganz verständliche Reaktion, wenn Sie gleichziehen und Ihre erotischen Erfahrungen vor ihm aufblättern. Das aber wäre der größte Fehler, den Sie begehen können!

Natürlich würde er Ihnen bestätigen, daß Sie die leidenschaftlichste Frau sind, mit der er je geschlafen hat. Aber wissen Sie auch, was in diesem Augenblick in seinem Kopf vorgeht? Der Mann hat Angst vor Ihnen! Er fragt sich, wann und von wem Sie das alles gelernt haben. »Was sie da mit mir veranstaltet hat, war ja sehr angenehm. Aber hätte meine Mama so etwas gemacht?« Der Krebs schließt aus Ihrem Verhalten, daß Sie eine begehrenswerte Frau mit großer erotischer Erfahrung sind. So begehrenswert, daß er Sie am besten den anderen Männern überläßt. Sie sind die Frau, mit der man schläft, nicht die Frau, die man heiratet. Für den Krebs ist eine Frau entweder Hure oder Mutter ...

Das Schlimme ist, daß gerade die intelligentesten Krebs-Männer so denken ...

Für Sie bedeutet das, daß Sie mit gewissen Liebesspielen warten müssen, bis Sie sich besser kennen. Vermitteln Sie ihm den Eindruck, daß Sie sexuell ein bißchen verklemmt sind. Nur ganz allmählich öffnen Sie sich unter seiner kundigen Anleitung. Er ist der Mann, der in der Liebe die Initiative behält. Er ist der

Mann, der Ihnen das Tor zu einer Welt sexueller Freuden öff-
net. Wenn Sie diesen Eindruck erwecken, haben Sie gewonnen.

Wenn es um die Eroberung einer Krebs-Frau geht, müssen
Sie mit Raffinesse und Feinfühligkeit arbeiten. Sie müssen zum
Beispiel sehr genau planen, wo die Verführung vor sich gehen
soll. Das Hotel, die Wohnung eines Freundes, oder das Auto,
all das kommt für die erste Nacht mit einer Krebs-Geborenen
nicht in Frage. Sie können Ihre Intimitäten auch nicht in der
Wohnung der Krebs-Frau beginnen. Dies könnte – so sieht sie
es – von traumatischer Wirkung auf ihre Zimmerpflanzen sein!

Sie müssen die Krebs-Frau also in Ihrer eigenen Wohnung
oder im Urlaub verführen. Entkleiden Sie die Schöne mit viel
Geduld. Flüstern Sie ihr süße Worte ins Ohr, sparen Sie nicht
mit Komplimenten ... Für den weiblichen Krebs zählt Zärtlichkeit, nicht der sexuelle Kraftakt. Wiegen Sie sie in Ihren Armen,
und sagen Sie ihr, daß Sie sie lieben.

Wenn Sie jetzt immer noch Widerstand leistet, können Sie sie
als unheilbaren Fall abschreiben.

Das Leben mit einem Krebs

Eigentlich gibt es nichts Angenehmeres. Allerdings müssen Sie
gewisse Bedingungen beherzigen:

- Achten Sie nicht auf seine (ihre) häufigen Stimmungsum-
  schwünge, auf die Anfälle von Melancholie. Zwar sollten Sie
  bei solchen Gelegenheiten Anteilnahme durchblicken lassen,
  ohne sich jedoch völlig in das Netzwerk der seelischen
  Schwierigkeiten verstricken zu lassen. Ein gewisses Maß von
  Mitgefühl ist angebracht, weil der Krebs sonst verunsichert
  wird, was neue und noch tiefere Anfälle von Melancholie mit
  sich bringt.
- Konzentrieren Sie sich beim Zusammenleben auf die gleichen
  Ziele, die für den Krebs wichtig sind: Liebe und Familie!
- Wenn Sie es mit einem Krebs vom Typ des Abenteurers zu
  tun haben, lassen Sie ihn sich austoben. Sie sind die Frau, die
  ihn mit offenen Armen empfängt, wenn er abgerissen und

verletzt von seinen Irrfahrten heimkehrt. Mit zunehmendem Alter wird Ihr Krebs häuslich.

● Erwarten Sie vom Krebs nicht, daß er Ihnen das Gefühl von Sicherheit vermittelt. Das einzige, was er Ihnen geben kann, ist Treue.

Wie man einen Krebs zur Ehe rumkriegt

Die Methode ist bei Mann oder Frau verschieden. Der männliche Krebs vom Typ Abenteurer, von dem oben die Rede war, weicht jeder Bindung, jeder Verantwortung aus. Er spürt, daß eine solche Bindung ihn in den Zustand des Kindes zurückversetzen würde, unter dem er so gelitten hat. Es ist selten, daß ein Krebs dieses Typs einer Frau einen Heiratsantrag macht. Wenn Sie ihn trotzdem heiraten wollen, müssen Sie ihn überfahren. Bereiten Sie alle Formalitäten für die Trauung vor, und dann schleppen Sie ihn ohne jede Vorwarnung aufs Standesamt. Er wird ganz sicher ja sagen, schon weil er Aufsehen und Komplikationen vermeiden will. Wenn Sie hingegen darauf warten, bis der Krebs sich aus eigenem Antrieb zum Gang aufs Standesamt entscheidet, können Sie alt werden ...

Was ich eben sagte, galt nur für den Krebs-Mann vom Typ des Abenteurers. Bei allen anderen Krebs-Geborenen, ob männlich oder weiblich, werden Sie mit Ihrem Vorschlag, miteinander die Ehe zu schließen, offene Türen einrennen! Vorsicht! Ein Krebs heiratet schnell, läßt sich aber nur unter großen Schwierigkeiten scheiden. Die Bindung, die Sie mit ihm eingehen, sollte also auf Dauer, auf das ganze Leben, angelegt sein. Wenn Sie das nicht beachten, werden Sie sich erheblichen Ärger einhandeln ...

Kleine Geschenke
erhalten die Freundschaft

Geeignet für Krebse beiderlei Geschlechts:
- Hängematte
- Gesundheitstee
- Kutscherlampe
- Ein großes Plüschtier

Nur für »ihn«:
- Segelboot (in Originalgröße oder als maßstabgerechtes Spielzeugmodell, je nach den Mitteln, die Sie für das Geschenk aufwenden können)
- Weste aus Kaschmirwolle
- Fotoalbum (leer)
- Fotoapparat oder Filmkamera

Nur für »sie«:
- Elfenbeinfarbene Satin-Bettwäsche
- Angora-Pullover in Pastellfarbe
- Historischer Roman in 24 Bänden
- Perlenkette

Wenn es etwas mehr kosten darf:
- Rundbett
- Flugreise zu den Seychellen

Das besondere Geschenk:
- Radiowecker

DRITTE PHASE

Wie man mit einem Krebs Schluß macht

Probleme, nichts als Probleme ...

Es ist furchtbar schwer, die Bindung mit einem Krebs zu beenden. Wenn Sie das hinter sich bringen, ohne zum Menschenfeind zu werden, haben Sie wirklich einen Orden verdient!

Wenn er es ist, der Sie verläßt, stehen Sie im Nebel. Er wird Ihnen weder jetzt noch später eine Erklärung geben, warum er mit Ihnen Schluß gemacht hat. Es ist sogar möglich, daß er es noch einmal mit Ihnen versucht. Das kann ein paar Mal hin und her gehen. Er führt Sie an der Nase herum ...

Den Ärger, der bei einem Bruch mit dem Krebs entsteht, kann ich Ihnen nicht abnehmen. Ich kann Ihnen hier nur erklären, *warum* der Krebs sich so verhält, wie er es tut.

Er folgt ganz einfach seinem Unterbewußtsein. Würde ihn sein bester Freund fragen, warum er Sie verläßt, so würde er keine Antwort auf diese Frage wissen. Es ist demnach sinnlos, wenn Sie von Ihrem Krebs eine Erklärung erwarten ...

Wenn Sie bei der Trennung eine schwere Depression vermeiden wollen, sollten Sie meinen Rat befolgen: Treten Sie die Flucht nach vorn an. Zählen Sie nicht darauf, daß er zu Ihnen zurückkehren wird. Auch wenn er das tut, so ist der Riß nicht mehr zu kitten. Hoffen Sie auch nicht darauf, daß der Krebs sich ändern wird. Unmöglich. Voraussetzung für jeden Neubeginn wäre, daß der Mensch sich überhaupt ändern *will*. Ein solcher Entschluß würde aber dem psychologischen Grundmuster des Krebses widersprechen.

Was nun? Stellen Sie dem Krebs die Koffer vor die Tür. Lassen Sie das Türschloß zu Ihrer Wohnung auswechseln. Machen Sie eine Reise in die Berge. Dort werden Sie Steinböcke kennenlernen, und das dürfte Sie auf ganz neue Gedanken bringen!

Sie sind es, der den Bruch mit dem Krebs herbeiführen will ...

Ihnen steht Schlimmes bevor, vor allem wenn Sie miteinander verheiratet sind oder wenn die Freundschaft zwischen Ihnen und dem Krebs schon seit einigen Jahren besteht.

Sie sollten sich jetzt aller Mittel bedienen, die Ihnen zur Verfügung stehen. Tränen, Szenen, Schmollen, Selbstmorddrohungen usw. ... Sie brauchen diese Mittel, um gegen den Krebs anzukommen. Das Wesen, das einst so friedlich schien, hat sich unversehens in eine Kampfmaschine verwandelt. Der Krebs schreckt in dieser Phase vor keinem Druckmittel zurück.

Wenn Sie es zum Beispiel mit einer Krebs-Frau zu tun haben, dann wird sie alles daransetzen, damit Sie vor Sorgen nicht mehr in den Schlaf kommen. Sie wird Ihnen dreimal pro Woche den Gerichtsvollzieher ins Haus schicken. Die Kinder aus Ihrer Verbindung wird sie benutzen, um Druck auf Sie auszuüben. Sie wird die Kinder behalten wollen, und das ist schlecht. Sie neigt nämlich dazu, die Kleinen mit ihrer Liebe zu ersticken. Sie wird die Kinder gegen Sie aufhetzen. Warum diese leidenschaftliche Reaktion? Der Krebs, der verlassen wird, bleibt oft für den Rest des Lebens allein, und so wird sich die Krebs-Frau für die Kinder aufopfern. Sie fühlt sich unfähig, eine neue Bindung anzuknüpfen. Der Krebs braucht ein ganzes Leben, bis die empfangenen Wunden wieder heilen.

Wenn Ihre Bindung zu dem Krebs noch nicht so alt ist, ist alles leichter. Allerdings müssen Sie auch in diesem Fall sehr konsequent sein. Schonungslos mit dem anderen Schluß machen, jeden weiteren Kontakt vermeiden! Sie müssen so vorgehen, wenn Sie Ihrem Partner (oder Ihrer Partnerin) unnötige Schmerzen ersparen wollen. Der Krebs würde versuchen, die Beziehung wieder anzuknüpfen, wenn Sie sich nach dem Bruch von Ihrer verbindlichen Seite zeigen.

Ich mache Ihnen jetzt einige Vorschläge, was Sie tun können, um sich von Ihrem Krebs zu trennen. Für den Erfolg kann ich allerdings nicht garantieren!

Trennung von einem Krebs-Mann

- Kritisieren Sie seine Mutter bei jeder sich bietenden Gelegenheit. Wenn das nichts nützt, steigern Sie sich zu Beleidigungen ...
- Hören Sie auf, die Antibabypille zu nehmen und begründen Sie das gegenüber Ihrem Gefährten mit der Bemerkung, daß er sowieso nie ein Kind zustande bringen wird.
- Verschwinden Sie aus der gemeinsamen Wohnung, ohne sich bei Ihrem Mann oder Lebensgefährten abzumelden. Kehren Sie dann in Begleitung eines Gigolos zurück.
- Verweigern Sie systematisch jeden Kontakt mit seiner Familie.

Trennung von einer Krebs-Frau

- Verprügeln Sie Ihre Kinder dreimal pro Woche. Ob Sie nicht auch Ihre Frau oder Gefährtin schlagen sollten? Nein, womöglich würde ihr das noch Spaß machen!

Berühmte Krebse

Herren:

Louis Armstrong, Ingmar Bergman, Prinz Bernhard der Niederlande, Yul Brynner, Marc Chagall, Ernest Hemingway, Hermann Hesse, Frank Kafka, Charles Laughton, Gustav Mahler, Georges Pompidou, Marcel Proust, Rembrandt, Nelson Rockefeller, Erich Maria Remarque, Jean Jacques Rousseau, Peter Paul Rubens, Antoine de Saint-Exupéry, Ernst Ferdinand Sauerbruch, Ringo Starr, Herbert Wehner.

Damen:

Isabelle Adjani, Lady Di, Käthe Kollwitz, Gina Lollobrigida, Mireille Mathieu, Pearl S. Buck, Lola Montes, Georges Sand, Simone Veil, Nathalie Wood.

- Verjubeln Sie das Haushaltsgeld mit einer wunderschönen Geliebten zur linken Hand. Führen Sie das Mädchen in die Geschäfte, wo Ihre Frau oder Gefährtin einkauft.
- Überzeugen Sie sie davon, daß Sie an einer vererblichen Geisteskrankheit leiden.
- Ziehen Sie jedes Jahr dreimal um.

Die Tierkreiszeichen
und ihr Verhältnis zum Krebs

Sie selbst sind ...

Widder

Der Krebs wird Ihnen manchmal auf die Nerven fallen, dann wieder gibt es Gelegenheiten, wo Sie ihn rührend finden. Sie können die Bindung eingehen, wenn Sie sich darüber im klaren sind, daß Sie beide richtige Dickköpfe sind ... Wenn Sie sich streiten, können Monate und Jahre vergehen, bevor der eine wieder mit dem anderen spricht.

Stier

Die ideale Verbindung, wenn Sie wirklich beabsichtigen, einen festen Hausstand zu gründen und Kinder miteinander zu haben. Wenn Sie noch sehr jung sind und sich die Hörner noch nicht abgestoßen haben, sollten Sie versuchen, den Krebs ins Tiefkühlfach zu legen. So einen Partner (oder so eine Partnerin) werden Sie nicht so leicht wiederfinden!

Zwilling

Sie werden den Krebs mögen, weil er viel Fantasie hat und weil er wechselhaft und beharrlich in einer Person ist. Welch ein interessantes Menschenkind! Was Ihnen weniger gefällt, sind die Schmollphasen des Krebses. Sie neigen dazu, ihn wegen dieses Verhaltens zu ärgern und zu reizen. Das Resultat ist, daß Ihr Partner (oder Ihre Partnerin) sich immer tiefer in sein (oder ihr) Schneckenhaus zurückzieht ... Respektieren Sie die Feinfühligkeit des Krebses. Auf diese Weise kommen Sie in den Genuß einer Beziehung, die von tiefer Leidenschaft erfüllt sein kann.

Krebs

Gut möglich, daß Sie in den vielen Jahren des Zusammenlebens nichts anderes tun, als einander vorsichtig abzutasten. Ihre Umwelt findet das sehr merkwürdig. Sie beide aber sind wunschlos glücklich, und das ist schließlich die Hauptsache.

Löwe

Der Krebs will immer im Mittelpunkt stehen, Sie auch ... Wenn Sie es schaffen, über die Rivalität hinwegzukommen, werden beide Partner mit einer guten Beziehung belohnt. Der Krebs schenkt Ihnen Zärtlichkeit, Sie geben ihm Schutz. Sie werden sich gut verstehen, wenn Sie, der Löwe, die Führung übernehmen.

Jungfrau

Sie beide treffen alle möglichen Vorkehrungen, um sich vor Verletzungen durch andere zu schützen. Da Sie ähnlich denken, hat einer für den anderen Verständnis. Man hilft sich, so gut es geht. Eine harmonische Verbindung, wenn Sie die Verträumtheit des Krebses nicht stört ...

Waage

Was Sie verbindet, ist das schier unstillbare Bedürfnis nach Zärtlichkeit. Was Sie trennt, ist Ihr Hang zu Geselligkeit, eine Eigenschaft, die sich schwer mit den erotischen Besonderheiten eines Krebses verträgt. Eines Tages werden Sie zwischen ihm und Ihren Freunden (oder Freundinnen) wählen müssen. Eine unangenehme Situation, denn Sie sind ein Mensch, der Entscheidungen haßt!

Skorpion

Eine überaus harmonische Verbindung, wenn es sich bei Ihnen um einen männlichen Skorpion handelt. Sie werden einander gut verstehen, wie Pech und Schwefel zusammenhalten, sich leidenschaftlich lieben. Weniger harmonisch ist die Partnerschaft, wenn Sie eine Skorpion-Frau sind. Zwar sind Sie einerseits faszinert vom Krebs, andererseits verabscheuen Sie an ihm jene Wesenszüge, die in Ihren Augen »kindisch« sind.

Schütze

Die Lust am Reisen ist Ihnen gemeinsam. Denkbar, daß Sie einen schönen Sommer miteinander verbringen. Aber was dann? Sie leben in zwei verschiedenen Welten. Sie, der Schütze, sehen weit in die Zukunft. Der Krebs hingegen sieht nur bis zur Wand, wo die Familienfotos hängen. Es besteht die Gefahr, daß Sie sich vom Krebs erdrückt fühlen.

Steinbock

Vielleicht das einzige Tierkreiszeichen, das in der Lage ist, Ihren Panzer zu durchdringen, ohne Sie zu zerstören. Lassen Sie seine (oder ihre) Zärtlichkeiten über sich ergehen ... Die Sache ist ja durchaus angenehm. Erwarten Sie aber nicht, daß der Krebs Ihr verläßlicher, berechenbarer Partner wird!

Wassermann

Es gibt keinen Menschen auf der Welt, mit dem Sie sich nicht gut verstehen. Warum also nicht mit einem Krebs? Sie sollten allerdings wissen, daß Ihnen Ihr Partner mit seinem Liebeshunger oft auf die Nerven gehen wird. Seine Zärtlichkeiten werden Sie dann als lästig empfinden.

Fische

Eine gute Verbindung, in der sich allerdings nicht viel ereignet. Man möchte Sie beide in einen Mixbecher stecken und tüchtig durchschütteln ... Die Außenstehenden übersehen, daß Sie sehr glücklich miteinander sind. Sie verstehen sich ohne viel Worte, überschütten sich gegenseitig mit Zärtlichkeiten, Sie umarmen sich, lösen sich voneinander, um sich in Liebe wiederzufinden ... Ich beglückwünsche Sie zu Ihrer Liebe!

Der Löwe

Element: Feuer
Geburtsherrscher: Sonne

Überblick über die Persönlichkeit des Löwen

Der Löwe ist notwendigerweise stark, großzügig, großmütig und mutig. Was ihm im Leben wichtig ist? Der Erfolg. Sein Motto: Alles oder nichts! Der Erfolg muß sichtbar sein, so daß andere neidisch werden! Es ist wohl kein Zufall, daß Männer wie der Sonnenkönig Ludwig XIV., Napoleon und Mussolini Löwe waren.

Besitzt der Löwe wirklich die Eigenschaften, die ihm in allen astrologischen Handbüchern nachgesagt werden? Ich würde das dahingehend einschränken, daß er sie besitzen *will*. Die Kluft, die sich zwischen Anspruch und Wirklichkeit auftut, ist der Schlüssel, um die Geborenen dieses Zeichens zu verstehen.

Es gibt Dichter, die die Personen in ihren Romanen so bezeichnen, wie sie wirklich sind. Andere wiederum beschreiben ihre Protangonisten so, wie diese sich gerne sehen möchten. Den Löwen müßten wir zur zweiten Gruppe rechnen. Er hat eine bestimmte Idealvorstellung von sich selbst und verwendet sein Leben lang große Anstrengungen darauf, sich diesem Bild anzunähern. Das ist natürlich ein sehr mühsames Unterfangen, sehr zeitaufwendig. Die Folge ist, daß die Mitmenschen den Löwen für einen Egozentriker halten. Sie werfen ihm vor, daß er sich für den Nabel der Welt hält ...

Ich muß hier mit einer astrologischen Tradition brechen und ganz klar sagen, daß die Löwe-Geborenen keineswegs so selbstsicher sind, wie sie sich geben. Jeder Löwe errichtet für sich ein Über-Ich, dem er sich und sein ganzes Leben unterordnet. Ist es ein Wunder, daß er oft frustriert ist?

Für einen Löwen, ob männlich oder weiblich, ist es sehr wich-

Steckbrief des Zeichens Löwe

Die wichtigsten Tugenden: Treue, Mut, Großzügigkeit
Die wichtigsten Schwachstellen: Ichbezogenheit, Stolz,
  Herrschsucht
Was er sein möchte, wenn er es sich aussuchen könnte: König
Denkbar ungeeignet als: Spion
Historisches Vorbild: Napoleon
Bevorzugtes Beförderungsmittel: Kutsche
Lieblingsgericht: Kaviar
Lieblingsgetränk: Champagner
Lieblingsfarbe: Gelb
Lieblingssport: Kraftsport
Bevorzugte Kleidung: Frack
Kopfkissenbuch: Der Große Gatsby
Lieblingsfilm: Die Zehn Gebote
Das Möbelstück, das der Löwe am wenigsten missen möchte:
  Thron
Metall: Gold
Glücksstein: Diamant
Gefährdetes Organ: Herz
Bevorzugter Komponist: Händel
Wo er (sie) sich am liebsten aufhält: Salon

tig, die Bewunderung anderer Menschen auf sich zu ziehen. Der Löwe möchte stolz sein auf die Dinge, die er tut. Er möchte, daß seine Handlungen jeder Kritik standhalten. Ja keine Mittelmäßigkeit, das wäre in seinen Augen die größte Sünde.

Wenn alles gut geht, kann sich der Löwe seinem Ideal annähern; ist ihm das gelungen, so gibt er sich den Mitmenschen gegenüber loyal, herzlich, großzügig und hilfreich. Er ist jetzt sogar bereit, das Visier hochzuklappen und über seine verborgenen Schwächen zu sprechen. Aber die Entwicklung verläuft nicht immer so. Schlimm ist es, wenn der Löwe sich einem Ideal verpflichtet fühlt, das er nicht erreichen kann. Er macht dann eine richtige Religion aus dem, was man »gesellschaftlichen Status« nennt. Er ist süchtig nach Titeln ... Das »Herr Direktor« vor dem Namen ist ihm wichtiger als die Funktion, die er in seinem Beruf wirklich ausübt!

Der Volksmund spöttelt über den Mann, der sich Schuhe anzieht, die für ihn eine Nummer zu groß sind. Unter den Zeitgenossen, die sich auf diese Weise lächerlich machen, finden sich viele Löwe-Geborene.

Solche Menschen sind außerordentlich reizbar, fürchterlich schnell beleidigt, in ihrem ganzen Denken borniert und unfähig, die eigenen Fehler zu erkennen. Gott sei Dank sind sie nur eine kleine Minderheit ... Allerdings bleiben die Löwe-Geborenen ihr ganzes Leben lang der Gefahr ausgesetzt, in bestimmten Situationen auf die oben beschriebene Weise zu reagieren, unabhängig von ihrer Intelligenz. Tatsache ist, daß schon ein kleiner Scherz, mit dem ein Gesprächspartner die mühsam konstruierte Fassade des Löwen ankratzt, zu Erschütterungen führen kann, die dann in keinem vernünftigen Verhältnis mehr zum ursprünglichen Anlaß stehen.

Es gibt verschiedene Kategorien von Löwen, aber ein Wesenszug ist ihnen allen gemeinsam: Entschiedenheit. Ein Löwe läßt nichts in der Schwebe, er legt sich fest. Die Mitmenschen beeindruckt oder verschreckt er durch die lockere Art, wie er die Schwierigkeiten des Lebens angeht. Sein Motto: Es gibt auf dieser Welt keine unlösbaren Probleme ... Und wirklich schaffen die Löwen viele Probleme aus der Welt. Wie alle Tierkreiszeichen, die vom Element des Feuers beherrscht werden, verfügen sie in sehr hohem Maße über die Fähigkeit zur Vereinfachung. Sie haben den Blick für das Wesentliche. Durch Details, die anderen Menschen oft zur Fußangel werden, lassen sich die Löwe-Geborenen nicht beirren.

Der Löwe ist der geborene Optimist. Er lebt in der Gewißheit, daß er mit seinen Plänen Erfolg haben wird, was auch geschieht. Die tiefe Überzeugung, daß sich die Dinge zum Guten entwickeln werden, hat zur Folge, daß es oft wirklich so läuft, wie der Löwe es sich vorgestellt hat. Wie das gemeint ist? Es gibt zum Beispiel viele Menschen, die einen Leichtathleten beneiden, der einen Wettlauf gewinnt. Es handelt sich dabei ausnahmslos um Menschen, denen es nie einfallen würde, an einem solchen Wettlauf teilzunehmen. Der Löwe ist da ganz anders, er macht bei jedem Wettbewerb mit. Es hat überhaupt nichts mit Zauberei zu tun, wenn er den einen oder anderen Kampf für sich entscheidet.

Auf der anderen Seite hat der Löwe einen schlechten Charakterzug: Er manipuliert gern andere Menschen. Man muß hier aber auch sagen, daß diese Neigung den denkbar besten Absichten entspringt. Der Löwe will ganz ernsthaft allen Menschen helfen, die er liebt. Weil er aber ein schlechter Psychologe ist und sich nicht für die verborgenen Motivationen seiner Mitmenschen interessiert, kommt es so weit, daß er sie zu ihrem Glück zwingt. Der Löwe ist fest überzeugt, er weiß, was ihnen fehlt. Was er tut, tut er zu ihrem Besten. Sagt man einem Löwen, daß man sich von seiner Fürsorge erdrückt fühlt, reagiert er tief enttäuscht. »Undank ist der Welt Lohn ...«

Ob er sich dessen bewußt ist oder nicht, der Löwe ist ein Mensch, der die anderen beherrschen will. Er ist verliebt in die Macht, und so fallen ihm oft einflußreiche Positionen zu. Der Löwe kann überzeugen, er ist der geborene Führer. Er gibt sehr viel, aber er versteht es auch, anderen Leistung abzufordern.

Liebe

Die Löwe-Geborenen beider Geschlechter sind tiefer Leidenschaft fähig. Liebe auf Sparflamme, das mögen sie nicht. Es gibt allerdings ein Problem, das dem Löwen sehr zu schaffen macht. Damit Liebe von Dauer ist und vom Partner erwidert wird, muß man sich dem anderen hingeben, sich ihm anvertrauen. Man muß die Schranken niederreißen, die man zwischen sich und der Umwelt aufgerichtet hat. Mit anderen Worten, man kann nicht das ganze Leben mit einer Maske vor dem Gesicht herumlaufen. Und so hat der Löwe sehr gemischte Gefühle, wenn die Nacht naht. Wenn er sich in die Arme der Partnerin (oder des Partners) begibt, kommt er sich nackt und schutzlos vor. Er ist der Mensch, der fünf Minuten früher als die Gefährtin aufsteht, um sich die prächtige Mähne zu kämmen. Er ist ein Löwe, und niemand darf ihn unordentlich, verschlafen zu sehen bekommen ...

Der Grund für dieses Verhalten? Die Löwe-Geborenen haben Angst, sich in der Beziehung zu dem geliebten Menschen zu verlieren. Sie befürchten, man könnte diesen Moment der Schwäche ausnützen, um sie ihrer natürlichen Vorherrschaft zu berauben. Kastrationsangst? Tatsache ist, daß sich der Löwe im sexuellen Bereich alles andere als natürlich gibt. Nein, er ist keinesfalls kühl ... Aber er meint, er muß eine bestimmte Rolle spielen. Alles in allem fehlt ihm die Spontaneität. Nur wenn der Löwe darauf verzichtet, sich bei der Liebe sozusagen selbst zu beobachten, kann er die sexuellen Freuden genießen.

Damit ein Löwe sich überhaupt verliebt, muß eine Bedingung erfüllt sein: Er muß Achtung vor der Partnerin (oder dem Partner) empfinden. Kein Löwe wird sich an einen Menschen binden, der nicht seine Bewunderung verdient. Ob der Löwe die Partnerin (oder den Partner) mag, hängt sowohl von der äußeren Erscheinung als auch von den inneren Werten ab. Beides muß in einem gesunden Verhältnis zueinander stehen.

Der Löwe, das königliche Wesen im astrologischen Zoo, hat es an sich, daß er die geliebte Person nicht so sieht, wie sie ist, sondern so, wie er sie sich vorstellt ... Wehrt sich die Partnerin (oder der Partner) gegen das Etikett, das der Löwe ihr (ihm) aufklebt, so reagiert der Gemaßregelte mit Unverständnis. Er ist jetzt der Unglücklichste aller Menschen ...

Der *männliche Löwe* ist der Prototyp der aussterbenden Spezies des Macho. Es will ihm nicht in den Kopf, daß Männer und Frauen gleichwertig sind. Dabei ist die Frau für ihn kein Untermensch. Aber er ist sich bewußt, daß Frauen »anders« sind. Frauen verfügen über eine Macht, die den Männern nicht zugänglich ist, und das macht dem Löwen Angst. Er findet, die beiden Geschlechter sollen gefälligst den Platz einnehmen, der ihnen seit zweitausend Jahren von der jüdisch-christlichen Moralvorstellung zugeordnet wird: Der Mann in der Rolle des starken Beschützers, die Frau weich, weiblich, vom Manne abhängig, in dieser Art ...

Auch wenn man sich einer solchen Sicht nicht anschließen kann, es hat gewisse Vorteile, wenn man den Löwen seine Macho-Rolle spielen läßt. Er ist wirklich in der Lage, die Frau zu beschützen, Probleme aus der Welt zu schaffen, das geliebte Wesen nach Strich und Faden zu verwöhnen. Er ist ein Mann, ein wirklicher Mann. Jemand, bei dem man sich sicher fühlt. Und er erwartet von einer Frau, daß sie sich wie eine Frau benimmt. Man mag diese Einstellung des Löwen mögen oder verdammen, ändern kann man sie nicht.

Die *Löwe-Frau* kommt in ihren Ansichten, ob ihr das nun bewußt ist oder nicht, der Denkweise des Löwe-Mannes sehr nahe. Sie glaubt, daß die Männer den Frauen überlegen sind. Sie sind allen Frauen überlegen, nur ihr nicht ... Und daran ist etwas Wahres. Die Löwe-Frau ist stark, geradeheraus, freimütig, Eigenschaften, derer sich wirklich nicht alle Frauen rühmen können. Die Löwe-Geborene wird sich nie unter Hinweis auf ihr Geschlecht, ihre Schwäche, ihre Schutzbedürftigkeit einen Vorteil zu verschaffen suchen. Sie findet, ein solches Verhalten wäre ihrer unwürdig. Vielleicht ist das der Grund, warum die Löwe-Frau im beruflichen Bereich von den Männern geachtet und von den Frauen beneidet wird ...

In der Liebe tut sie sich schwer. Sie setzt die Meßlatte für den Partner so hoch, daß kaum jemand die Marke überspringen kann. Unter den Kandidaten wird sie denjenigen auswählen, der dem markierten Ziel am nächsten kommt. In der weiteren Beziehung konzentriert sie sich darauf, den Partner zu formen, seine Schwächen auszugleichen und den Abgrund zu überdecken, der zwischen dem von ihr erhobenen Anspruch und der Wirklichkeit klafft. Sie kann sehr viel für die Karriere eines Mannes tun; wer sich beruflich von einer Löwe-Frau leiten läßt, wird es weit bringen. Sie selbst geht dabei übrigens ein großes Risiko ein. Der Mann, den sie für den Marsch zum Gipfel fit gemacht hat, wird es ihr in vielen Fällen übelnehmen, daß sie eine so große Rolle in seinem Leben spielt. Gut möglich, daß er jetzt auf das erste hübsche Flittchen hereinfällt, das des Weges kommt ...

Bindungen

Der Löwe hat einen Horror vor Beziehungen, die man als Geplänkel oder Flirt bezeichnen könnte, das gilt für beide Geschlechter dieses Zeichens. Wenn er liebt, dann mit ganzer Kraft, so daß es alle merken und sehen können. Wenn Sie also eine graue Maus sind, bei der alle sexuellen Dinge peinlich unter der Bettdecke bleiben müssen, sollten Sie keine Beziehung mit einem Löwen eingehen!

Mit einer Selbstverständlichkeit, die andere Menschen in Erstaunen setzt, spricht der (oder die) Löwe-Geborene von »meinem« Wagen, »meinem« Haus, »meiner« Frau oder »meinem« Mann. Geheime Liebschaften, eheähnliche Gemeinschaften und Beziehungen, die sich auf das Wochenende in irgendeinem Hotel beschränken, verabscheut er. Alles oder nichts! Wenn ich schon jemanden liebe, dann kann das die ganze Welt wissen ...

Folglich wird der Löwe, wenn er für eine Frau entflammt ist, auf baldige Heirat drängen, jedenfalls aber auf eine Form des Zusammenlebens, die so legitim und bürgerlich ist wie irgend möglich. Sobald die Ehe geschlossen ist, kann der Löwe das Musterbeispiel des treuen Mannes sein. Ein Seitensprung, das ist für ihn ganz einfach Mangel an Stil. Wenn es denn schon sein muß, wird der Löwe eine spektakuläre Scheidung herbeiführen, um die Verlassene nach dem Streifzug durch Nachbars Garten auf ebenso spektakuläre Weise zum zweiten Mal zum Altar zu führen ...

Wenn er (oder sie) mit der Partnerin (oder dem Partner) sexuell zufrieden ist und wenn die andere Hälfte sich respektierlich benimmt, wird er (oder sie) nie aus der Bindung herausgehen.

Sind hingegen die sexuellen Bedingungen, die für den Löwen beiderlei Geschlechts so wichtig sind, nicht erfüllt, so wird er (oder sie) nicht zögern, die Bindung aufzulösen, immer in der

Hoffnung, alsbald eine bessere Partnerin (oder einen besseren Partner) zu finden. Sobald er (oder sie) mit der Neuen (oder dem Neuen) angebandelt hat, wird auch diese Beziehung auf dem Standesamt legitimiert, darunter tut es ein Löwe nicht.

Bei der Löwe-Frau sind die Reaktionen gemäßigter. Sie ist in der Lage, in einer unangenehmen Situation auszuharren, damit die Familie nicht auseinanderbricht. Die Rede ist von der Möglichkeit, daß sie von ihrem Partner betrogen wird. Die Löwe-Geborene wächst dann nicht selten zur Heldin heran, die alle Schicksalsschläge geduldig einsteckt ... Wenn sie allerdings aufhört, ihren Mann zu bewundern, etwa weil er beruflich zurückstecken muß, ist alles vorbei. Die Ehe ist zu Ende.

Die Berufe des Löwen

1. Berufe, wo er seine Führungseigenschaften zum Tragen bringen kann:
   - Generaldirektor, Geschäftsführer, Chef vom Dienst
   - Botschafter, Vorsitzender einer politischen Partei
   - Universitätsprofessor
2. Künstlerische Berufe und Tätigkeiten, wo Sinn für Schönheit eine Rolle spielt:
   - Schauspieler, Regisseur, Mäzen
   - Inhaber einer Kunstgalerie, Juwelier, Maler
   - Innenarchitekt, Besitzer einer Luxusboutique

Rat an Adam

Sie sollten sich für eine Löwe-Frau entscheiden, wenn folgende Feststellungen für Sie zutreffen:

- Sie haben gute Aussichten, zum Botschafter Ihres Landes aufzurücken.
- Eine Frau ist für Sie ein Zeichen des Reichtums, etwas zum Herzeigen.

- Ihre letzte Freundin war bei der Heilsarmee.
- Sie können es nicht ausstehen, wenn jemand sich über sein Schicksal beklagt.

Warnung! Vermeiden Sie die Verbindung mit einer Löwe-Frau, wenn die folgende Feststellung für Sie zutrifft:

- Warum sollte ich mich anstrengen, zum Bürochef aufzurücken. So eine Stellung bringt doch nur Probleme.

Rat an Eva

Sie sollten sich für einen Löwe-Mann entscheiden, wenn folgende Feststellungen für Sie zutreffen:

- Sie haben immer davon geträumt, als die Graue Eminenz eines erfolgreichen Mannes zu fungieren.
- Sie mögen keine Männer, die Sie in die Rolle der Mutter drängen!
- Sie sind es leid, daß Sie alle Probleme selbst lösen müssen.
- Sie sind überaus glücklich, daß Sie als Frau, nicht als Mann auf die Welt gekommen sind.

Warnung! Vermeiden Sie die Verbindung mit einem Löwe-Mann, wenn die folgende Feststellung für Sie zutrifft:

- Jedesmal, wenn Sie einem fremden Menschen vorgestellt werden, erröten Sie und beginnen zu stottern.

ERSTE PHASE

Kennenlernen

Wo treffe ich Löwen?

Sind Löwen, ihren beruflichen Wünschen entsprechend, vor allem in Luxusboutiquen anzutreffen? Das wäre zu leicht. Es stimmt zwar, daß Löwen den Luxus lieben, aber nur wenige von

ihnen können es sich leisten, das Geld mit vollen Händen aus-
zugeben. Bleibt die Tatsache, daß der Löwe, wenn er es sich
irgendwie leisten kann, seine Krawatten und Halstücher vorzugsweise bei Saint-Laurent kauft, seine Schreibutensilien bei
Hermès und seine Kaschmir-Pullover in London, in den Bur-
lington-Arkaden. Die Löwe-Frau mag Seidenstrümpfe der besseren Marken und zieht reine Wolle dem Polyester- und Acryl-
gemisch vor.

Löwen, die finanziell nicht auf Rosen gebettet sind, werden
Sie in den Second-Hand-Shops antreffen, wo Luxusartikeln
zum Schleuderpreis verkauft werden. Sie erkennen die Geborenen dieses Tierkreiszeichens daran, daß sie mit dem Gesicht zur
Wand stehen. Sie wollen nicht, daß man ihr Gesicht erkennt. Sie
schämen sich, in einer solchen Umgebung angetroffen zu werden. Wenn sie das Geld hätten, würden sie liebend gern den
doppelten Preis zahlen und dafür den Vorteil einhandeln, von
drei liebenswürdigen Verkäuferinnen bedient und mit Namen
angesprochen zu werden ... Dies ist also nicht der Ort, wo ein
Löwe angesprochen werden möchte!

Ich habe einen besseren Vorschlag für Sie. Machen Sie bei
einer Gymnastikgruppe mit. Schreiben Sie sich bei einer Tanz-
schule ein. Gehen Sie in die Fitness-Zentren, wo Aerobics gemacht wird. Gehen Sie in die Sauna. Machen Sie einen Ballett-
kurs, klassisch oder modern. Gehen Sie in eines der Bäder, die
über einen Whirlpool verfügen. Gehen Sie in die Clubs, wo japanische Massage verabreicht wird. An all diesen Orten werden
Sie Löwen beiderlei Geschlechts antreffen. Die Löwe-Geborenen gehen dort übrigens nicht hin, weil sie so furchtbar sportlich
sind. Einziges Motiv: Sie wollen einigermaßen ansehnlich bleiben!

Warum das für sie so wichtig ist? Ich will Ihnen ein Geheimnis verraten, auf die Gefahr hin, daß ich mir den Unmut be-
freundeter Löwen einhandle. Die Geborenen dieses Zeichens,
die nach außen hin so sicher auftreten, haben ein gespaltenes
Verhältnis zu ihrem eigenen Körper. Sie wollen unter allen Umständen fit bleiben, der Körper ist für sie so etwas wie eine Maschine, die man ständig ölen und warten muß. Der Löwe hat

eine panische Angst vor allem, was seinen Muskeln schaden oder sein Gesicht verunstalten könnte. Für ihn ist es überaus wichtig, daß er jederzeit stark und gesund wirkt. Krankheit und Alter sind seine Erzfeinde. Die Akne, unter der er (oder sie) als junger Mensch gelitten hat, war für ihn (oder sie) kein Ärgernis, sondern ein wahres Drama. Die ersten Fältchen im Gesicht verursachen dem Löwe-Mann und der Löwe-Frau Alpträume. Für Kosmetikerinnen, Hautärzte und Schönheitschirurgen sind Löwen beiderlei Geschlechts ein gefundenes Fressen. Wenn ein Löwe in der Liebe eine Enttäuschung erlebt, dann kann man ihm keinen größeren Gefallen tun, als ihn in einen Schönheitssalon zu bugsieren. Das ist so ungefähr die einzige Methode, wie ein Löwe das ihm zugefügte Unrecht vergißt.

Wir wissen jetzt, daß der Löwe sich gern in der Schönheitsklinik oder bei der Kosmetikerin aufhält. Allerdings möchte er dort nicht kontaktiert werden, die Situation wäre ihm peinlich ...

Es ist wirklich nicht einfach, einen Löwen kennenzulernen! Ein Ausweg bleibt. Treten Sie dem Löwen in einer Situation gegenüber, wo er sich wirklich wohlfühlt. Sprechen Sie ihn an, nachdem er eine Rede vor einer größeren Zuhörerschaft gehalten hat. Gehen Sie nach vorn zum Podium. Sprechen Sie mit ihm (oder ihr), wenn er (oder sie) gerade einen neuen Rekord über tausend Meter gelaufen ist. Bandeln Sie mit ihm (oder ihr) an, wenn er (oder sie) gerade mit einem Preis ausgezeichnet worden ist. Es kommt nicht so sehr darauf an, für was der Preis verliehen wurde, ob für die schönste Sandburg oder für eine neue Rosenzüchtung. Sprechen Sie mit dem Löwen, wenn er gerade zum Vorsitzenden seines Vereins gewählt worden ist. Ihre Bemühungen werden von Erfolg gekrönt sein ...

Bei Ihrer Jagd auf den Löwen sollten Sie auch die Örtlichkeiten aufsuchen, wo der Jet-Set verkehrt. Sie treffen den Löwen auf vornehmen Empfängen an ... Sie wollen es in einer Luxusboutique versuchen? Dann sollten Sie Ihr Augenmerk nicht auf die Kunden, sondern auf die Angestellten richten. Die Löwen beiderlei Geschlechts arbeiten gern in Berufen, wo sie mit Schmuck, Pelzen, Luxusgütern und Antiquitäten zu tun haben.

Und natürlich ist auch der Mann, der sein Büro auf der verglasten Spitze eines Wolkenkratzers hat, ein Löwe. Stellen Sie sich einen gutaussehenden Macho vor, auf dessen Schreibtisch eine Reihe von Telefonen, darunter ein rotes, stehen. Selbstverständlich ist unser Löwe von einem Heer tugendhafter und emsiger Schreibdamen umgeben, die ihn von allen Störungen abschirmen!

Sie möchten Ihren Löwen in den Ferien kennenlernen? Dann sollten Sie wissen, daß er (oder sie) ein kulturbeflissener Mensch ist. Er (oder sie) geht gern in Ausstellungen, Museen und Gemäldegalerien. Auch auf Vernissagen werden Sie viele Löwen antreffen.

Löwen, die ins Ausland reisen, lieben die Stätten der Antike: Rom, Florenz, Athen ... In Bayern wird der Löwe die Schlösser von König Ludwig II. aufsuchen, diese Art von Architektur ist so ganz nach seinem Geschmack. Er (oder sie) hat eine Schwäche für die kulturellen Zeugnisse der alten Griechen. Kulturen, die noch weiter zurückliegen, interessieren ihn (oder sie) weniger.

Wenn er (oder sie) einen Sport betreibt, dann ist es wahrscheinlich eine Sportart, die man allein ausüben kann. Der Löwe ist zu selbständig, als daß er in einer Mannschaft mitspielen möchte – es sei denn als Mannschaftsführer!

Woran man einen Löwen erkennt

Um es gleich vorweg zu sagen: Man braucht dazu kein Detektiv zu sein. Die Löwen beiderlei Geschlechts verstehen es ausgezeichnet, sich in der Öffentlichkeit bemerkbar zu machen. Sie bedienen sich dabei allerdings nicht der Schockmethode, das sind Tricks, die dem Widder und dem Zwilling vorbehalten bleiben. Nein, der Löwe zieht die Blicke mit seiner eleganten Erscheinung auf sich. Es ist die Ausstrahlung, die ihn (oder sie) in den Mittelpunkt rückt. Wenn es sich um ein zaghaftes Löwen-Baby handelt (auch das gibt es!), so wird Ihnen dieses Löwen-Baby durch sein außergewöhnliches Wissen in bestimmten Bereichen auffallen. Sollten Sie trotz dieser Hinweise Schwierigkeiten haben, einen Löwen in der Öffentlichkeit ausfindig zu machen, müssen Sie sich geradewegs zu Ihrem Augenarzt begeben, Sie brauchen dringend eine Brille!

Übrigens wird der Löwe zur Offensive übergehen, wenn Sie ihn übersehen. Er beweist dabei Einfallsreichtum und Fantasie. Er (oder sie) wird zu allen Mitteln Zuflucht nehmen, aber er (oder sie) wird nie etwas tun, was man als vulgär verurteilen könnte. Warum der Löwe so erpicht darauf ist, daß Sie ihn bemerken? Er will bewundert, beachtet werden. Das beste Beispiel ist vielleicht eine zurückhaltende Löwin. Auch wenn sie noch so gut erzogen ist, wenn Sie keine Notiz von ihr nehmen, wird sie zum nächsten Spiegel eilen, um ihre Erscheinung zu überprüfen. Ein Mann hat sie übersehen, da kann doch was nicht stimmen!

Die echten Löwen, jene Exemplare, die nicht durch ein traumatisches Ereignis für das ganze Leben gezeichnet sind, geben sich den Mitmenschen gegenüber nobel und großzügig. Ob von starkem oder schwachem Körperbau, sie tragen den Kopf hoch. Der Löwe hält sich sehr gerade, er schaut Ihnen geradewegs in die Augen. Bewegungen und Gesten strahlen Harmonie und Kraft aus. Der Löwe versteht es, sich anzuziehen, er hat Geschmack. Müßte man seine Eigenschaften auf einen Nenner bringen, so wäre der Begriff »starke Ausstrahlung« passend. Der Löwe birgt die Sonne in sich, das verleiht ihm die Strahlkraft, die uns an ihm auffällt.

Die klassische Astrologie unterscheidet zwischen zwei Löwe-Typen. Da wäre zum einen Apollo, von schlanker, eleganter Erscheinung, mit ovalem Gesichtsschnitt und abgezirkelten Bewegungen. Zum anderen gibt es den Herkules-Typ, muskulös, gedrungen, mit einem Wort: tierhaft.

Es gibt bei den Löwe-Geborenen einen dritten Typ, den ich »Snob« nennen würde. Ich verstehe darunter den Mann (oder die Frau), der (oder die) zu dick aufträgt. Es gibt Löwe-Frauen, die sich so sehr mit Schmuck behängen, daß man sie mit einem Weihnachtsbaum verwechseln könnte, und es gibt Löwe-Männer, an deren Frack soviele Orden glänzen, daß man davon völlig geblendet ist. Egal, welchem Typ der Löwe zuzuordnen ist, Sie werden ihn schon von weitem erkennen!

Wie man einen Löwen auf sich aufmerksam macht

Es ist überhaupt nicht schwer, die Blicke eines Löwen auf sich zu lenken. Viel schwieriger ist es schon, die Aufmerksamkeit eines Löwe-Geborenen für längere Zeit zu fesseln. Das gelingt einem nicht einmal, wenn man vor seinen Augen Purzelbäume schlägt. Er (oder sie) würde sich in einem solchen Fall mit einem amüsierten Schulterzucken abwenden.

Wir müssen in dieser Phase daran denken, daß der Löwe es nie liebt, wenn man ihm die Dinge leicht macht. Er mißt den Wert einer Eroberung an der Menge der Hindernisse, die ihm in den Weg gelegt wurden.

Die Methode, wie man einen Löwen einfängt, ist je nach Geschlecht verschieden. Allerdings gibt es zwei Grundregeln, die in allen Fällen gelten:

1. Tun Sie nichts, was vulgär wirkt. Lautes Lachen oder Schulterklopfen, so etwas mag der Löwe überhaupt nicht.

2. Werden Sie sich über die eigenen Ziele klar. Wollen Sie wirklich diesen Löwen erobern? Oder könnte es auch ein anderer Mann (eine andere Frau) sein? Wenn der Löwe den Eindruck gewinnt, daß Sie noch andere Eisen im Feuer haben, scheiden Sie für ihn als Partnerin (oder als Partner) aus. Betrachten wir nun die Besonderheiten, die bei der Löwe-Frau zu beachten sind.

Höflichkeit ist wichtig. Ebenso ein offenes, herzliches Auftreten. Ideal ist es, wenn Sie der Löwe-Geborenen von einem gemeinsamen Freund vorgestellt werden, den »sie« seit langem kennt.

Wenn es niemanden gibt, der den Vermittler spielen kann, müssen Sie die Löwe-Frau selbst ansprechen. Meiden Sie Einleitungen wie »Was für einen netten Hund Sie haben«. Ebenso ungeeignet ist »Sie erinnern mich an eine Frau, die ich sehr geliebt habe«. Mit solchen Floskeln würden Sie mit Sicherheit eine Bauchlandung machen. Statt dessen sollten Sie die Begegnung mit folgendem Satz einleiten: »Madame, Sie tragen da ein außergewöhnlich schönes Kleid. Ich bin Importeur (oder Exporteur!) für hochwertige Kleidung, deshalb wäre ich Ihnen sehr dankbar, wenn Sie mir das Modehaus verraten, von dem dieses Modell stammt.«

Wenn Sie der Löwe-Frau im Urlaub begegnen, könnte sich Ihr Eröffnungszug so anhören: »Mir ist aufgefallen, daß Sie fabelhaft segeln können. Wären Sie so nett, bei der Regatta am kommenden Donnerstag auf meinem Boot mitzusegeln?« Sie sollten eine solche Einladung allerdings nur aussprechen, wenn Sie ein As im Segeln sind.

Wenn die Löwe-Frau auf einer Konferenz oder Tagung Ihre Wege kreuzt, könnten Sie sagen: »Was Sie da vorhin vorgetragen haben, interessiert mich über alle Maßen. Wie ist Ihre Meinung zu folgendem Problem ...?«

Es wird darauf ankommen, die Unterhaltung auf ein Gebiet zu lenken, auf dem die Löwe-Frau bestens Bescheid weiß. Die Schwierigkeit besteht allgemein darin, daß »sie« normalerweise in Gedanken versunken und schwer ansprechbar ist. Wenn Sie allerdings einen sachlichen Aufhänger finden, haben Sie ganz ausgezeichnete Chancen!

Und wie bringt eine Frau den ersten Kontakt mit einem Löwe-Mann zustande? Alles hängt davon ab, ob Sie nur ein Abenteuer oder die große Liebe suchen?

Wenn Sie nur auf ein Abenteuer aus sind, sollten Sie wissen, daß der Löwe-Mann dafür alles andere als der ideale Partner ist. Wenn Sie »brauchbar« sind, wird er bei dem Spiel mitmachen, aber das Ganze dauert höchstens eine Nacht. Es ist dann sinnlos, wenn Sie ihn als Ochsen beschimpfen. Er wird schlicht erwidern, Sie hätten sich bei der ganzen Sache nicht viel besser, nämlich wie eine Kuh, aufgeführt. Um es klar zu sagen, kaum ein Löwe empfindet Achtung vor einer Frau, die auf erotischem Gebiet die Initiative ergreift. Das ist, meinen die Löwen, dem Mann vorbehalten, und damit basta!

Was tun? Welches ist die richtige Methode? Ganz einfach, Sie müssen möglichst oft seinen Weg kreuzen. Richten Sie es so ein, daß Sie ihm jeden Tag ein dutzendmal begegnen. Schließen Sie Freundschaft mit seinen Bekannten. Zeigen Sie sich von Ihrer charmanten Seite. Wechseln Sie möglichst oft die Kleidung. Sa-

gen Sie ihm, daß Sie ihn bewundern. Machen Sie ihm Komplimente über sein Benehmen, über seinen federnden Gang, über
seine Intelligenz. Richten Sie es ein, daß Sie Ihren Löwen auf
einer Abendgesellschaft »treffen«. Es kann sein, daß er Sie dann
zum Tanzen einlädt. Tut er das nicht, dann können Sie die ganze Sache vergessen. Sie sind nicht sein Typ. Er wird nicht anbei-
ßen, auch später nicht.

Sie wollen kein Abenteuer, sondern das, was man im Roman
mit der »großen Liebe« umschreibt? Dann müssen Sie eine ganz
andere Taktik anwenden.

Machen Sie sich so schön wie nur irgend möglich. Frisur,
Kleidung, Schmuck, alles muß stimmen. Ihr Make-up in dieser
Phase sollte zurückhaltend sein. Ist die Schicht zu dick, wird der
Löwe das Puder abkratzen, um nachzusehen, wie die Haut dar-
unter ausschaut.

Jetzt begeben Sie sich in die Nähe des Löwen, wobei Sie so
tun, als ob Sie ihn nicht bemerken. Sie sind die hohe Priesterin,
die mit niemandem spricht. Sie sind unnahbar ... Sie warten.
Sie haben gute Chancen, daß der Löwe jetzt neugierig wird. Er
kommt zu Ihnen. Er geht um Sie herum. Wenn Sie ihm gefallen,
wird er die richtigen Worte finden, um Sie anzusprechen.

Nachdem das Eis gebrochen ist, können Sie sich etwas
menschlicher geben. Wichtig ist, daß Sie den Löwen in dieser
Phase auf Distanz halten. Sie dürfen unter keinen Umständen
das sein, was Männer als »leichte Beute« bezeichnen. Auch
wenn der Löwe zwanzig Jahre jung und echt cool ist, er ist und
bleibt ein Macho, vergessen Sie das nicht!

Und wenn Ihr Versuch fehlschlägt? Wenn der Löwe-Mann
oder die Löwe-Frau durch die Maschen des Netzes schlüpft, das
Sie geknüpft haben? Dann können Sie drei Kreuze hinter die
ganze Affäre machen. Der Löwe gehört nicht zu den Tierkreiszeichen, die es sich noch einmal anders überlegen. Er ist zu stolz,
um sein Urteil zu revidieren. Ihn zunächst als Freund zu gewinnen, um ihn dann zum Liebhaber umzufunktionieren, diese Methode, die bei vielen Männern anwendbar ist, funktioniert beim
Löwen nicht. Einmal weil er glaubt, daß es zwischen den beiden
Geschlechtern so etwas wie Freundschaft gar nicht geben kann.

Und zum zweiten, weil er Sie aus der Schublade »Freundschaft«, in die Sie sich begeben haben, nie wieder herausnehmen
würde. Löwe-Geborene unterhalten auch keine freundschaftlichen Beziehungen mit ehemaligen Lebensgefährten oder Ehe-
partnern. Alles oder nichts!

ZWEITE PHASE

Die Beziehung

Wie man einen Löwen verführt und an sich bindet

Erste Regel, die Sie unbedingt befolgen müssen: Richten Sie es
so ein, daß der Löwe in allen Situationen stolz auf Sie sein kann.
Unterschätzen Sie diese Bedingungen nicht, wenn Sie die ganze
Unternehmung nicht gefährden wollen.

Um einen Löwe-Geborenen zu verführen, gibt es ein ganzes
Arsenal von Mitteln.

1. Der berufliche Bereich. Sie haben sich in eine Löwe-Frau verliebt und möchten Sie erobern. Das geht nur, wenn Sie ihr als
Erfolgsmensch gegenübertreten. Sie sind ein Mann von Einfluß, ein Genie. Meinetwegen ein verkanntes Genie, die Löwe-Frau wird dafür sorgen, daß Sie bekannt werden. Sie
weiß, daß es in der Bundesrepublik nur einen Bundeskanzler
gibt. Die Löwe-Frau ist nicht unbescheiden, sie erwartet
nicht von Ihnen, daß Sie sich den Weg an die Spitze des Staa-
tes mit der Waffe freischießen. Andererseits würde sie es
überhaupt nicht stören, wenn Sie tatsächlich zum Minister,
Bundeskanzler oder Bundespräsidenten aufrückten. Wichtig
ist in jedem Fall, daß Sie Beförderungen vorweisen können.
Sie müssen ihr zeigen, daß Sie auf der sozialen Leiter Stufe
um Stufe hochrücken. Gehaltserhöhung, ein Firmenwagen,
eine Auszeichnung für besondere Verdienste, solche Dinge

sind in den Augen einer Löwe-Frau von großer Bedeutung. Sie wird, wie schon gesagt, an Ihrer Karriere mitbasteln. Ob Sie tatsächlich zur Spitze aufsteigen, ist unter dem Strich nicht so wichtig. Aber es ist für eine Löwe-Frau unvorstellbar, sich mit einem Mann zu verbinden, der über keinerlei Ehrgeiz verfügt.

Sie wollen sich einen Löwe-Mann angeln? Dann sollten Sie sich merken, daß Ihre beruflichen Leistungen, Ihr Fortkommen im Betrieb ihn überhaupt nicht interessieren. Er möchte ja dominieren, Sie beschützen, vor Ihnen sein Rad schlagen. Lassen Sie sich von ihm verwöhnen. Sie haben keine Lust mehr, ins Büro zu gehen? Dem Löwe-Mann ist es ganz recht, wenn Sie Ihren Beruf aufgeben, es sei denn, Ihr Entschluß würde Sie beide in finanzielle Schwierigkeiten stürzen!

Wenn Ihr Einkommen unentbehrlich ist, um den gemeinsamen Lebensstandard aufrecht zu erhalten, so sollten Sie das den Löwe-Mann nicht zu sehr spüren lassen. Er sollte statt dessen den Eindruck haben, daß er Sie aushält.

So oder so, Sie dürfen auf keinen Fall mit dem Löwe-Mann in Rivalität treten. Ideal ist es, wenn Sie einen Beruf ausüben, der nicht viel hermacht. Sind Sie in Ihrer Arbeit ein einsames und hochbezahltes As, so wird er das als Kuriosität werten. Ein Schimmer von Erfolg steht Ihnen in jedem Fall gut an, dann ist der Löwe-Mann stolz auf Sie. Sie dürfen Ihre beruflichen Fähigkeiten allerdings nicht wie eine Standarte vor sich hertragen. Vergessen Sie nicht: Er ist der Chef!

2. Die äußere Erscheinung. Der Löwe ist ein Augentier. Wenn Sie ein Mann sind, der einer Löwe-Frau gefallen möchte, müssen Sie distinguiert und elegant auftreten. Charme ist angesagt. Sind Sie eine Frau, die einen Löwe-Mann in ihr Bett oder an den Traualtar locken will, müssen Sie jederzeit hübsch und adrett sein. Sparen Sie nicht an den Kosten für den Friseur oder für Ihre Kosmetikerin. Geben Sie reichlich Geld für Kleidung und Schmuck aus. Der Löwe möchte, daß Sie wie aus dem Ei gepellt aussehen, nicht übermäßig elegant, aber auch nicht wie das Mädchen von nebenan. Sie können einen Löwen nicht verführen, wenn Sie zum ersten Rendez-

vous in Jeans und mit einer Pferdeschwanzfrisur anrücken. Das Haar sollte gelockt sein, die Kleidung elegant und aufeinander abgestimmt. Sie brauchen Schuhe mit hohen Absätzen und eine Tasche, die farblich zu den Schuhen paßt. Wenn Sie Pelze und Schmuck besitzen, jetzt ist die Gelegenheit, beides zu zeigen.

Auch wenn Sie sich schon ein paarmal getroffen haben, Sie dürfen in Ihrem Bemühen nicht nachlassen, für ihn die Schönste zu sein. Denken Sie daran, daß er Sie seinen Freunden vorführen möchte, seinen Arbeitskollegen und, wenn es geht, auch dem Briefträger. Ich gebe zu, es ist keine leichte Aufgabe ... Der Löwe findet es absolut unmöglich, wenn Sie sich ihm oder seinen Freunden und Bekannten mit Fettcreme auf den Wangen zeigen!

Sie haben den Löwen verführt. Was müssen Sie tun, um ihn dauerhaft an sich zu binden? Es ist eigentlich ganz leicht, Sie brauchen sich nur weiterhin so zu verhalten, wie Sie es in der ersten Phase getan haben. Sie sind die Frau (oder der Mann), die (oder der) in jeder Lebenslage Stil beweist. Sie bewundern den Löwen, Sie folgen seinem Rat. »Wo du hingehst, will auch ich hingehen ...« Entscheidend ist, daß der Löwe immer an erster Stelle stehen will. Gewinnt er (oder sie) den Eindruck, daß er (oder sie) hinter Ihrem Beruf oder hinter dem gemeinsamen Kind rangiert, bedeutet das einen Bruch, der nie mehr zu reparieren ist.

Sex

Für den Löwen ist Sex wichtiger als für die meisten anderen Tierkreiszeichen. Wenn Sie ein Mensch sind, für den physische Liebe eine Bürde oder eine simple Notwendigkeit ist, sollten Sie sich einen anderen Partner suchen. Der Löwe, ob männlich oder weiblich, ist leidenschaftlich, ja unermüdlich im Bett! Mag sein, daß die Löwe-Frau Ihnen zu Beginn der Beziehung signalisiert hat, daß sie von Ihnen in sexuellen Dingen eine gewisse Zurückhaltung erwartet. Mag sein, daß der Löwe-Mann von Ihnen am

Anfang einen gewissen Rückstand in den erotischen Erfahrungen erwartete. Das ist jetzt vergessen. In der Nacht wird geliebt, daß die Fetzen fliegen.

Hinzuzufügen ist, daß Löwen keine komplizierten Stellungen lieben. Die Seitenwege der Liebe, die dem einen oder anderen Sternzeichen verlockend erscheinen, interessieren sie nicht. Im Extremfall beschränkt sich der Löwe beim Liebesspiel auf die Missionarsstellung und ähnlich kreuzbrave Praktiken. Es ist ein bißchen so, als wähnte er sich von einer großen Menschenmenge oder vom Revierförster beobachtet. Ich sagte schon an anderer Stelle, daß der Löwe immer das Gefühl hat, er müßte repräsentieren ... Insgesamt ist zu sagen, daß dieses Sternbild gesunden, einfachen Sex liebt. Ihr Liebesleben mit dem Löwen wird bewegt und intensiv sein. Wenn Sie ihm (oder ihr) eine Freude bereiten wollen, sorgen Sie für Abwechslung, was Zeit und Ort angeht. Machen Sie Liebe auf dem Küchentisch oder im Fahrstuhl. Das ist vielleicht nicht so bequem wie im Bett, aber es birgt den Reiz der Überraschung in sich ...

Das Leben mit einem Löwen

Es ist auszuhalten und sogar angenehm. Allerdings sind ein paar Regeln zu beachten. Wie überall im Leben, sollte man Schwerpunkte setzen.

Und man sollte mit beiden Beinen auf der Erde bleiben. Daß Sie den Löwe-Mann »wunderbar« finden, daß Sie die Löwe-Frau als »Traumgeschöpf« verehren, ändert nichts an der Tatsache, daß Ihr Partner (oder Ihre Partnerin) einer vorgezeichneten Linie folgt. Ein Löwe wird selten etwas tun, um Ihnen eine angenehme Überraschung zu bereiten, ganz einfach, weil er selbst keine Überraschungen liebt. Er ist ein Wesen, das sich nicht weiterentwickelt. Er bleibt, wie er ist! Auch wenn Sie einen sehr verständnisvollen Löwe-Mann erwischt haben, wird er derjenige sein, der die Rollen in der Ehe verteilt: »Ich Tarzan, du Jane!« Und auch wenn Sie Ihre Löwe-Frau um den Finger wickeln können, wird sie die Stacheln aufstellen, wenn Sie ihr erklären, daß Sie zugunsten eines Kollegen, der fünfzehn Kinder zu ernähren hat, auf die Beförderung im Büro verzichtet haben...

Der Löwe neigt dazu, Leerräume auszufüllen. Er übt Druck aus, wo das möglich ist. Wenn Sie sich also überhaupt einen gewissen Freiraum bewahren wollen, müssen Sie diesen Anspruch ganz zu Anfang durchsetzen. Hat der Löwe sich erst einmal an seine Herrscherrolle gewöhnt, wird er für den Zwergenaufstand, den Sie veranstalten, keinerlei Verständnis mehr aufbringen. Was Sie tun können, um ihn gleich zu Beginn in seine Schranken zu verweisen? Sagen Sie ihm höflich, aber unmißverständlich, wo die Grenzen sind. Die Verständigung geht nicht ohne Schwierigkeiten über die Bühne, aber Ihre Beziehung bleibt auf diese Weise von schweren Störungen verschont. Lassen Sie den Löwen entscheiden, ob er Sie genügend liebt, um Sie zu nehmen, wie Sie sind. Es wäre sinnlos, wenn Sie sich nach seinem Bilde formen oder völlig unterjochen lassen. Der Löwe würde Sie als Fußtreter mißbrauchen!

Wie man einen Löwen zur Ehe rumkriegt

Die herkömmlichen Formen, die Traditionen sind zu beachten, in diesen Dingen mag der Löwe keine Experimente. Die Institutionen, die Moral, das sind für ihn keine leeren Worte.

Sie möchten eine Löwe-Frau heiraten? Das bedeutet, daß Sie ihr einen leidenschaftlichen Heiratsantrag machen müssen. Als nächstes müssen Sie bei ihren Eltern um ihre Hand anhalten. Das Löwe-Mädchen erwartet auch, daß Sie die Sache mit den gemeinsamen Freunden besprechen. Und schließlich muß es eine richtige Verlobungsfeier geben, ein Fest, bei dem der Champagner in Strömen fließt.

Denken Sie an diamantenbesetzte Verlobungsringe ...

Sie sind eine Frau, die es auf einen Löwe-Mann abgesehen hat? Das einzige, was Sie tun können, um ihn auf den Gang zum Standesamt einzustimmen: ihm Appetit machen.

Die Hauptsache: Er muß stolz sein, Sie in seinen Armen zu halten. Die begründete oder unbegründete Furcht, daß ein an-

derer Mann auf Ihre weiblichen Qualitäten aufmerksam werden
könnte, wird ein übriges tun!

Sind die Ringe gewechselt, so haben Sie gute Chancen, daß
die Ehe auch hält. Ein Löwe wechselt seine Überzeugung nicht
wie ein Hemd. Allerdings müssen Sie stets darauf achten, den

Kleine Geschenke erhalten
die Freundschaft

Geeignet für Löwen beiderlei Geschlechts:

- Ein Rassehund
- Ein Kerzenleuchter
- Eine Kiste Champagner
- Preisgekrönte Bücher

Nur für »ihn«:

- Manschettenknöpfe mit seinen Initialen
- Eine Krawatte aus einem berühmten Modehaus
- Eine schöne Tischlampe
- Ein Gesellschaftsspiel, bei dem es um die Weltherrschaft
  geht

Nur für »sie«:

- Diamantanhänger
- Gutschein für eine Ganztagsbehandlung in einem Schön-
  heitsinstitut
- Pelzmantel (Nerz, besser noch Zobel)
- Nachthemd aus Satin

Wenn es etwas mehr kosten darf:

- Ein Rolls Royce, ein Porsche, ein Jaguar ...
- Vierzehntägige Flugreise nach Miami mit Aufenthalt in
  einem Luxushotel

Das besondere Geschenk:

- Modeschmuck

Löwen nicht zu verletzen! Er ist außerordentlich empfindlich, was Kritik anbetrifft. Eine kleine Bemerkung genügt, und er (oder sie) beginnt zu schmollen ...

Wenn es Streit gibt, dann können Sie mit Ihrem Löwen nicht so umspringen wie mit den Angehörigen anderer Tierkreiszeichen. Ihn eifersüchtig zu machen, das funktioniert bei dem Löwen nicht. Er stellt Ihnen ganz einfach die Koffer vor die Tür. Die einzige Methode, die Erfolg verspricht: Spielen Sie die Heldin. Er hat Sie betrogen, Sie verlassen ihn. Sie ziehen sich in eine kleine Wohnung zurück, wo Sie wie eine Klosterschwester leben. Die Nachbarn müssen sagen: »Eine wunderbare Frau, ein richtiger Engel. Der Mann muß verrückt sein, daß er sie für ein Abenteuer aufgegeben hat!« Mit anderen Worten: Häufen Sie heiße Kohlen auf sein Haupt. Weisen Sie ihm die Rolle des Verräters zu. Das ist eine Rolle, die der Löwe überhaupt nicht mag. Er wird das Nötige tun, um die Beziehung zu Ihnen wieder anzuknüpfen. Die Löwe-Frau, die einen Fehler gemacht hat, wird in gleicher Weise einlenken ...

DRITTE PHASE

Wie man mit einem Löwen Schluß macht

Sie haben Glück, es ist leicht, die Bindung mit einem Löwen zu beenden. Der Löwe-Mann bleibt Gentleman, die Löwe-Frau eine Dame ... Auch wenn er (oder sie) unter der aufgezwungenen Trennung leidet, wird er (oder sie) Ihnen keine Szene machen. Man wird Sie auch nicht erpressen. Weil es nun einmal so üblich ist, wird Ihr Partner (oder Ihre Partnerin) eine Erklärung von Ihnen verlangen, ohne indessen in einen Streit über Kleinigkeiten einzutreten. Es ist schon merkwürdig, der Löwe zeigt jetzt, wo es zum Bruch gekommen ist, für Ihr Bedürfnis nach Unabhängigkeit mehr Verständnis als während der Zeit, als Sie noch zusammenlebten ...

Sie können es also wagen, geradewegs auf Ihr Ziel loszuge-
hen. »Ich will mit dir Schluß machen, aus dem und dem Grund.
Ich ziehe aus. Was meinst du dazu?« Der Löwe, männlich oder
weiblich, wird jetzt auf juristische und finanzielle Dinge zu sprechen kommen, um seine Gefühle zu verbergen.

Ist die Trennung vollzogen, so dürfen Sie nicht erwarten, daß
Ihr Ex-Freund oder Ex-Ehemann sich mit Ihrem neuen Gefährten anfreundet. Ebensowenig wird sich die verlassene Löwin zur
Tennispartnerin Ihrer neuen Flamme mausern. Der (oder die)
Löwe-Geborene hält mit Ihnen jetzt nur noch soviel Kontakt,
wie zur Erziehung der Kinder notwendig ist. Wenn es keine
Kinder gibt, wird es überhaupt keine Verbindung mehr zwischen Ihnen beiden geben. Wenn er (oder sie) Sie trifft, sieht er
durch Sie hindurch.

Wenn Sie sich scheuen, selbst den Bruch herbeizuführen, so
gibt es ein paar Tricks, wie Sie den Löwen so provozieren können, daß er Ihnen diese Arbeit abnimmt.

Wie man einen Löwe-Mann nervt
- Sagen Sie zu ihm: »Du nicht Tarzan, du Cheetah!«
- Verwandeln Sie sich in eine Schlampe: Fettiges, ungekämm-
  tes Haar, verlaufenes Make-up, schmutzige Kleider, dreckige
  Fingernägel ... Die gemeinsame Wohnung lassen Sie zu ei-
  nem Schweinestall verkommen. Natürlich vergessen Sie auch,
  seine Hemdknöpfe anzunähen ... Ich überlasse es Ihrer
  Fantasie, sich weitere Maßnahmen auszudenken, um den
  Löwen zu reizen!
- Behandeln Sie ihn in Gegenwart seiner Arbeitskollegen als
  »kleines Würstchen«.
- Treten Sie in seinen Betrieb ein, und werden Sie sein Vorge-
  setzter.

Wie man eine Löwe-Frau nervt
- Wenn sie morgens vor dem Spiegel steht, machen Sie sie auf
  die neuen Fältchen im Mundwinkel aufmerksam.
- Sagen Sie zu ihr: »Wenn du doch nur etwas weiblicher
  wärst!«

- Sorgen Sie dafür, daß Sie von Ihrer Firma entlassen werden. Führen Sie das Leben eines Arbeitslosen. Ihre Kleidung in dieser Phase besteht aus einem nicht mehr sehr ansehnlichen Morgenmantel. Natürlich empfangen Sie auch die Freundinnen Ihrer Frau oder Ihrer Lebensgefährtin in diesem Aufzug.
- Machen Sie sie vor allen anderen Leuten lächerlich, zum Beispiel, indem Sie auf einem Empfang, der zu Ehren Ihrer Frau gegeben wird, sagen: »Und außerdem macht Sie einen fabelhaften Eintopf!«

Berühmte Löwen

Herren:

Habib Bourguiba, Fidel Castro, Henry Ford, Louis de Funès, Knut Hamsun, Alfred Hitchcock, C. G. Jung, Benito Mussolini, Robert Redford, Joachim Ringelnatz, John Rockefeller, George Bernhard Shaw, Sempé.

Damen:

Coco Chanel, Nathalie Delon, Alice und Ellen Kessler, Marianne Koch, Jaqueline Onassis, Sylvie Vartan.

Die Tierkreiszeichen
und ihr Verhältnis zum Löwen

Sie selbst sind ...

Widder

Sie finden den Löwen ganz wunderbar, und Sie sagen ihm das auch. Und schon haben Sie ihn verführt! Die Unterschiede, die es zwischen Ihnen gibt, bleiben allerdings bestehen. Sie, der Widder, sind ein Wesen, das den Abschied liebt, der Löwe liebt die Ankunft. Nur allzu logisch, daß Sie sich oft verfehlen. Handelt es sich bei der Bindung, die zwischen Ihnen entstanden ist, nur um ein Abenteuer, so kann sich die Sache mehr als angenehm gestalten.

Stier

Ganz klar, Sie finden den Löwen unerträglich, versnobt und eingebildet. Entweder verstehen Sie ihn nicht, oder aber Sie beneiden ihn um seine Lebenslust, um seine Selbstsicherheit. Allerdings würden Sie sich eher ein Bein ausreißen, als das zuzugeben. In den meisten Fällen eine hoffnungslose Verbindung.

Zwilling

Sie, der Zwilling mögen Menschen mit Ausstrahlung. Eifersucht ist für Sie ein unbekanntes Gefühl. Die Verbindung mit einem Löwen kann Ihnen also nur Vorteile bringen. Sie werden wertvolle Erfahrungen machen, sowohl im alltäglichen Leben als auch in intellektuellen Bereich. Was Sie beide dabei fühlen, ist in dieser Verbindung nicht mehr so wichtig. Ihr Vorteil: Sie gehören einem Tierkreiszeichen an, das in einer solchen Situation nicht leidet.

Krebs

Der Löwe beschützt Sie, beflügelt Sie zu neuen Taten, tut alles, um Ihnen das Leben zu erleichtern. Er denkt für Sie, und Sie haben es ja ganz gern, daß jemand für Sie denkt ... Einziges Hindernis: Sie sind beide leicht beleidigt. Wenn Ihre Schmollphase beendet ist, schicken Sie mir bitte eine Postkarte.

Löwe

Preisfrage: Wer von Ihnen beiden sagt dem anderen, wo's lang geht? Ich fürchte, die Welt ist nicht groß genug für Sie beide. Bestenfalls entsteht eine Bindung, die für jeden von Ihnen eine ständige Herausforderung bedeutet. Wenn alles schiefläuft, werden Sie den Dritten Weltkrieg entfesseln. Ob Sie sich nicht vorher zu Abrüstungsgesprächen treffen sollten?

Jungfrau

Gerangel um die Vorherrschaft wird es in dieser Bindung nicht geben. Oft wird es so sein, daß der Löwe auf Ihre Bedingungen eingeht. Er braucht Sie. Was Sie ärgert, ist seine Überheblichkeit. Lassen Sie sich nicht bluffen. Was auf die Entfernung wie ein Löwe aussieht, ist beim näheren Hinsehen manchmal nur ein braver Haushund ...

Waage

Sie werden die stolze Wesensart des Löwen nie verstehen. Schade, denn Sie beide haben die gleichen Ideale: Schönheit, sozialer Erfolg ... Im beruflichen Bereich und intellektuell stehen Sie dem Löwen in nichts nach. Sie sind ein Paar, wie man es auf der Titelseite der Zeitschriften abgebildet findet. Wie allerdings geht es bei Ihnen beiden im intimen Bereich zu? Überlegen Sie gut, bevor Sie sich für diese Bindung entscheiden.

Skorpion

Seine Art, die Hindernisse einfach wegzuwischen, bringt Sie zur Verzweiflung. Sie empfinden es als persönlichen Vorwurf, denn Sie sind ein Mensch, der die Dinge gern kompliziert. Bedenken Sie, daß der Löwe die ideale Ergänzung für Sie darstellt ... Er ist außerdem eines der wenigen Tierkreiszeichen, das zu der gleichen Leidenschaft fähig ist wie Sie.

Schütze

Sie haben viele Gemeinsamkeiten. Zum Beispiel sind Sie beide außerordentlich rechthaberisch. Jeder von Ihnen ist unfehlbar. Bleibt zu hoffen, daß Sie immer der gleichen Meinung sind. Wenn nicht, dürfte bei Ihnen nicht nur die Einrichtung zu Bruch gehen!

Steinbock

Sie sollten zusammen eine Firma gründen, denn im beruflichen Bereich ergänzen Sie sich ganz ausgezeichnet. In der Liebe klappt es nicht so gut. Sie entdecken recht schnell die Achillesferse des Löwen, Sie reiben ihm seine Unvollkommenheit unter die Nase ... Denken Sie daran: Kein Löwe mag, wenn man ihn am Schwanz zieht.

Wassermann

Der Löwe denkt vor allem an sich selbst. Sie aber denken viel an andere Menschen. Sie sind tolerant, empfinden keinen Neid gegen Ihren Partner oder Ihre Partnerin. So weit, so gut. Aber es gibt eine Eigenschaft, die Sie dem Löwen nicht verzeihen: Sein Bedürfnis, Sie herumzukommandieren. Treffen Sie klare Vereinbarungen, bevor Sie sich in diese Bindung hineinwagen.

Fische

Es geht lustig zu bei Ihnen beiden. Er glaubt, er führt Sie am Zügel. Sie lassen ihn in diesem Glauben und denken sich Ihren Teil ... Im Grunde sind Sie es, der in dieser Verbindung das Sagen hat. Einziges Hindernis: Der Löwe ist sehr sachlich, und das ist eine Eigenschaft, die Sie überhaupt nicht mögen!

Die Jungfrau

Element: Erde
Geburtsherrscher: Merkur

Überblick über die Persönlichkeit der Jungfrau

Es ist merkwürdig, daß man bei seinen astrologischen Studien oft auf Jungfrau-Geborene trifft, die sich von den klassischen Eigenschaften, die man diesem Tierkreiszeichen zubilligt, distanzieren. »Wissen Sie, ich bin Jungfrau, aber ich erkenne mich in diesem Sternbild überhaupt nicht wieder ...«

Was dahintersteckt? Jungfrau und Skorpion sind die beiden Zeichen, denen traditionell viele schlechte Eigenschaften nachgesagt werden. Ich persönlich halte das für unverantwortlich, für eine Katastrophe!

Und so sieht die Roboterzeichnung einer Jungfrau aus: Die Geborenen dieses Zeichens leiden alle unter Minderwertigkeitskomplexen. Die Jungfrau ist ordentlich, genau bis pedantisch, sie neigt zu Haarspaltereien. Nichts haßt sie so sehr wie die Improvisation. Der Jungfrau-Geborene ist ein geschickter Arbeiter, der ideale Angestellte, der Buchhalter, der nichts vergißt, die Buchhalterin, die auch Kaffee kocht und Socken stopft ...

Was die Experten sonst noch über die Jungfrau zu sagen wissen? Viele Jungfrauen, so heißt es, sind übelnehmerisch, mürrisch, von unstetem Temperament, unmäßig in ihren Ansprüchen ... Es gibt eigentlich kaum einen Charakterfehler, den dieses Sternbild *nicht* hat ...

Was hat man davon zu halten? Was Sie eben gelesen haben, ist eine Karikatur der Jungfrau. Wie können wir diesem komplexen Zeichen gerecht werden?

Die hervorragenden Eigenschaften der Jungfrau sind Vernunft und Unterscheidungsvermögen. Die Geborenen dieses Zeichens beobachten, wägen ab, denken nach und vergleichen,

Steckbrief des Zeichens Jungfrau

Die wichtigsten Tugenden: Ehrlichkeit, Bescheidenheit,
   Ausgewogenheit
Die wichtigsten Schwachstellen: Übertriebene Strenge,
   Skeptizismus
Bevorzugte Rolle im Beruf: Arzt/Krankenschwester
Denkbar ungeeignet als: PR-Beauftragter/e
Weibliches Vorbild: Florence Nightingale
Bevorzugtes Beförderungsmittel: 2 CV
Lieblingsgericht: Sojabohnen
Lieblingsgetränk: Gemüsesaft
Lieblingsfarbe: Blau
Lieblingslektüre: Gesundheitszeitschriften
Lieblingssport: Gymnastik
Lieblingsbuch: Das Leben der Bienen
Lieblingsfilm: Krimi mit Hercule Poirot
Bevorzugte Zerstreuung: Zusehen bei einem Schachturnier
Lieblingssendung im Fernsehen: Verbraucherberatung
*Das Möbelstück, das die Jungfrau am wenigsten missen
   möchte:* Schreibsekretär
Metall: Merkur
Glücksstein: Saphir
Gefährdetes Organ: Darm
Wo er (sie) sich am liebsten aufhält: Im Park

bevor sie irgendeine Entscheidung treffen. Die Spreu vom Wei-
zen zu sondern, das empfinden sie als ihre Berufung.
   Sie erkennen mit erstaunlicher Hellsichtigkeit die eigenen
Schwächen und verbringen einen großen Teil ihrer Zeit mit der
Nabelschau. Unglücklicherweise neigen sie auch dazu, die Mitmenschen gnadenlos unter die Lupe zu nehmen, sie zu kritisieren. Die Jungfrau ist immer auf der Suche nach dem Sandkorn,

das ein böser Zauberer im Getriebe ihres Lebensmotors versteckt hat.

Von zaghaftem Temperament, zweifelt die Jungfrau oft an sich selbst, nicht an der eigenen Moral, wohl aber an der Fähigkeit, sich in der Welt durchzusetzen. Vor allem zweifelt die Jungfrau daran, daß sie schön ist. Sie glaubt allen Ernstes, daß die Menschen wie gebannt auf die winzige Hautunreinheit starren, die sie selbst erst mit Hilfe eines vergrößernden Spiegels an ihrer Nasenspitze entdeckt hat ...

Sehr selten, daß man einen Jungfrau-Geborenen entspannt, lässig, in guter Laune antrifft ... Er (oder sie) nimmt alle Ereignisse sehr ernst. Ein kleiner Scherz, und die Jungfrau verzieht sich in ihr Schneckenhaus. Für Ironie hat sie keine Antenne.

Das große Problem der Jungfrau-Geborenen ist, daß sie eine Heidenangst vor Unordnung, vor dem Chaos haben. Wenn sie ihr Leben generalstabsmäßig planen, dann weil sie das für die einzige Methode halten, wie man der Unordnung Herr werden kann.

Aber die Welt ist voll von Überraschungen. Es geschehen ganz einfach mehr Dinge, als auch die wachsamste Jungfrau voraussehen kann. Und dann neigen viele Geborene dieses Zeichens auch zu Übertreibungen. Es gibt Jungfrauen, die alles auf die Minute planen wollen, die sich wegen der kleinsten Abweichungen Vorwürfe machen. So etwas erstickt jeden Elan. Um einen Vergleich zu gebrauchen: Aus lauter Angst, der Fuchs könnte die Hühner fressen, tötet die Jungfrau die Küken, noch bevor sie aus dem Ei schlüpfen ... Um sich gegen die Wechselfälle des Lebens zu wappnen, baut der Jungfrau-Geborene einen Schutzwall um sich – und beklagt sich dann, daß er sich wie in einem Gefängnis vorkommt.

Was geschieht, wenn man den Druck in einem Gefäß immer weiter erhöht?

Es kommt zur Explosion ... Und so treffen wir Jungfrauen, die wie ein Dampfkessel, dessen Ventil verstopft ist, in die Luft gehen. Der Astrologe spricht von »wilden Jungfrauen«, ein totaler Widerspruch zum normalen Charakter dieses Tierkreiszeichens. Es fällt den Mitmenschen schwer, solche Drehungen um

180 Grad zu begreifen, wenngleich die Jungfrau nicht das einzige Sternzeichen ist, daß die Anlage zur Doppelgesichtigkeit in sich birgt. Das sind die Zwillinge, der Schütze, die Fische ...

Zwischen den beiden Extremen des biederen Buchhalters und der »wilden Jungfrau« treffen wir auf das Heer der normalen Jungfrauen, mit denen wir im Alltag zu tun haben. Was sind das für Menschen? Sie sind ausgezeichnete Organisatoren, verläßlich, vernünftig, verschwiegen, humorbegabt und sogar fähig, sich selbst auf den Arm zu nehmen. Sie sind außerordentlich arbeitsam, sorgen auf rührende Weise für ihre Familie und ihre Freunde, neigen zu schwärmerischen Erzählungen, wenn sie ein Glas zuviel getrunken haben ...

Nachdem diese Eigenschaften beschrieben sind, muß ich auf den Fetisch der meisten Jungfrau-Geborenen zu sprechen kommen: die Gesundheit.

Die Jungfrau ist von Natur aus nervös. Sie ist die Zielscheibe für eine Vielfalt sogenannter »psychosomatischer Leiden«. Die kleinste Kränkung im täglichen Leben führt bei ihr zu einer organischen Erkrankung, das funktioniert immer. Der Jungfrau-Geborene, der sich im beruflichen Bereich von den Kollegen erdrückt fühlt, bekommt Asthmaanfälle. Jungfrauen, die sich überfordert fühlen, klagen über Rückenschmerzen. Die Jungfrau-Geborene, die mit einem sexuellen Schuldkomplex aus einer zerbrochenen Bindung hervorgeht, reagiert mit Pilzerkrankungen im Genitalbereich ... Sie geht von Arzt zu Arzt, niemand kann ihr helfen, weil der Körper durch die Seele ständig neu auf Krankheit programmiert wird. Erst wenn sich die sexuellen Probleme lösen, wird diese Frau uns verkünden, daß sich »merkwürdigerweise« auch ihr Gesundheitszustand gebessert hat ...

Tatsache ist, daß sich Jungfrau-Geborene dauernd Sorgen um ihre Gesundheit machen. Sie vertun viel Zeit mit dem Zählen von Kalorien, mit dem Vergleichen von Diäten, mit der Zubereitung aller möglichen Heiltränke. Keine Jungfrau tritt eine Reise an ohne das Abführmittel, das sie seit ihrer Kindheit benutzt. Natürlich verbirgt sich hinter der übertriebenen Angst um das körperliche Wohlergehen nichts anderes als die Furcht, in die Düsternis des eigenen Gewissens hinabzusteigen ... Die Jungfrau hat Angst, beim Durchforschen ihres Unterbewußtseins auf den Schwanz des Drachens zu stoßen, von dem der Psychoanalytiker C. G. Jung gesprochen hat!

Manchmal wird die Jungfrau wirklich krank, sie lebt dann in dieser Krankheit ihre Schwierigkeiten, ihre Frustrationen aus. Wie die anderen Tierkreiszeichen, die vom Zeichen der Erde bestimmt sind, hat auch sie Angst vor dem Irrationalen und dem Unbewußten. Die Jungfrau wird sich nur nach schweren inneren Kämpfen auf die Couch eines Psychiaters legen, da bleibt sie schon lieber krank ...

Oder aber der Jungfrau-Geborene wählt einen Beruf, wo er anderen Menschen helfen kann. Er löst sein Problem, indem er die Probleme der anderen löst. Vielleicht ist das der Grund, warum so viele Menschen, die in Heilberufen tätig sind, dem Tierkreiszeichen Jungfrau angehören ...

Liebe

Das Liebesleben der Jungfrau-Geborenen ist ein Schlachtfeld, auf dem gegensätzliche Impulse miteinander streiten. Da ist auf der einen Seite der Verstand, der die Jungfrau beherrscht, und auf der anderen Seite die Liebe. Sind zwei größere Gegensätze überhaupt denkbar? Kein Wunder, daß die Jungfrau da oft die Richtung verliert, da hilft der beste Kompaß nichts ... Jungfrauen, die im beruflichen Leben und im Alltag überhaupt keine Schwierigkeiten haben, werden aus dem Gleis geworfen, wenn sie die Anziehung des anderen Geschlechts spüren. Nicht daß die Geborenen dieses Zeichens solchen Anfechtungen rasch nachgeben. Im Gegenteil, sie wehren sich, so lange es geht. Das gilt nicht nur für die individuelle Beziehung, sondern auch für das ganze Leben. Es gibt wenig frühreife Jungfrauen, dieses Tierkreiszeichen läßt sich Zeit. In der Jugend widmet sich die Jungfrau dem Studium. Trifft man einen Abkömmling dieses Zeichens in jungen Jahren in Gesellschaft des anderen Geschlechts an, dann darf man davon ausgehen, daß die beiden wirklich nichts anderes gemacht haben, als die Thesen von Kant mit jenen von Kierkegaard zu vergleichen. Sex? Nichts dagegen, aber nicht jetzt. Ich muß erst einmal die mündliche Prüfung bestehen ...

Die erste Nacht mit einem Partner des anderen Geschlechts ist dann oft überschattet von der Erkenntnis, daß der eigene Körper, den man perfekt zu kontrollieren glaubte, Gefühle hat, die sich der Einwirkung durch das Ich entziehen. Mit anderen Worten: Jungfrau-Geborene sind ausgesprochen prüde. Sie sind schnell bei der Hand, wenn es gilt, die Verhaltensweise eines Mitmenschen als »ekelhaft« abzuurteilen. Ihr Schlüssel zur Erkenntnis ist der Intellekt. Der Intellekt erweist sich aber auch oft als Hindernis, wenn es um die Verwirklichung der eigenen Gefühle geht!

Der Tendenz, Körper und Geist auseinanderzudividieren, liegen in vielen Fällen sexuelle Komplexe zugrunde. Dabei wäre es falsch zu glauben, daß die Jungfrau-Geborenen Asketen sind. Vergessen wir nicht, daß die Extreme, psychologisch betrachtet, sehr nahe beieinander liegen. Wir treffen unter den Jungfrau-Geborenen sowohl die alte Frau an, die dreimal am Tag in die Kirche geht, als auch den Lebemann, der sich den wüstesten Ausschweifungen hingibt ...

Jedenfalls neigt die Jungfrau beim Sex dazu, jedes Tabu niederzureißen. Es sind die Jungfrau-Geborenen, die zu den verrücktesten Perversionen fähig sind. Der Körper ist für sie dann nur noch eine Maschine, die ohne Verbindung zum Gehirn funktioniert. Natürlich ist das eine Fehlschaltung, für die diese Menschen sehr teuer, nämlich mit Schuldgefühlen und psychosomatischen Erkrankungen bezahlen. Die gesunde Sexualität des Stiers interessiert sie nicht. Sex ist für den Jungfrau-Geborenen ein Vergnügen, das sich in der Hölle abspielt. Fleisch ist Sünde ...

Ich möchte hier einschränkend sagen, daß dies nicht für alle Jungfrau-Geborenen gilt. Immerhin scheint es mir aber wichtig, auf die Veranlagung hinzuweisen.

Sieht man von den Verirrungen, die ich soeben beschrieben habe, einmal ab, so sind Jungfrauen liebesfähige und freundliche Menschen, jedenfalls innerhalb der eigenen vier Wände. In der Öffentlichkeit vermeidet die Jungfrau Intimitäten, so etwas schickt sich nicht. Hand in Hand dazusitzen, während die Freunde tanzen oder singen, das ist für jemanden vom Zeichen Jungfrau schon fast obszön! Typisch für die Abkömmlinge dieses Zeichens ist die Neigung, sich so zu verhalten, wie der Partner es erwartet. Das kann sowohl ins Positive als auch ins Negative ausschlagen ... Von Natur aus ist die Jungfrau treu, verläßlich, berechenbar. Sie kommt pünktlich zum Rendezvous. Verspätet sie sich einmal um mehr als zehn Minuten, sollte man die Krankenhäuser anrufen. Ihr ist etwas Ernstes zugestoßen!

Der Jungfrau-Geborene tut sich schwer, wenn es darum geht, dem Partner seine Gefühle mitzuteilen. Er wird rot, beginnt zu stottern, läuft davon und ist überzeugt, daß Sie ihn (oder sie) nie wiedersehen wollen. Im Unterschied dazu bewährt sich die Jungfrau im täglichen Leben, in der Arbeit, in der Familie. Sie macht dem Partner das Leben wirklich so angenehm wie möglich. Die Jungfrau denkt an die kleinen Aufmerksamkeiten, die das Gefühlsleben würzen. Sie kann zuhören, sie erahnt Ihre Träume und überträgt sie alsbald in die Wirklichkeit. Der Mann oder die Frau, die sich daran erinnert, daß Sie gern Quittengelee essen oder alte Keksdosen sammeln, ist mit Sicherheit Jungfrau. Die Sache hat ihre Reize ...

Die *männliche Jungfrau* gibt sich galant und einfühlsam, ist dabei jedoch das Gegenteil eines Don Juan. Auch wenn »er« sehr gut aussieht, findet er sich häßlich, und auch wenn er die besten Schulen besucht hat, bleibt er davon überzeugt, daß er »wegen seiner miserablen Ausbildung« benachteiligt ist. Er zögert davor, Ihnen seine Empfindungen mitzuteilen. Schließlich will er niemandem zu nahe treten. Er hat immer Angst, zurückgewiesen oder ausgelacht zu werden. Typisch ist, daß er sich gegenüber einer Frau, die ihm gefällt, ablehnend oder aggressiv benehmen wird. Er muß sich schon sehr sicher fühlen, bis er seine Hemmungen überwindet und sich in das Abenteuer einer Bindung stürzt.

Ist der erste Kontakt einmal zustande gekommen, gibt sich

der Jungfrau-Mann als aufmerksamer Liebhaber. Wäre da nur
nicht sein Hang, ihr ganzes Leben in seine Hände nehmen zu
wollen ... Er wird Ihnen erklären, daß Sie es bisher völlig falsch
gemacht haben! Nur sehr schwer können Sie einem solchen
Menschen begreiflich machen, daß sich Ihre schöpferischen Fähigkeiten nur in einer unaufgeräumten Wohnung entfalten ...
Der Jungfrau-Mann ist treu und anhänglich, manche Frauen
finden ihn sogar *zu* anhänglich. Die Frau, die sich »selbstver-
wirklichen« oder ihre Unabhängigkeit bewahren will, sollte sich
nicht mit einem Geborenen des Zeichens Jungfrau zusammentun. Läßt er sie wirklich in Ruhe, dann bedeutet das, daß er sie
überhaupt nicht liebt, oder aber er spielt den Clown.

Die *weibliche Jungfrau* ist schwer zu erobern. Man muß ihr sozusagen nachweisen, daß man ehrliche Absichten hat, ein bißchen wie der Wolf, der seine Pfoten durch den Türspalt stecken
muß. Die Nacht auf dem Heuboden, das Treffen in einem kleinen Hotel, das Rendezvous in der Dämmerung eines Parks – sie
mag das nicht. Sie ist ungeeignet als Mätresse, als Freundin,
dafür ist sie eine vorzügliche Ehefrau.

Sie hat ihre Heimlichkeiten und mag es, wenn man ihr die
Organisation des eigenen Alltags überläßt. Sie reagiert mit leidenschaftlichem Zorn, wenn man sie in diesem Bereich aus dem
gewohnten Rhythmus bringt. Sie braucht hin und wieder ein
paar Stunden, wo sie allein ist. Sie möchte nicht gefragt werden,
was sie in dieser Zeit tut ...

Bindungen

Wenn ein Jungfrau-Geborener, männlich oder weiblich, sich in
eine Bindung begibt, dann hat er (oder sie) sich das gut überlegt.
Er begibt sich auf den Weg, nachdem er einen genauen Plan
gezeichnet hat. Natürlich hat er auch berechnet, wann er aufbrechen muß und wann er ankommen wird. Sie kennen die Fabel
von der Ameise und der Grille. Die Ameise sorgt vor, die Grille
lebt in den Tag hinein. Die Jungfrau ist wie diese Ameise ...

Auch in der Liebe sieht die Jungfrau über den Tag hinaus. Wenn sie eine Bindung eingeht, dann soll die hieb- und stichfest sein. Sie wird den Gefährten für den gemeinsamen Lebensweg deshalb mit großer Vorsicht auswählen. Schließlich möchte sie sich mit niemandem zusammentun, der vor dem ersten Hindernis, das sich dem Paar entgegenstellt, kapituliert ... Wenn sie befürchten muß, daß sie das abgebrochene Rad der Kutsche selbst wieder anschrauben muß, bleibt die Jungfrau lieber allein!

Von den Jungfrau-Geborenen aus meiner Bekanntschaft haben einige eine Ehe geschlossen, in der sich Liebe und Vernunft die Waage halten. Andere sind eine Vernunftehe eingegangen, diese Verbindungen sind dann sehr bald zerbrochen. Ich kenne jedoch keine Jungfrau, die unüberlegt geheiratet hat. Vielleicht ist das einer der Gründe dafür, daß die Mehrzahl der Ehen mit Jungfrau-Geborenen gutgehen. Ich kenne eine Reihe, die demnächst ihre Platinhochzeit feiern ...

Auch wenn die Jungfrau noch wenig Lebenserfahrung hat, auch wenn sie über beide Ohren verliebt ist, sie vergißt nie das Für und Wider einer Verbindung abzuwägen. Sie denkt dabei an viele Details, die andere Tierkreiszeichen in der gleichen Situation übersehen würden. Wird sie (oder er) sich mit den Schwiegereltern gut verstehen? Gibt es wirklich genügend Gemeinsamkeiten, was Geschmack und Lebensstil angeht? Wie wird der Alltag der geplanten Ehe aussehen? Die Jungfrau überläßt nichts dem Zufall ... Wenn sie zum Beispiel für den gemeinsamen Haushalt ein Sparprogramm durchsetzt, dann verfolgt sie dabei einen ganz bestimmten Plan. Sie will das Budget im Gleichgewicht halten. Sie sagt sich mit Recht, daß sich finanzielle Nöte, wenn das Loch nicht verstopft ist, in zwei Jahren zur Katastrophe ausweiten können. Jungfrauen haben eine Lebensklugheit, für die man sie nur bewundern kann ...

Das Problem ist, daß Jungfrau-Geborene sich erst spät zur Heirat entschließen. Mit den Jahren werden sie dann immer wählerischer. Irgendwann ist der Punkt erreicht, wo »sie« sich nicht mehr mit dem Gedanken befreunden kann, daß ein »Fremder« sich in ihrer Wohnung einnistet und seine Zigarettenkippen in den schönen Kristallaschenbechern verteilt ...

Weil sie so zögerlich ist, zieht die Jungfrau ein Zusammenleben auf Zeit einer Scheidung vor. Kommt es zur Heirat, so hält sich die Jungfrau an die eingegangenen Verpflichtungen. Wird sie (oder er) betrogen, so reagiert sie (oder er) tief verletzt. Trotzdem wird die Jungfrau versuchen, den Partner (oder die Partnerin) auch in dieser Situation zu verstehen. Sie wird versuchen, das Problem mit dem Verstand zu bewältigen und den Schaden zu begrenzen. Nur wenn man die Jungfrau wirklich miserabel behandelt, wird sie aus der Bindung herausgehen. Sie wird dabei ihre Fairness beweisen. Wenn es zu einer Scheidung kommt, so wird man den Grund dafür nicht bei der Jungfrau suchen dürfen ...

Rat an Eva

Sie sollten sich für einen Jungfrau-Mann entscheiden, wenn folgende Feststellungen für Sie zutreffen:

- Ihr letzter Freund fand Sie zu dick.
- Sie fühlen sich allein; vor allem kommt es immer wieder vor, daß Ihnen das Käse-Soufflé nicht gelingt.
- Sie haben einen Horror vor gewalttätigen Männern!
- Mögen die Leute sagen, was sie wollen, als Beamter ist man wenigstens unkündbar ...

Warnung! Vermeiden Sie die Verbindung mit einem Jungfrau-Geborenen, wenn Sie es nicht ertragen können, bestenfalls zweimal pro Woche auszugehen.

Rat an Adam

Sie sollten sich für eine Partnerin vom Tierkreiszeichen Jungfrau entscheiden, wenn folgende Feststellungen für Sie zutreffen:

- Sie haben eine panische Angst vor Geschlechtskrankheiten.
- Sie können alle Werbesprüche, die im Fernsehen kommen, auswendig hersagen.
- Sie sind gerade von einer Hepatitis genesen.
- Sie sind von Beruf Apotheker oder Tierarzt.

Die Berufe der Jungfrau

1. Dienstleistungsberufe:
   - Arzt, Krankenschwester, Apotheker, Krankenpfleger/ in, Laborant/in, Tierarzt, Diätköchin
   - Kellner/in, Steward, Stewardeß, Hoteldirektor ...
   - Sozialarbeiter, Sozialhelfer, Altenhelfer, Lehrer/in ...
   - Butler, Hausangestellte, Tätigkeit bei einer Stadtverwaltung, Reinigungsberufe
2. Berufe, die Sinn für Ordnung und Sorgfalt erfordern:
   - Schlosser, Uhrmacher, Graveur, Industriezeichner, Optiker ...
   - Informatiktechniker, Statistiker, Buchhalter ...
   - Stenotypistin, Bürohilfe ...
   - Archivar, Berufe, die mit Dokumentation zu tun haben ...
   - Ingenieur, Chemiker, Physiker

Warnung! Vermeiden Sie die Verbindung mit der Jungfrau, wenn folgende Feststellung für Sie zutrifft:

● Sie mögen Märchen, mit Ausnahme von Aschenputtel, die Sie für ein herzlich dummes Geschöpf halten!

ERSTE PHASE

Kennenlernen

Wo treffe ich Jungfrauen?

Zunächst einmal: Was für eine Jungfrau möchten Sie, eine »brave« oder eine »wilde«? Bevor Sie sich für den »wilden« Typ

entscheiden, möchte ich Sie warnen. Wenn so eine Jungfrau los-
legt, bleibt kein Auge trocken ... Das schreckt Sie nicht? Also
gut. Begeben Sie sich in die Diskotheken, die gerade »in« sind.
Halten Sie nach einem modisch gekleideten Mädchen oder einem auffällig gekleideten jungen Mann Ausschau. Pailletten,
Straß und falscher Schmuck in allen Farben des Regenbogens,
das ist so ungefähr das Beiwerk, wie es einer Jungfrau gefällt.
Die Geborenen dieses Zeichens führen sich in der Disco wie
Exhibitionisten auf ...

Wenn Sie sich schon die Nacht um die Ohren schlagen, kön-
nen Sie auch mal in einem Pornokino vorbeischauen. Die
Wahrscheinlichkeit spricht dafür, daß sich im Publikum eine
Reihe von »Jungfrauen« befinden. Allerdings ist dies nicht der
Rahmen, wo Sie einen Kontakt mit »ihm« oder »ihr« beginnen
können. Dazu schämt er (oder sie) sich viel zu sehr ...

Sie möchten lieber eine »normale« Jungfrau kennenlernen?
Dann will ich Ihnen die Örtlichkeiten verraten, wo Sie die meisten Angehörigen dieses Tierkreiszeichens antreffen. Die Liste
erhebt keinen Anspruch auf Vollständigkeit.

1. *Im Beruf*

Durchkämmen Sie die Laboratorien, die pharmazeutischen
Firmen, die Ambulanzen der Krankenhäuser, die Wartezimmer
der Fachärzte. Soweit Sie keine unüberwindbare Abneigung gegen Hypochonder haben, können Sie Ihre Suche auch auf die
Wartezimmer der Heilpraktiker ausdehnen. Sie werden dort auf
viele Jungfrau-Geborene stoßen, die von den Heilkünsten der
Schulmediziner enttäuscht sind! Eine weitere Möglichkeit:
Nehmen Sie das Branchen-Fernsprechbuch zur Hand, und rufen Sie systematisch alle Allgemeinmediziner, Krankenschwestern und Fachärzte an. Sagen Sie Ihrem jeweiligen Gesprächspartner (oder Gesprächspartnerin), daß Sie für ein Meinungs-
forschungsinstitut arbeiten. Das liefert Ihnen auch gleich den
Vorwand, nach dem Geburtsdatum des Interviewten zu fragen.
Sie werden sehen, der Anteil der Jungfrau-Geborenen unter den
Angehörigen der Heilberufe ist erstaunlich hoch. Hinzu kommt,
daß jene Ärzte oder Krankenschwestern, die nicht dem Tierzei-

chen Jungfrau zuzuordnen sind, die Jungfrau vielleicht im Aszendenten haben!

Wenn Sie zu den Personen gehören, die beim Anblick eines Injektionsbestecks kreidebleich werden, können Sie sich bei Ihrer Suche auf die Verwaltungsetagen großer Firmen und Versicherungsgesellschaften beschränken. Das Büro ist ein idealer Jagdgrund. Wie Sie zweckmäßig vorgehen? Sie sind wieder der Meinungsforscher (oder die Meinungsforscherin). Ihr Institut bereitet eine Studie vor, wo es um das Mißverhältnis zwischen Arbeit und Bezahlung geht. Erbitten Sie von der Personalabteilung des von Ihnen besuchten Betriebs eine Liste der Angestellten, die nach Auffassung der Kollegen »nicht an dem Platz arbeiten, der ihnen auf Grund ihrer Leistungen eigentlich zukommt«. In Ihrem Sieb bleiben jede Menge Jungfrauen hängen, Sie brauchen sich nur noch zu bedienen!

Besonders viele Jungfrauen werden Sie unter jenen Angestellten finden, die sich bei ihrem Vorgesetzten im Laufe der Jahre unentbehrlich gemacht haben. Die Graue Eminenz in Politik und Verwaltung ist meistens eine Jungfrau. Richelieu war ein gutes Beispiel. Auch die mustergültige Sekretärin, der treue Sekretär, die Putzfrau, die seit zwanzig Jahren ins Haus kommt und alles wunderbar sauber macht, sind mit großer Wahrscheinlichkeit Jungfrau-Geborene.

Sie wünschen sich einen Chef, der Jungfrau ist? Dann halten sie nach Männern mit Magengeschwüren Ausschau. Da die Geborenen dieses Zeichens sich ständig Sorge machen, entwickeln sie in den meisten Fällen auch die entsprechenden Krankheiten. Es gelüstet Sie nach einer weiblichen Jungfrau, die an der Spitze der sozialen und beruflichen Stufenleiter steht? Dann müssen Sie Ihr Augenmerk auf Frauen richten, die durch Fachkenntnisse glänzen. Typisch für die weiblichen Geborenen dieses Zeichens ist auch, daß sie im Beruf unter keinen Umständen von ihrem Charme Gebrauch machen. Sie möchten mit einer berühmten Filmschauspielerin anbandeln, die »Jungfrau« ist? Das ist gar nicht so einfach, weil es unter den weiblichen Filmstars kaum Jungfrau-Geborene gibt. Greta Garbo war eine Ausnahme ... Ich will Ihnen eine kleine Geschichte erzählen. Vor einigen Jahren machte ich bei einer Radiosendung mit. Einmal im Monat wurden Filmschauspielerinnen und Revuestars eingeladen, die einem bestimmten Sternzeichen angehörten. Als die »Jungfrau« an die Reihe kam, erlebten wir eine große Überraschung ... Im Unterschied zu den vorherigen Sendungen fand sich nicht eine einzige Teilnehmerin, die wir dem Publikum hätten vorstellen können! Beweis dafür, daß weibliche Jungfrau-Geborene Schwierigkeiten haben, sich als Stars im Lampenlicht zu behaupten. Dafür rangieren sie in intellektuellen Zirkeln, in Wissenschaft und Politik an der Spitze. Und das sind nicht die einzigen Gebiete, wo die Jungfrau alle anderen hinter sich läßt ...

2. In der Freizeit

Die Jungfrau, ob weiblich oder männlich, ist von ihrem ganzen Wesen her so diszipliniert, daß sie diese Einstellung auch ins Wochenende und in die Freizeit übernimmt. Sie verwendet viel Zeit darauf, »Geist und Körper sauberzuhalten«. Sie mag Jogging, Fahrradfahren, Gymnastik, Joga ... Jungfrau-Geborene, die dem Mystizismus zuneigen, widmen sich der Transzendentalen Meditation. Gefährliche Sportarten, wie Tauchen, Reiten, Fallschirmspringen und dergleichen finden nur bei wenigen Jungfrauen Anklang. Dieses Tierkreiszeichen scheut zwar keine Anstrengungen, aber es ist nicht wild auf Rekorde.

Die Jungfrau ist gern an der frischen Luft, sie mag Ausflüge aufs Land, und sie baut in ihrem Garten, wenn sie einen hat, Salat an, wobei sie konsequent auf die Anwendung von Schädlingsvertilgungsmitteln verzichtet. Kleiner Tip: Gegen ein gutes Glas Rotwein oder gegen eine Karaffe Landwein hat kein Geborener dieses Zeichens etwas einzuwenden.

3. In den Ferien

Das Meer, das flache Land und die Berge kommen in Frage. Was die geographische Lage des Urlaubslandes angeht, ist die Jungfrau allerdings sehr wählerisch. Sie hat zum Beispiel einen Horror vor tropischen Ländern. Die Vorstellung, sich in Gebieten aufzuhalten, wo Gelbfieber, Cholera, Malaria, giftige Spinnen, Schlangen und Moskitos wüten, jagt jeder Jungfrau einen Schauder über den Rücken. Wenn sich eine europäische Jungfrau auf andere Kontinente wagt, dann höchstens nach Marokko und Tunesien ...

Da die Jungfrau sehr bildungsbeflissen ist, geht sie gerne in Ausstellungen. Man findet sie in Avantgarde-Theatern und in den Kinos der Neuen Welle. In historischen Städten hakt sie eine Kirche nach der anderen ab. In ihrer Handtasche führt sie Reiseprospekte und Medikamente mit sich. Sie erschließt die Orte mit dem Reiseführer in der Hand, wobei zu sagen wäre, daß die Jungfrau ihn gar nicht dabeizuhaben brauchte, weil sie den Inhalt sowieso schon auswendig kennt ...

Woran man eine Jungfrau erkennt

Keinesfalls an ihrer äußeren Erscheinung, es gibt große und kleine, dicke und dünne Jungfrau-Geborene. Immerhin, die Abkömmlinge dieses Zeichens sind selten übermäßig fett, was vielleicht auf die Nervosität zurückzuführen ist, die viele Jungfrau-Geborene kennzeichnet. Außerdem sind Jungfrauen, wie ich bereits sagte, sehr körperbewußt. Sie achten peinlich genau auf ihr Gewicht, auf gesunde Ernährung, auf die richtige Diät. Jungfrauen kennen sich in Ungesättigten Fetten, Kohlehydraten und Proteinen besser aus als mancher Ernährungswissenschaftler.

Oft wirft man ihnen einen richtigen Gesundheitsfimmel vor. Zu Unrecht. Wenn eine Jungfrau etwas ißt, worauf ihr Magen nicht abgestimmt ist, wird sie sterbenskrank. Nur logisch, daß sie künftig genau darauf achtet, was sie zu sich nimmt!

Ein gutes Erkennungszeichen für Jungfrauen ist die Sauberkeit, die sie ausstrahlen. Die Haut ist makellos, alle Mitesser sind entfernt, das Haar ist frisch gewaschen. Im Badezimmer einer Jungfrau blitzt es vor Sauberkeit. Die Einrichtung ist spartanisch: Waschbecken und Wanne. Und jede Menge Fläschchen mit Lotionen für die Porenreinigung der Haut. Man kommt sich ein bißchen wie in einem Operationssaal oder in einem Laboratorium vor. Ob die Jungfrau viele Stunden vor dem Spiegel verbringt? Nein. Ihr ist es nur wichtig, daß sie sauber und frisch wirkt. Sie (oder er) hat viel praktischen Sinn. Die weibliche Jungfrau trägt gern Kostüme, ihr männliches Gegenstück bevorzugt den klassischen Anzug. Eleganz zeigt sich da allenfalls im Detail, etwa in den diskreten Farben und im guten Schnitt.

Die weibliche Jungfrau hat in vielen Fällen einen raffinierten Geschmack, was die Unterwäsche angeht ... Allerdings rangiert bei ihr auch in diesem Bereich die Hygiene vor Äußerlichkeiten. Wenn sie davon überzeugt ist, daß ein Baumwollslip für sie das Richtige ist, dann ist es ein aussichtsloses Unterfangen, sie zu einem spitzenbesetzten Slip überreden zu wollen!

Die männliche Jungfrau achtet nicht besonders auf die Kleidung. »Er« ist kein Dandy, aber er trägt immer die passende Krawatte. Auch wenn er zu einer Katastrophenübung gerufen wird, zieht er sich frische Strümpfe an und verläßt das Haus nicht eher, bis der letzte Hemdenknopf geschlossen ist.

Einige weibliche Jungfrau-Geborene bevorzugen von Jugend auf ein graues oder marineblaues Kostüm. Wenn die Farbe ausbleicht, lassen sie das gute Stück nachfärben. Das geht dann so lange, bis die Dame in der Annahmestelle einen Nervenzusammenbruch bekommt. Die Erklärung? Eitelkeit ist für diesen Jungfrauentyp eine Todsünde! Gott sei Dank gibt es von dieser Sorte nur sehr wenige ...

Allgemein ist zu sagen, daß sich die Jungfrauen, sowohl die Herren als auch die Damen, von anderen Zeitgenossen durch besonders schlichte Kleidung unterscheiden. Die Lieblingsfarben sind grau, beige, marineblau, blaugrau und olivgrün. Wie die Geborenen dieses Zeichens sich benehmen? Sie können sie an ihrer Geschäftigkeit erkennen. Die Jungfrau macht alles nach einem genauen Zeitplan, ob sie sich nun an der Arbeitsstelle oder auf einem FKK-Gelände befindet ... Sie (oder er) steht jeden Morgen zur gleichen Zeit auf, macht etwas Gymnastik, nimmt ein nach ernährungswissenschaftlichen Gesichtspunkten zusammengestelltes Frühstück ein und verläßt die Wohnung erst, wenn alles mustergültig aufgeräumt ist. Im Büro angekommen, wird die Jungfrau, wie jeden Tag, um 11.04 Uhr eine

Tasse Kakao trinken. Um 12.32 Uhr folgt das Mittagessen, das zum Beispiel aus Salat und Joghurt besteht. Kaffee? Nein, das ist schlecht für die Nerven. Statt dessen trinkt die Jungfrau ein Glas Karottensaft. Um 17.00 Uhr wird sie, wie immer, eine Tasse selbstgebrauten Pfefferminztee schlürfen ... Ob ich hier eine Karikatur der Jungfrau gezeichnet habe? Im Gegenteil, ich habe noch untertrieben! Die Ferien beginnen. Unsere Jungfrau steht früh auf, zur gleichen Zeit wie immer. Folgt der Jogginglauf oder Bogenschießen, danach eine Stunde am Strand, sonnen, schwimmen, Mittagessen, Spaziergang, eine Partie Bridge oder Schach ... Und alles in einem zeitlichen Rahmen, den die Jungfrau vor Beginn der Ferien festgelegt hat.

Zu Beginn dieses Kapitels war von den »wilden Jungfrauen« die Rede, die benehmen sich natürlich ganz anders. Sie übertreiben bei allem, was sie tun. Immerhin gibt es auch dabei eine Konstante. Man kann sich darauf verlassen, daß die »wilde Jungfrau« immer das Unerwartete tut ...

Wie man eine Jungfrau auf sich aufmerksam macht

Die Jungfrau, ob weiblichen oder männlichen Geschlechts, zeigt sich oft unnahbar. Sie schüchtert uns ein, weil sie selbst schüchtern ist. Sie wirkt kühl, der Blick durchbohrend. Gut möglich, daß die Jungfrau eine spöttische Bemerkung macht, die Sie tief verletzt. Wenig später wird sie bedauern, daß sie Ihnen wehgetan hat ... Sie meint es ehrlich. Die direkte Sprache gehört zu ihrem Charakter. Wenn die Jungfrau etwas sagt, hört es sich immer wie eine Urteilsverkündung an, das Urteil in höchster Instanz, gegen das es keine Berufung mehr gibt ...

Es ist nach alledem unerläßlich, daß Sie der Jungfrau einige Wochen den Hof machen, bevor Sie zum eigentlichen Angriff auf ihre Tugend starten. Werden Sie Teil ihres täglichen Lebens. Sorgen Sie dafür, daß sie reichlich Gelegenheit bekommt, auf sie aufmerksam zu werden. Vielleicht haben Sie einen Beruf, der Sie zusammenbringt, oder ähnlich geartete Freizeitinteressen. Vielleicht verkehren Sie in den gleichen Lokalen, oder Sie haben gemeinsame Freunde ...

Was Sie tun können, damit die Jungfrau sich Ihnen zuwendet? Von nicht zu unterschätzender Bedeutung ist Ihre äußere Erscheinung. Vor allem müssen Sie gesund wirken. Nach einer durchzechten Nacht bei Ihrer Jungfrau aufzutauchen, ist hoffnungslos. Denken Sie daran, Sie müssen Fitness ausstrahlen, müssen sich eben, was Ihren Flüssigkeitsbedarf angeht, einige Tage mit Mineralwasser begnügen ...

Wichtig ist einfache und saubere Kleidung. Sie dürfen nichts Auffallendes tragen! Nichts ist ernüchternder, als wenn die Jungfrau Sie in Ihrer Liebeserklärung mit den Worten unterbricht: »Auf welchem Jahrmarkt haben Sie eigentlich Ihre Krawatte gewonnen?«

Ähnlich wichtig wie die Kleidung ist die Unterhaltung, in die Sie Ihre Jungfrau verstricken wollen. Das Gespräch kann gar nicht lang genug ausfallen. Denken Sie daran, daß die Zukunft Ihres Verhältnisses vom Inhalt dieser Unterredung abhängt. Es macht sich gut, wenn Sie auf allen möglichen Gebieten Bescheid wissen, über Literatur, Filme, Philosophie, Naturwissenschaft. Sie können sich auf das Gespräch vorbereiten, indem Sie sich die nötigen Bücher verschaffen. Achten Sie darauf, daß Sie sich während der Unterhaltung nicht in Details verlieren, da wäre Ihnen die Jungfrau haushoch überlegen!

Ein Thema, das jede Jungfrau, ob weiblich oder männlich, interessiert, ist die Gesundheit. Wenn Sie über die verschiedenen Richtungen der Heilkunde reden, haben Sie für mindestens eine Stunde Gesprächsstoff ...

Was tun, wenn's nicht klappt? Wenn die Jungfrau Ihrer Träume sich durch noch so intelligente Bemerkungen nicht erweichen läßt? Geben Sie die Hoffnung nicht auf. Prüfen Sie sich, ob Ihnen vielleicht ein Satz herausgeschlüpft ist, der die Jungfrau mit Recht an Ihrer Ehrlichkeit zweifeln läßt.

Sie sind sich keines Fehlers bewußt? Dann sollten Sie erst einmal etwas Zeit verstreichen lassen. Gehen Sie dann diskret zum nächsten Angriff über. Nein, es wäre viel zu früh, eine Einladung auszusprechen. Machen Sie der Jungfrau klar, daß Sie eigentlich nur ihr Freund sein wollen (seufz!!). Sagen Sie ihr, daß Sie sich in ihrer Gesellschaft ausgesprochen wohl fühlen (seufz!!). Erklären Sie ihr, wie intelligent Sie alles finden, was sie gesagt hat (seufz!!). Keine Vertraulichkeiten, kein beiläufiges Streicheln des Handrückens. Die Initiative für Zärtlichkeiten müssen Sie ganz der Jungfrau überlassen ...

ZWEITE PHASE

Die Beziehung

*Wie man eine Jungfrau verführt
und an sich bindet*

Die Jungfrau-Geborenen zeichnen sich durch eine scharfe Beobachtungsgabe aus. Man kann sie nicht überrumpeln. Nachdem sie in früheren Jahren einige Male auf leere Versprechungen hereingefallen sind, neigen sie jetzt zu Skepsis und Mißtrauen. Eine Jungfrau kann man nicht im Sturmschritt erobern! Typisch für die Abkömmlinge dieses Tierkreiszeichens ist, daß sie fantasiebegabte Menschen wie Zwillinge und Fische faszinierend finden ... Faszinierend, weil diese Sternbilder so ganz anders sind als sie. Was eine Jungfrau allerdings nicht daran hindert, sich als Ehepartner (oder Ehepartnerin) einen Stier oder einen Steinbock auszusuchen, zwei Zeichen, die übrigens auch besser zu ihr passen. Die Strategie bei der Eroberung der Jungfrau hängt ganz davon ab, ob Sie auf ein Abenteuer oder auf eine langfristige Bindung aus sind ...

Manch ein Leser und manche Leserin mag erstaunt sein, daß ich hier von der Möglichkeit eines Abenteuers spreche. Ist es denn überhaupt vorstellbar, daß die Jungfrau, so wohlerzogen und prüde, wie sie ist, bei einer Bettgeschichte mitmacht? Aber ja! Vergessen Sie nicht, daß dieses Tierkreiszeichen sehr neugierig ist und daß die sexuellen Begierden der Jungfrau alle erotischen Lehrbücher in den Schatten stellen ... Am Urlaubsort zum Beispiel, wo niemand sie kennt, zeigt sich die Jungfrau durchaus an Abenteuern interessiert. Sobald sie in ihren gewohnten Bereich zurückkehrt, ist sie dann wieder die Frau, an deren Moral kein Zweifel erlaubt ist.

Wenn Sie mit einer Jungfrau ins Bett gehen wollen und keine weiteren Interessen haben, sollten Sie folgendermaßen verfahren:

Benehmen Sie sich wie der Wirbelwind, der alles durcheinanderbringt. Gestehen Sie der Jungfrau, ob Sie nun weiblich oder männlich ist, Ihre Liebe. Beschenken Sie sie mit Blumen und Konfekt. Beeindrucken Sie sie mit einem Champagnerfrühstück. Führen Sie sie in Nachtclubs aus. Laden Sie sie auf ein romantisches Picknick im Grünen ein. Bringen Sie ihren wohlgefügten Stundenplan durcheinander. Mit anderen Worten: Verhalten Sie sich in jeder Beziehung unvernünftig. Wichtig ist dabei, daß Sie den glaubwürdigen Eindruck vermitteln, bis über beide Ohren in die Jungfrau verliebt zu sein. Wenn Sie bei alledem noch auf Ihre Kleidung, auf Ihre äußere Erscheinung geachtet haben, stehen Ihre Chancen sehr gut! Die Bindung, die Sie auf diese Weise schaffen, wird ein paar Tage, höchstens ein paar Wochen halten. Sollten Sie dann den Wunsch haben, die Beziehung langfristig zu gestalten, müssen Sie zu einer neuen Strategie überwechseln.

Geben Sie sich zugleich ernsthaft und romantisch. Romantik zahlt sich aus, weil Jungfrauen insgeheim sehr sentimental veranlagt sind. Zum Beispiel könnten Sie der Jungfrau sagen, daß Sie bisher keine Zeit für die Liebe hatten. Sie mußten das Studium hinter sich bringen, sich im Betrieb nach oben arbeiten, die Scheidung von Ihrer unerträglichen Frau betreiben, die Kinder aufziehen. Jetzt aber, so führen Sie aus, sind Sie soweit, daß Sie das große Wagnis eingehen können. Der Hund ist geimpft, Sie haben einen voll eingezahlten Bausparvertrag, und Sie wohnen auch nicht mehr im Haus der Eltern. Ihr Sparkonto kann sich sehen lassen. Irgendwie haben Sie auch Chancen, ein Grundstück zu erben. Sprechen Sie in diesem Zusammenhang nicht von dem reichen Onkel in Amerika, das verfängt nicht. Besser schon ist die wohlhabende Tante in Berlin oder Hamburg, die ihren Neffen ins Herz geschlossen hat. Natürlich sind das noch nicht alle Vorteile, die Sie aufzuweisen haben. Da wäre die Tatsache, daß Sie in ungekündigter Stellung sind ... Zufällig haben Sie auch einen Brief Ihres Vorgesetzten dabei, der von Lob nur so trieft ...

Und dann sagen Sie ihr (oder ihm), was Sie für sie (oder ihn) empfinden. »Das ganze Leben habe ich nach einem Menschen wie Ihnen gesucht, endlich habe ich Sie gefunden ...«

Die Jungfrau wird sich schwertun, einem solchen Trommelfeuer zu widerstehen.

Sex

Alle Wege führen nach Rom, gewiß. Und natürlich führt der Weg der Beziehungen zwischen Mann und Frau früher oder später auch ins Bett. Hier ist allerdings zu sagen, daß dieser Pfad keine Schnellstraße ist, eher schon eine Strecke mit zahlreichen Hindernissen. Nach dem Motto: An der Brust darf ich sie erst berühren, wenn ich ihr die Schulter gestreichelt habe. Am Bauch ist sie kitzlig, das kommt erst in Frage, nachdem alle anderen erogenen Zonen erkundet sind ...

Will heißen, die Jungfrau-Geborenen legen in der Liebe auf gewisse Raffinessen Wert. Das Vorspiel, die ins Ohr geflüsterten Koseworte, zärtliches Streicheln, all das ist für sie sehr wichtig ... Aber Vorsicht, wenn man die Jungfrau gegen den Strich bürstet, stellt sie die Stacheln auf wie ein Igel.

Es empfiehlt sich also, mit Bedachtsamkeit zu Werke zu gehen. Lauschen Sie ihren Atemzügen während des Liebesspiels, und Sie wissen, auf welche Details sie Wert legt. Daß sie ihre sexuellen Wünsche in klaren Worten kundtut, können Sie von einer Jungfrau nicht erwarten, vor allen Dingen nicht in der ersten Nacht!

Sie brauchen übrigens nicht den Mut zu verlieren, wenn sich eine Frau vom Tierkreiszeichen Jungfrau zu Beginn der sexuellen Vereinigung etwas spröde gibt. Sie hat Angst, daß sie Ihrem Drängen vielleicht zu schnell nachgegeben hat. Sie möchte unter

keinen Umständen für ein »leichtes Mädchen« gehalten werden
... Lassen Sie ihr in einem solchen Fall etwas Zeit!

Ganz anders sieht es aus, wenn Sie eine Frau sind und einen
Jungfrau-Mann verführen wollen. Dann müssen Sie ihm recht
klar sagen, was Sie wollen, das gibt ihm Sicherheit und spornt
sein sexuelles Leistungsvermögen an ...

Nach der ersten Nacht lassen Sie die Jungfrau, ob Mann oder
Weib, an der langen Leine laufen. Sie (oder er) braucht etwas
Zeit, bis sie (oder er) sich an Sie gewöhnt hat. Denken Sie daran:
Die Jungfrau-Geborene zeichnen sich nicht gerade durch ihre
Anpassungsfähigkeit aus. In der Folge allerdings können Sie das
Tempo straffen. Bereiten Sie der Jungfrau höchste Wonnen,
damit sie ganz aus sich herausgeht. Jetzt ist der Augenblick
nicht mehr fern, wo sie Ihnen ihre geheimsten Wünsche gesteht.
Sie sollten versuchen, diese Wünsche zu befriedigen. Welche
Richtung Sie in dem erotischen Labyrinth Ihrer Partnerin (oder
Ihres Partners) einschlagen müssen? Die Jungfrau genießt es,
wenn sie die Rolle der Sklavin spielen darf. Sie herrscht, indem
sie sich unterwirft. Nebenbei gesagt: »Die Geschichte der O.«
wurde von einer Jungfrau-Geborenen verfaßt ...

Das Leben mit einer Jungfrau

Ich kann es nicht oft genug wiederholen: Wenn Sie eine Nacht-
eule sind, ein Mensch, der um ein Uhr in der Früh auf die Idee
kommt, Gäste zu einem improvisierten Mahl nach Hause einzuladen, dann werden Sie sich mit einem Partner des Tierkreiszeichens Jungfrau, mit diesem penibelsten aller Lebewesen, sehr
schlecht verstehen. Gehören Sie hingegen zu den Zeitgenossen,
die feste Gewohnheiten haben und an ihren Mitmenschen Eigenschaften wie Berechenbarkeit und Treue schätzen, dann
können Sie sich blind mit der nächsterreichbaren Jungfrau verbünden!

Am besten, Sie halten die Augen gleich geschlossen, denn
Ihre Jungfrau, ob weiblich oder männlich, hat einige Eigenschaften, über die Sie hinwegsehen müssen. Die Angewohnheiten, die ich meine, stellen für die Jungfrau eine Art psychologi-

schen Schutz dar. Nehmen Sie solche Dinge nicht ernster als
nötig. Sie können Ihre Partnerin (oder Ihren Partner) damit sogar aufziehen, wenn Sie es mit Charme und Witz machen. An
dieser Stelle ist anzumerken, daß die Jungfrau durchaus Humor
hat, Sie brauchen diesen Humor nur zu wecken. In der Öffentlichkeit allerdings dürfen Sie kein spöttisches Wort über Ihre
Jungfrau sagen, das würde sie (oder er) Ihnen sehr übelnehmen.
Was Sie unbedingt vermeiden müssen: wiederholtes Zuspät-
kommen. Die Jungfrau hat auch wenig Verständnis, daß es
noch eine Freundin von früher gibt, die einen Schlüssel zu Ihrer
Wohnung hat. Nicht einmal ein Telefongespräch mit der Ex-
Freundin oder der Ex-Frau ist erlaubt. Die Jungfrau-Geborenen sind im Grunde sehr unsichere Wesen, die in den genannten
Fällen gleich das Schlimmste befürchten würden.

Am wichtigsten ist, daß Sie der Jungfrau treu sind. Ein Seitensprung ist für die Geborene dieses Zeichens ein wahres Drama, eine Tragödie! Nicht daß die Jungfrau deswegen in Tränen
ausbrechen würde. Es ist viel schlimmer. Sie wird Sie mit einem
vorwurfsvollen Blick ansehen, den Sie nie vergessen werden . . .
Denken Sie an die Geschichte von Kain, der Abel erschlug.
Kain war ziemlich sicher Jungfrau . . .

Wie man eine Jungfrau zur Ehe rumkriegt

Wenn sie (oder er) noch jung sind, sollten Sie dieses Problem in
traditioneller Weise lösen. Sie sprechen mit den Eltern Ihrer
Traumfrau oder Ihres Traummannes. Der Mann, der eine Jungfrau zum Altar führen will, tut gut, wenn er sich mit dem Vater
der jungen Dame bespricht. Diese wird auf den väterlichen Rat
hören, auch wenn sie sich nach außen noch so emanzipiert gibt.
Das Mädchen, das sich für die Ehe mit einem Jungfrau-Geborenen interessiert, sollte eine ähnliche Taktik verfolgen. Sie ist
gut beraten, wenn sie ein freundschaftliches Verhältnis zur künftigen Schwiegermutter zustandebringt. Das macht alles soviel
leichter! Nachdem Sie den roten Teppich ausgerollt haben,
können Sie klipp und klar vom Heiraten sprechen. Das Wort
»Liebe« sollte bei dieser Gelegenheit nicht zu oft fallen. Es geht

Kleine Geschenke
erhalten die Freundschaft

Geeignet für Jungfrauen beiderlei Geschlechts:

- Ein medizinisches Wörterbuch
- Trimmrad
- Sparbüchse
- Ein Bonsai-Bäumchen

Nur für »ihn«:

- Ein wunderschöner Werkzeugkasten
- Toilette-Artikel einer teuren Marke
- Strickjacke
- Zauberwürfel

Nur für »sie«:

- Produkte für ihre Schönheit, für die durch klinische Tests der Beweis erbracht wurde, daß sie keine Allergien auslösen
- Staubsauger
- Handtasche samt Notizbuch
- Armbanduhr

Wenn es etwas mehr kosten darf:

- Aktien oder Geld auf einem Schweizer Konto
- Eine eigene Klinik

Das besondere Geschenk:

- Breitrandiger Hut mit Federbüschen oder voller Blumenschmuck

jetzt nicht um die Liebe, sondern um die Ehe, und die Jungfrau läuft keine Gefahr, diese beiden Begriffe miteinander zu verwechseln. Welche Dinge Sie bei Ihrem Heiratsantrag in den Vordergrund stellen sollten? Sagen Sie ihr (oder ihm), wie Sie sich den Alltag in Ihrer künftigen Ehe vorstellen. Sprechen Sie von Sicherheit, vom Geld, vom Haus. Sagen Sie ihr, daß der Mensch nicht zum Alleinleben geschaffen ist. Mit einem zärtlichen Partner in einer festen Verbindung zu leben, so schlimm ist das nun wirklich nicht. Wenn sie (oder er) auf all das nicht eingeht, verwenden Sie das folgende Argument: »Wenigstens ist dann jemand bei dir, wenn du krank bist!«

DRITTE PHASE

Wie man mit einer Jungfrau Schluß macht

Die Trennung geht sehr einfach über die Bühne. Jungfrau-Geborene sind viel zu beherrscht und viel zu sehr Gefangene ihrer eigenen Scham, als daß sie sich zu großen Szenen und tränenreichen Auseinandersetzungen hinreißen ließen. Die Jungfrau leidet in aller Stille, sie ist sogar bereit, Ihre Freundin (oder Ihr Freund) zu bleiben, so peinlich Ihnen das in dieser Situation sein mag.

Sie sollten bei der Trennung ganz freimütig, wenn auch mit einem gewissen Fingerspitzengefühl vorgehen. Erklären Sie ihr (oder ihm), daß alles ein Irrtum war. Sie sind ihrer (oder seiner) nicht würdig. Sie entsprechen ganz einfach nicht den Anforderungen, die sie (oder er) zu Recht an Sie stellen kann. Sie sind noch nicht reif für diese Verbindung. Jawohl, Sie übernehmen die Verantwortung für den Bruch. Es ist wichtig, daß Sie der Jungfrau nicht die Schuld an der Trennung zuschieben. Sie ist edel genug, trotz des Persilscheins, den Sie ihr ausgestellt haben, die Schuld bei sich zu suchen!

Ist es die Jungfrau, von der die Initiative zur Trennung ausgeht, so werden Sie das sehr schnell an ihrem Verhalten bemerken. Sie (oder er) gibt sich verlegen und ausweichend. Jetzt müssen Sie einen zünftigen Streit herbeiführen, sonst dauert es ewig. Jungfrau-Geborene vermeiden es, den Menschen, die sie lieben, wehzutun. Sie können nicht einmal jenen wehtun, von denen sie sich trennen wollen.

Ich verrate Ihnen jetzt einige Methoden, wie Sie einen Jungfrau-Geborenen so schockieren können, daß er nie wieder etwas mit Ihnen zu tun haben will ...

Wie man eine männliche Jungfrau nervt

- Wenn er sie fragt, was Sie den Tag über gemacht haben, antworten Sie: »Das ist nun wirklich meine Sache, findest du nicht?«
- Sorgen Sie dafür, daß in Ihrem gemeinsamen Schlafzimmer ständig eine fürchterliche Unordnung herrscht.
- Laden Sie Ihre Freundinnen nach Hause ein. Und dann sagen Sie in Gegenwart Ihres Mannes: »Ihr könnt euch nicht vorstellen, was mein Dickerchen vergangene Nacht mit mir machen wollte ...« Den Rest teilen Sie Ihren Freundinnen im Flüsterton mit.
- Geben Sie das ganze Geld für Modeschmuck und Schnickschnack aus.

Wie man eine weibliche Jungfrau nervt

- Nehmen Sie eine Stellung in einer Fabrik an, wo Sie mit übelriechenden Substanzen zu tun haben.
- Sorgen Sie dafür, daß Sie regelmäßig unter Hautausschlägen leiden. »Der Arzt hat gesagt, es ist wahrscheinlich nicht ansteckend. Andererseits ist die Ursache völlig unklar ...«
- Bleiben Sie bis Mittag im Bett liegen. Verteilen Sie die Krümel vom Frühstück auf dem Bettlaken.
- Laden Sie Ihre Freunde zu sich nach Hause ein. Und dann sagen Sie in Gegenwart Ihrer Frau oder Gefährtin: »Marianne (Edith, Paula, Irene ...) hat sich im Bett wieder mal eine neue Spezialität einfallen lassen.« Es folgt eine präzise Schilderung der ausgefallenen Sexspiele, die Ihre Jungfrau letzte Nacht mit Ihnen durchprobiert hat. Reagiert Ihre Frau jetzt immer noch nicht, so runden Sie die Schilderung ab, indem Sie ihr in Gegenwart der Freunde den Rock anheben und in den Hintern kneifen. Das wirkt.

Berühmte Jungfrau-Geborene

Herren:

Hans Albers, Baudouin I. König von Belgien, Franz Beckenbauer, Leonard Bernstein, Sean Connery, Johann Wolfgang von Goethe, Charlton Heston, Onassis, Richelieu, Franz-Josef Strauß, Tolstoi, Vico Torriani.

Damen:

Lauren Bacall, Ingrid Bergman, Agatha Christie, Greta Garbo, Sophia Loren, Romy Schneider.

Die Tierkreiszeichen
und ihr Verhältnis zur Jungfrau

Sie selbst sind ...

Widder

Wenn Sie nur ein Liebesabenteuer im Sinn hatten: Geben Sie auf. Die Jungfrau ist dafür nicht das richtige Zeichen. Dachten Sie hingegen an eine Ehe, dann hat Ihnen die Jungfrau, ob weiblich oder männlich, viel zu bieten. Sie wird zum Beispiel Ihre Fehler ausbügeln, oder sie wird verhindern, daß Sie überhaupt Fehler machen ...

Stier

Die Jungfrau pflegt und gießt die Blumen, die Sie angepflanzt haben. Sie hält Ihnen das Haus in Ordnung. Sie sorgt dafür, daß Ihre Liebe nicht rostet. Was wollen Sie eigentlich noch mehr? Eine dauerhafte Verbindung, wo beide Partner sich die Treue bewahren.

Zwilling

Zunächst wird Sie die Jungfrau beeindrucken. Eine Partnerin (oder ein Partner), auf die (oder den) man sich verlassen kann.

Jemand, der endlich so etwas wie Ordnung in Ihr Leben bringt
... Aber die Begeisterung dauert nicht lange. Schon bald finden
Sie die Jungfrau kleinlich, lästig, anspruchsvoll ... Lieben Sie sie
wirklich so sehr, daß Sie auf den Lebensstil, der Ihrer künftigen
Partnerin (oder Ihrem künftigen Partner) ein Dorn im Auge ist,
verzichten würden?

Krebs

Sie beide wären die richtigen, um ein Denkmal zu bauen, ein
Denkmal, das den kleinen Freuden des täglichen Lebens ge-
widmet ist. Sie mögen alles, was mit Familie und Tradition zu
tun hat. Sie träumen davon, daß in Ihrer Verbindung alles so
laufen wird wie in den Filmen aus der Zeit, als die Welt noch in
Ordnung war. Warnung: Ehen werden zwar im Himmel geschlossen, aber auf Erden geführt ...

Löwe

Die Jungfrau wird Ihnen nicht selten auf die Nerven gehen.
Aber Hand aufs Herz, können Sie noch ohne sie auskommen?
Immerhin löst das wunderbare Geschöpf, ob weiblich oder
männlich, alle Probleme, mit denen Sie sich immer vergeblich
herumgeschlagen haben. Ob Sie sie (oder ihn) deshalb gleich
heiraten müssen? Sie könnten sie (oder ihn) ja auch als Sekretärin (oder als Sekretär) anstellen!

Jungfrau

Ich rate ab. Sie beide sind gehemmt und brauchen jemanden,
der die Blockierung beseitigt, jemanden, der ganz anders ist als
Sie. Wollen Sie wirklich das ganze Leben unter der Glasglocke
zubringen?

Waage

Den einen verlangt es nach Harmonie, den anderen nach Perfektion, eine Mischung, die ganz gut zusammenpaßt. So scheint
es, wäre da nicht die Tatsache, daß die Jungfrau sehr schüchtern
ist. Sie wird es schwer haben, Ihnen im gesellschaftlichen Leben
zu folgen. Das Ende vom Lied: Die Jungfrau wird oft allein zu
Hause sitzen.

Skorpion

Sie verstehen sich recht gut. Sie, der Skorpion, haben die Fähigkeit, die Jungfrau zum Reden zu bringen. Und sie ist glücklich, daß jemand ihr die Zunge löst. Es dürfte also keine Probleme geben. Ob Sie sich damit begnügen, ein Liebespaar zu sein, ob Sie die Ehe schließen oder nur eine gute Freundschaft miteinander unterhalten, die Jungfrau wird sich nie über Ihre Anfälle von Angst mokieren.

Schütze

Wenn Sie in der Welt umherreisen wollen und jemanden brauchen, der in dieser Zeit auf Ihr Haus aufpaßt, dann ist die Jungfrau genau die Richtige. Sie müssen allerdings damit rechnen, daß Ihnen die Gute nach Ihrer Rückkehr Vorwürfe macht. Ich meine, Sie sollten sich mit jemandem verbinden, der nicht so ängstlich ist. Sie verstehen die Jungfrau überhaupt nicht ...

Steinbock

Die Welt, in der die Jungfrau lebt, ist wie für Sie geschaffen. Die Ängste Ihrer Gefährtin (oder Ihres Gefährten) teilen Sie nicht, aber Sie haben dafür Verständnis. Sie sind füreinander bestimmt!

Wassermann

Die Jungfrau ist eine glänzende Organisatorin, was man von Ihnen wirklich nicht behaupten kann. Eine Verbindung, die für Sie große Vorteile bringt! Sie müssen nur in Kauf nehmen, daß die Jungfrau Ihnen den Bankauszug vor die Nase hält, während Sie von einer Reise an die Riviera, in die Südsee oder ins All träumen ...

Fische

Sie ergänzen sich. Sie können zum idealen Paar werden. Allerdings müssen Sie sich beide zu diesem Zweck sehr anstrengen. Hier erweist es sich als Vorteil, daß Sie, der Fische-Geborene, sehr anpassungsfähig sind und daß die Jungfrau sehr belastbar ist ...

Waage

Element: Luft
Geburtsherrscher: Venus

Überblick über die Persönlichkeit
der Waage-Geborenen

Waage-Menschen lieben die Gerechtigkeit und die Harmonie,
sowohl auf der privaten Ebene als auch im sozialen Rahmen.

Außerordentlich feinfühlig, was Klima und Luftbewegungen
betrifft, erscheinen sie jenen, die sie nicht genau kennen, als arg
launisch. Tatsache ist, daß ein Waage-Geborener innerhalb von
wenigen Sekunden vom Lachen zum Schmollen überwechselt.
Das liegt an der eben erwähnten Empfindsamkeit, die diese
Menschen zum Opfer aller möglichen Schwingungen macht, die
von anderen Menschen unbemerkt bleiben. Das kleinste Hindernis, schon ist der Waage-Geborene traurig. Er (oder sie) trifft
jemand, der ihn (oder sie) anlacht: Schon ist die gute Laune
wieder da ... Waage-Geborene nehmen an allem Anteil. Sie
sind außerordentlich leicht aus dem Gleichgewicht zu bringen.

Es sei hinzugefügt, daß der Waage-Mensch unter hundert
Personen sofort die einzige herausfindet, die ihm feindlich ge-
sinnt ist. Die Tatsache, daß ihn jemand nicht mag, genügt, um
ihm den ganzen Tag zu verderben. Das bedeutet, daß die Waage-Geborenen sehr von der Bestätigung durch ihre Mitmenschen abhängig sind. Mehr als andere haben sie das Bedürfnis
geliebt zu werden.

In der herkömmlichen Astrologie heißt es, daß Waage-Geborene Menschen sind, mit denen man gut auskommen kann. Allerdings treffen die Zugehörigen dieses Zeichens eine genaue
Auswahl, mit wem sie es zu tun haben möchten. Die Waage ist
immer auf der Suche nach einem Gegenpol. Auf Gesellschaften
geben sich die Waage-Geborenen von der herzlichen Seite, aber

Steckbrief des Zeichens Waage

Die wichtigsten Tugenden: Takt, Fairneß, Zärtlichkeit
Die wichtigsten Schwachstellen: Zögerlichkeit, Nachlässigkeit
Bevorzugte Rolle: Diplomat
Denkbar ungeeignet als: Taschendieb
Historisches Vorbild (männlich): Mahatma Gandhi
Historisches Vorbild (weiblich): Die schöne Helena
Bevorzugtes Beförderungsmittel: Kutsche
Lieblingsgericht: Erbsen, gezuckert
Drink: Kir royal
Lieblingsfarbe: Rosa
Lieblingssport: Kung-fu
Kopfkissenbuch: »Das Bildnis des Dorian Gray« von Oscar Wilde
Lieblingssage: Apoll und die drei Grazien
Bevorzugte Zerstreuung: Musical
Lieblingssendung im Fernsehen: Literarisches Feuilleton
Das Möbelstück, das die Waage am wenigsten missen möchte: Lehnsessel
Metall: Kupfer
Glücksstein: Türkis
Bedrohtes Organ: Nieren
Lieblingskomponist: Liszt
Wo er (sie) sich am liebsten aufhält: Schlafzimmer

es ist eine Herzlichkeit, die an der Oberfläche bleibt. Weibliche Waage-Geborene sind wegen ihrer Geschicklichkeit als Hausdamen und Hausangestellte geschätzt. Sie verschütten nichts, sie machen alles richtig ...

Wir haben es mit Ästheten zu tun. Die Waage liebt die Schönheit. Vollkommenheit, das ist für die Menschen dieses

Zeichens nicht das Schloß von Versailles, eher schon das wunderschöne Grabmahl des Tadsch Mahal ...

Harmonie wird bei der Waage großgeschrieben. Wenn es irgendwie geht, vermeidet sie Streit, Gewalt und leidenschaftliche Auseinandersetzungen. Die Waage liebt die Stille. Wenn sie überhaupt ein Gespräch toleriert, dann Musik, angenehme Klänge, die den Hintergrund einer im Flüsterton geführten Unterhaltung bilden. Es kommt vor, daß ein Waage-Geborener zum Schluß einer Unterredung, deren Ton ihm nicht paßt, aus der Haut fährt. Und dann gibt es wieder Waage-Menschen, die sich in eine furchtbar unangenehme Lage manövrieren, weil sie einfach nicht in der Lage sind, zum richtigen Zeitpunkt nein zu sagen.

Ausgleich und Wiederannäherung, das ist etwas, worin die Waage Meister ist. Die Geborenen dieses Zeichens sind vorzügliche Vermittler und Diplomaten. Sie verstehen es, der Gegenseite Konzessionen zu machen, um die Ecken und Kanten eines Vorschlags abzuschleifen. Der Waage gelingt es, die schlimmsten Streithähne wieder an den gleichen Tisch zu bekommen, sie miteinander auszusöhnen. Sie gehen dabei sogar so weit, daß sie die eigenen Prinzipien, wenn sie für die Vermittlung hinderlich sind, über Bord werfen.

Da die Waage immer nach der idealen Lösung für irgendein Problem sucht und dabei alle möglichen Gesichtspunkte beachten muß, überrascht es nicht, daß ein wichtiger Charakterzug die Zögerlichkeit ist. Waage-Geborene vertun furchtbar viel Zeit damit, Vor- und Nachteile gegeneinander abzuwägen, die Konsequenzen ihrer Handlungen durchzurechnen. Sich rasch entscheiden zu müssen, so etwas macht die Waage krank. Diese Menschen haben eine so große Angst, etwas falsch zu machen! Sie verdursten lieber, als aus dem falschen Brunnen zu trinken ...

Die Waage-Menschen sind über diesen Grundzug ihres Charakters zutiefst unglücklich, sie leiden sehr darunter, weil sie sich durchaus bewußt sind, wie sehr das ihre Attraktivität für die Menschen mindert. Aber was sollen sie tun? Sie sind nun einmal so geboren. Oft löst sich der Konflikt, indem die Waage nach

langem Zögern irgendeine Entscheidung trifft, die völlig verrückt sein kann. Noch lieber hat es dieses Sternbild, wenn ihm
die Entscheidung durch andere Menschen abgenommen wird,
das ist natürlich viel bequemer ...

Im Alltag gibt sich der Waage-Mensch locker und lässig. Er
weiß Ruhe und Frieden zu schätzen. Bei allem was er tut, hat er
seinen eigenen Rhythmus. Seine Zurückhaltung gibt er nur auf,
wenn er irgendwo ein Unrecht wittert. Dann kann er sich von
einem auf den anderen Moment leidenschaftlich engagieren.
Wer mit den Geborenen dieses Zeichens zu tun hat, muß gut
darauf achten, daß er sie nicht provoziert. Die Waage ist sehr
schnell »eingeschnappt«. Das größte Unrecht, das man ihnen
antun kann, ist, ihnen den Schwarzen Peter zuzuschieben, ihnen
die Verantwortung für etwas aufzubürden, das sie gar nicht ver-
schuldet haben. Die Waage ist durchaus bereit, eigene Fehler
zuzugeben, sie erwartet jedoch, daß auch die Mitmenschen zu
ihren Handlungen stehen.

Liebe

Der Wunsch zu gefallen ist die psychologische Grundkomponente der Waage-Geborenen. Sie wollen vor allem geliebt werden,
es kommt ihnen dann nicht mehr darauf an, ob sie die Liebe der
betreffenden Person auch erwidern können. Sie sind fähig, mit
einem Menschen zusammenzuleben, den sie eigentlich nicht
mögen, wenn dieser Mensch ihnen beweist, daß er sie liebt.

Tatsache ist, daß die meisten Waage-Geborenen sich im
Mitmenschen wie in einem Spiegel betrachten. Die Anerken-
nung, die sie von der Umwelt erfahren, ist für sie eine Art Existenzberechtigung. Was darauf hindeutet, daß das Selbstwertge-
fühl bei der Waage nicht sehr stark entwickelt ist. Sie ist zögerlich, was die Beurteilung anderer Menschen angeht, und das Gefühl der Unsicherheit erstreckt sich natürlich auch auf die Einschätzung der eigenen Fähigkeiten, dies trifft besonders in jungen Jahren zu. Einen Vertreter des anderen Geschlechts zu
verführen, so etwas festigt in der Sicht der Waage den eigenen
Stellenwert in dieser schnöden Welt.

Einsamkeit ist ein Zustand, den die Waage nahezu unerträglich findet, sie ist zu großen Zugeständnissen fähig, um nicht allein zu bleiben. Zum Beispiel wird sie den Partner idealisieren, ihm bessere Eigenschaften zubilligen, als er hat, um ihn auf diese Weise auf das gewünschte Niveau zu heben. Waage-Geborene haben einen Horror vor abgebrochenen Beziehungen. Aus der Statistik geht sogar hervor, daß die Menschen dieses Tierkreiszeichens sich seltener scheiden lassen als Angehörige anderer Zeichen!

In der Liebe zeichnet sich die Waage dadurch aus, daß sie jeweils einen Schritt vor und zwei Schritte zurück geht. Davon einmal abgesehen ist es ein Zeichen, mit dem man gut zusammenleben kann. Waage-Menschen sind zuvorkommend, liebevoll, verträglich. Sie geben ihr Einverständnis, noch ehe sie verstanden haben, was man überhaupt von ihnen will, nur um dem Partner zu Gefallen zu sein. Leidenschaftliche Liebesbezeugungen darf man zu Anfang allerdings nicht von ihnen erwarten, das Gefühl der Scham beherrscht ihr Denken und Handeln, nach dem Motto: Was werden die Leute dazu sagen? In den Gefühlsbeziehungen zur Waage zeigt sich auch, daß dieses Zeichen in vielen Fällen den Humor in den einfachen Dingen des täglichen Lebens vermissen läßt. Die Waage nimmt alles wörtlich. Sie ist schnell dabei, wenn es darum geht, die Bemerkung des Partners als vulgär oder geschmacklos einzustufen.

Der sexuelle Akt hat für die Waage etwas Erschreckendes, besonders wenn diese Einstellung auch noch durch eine prüde Erziehung gefestigt wurde. Und so laufen die Waage-Geborenen, insbesondere die Frauen, Gefahr, im erotischen Bereich über Jahre hinweg blockiert zu bleiben. Sie sehnen sich nach einem Partner, aber sie sind unfähig, in der physischen Liebe Entspannung zu finden.

Erst wenn sie auf einen verständnisvollen Menschen treffen, der die Blockade beseitigt, vermögen sie dem Liebesakt Ästhetik, Schönheit und Harmonie abzugewinnen.

Im Grunde ihres Wesens ist die Waage sinnlich. Sie ist einfallsreich, wenn es um Zärtlichkeiten geht, liebt ein ausgedehntes Vorspiel und ist unfähig, mit jemandem ins Bett zu steigen, zu dem sie nicht wirklich Vertrauen hat. Damit der Waage-Geborene die physische Liebe genießen kann, wird er den Akt von allem, was ihm »tierisch« erscheint, freihalten.

Und doch ... Die Waage hat eine sexuelle Fantasie, die sich nur allzu gern auf die Seitenwege der Liebe begibt. Dieses Zeichen träumt davon, den Partner vollständig zu beherrschen. Sobald die Hemmungen, unter denen die Waage leidet, gefallen sind, wird sie gern dieser Neigung nachgeben. Die Waage-Frau wird in dieser Phase die Zügel in die Hand nehmen. Im hintersten Winkel ihres Herzens nämlich liegt ein Körnchen Sadismus verborgen. Wer hätte das gedacht?

Der Waage-Mann

Es ist ein Ästhet, der in sich das birgt, was ich »Anima« nennen möchte. Ich meine damit die Fähigkeit, weibliche Gefühle und Gedanken nachzuempfinden. Kein Wunder, daß die Frauen den Waage-Mann faszinierend finden. Er ist überhaupt nicht autoritär. Nie würde er sich als Macho aufführen. Warum auch, erreicht er doch seine Ziele beim anderen Geschlecht durch Zärtlichkeit, Innigkeit und geduldige Überzeugungsarbeit. Seine Intuition sagt ihm, was Frauen wünschen, und so hat er keine Schwierigkeiten, sich eine Strategie zurechtzulegen, um das schwache Geschlecht zu verführen ... Der Waage-Mann ist gesellig, er fühlt sich überall wohl, auch wenn er auf die Mitmenschen oft einen geistesabwesenden Eindruck macht: Die Waage lebt in zwei Welten. Der männliche Geborene dieses Zeichens wird jedem Druck ausweichen. Wenn er ein Ansinnen als Zumutung empfindet, verabschiedet er sich mit einem charmanten Lächeln ... Ihn zu verführen ist nicht einfach. Daß er sich beim Kontakt liebenswürdig gibt, hat nicht viel zu bedeuten, die Waage ist zu allen Menschen liebenswürdig. Ein gutes Zeichen ist es, wenn der Waage-Mann der Frau aus heiterem Himmel ein gewagtes Kompliment macht. Daß er so sehr von seinem üblichen Verhalten abweicht, läßt die größten Erwartungen gerechtfertigt erscheinen!

Die Waage-Frau

Im allgemeinen ist der Waage-Frau ihr Gefühlsleben wichtiger als der berufliche Erfolg. Auch wenn sie sich, was das Privatleben anbetrifft, in einer Situation befindet, um die sie andere beneiden würden, wird sie klagen, wie allein und isoliert sie sei. Das Verhalten zu anderen Menschen ist bei vielen Frauen dieses Zeichens ganz einfach von dem Wunsch gesteuert, zu verführen und zu gefallen. Wir haben es dann mit Geschöpfen zu tun, die die Koketterie gegenüber dem Mann auf die Spitze treiben und vor keiner List zurückschrecken, um ihn auf sich aufmerksam zu machen. Beißt der Fisch an, so zieht sich die Waage-Frau allerdings sofort in ihr Schneckenhaus zurück!

Insbesondere in der Jugend ist das Gefühlsleben der Waage-Frau voller Widersprüche. Sie fühlt sich von Menschen angezogen, die ihr ausweichen, und fühlt sich abgestoßen von jenen, die mit ihr in nähere Verbindung treten wollen. Mit zunehmendem Alter werden die Beziehungen dauerhafter. Die Waage-Frau ist jetzt zu Konzessionen bereit, um die Harmonie mit dem Partner zu erhalten, und sei es nur, um gegenüber Dritten gutes Einvernehmen zu demonstrieren.

Bindungen

Die Waage-Geborenen sind Gefühlsmenschen bis zur Sentimentalität. Auf Grund dieser Prägung ist es ihnen unmöglich, mehrere Liebschaften nebeneinander zu unterhalten. Nicht einmal in der Jugend, wo die Verlockungen der Liebe besonders groß sind, läßt sich die Waage aufs Glatteis locken. Mehrere Affären gleichzeitig, das ist ihr einfach zu riskant ...

Paradoxerweise gehen die Waage-Geborenen, ob Weiblein oder Männlein, sehr leicht neue Bindungen ein. Sie sind dabei ganz offen und ehrlich. Die Zögerlichkeit, die sonst ihr Verhalten kennzeichnet, spielt jetzt plötzlich keine Rolle mehr. Die Waage ist wie verzaubert von den eigenen Gefühlen. Erst später wird sie aus dem Meer der romantischen Liebe wieder auftauchen, um sich neuerlich an der Wirklichkeit zu orientieren. Die

Entscheidung kann sich aus dem Bruch mit dem Partner ergeben.

Die Angst vor der Einsamkeit verführt die Waage oft dazu,
den geliebten Menschen mit einem Heiligenschein zu umgeben,
sie wehrt sich dann mit aller Kraft dagegen, den Partner (oder
die Partnerin) so zu sehen, wie er (oder sie) ist. Sie klammert sich
an einen Traum und filtert alle Eindrücke heraus, die dazu bei-
tragen könnten, den geliebten Menschen von seinem Sockel zu
stürzen. Die Waage wird alles nur Erdenkliche tun, damit eine
solche Bindung bestehen bleibt. Die Risse und Brüche werden
zugekittet, die Enttäuschungen verharmlost. Irgendwann gleicht
das Paar einem Gespann, das einen Meter über der Erde dahin-
gleitet, in der Schwebe gehalten von geheimnisvollen Kräften!

Die Waage ist kreuzunglücklich, wenn in der Liebe etwas
schiefgeht. Das Gleichgewicht, das für dieses Tierkreiszeichen so
viel bedeutet, ist gestört, das Ego in Frage gestellt. Eine Depression ist die Folge. Man wird jetzt von der Waage Sätze wie diesen hören: »Mein ganzes Leben ist verpfuscht!« Das sagt einem
ein Mensch, der vielleicht erst achtzehn Jahre alt ist! Es sei hier
noch einmal gesagt: Wenn es um Gefühle geht, kennt die Waage
keinen Spaß.

Glücklicherweise dauert die Periode der Trübsal nicht sehr
lange. Auf Regen folgt Sonnenschein. Es liegt der Waage nicht,
lange allein zu bleiben. Recht bald wird der böse Mensch, der
ihr eine Enttäuschung bereitet hat, durch einen anderen ersetzt.
Der (oder die) »Neue« empfängt all die Liebe und Zärtlichkeit,
die sich bei der Waage angestaut hat. Kann man die Waage-
Geborenen leichtfertig nennen, weil sie sich so schnell mit einem
neuen Partner trösten? Nein. Sie müssen so handeln, weil sie
Einsamkeit nicht ertragen können.

Rat an Eva

Sie sollten sich für einen Waage-Mann entscheiden, wenn folgende Feststellungen für Sie zutreffen:

- Sie sind jetzt in der seelischen Verfassung, wo Sie nur noch
  Ihre Ruhe haben wollen.

Die Berufe der Waage-Geborenen

1. Berufe die Kunstsinn und Begeisterung für das Schöne verlangen:
   - Maler, Zeichner, Musiker
   - Maskenbildner/in, Friseur, Kosmetikerin
   - Innenarchitekt, Schaufensterdekorateur
   - Blumenhändler, Blumenverkäufer/in, Tätigkeit in einer Parfümerie oder in einem Modehaus
   - Tätigkeiten, wo man mit Kunstgegenständen zu tun hat

2. Berufe, bei denen es auf die Fähigkeit zur Vermittlung ankommt:
   - Tätigkeit als PR-Mann oder PR-Dame, Messe-Hosteß
   - Eheberater/in, Ehevermittler/in

3. Berufe, die mit dem Justizwesen in Zusammenhang stehen:
   - Richter, Rechtsanwalt, Rechtspfleger, Syndikus
   - Gerichtsschreiber, Angestellter in einem Notariat, Treuhänder

- Sie schmelzen dahin, wenn ein Verehrer Ihnen eine Rose schenkt.
- Nach dem Streit mit Ihrem letzten Freund haben Sie einen Nervenzusammenbruch erlitten und sich zur Schlafkur in ein teures Sanatorium begeben.
- Sie gehören zu den Menschen, die kein Gefühl für Innenarchitektur haben, trotzdem möchten Sie nicht Ihr ganzes Leben in einer Wohnung leben, die einer Rumpelkammer gleicht!

Warnung! Vermeiden Sie die Verbindung mit einem Waage-Mann, wenn Sie Menschen nicht ausstehen können, die stets ein Wenn und Aber haben.

Rat an Adam

Sie sollten sich für eine Waage-Frau entscheiden, wenn folgende Feststellungen für Sie zutreffen:

- Sie halten nichts von Frauen, die betont selbständig auftreten.
- Sie mögen Frauen, die Reizwäsche tragen ...
- Ihr Ideal ist die gepflegte Frau, die Ihnen geduldig zuhört, wenn Sie ihr nach des Tages Last und Arbeit Ihr Herz ausschütten.
- Ich bin der Herr im Hause, und was ich sage, das geschieht!

Warnung! Vermeiden Sie die Verbindung mit einer Waage-Frau, wenn Sie Porzellan-Nippes hassen und sich nur in einer Wohnung wohl fühlen, wo es weder Möbel noch Bilder gibt.

ERSTE PHASE

Kennenlernen

Wo treffe ich Waage-Geborene

Man trifft sie auf Parties, auf Gesellschaften, auf Versammlungen, in den Restaurants und Diskotheken, die gerade »in« sind. Waage-Geborene halten sich gern in den Kreisen der oberen Zehntausend auf, unter Menschen, »von denen man spricht«. Sie sind rechte Snobs. Ein Waage-Mensch genießt es, wenn ihn ein wildfremder Zeitgenosse auf der Straße mit den folgenden Worten anspricht: »Sind Sie nicht der Mann (oder die Frau), der (oder die) gestern abend in dem und dem Luxusrestaurant mit Herrn Minister so und so diniert hat?« Auch wenn die Waage den Minister, um den es geht, unerträglich dumm und unsympathisch findet, geht ihr solch eine Bemerkung wie Öl herunter.

Tatsächlich wird man auf Empfängen, Vernissagen, Eröffnungen, Gartenparties, bei kulturellen Anlässen und künstlerischen Ereignissen, zum Beispiel bei glanzvollen Premieren, eine große Zahl Waage-Geborener antreffen. Dort fühlen sie sich wohl wie ein Fisch im Wasser. Sie kommen sich unentbehrlich vor, denn niemand versteht es so gut wie sie, eine Konversation in Gang zu bringen, einen Mißklang während der Unterhaltung zu überspielen, Menschen aufeinander zuzuführen, die sich bis dahin von Herzen verabscheut haben. »Ich weiß natürlich auch, meine Liebe, daß Herr so und so Ihren Roman in seiner Zeitung verrissen hat, aber wußten Sie, daß er auf die gleiche Schule gegangen ist wie Sie?«

Nachdem bisher nur von Premieren und Empfängen die Rede war, wenden wir uns nun den Begegnungsstätten im beruflichen Bereich zu. Als da sind:

1. Einrichtungshäuser, Geschäfte für Innendekoration, Kosmetiksalons, elegante Frisiersalons, Parfümerien, die Empfangshallen bedeutender Firmen, Luxushotels, Fünf-Sterne-Restaurants. Die Waage liebt den vornehmen Rahmen. Sie mag Berufe, wo sie Menschen empfangen und betreuen kann. Waage-Geborene sind ausgezeichnete PR-Beauftragte.

2. Bereiche des öffentlichen Lebens, wo es um den Schutz der sozial Schwachen und anderweitig Benachteiligten geht. Begeben Sie sich in die Gänge eines Gerichtsgebäudes. Die Rechtsanwältin, die zwischen einem Ehepaar vermittelt, das sich sichtlich nicht mehr ausstehen kann, ist möglicherweise Waage. Der Richter, der die hoffnungslos zerstrittenen Parteien mit Engelszungen zu einem für beide Seiten günstigen Vergleich überreden will, ist Waage, desgleichen der Jugendrichter, der einen Vater davon überzeugen will, daß es doch wirklich nicht so schlimm ist, wenn der Sohn die Schule in Brand steckt. Schließlich, so argumentiert die Waage, gibt es für den Jungen mildernde Umstände. Hat der Sohn zum Beispiel von seinem Vater die Zuwendung erfahren, die für die Reifung der Persönlichkeit so wichtig ist? (Der so angesprochene Vater wird an dieser Stelle der Unterhaltung wahrscheinlich das Messer ziehen, um es dem Jugendrichter ins

Herz zu stoßen. Schreiten Sie ein! Sie erringen durch Ihr mannhaftes Dazwischentreten die Sympathien des Jugendrichters, vorausgesetzt, daß es sich wirklich um einen Waage-Geborenen handelt.)

3. Politische Versammlungen. Erstaunlich viele Politiker haben die Waage als Aszendenten in ihrem Horoskop, in Frankreich zum Beispiel Valéry Giscard d'Estaing und François Mitterrand, ebenso der verstorbene General De Gaulle! Ich gebe zu, Giscard d'Estaing und Mitterrand sind nicht als Ehemänner zu haben. Die Leserin, die sich auf dem politischen Parkett nach einem Partner umtun möchte, wird sich deshalb mit Diplomaten, Staatssekretären, Ministern und Pressesprechern bescheiden müssen.

Wenn Sie Ihren Waage-Partner im Urlaub kennenlernen wollen, dann sollten Sie daran denken, daß die Geborenen dieses Zeichens den Komfort lieben. Camping in der Wildnis oder Übernachten auf einem Bauernhof, das ist nicht gerade das, was sich dieses Sternzeichen unter schönen Ferien vorstellt. Eher schon werden Sie die Waage vor den Kunstdenkmälern von Florenz antreffen, in einem von Zypressen beschatteten Haus in der Toscana, vor den Springbrunnen der Villa d'Este, in den Hotelpalästen an der Riviera oder auf eleganten Kreuzfahrten ... Weil die Waage so große Angst vor der Einsamkeit hat, wird sie sich in einigen Fällen für einen Ferienclub entscheiden. Wenn das der Club Méditerranée ist, wird sie nach Agadir fliegen, wo es bequeme Bungalows gibt, nicht in ein Clubdorf mit Hütten, wo sie auf elektrischen Strom verzichten muß. Bequemlichkeit geht ihr über alles!

Woran man einen Waage-Geborenen erkennt

Sie werden mir wahrscheinlich nicht glauben, wenn ich Ihnen sage, daß man die Waage-Menschen an ihrer äußeren Schönheit, an ihrer harmonischen Ausstrahlung erkennt. Ich gebe zu, sicher gibt es irgendwo auf der Welt einen Mann dieses Zeichens, der eine Warze auf der Nase hat, oder eine Waage-Frau, die dreißig Kilogramm Übergewicht hat und in ihrer ganzen Erscheinung mehr an ein Flußpferd als an ein hübsches weibliches Wesen erinnert ... Was ich mit meiner einleitenden Bemerkung sagen wollte: Die Waage tendiert zur Schönheit, zur Harmonie. Der Mann, von dem die Rede war, wird die Warze entfernen lassen. Die Frau wird eine Abmagerungskur beginnen und durchhalten. Sie, der sich mit einem Waage-Menschen verbinden möchte, können bei Ihrer Suche von vornherein diejenigen Personen ausschalten, auf die die folgende Beschreibung zutrifft:

- Ein Mann, der entsetzlich nach Schweiß riecht.
- Eine Frau, deren Kleid ungepflegt oder schmutzig ist.
- Eine Frau, die nie Make-up auflegt und ihr Gesicht mit Kernseife wäscht.
- Menschen, die schlecht sitzende Kleider von undefinierbarer Farbe tragen.

Sie alle sind keine Waage-Geborenen ...

Hingegen ist der Mann, der sich wie ein Dandy kleidet, einen Maßanzug und eine Krawatte nach der letzten Mode trägt, seine Strümpfe farblich auf den Anzug abstimmt, elegantes Schuhwerk bevorzugt und Sie mit seinem wunderschönen Blazer aus violettem oder dunkelblauem Samt beeindruckt, wahrscheinlich Waage.

Und natürlich ist auch die reizende junge Dame, die Ihnen auf superhohen Absätzen entgegenkommt, mit großer Wahrscheinlichkeit im Zeichen Waage geboren. Frauen dieses Zeichens lieben teures Parfüm, enggeschnittene Röcke, Seidenkleider, durch die der spitzenbesetzte Büstenhalter durchschimmert, breite Gürtel, die sich wie eine zärtliche Schlange um die Taille legen. Es ist der Typ Frau, der die anderen Vertreterinnen des schwachen Geschlechts zu spöttischen Bemerkungen reizt. »Ich verstehe wirklich nicht, wie dieses Geschöpf es acht Stunden hintereinander in solchen Stöckelschuhen aushält ...«

Die Erklärung ist, daß Eleganz und gutes Aussehen für Waage-Menschen absoluten Vorrang haben. Die junge Dame mit den superhohen Absätzen wird mit Blasen an den Füßen in ihre

Wohnung zurückkehren, aber das macht ihr nichts aus. Schönheit muß leiden.

Ich will die Waage-Frau hier nicht zur Karikatur verfälschen, aber es ist eine Tatsache, daß viele Frauen dieses Zeichens aussehen, als hätten sie sich gerade bei Yves Saint-Laurent eingekleidet, dabei haben sie ihre Kleidung von einem Versandhaus bezogen. Die Waage-Frau hat Sinn für farbliche Harmonie, sie mag teure Stoffe und einen Schnitt, der den Körper beim Gehen und in der Bewegung in Szene setzt. Nur selten wird sie sich ohne Make-up in die Öffentlichkeit wagen. Insgesamt vermeidet sie in der Kleidung Übertreibungen. Sie zieht natürliche Stoffe den synthetischen Materialien vor.

Sie können die Waage auch an ihrem Blick erkennen, an dem bezaubernden Augenaufschlag. Wenn es sich um eine Frau handelt, ist der Gang locker und wiegend (wie es sich gehört!), die Gesten sind fließend. Nie würde ein Waage-Mädchen sich in der Öffentlichkeit zu einem lauten Wortwechsel hinreißen lassen. Die Waage mag Slow-Fox, Tango, Walzer und Jerk. Sie wird alles tun, um den männlichen Betrachter auf sich aufmerksam zu machen. Sobald sie sicher ist, daß die Blicke aller Anwesenden auf sie gerichtet sind, wird sie auf den nächsten Mann zugehen und sagen: »Warum sehen Sie mich so an? Ich bin nicht die Art von Mädchen, für die Sie mich halten!« Konflikte bewältigt die Waage-Frau, indem sie erbleicht, einige kaum hörbare Worte des Bedauerns stammelt und fluchtartig die Szene verläßt. Politische Debatten machen sie krank, der Gedanke an einen drohenden Krieg versetzt sie in Panik. Wenn Sie also auf einer politischen Versammlung eine hübsche Frau sehen, die in der Pause zum Ausgang strebt, dann dürfte es sich um eine Waage-Geborene handeln ...

Wie man einen Waage-Geborenen auf sich aufmerksam macht

Die Methode, die ich hier als erste empfehle, ist leider nur von wenigen Menschen anwendbar: Sorgen Sie dafür, daß Sie zu den 10 bestgekleideten Frauen oder Männern der Welt gehören.

Wenn Sie dann noch die Ausstrahlung von Nastassja Kinski oder Robert Redford haben, kann eigentlich nichts mehr schiefgehen. Der Schönheitssinn des Waage-Menschen wird Sie ausfindig machen, so daß die von Ihnen gewünschte Verbindung angeknüpft werden kann.

Was aber tun Sie, wenn Sie nur über mittelmäßigen Charme und ein Allerweltsgesicht verfügen? Wenn Sie kein Geld haben, um sich in den Geschäften auf der Münchner Maximilianstraße oder auf dem Kurfürstendamm in Berlin einzukleiden? Dann müssen Sie sich der zweiten Methode bedienen, die ich mit den Worten »Frechheit siegt« umschreiben möchte.

Keine Angst, ich werde Ihnen jetzt nicht vorschlagen, dem Mann oder der Frau Ihrer Träume einen Teller an den Kopf zu werfen, nur um seine Aufmerksamkeit zu fesseln. Das wäre des Guten zuviel! Aber die Waage weiß es zu schätzen, wenn Sie mutig auf Ihr Ziel losgehen. Alles, was originell ist, gefällt ihr, auch wenn es nicht ganz den Sitten der guten Gesellschaft entspricht.

Was Sie demnach brauchen, ist eine gehörige Portion Unverfrorenheit! Dringen Sie, unter welchem Vorwand auch immer, in den Club ein, wo das Waage-Mädchen seinen Tee schlürft. Es macht nichts aus, wenn Sie dabei den Kellner oder den Oberkellner über den Haufen rennen. Will man Sie zurückhalten, so müssen Sie lauthals protestieren. So laut, daß die Dame Ihres Herzens Sie hört. Wie es weitergeht? Es gibt zwei Lösungen. Entweder klopfen Sie dem schönen Kind vertraulich auf die Schulter und begrüßen sie mit dem Satz »Wie geht's denn, Kleines?« Oder aber Sie sagen ihr, Sie seien genau an diesem Tisch mit dem Grafen Konkursky verabredet. Überlassen Sie das Weitere der weiblichen Neugier. In den Ferien können Sie die Blicke der Waage-Frau auf sich ziehen, indem Sie auf dem Surfbrett oder beim Wasserskifahren Spitzenleistungen vollbringen. Sprechen Sie in ihrer Gegenwart über das Verhältnis zwischen Mann und Frau. Für Sie, so behaupten Sie, seien Frauen nicht so wichtig. Sie leben gern allein.

Kein Zweifel, daß die Waage-Frau diesen Fehdehandschuh aufheben wird!

Sie finden sich nicht nur mittelmäßig, sondern geradezu häßlich, wollen aber trotzdem die Aufmerksamkeit einer Waage-Frau erregen? Dann sollten Sie sich bei den Freundinnen Ihrer Traumfrau einschmeicheln. Zeigen Sie sich als der Mann, der Frauen glänzend unterhalten kann, sich im übrigen aber nicht besonders für das weibliche Geschlecht interessiert ...

Wenn Sie eine Frau sind, die einen Waage-Mann auf sich aufmerksam machen will, empfiehlt sich ebenfalls das Mittel der Provokation. Geizen Sie nicht mit Ihren Reizen. Sobald er anbeißt, zucken Sie lässig die Schultern: Kein Interesse. Wichtig ist, daß Sie sich von der grauen Masse abheben. Schwimmen Sie gegen den Strom. In Saint-Tropez sind Sie das Mädchen, das die Sonne meidet, die einzige Frau, die nach drei Wochen noch weiß ist wie die Wand. In Paris sind Sie die Frau, die in Badeshorts über die Champs Elysées geht. Zerschmettern Sie Ihr kostbares Weinglas, nachdem Sie es ausgetrunken haben. Zum Wohl!

Die Waage, ob männlich oder weiblich, ist beeindruckt, wenn Sie den Eindruck der eleganten Dame oder des Mannes von Welt erwecken. Tun Sie so, als ob Sie in den Kreisen der oberen Zehntausend verkehren. Sorgen Sie für Aufsehen, etwa indem Sie von den Tragflächen eines Sportflugzeugs in einen Badesee springen ... Die Waage reagiert mit unverhohlener Begeisterung. *Sie bewundert Menschen, die das tun, wozu sie selbst nie den Mut aufbringen würde.*

Wichtigste Regel: Sie dürfen nicht gehemmt wirken. Sie sind der Mann (oder die Frau), der (oder die) vor nichts Angst hat, nicht einmal vor der Wahrheit. Wenn Sie sechs Kinder haben, sagen Sie das. Bei der Werbung um »sie« oder »ihn« geben Sie sich locker bis cool. Behaupten sie nicht, Sie seien bereit, für den Waage-Menschen Haus und Hof, Weib oder Ehemann aufzugeben. Wenn es sich um eine Frau handelt: Vermeiden Sie es, mit ihren Schwestern ins Bett zu gehen. Die Waage liebt Fairplay. Sie würde ein Schuldgefühl entwickeln, wenn sie eine Eroberung macht, die auf Kosten einer anderen Frau geht!

Und wenn alles schiefgeht? Wenn die Waage Sie mit einem höflichen Lächeln abweist? Es gibt einen Trick, wie sie diesen

Menschen auch jetzt noch für sich gewinnen können. Machen
Sie allen Anwesenden Komplimente, nur der Waage nicht.
Brüskieren Sie sie (oder ihn) mit der Bemerkung »Entschuldi-
gung, ich habe Ihren Vornamen vergessen«. Jetzt ist es die
Waage, die alles tun wird, um Ihre Aufmerksamkeit zu errin-
gen ...

ZWEITE PHASE

Die Beziehung

Wie man einen Waage-Geborenen verführt
und an sich bindet

Es ist verhältnismäßig leicht, ein Rendezvous mit einer Waage-
Frau zustandezubringen. Viel schwieriger ist es schon, die gleiche Frau ins Bett zu kriegen. Irgendwann kommt der Augenblick, wo Sie sich in jene Jahrhunderte zurückwünschen, als der
Frauenraub zum guten Ton gehörte!
   Natürlich gibt es Ausnahmen von dieser Regel. Nehmen wir
die Frau Anfang vierzig, Junggesellin oder geschieden, berufstä-
tig und mit gutem Einkommen, die im Augenblick keinen
Freund hat. Wenn Sie ihr gefallen, so kann es Ihnen durchaus
blühen, daß Sie schon am ersten Abend in ihrem Bett landen.
Wenn Ihnen das zu schnell geht, können Sie die Waage-Frau
mit folgenden Worten stoppen: »Wollen Sie wirklich, daß ich
mit Ihnen schlafe?« Da die Waage auf nichts eine klare Antwort
gibt, wird sie irgendeine Entschuldigung murmeln, was Ihnen
Zeit gibt, sich aus der mißlichen Situation, in die Sie geraten
sind, herauszumanövrieren! Diese Methode funktioniert übrigens auch beim Waage-Mann: Er wird furchtbar unsicher, wenn
Sie ihn beim Wort nehmen.
   Daß ein Waage-Mensch in der oben beschriebenen Weise auf
Sie zugeht, ist jedoch eine große Ausnahme. Wir haben es mit

einem ängstlichen, zögerlichen Sternzeichen zu tun. Und so müssen Sie Vorkehrungen treffen, daß Ihre Pfeile ihr Ziel finden. Notfalls müssen Sie Erpressung anwenden, nach dem Motto: Morgen früh fliege ich in die Vereinigten Staaten. Ich würde den letzten Abend gern mit Ihnen verbringen. Was halten Sie davon, wenn wir auf den Empfang zu Ehren von ... (folgt der Namen eines berühmten Künstlers) gehen? Ich habe zwei Einladungen für diese Veranstaltung. Wann kann ich Sie abholen? Sie dürfen der Waage in diesem Augenblick keine Alternative lassen. Alles muß in großer Eile vor sich gehen, damit die Waage keine Zeit hat, Ausflüchte zu erfinden!

Natürlich darf der gemeinsame Besuch des festlichen Empfangs nicht den ganzen Abend ausfüllen. Es folgt ein Abendessen bei Kerzenschein in einem wunderschönen Restaurant. Danach werden Sie die Waage-Frau auf ein Glas Wein in Ihre Wohnung einladen. Da sie ein kluges Geschöpf ist, weiß sie schon von Anfang an, daß Sie mit ihr ins Bett wollen. Wenn sie die Einladung trotzdem angenommen hat, dann weil ihr diese Aussicht nicht so furchtbar unsympathisch ist!

Was nicht bedeutet, daß Sie mit schnellen Erfolgen rechnen können. Die Waage wird sich auf dem Empfang und beim Essen im Restaurant zwar von ihrer besten Seite zeigen: Liebenswürdig, aufmerksam, wohlgelaunt. Sie (oder er) wird an Ihren Lippen hängen. Sie werden sich geschmeichelt fühlen ... Die kalte Dusche kommt, wenn »er« Sie nach dem Essen mit ein paar netten Worten ins nächste Taxi steckt und nach Hause schickt. Oder wenn »sie« Ihnen zum Schluß des Abends kühl die Hand drückt und Sie vor dem Eingang ihres Apartmenthauses stehenläßt ...

Sie können natürlich versuchen, Ihre Traumfrau im Verlauf des Essens betrunken zu machen. Aber was nützt das? Die Waage-Frau neigt in solchen Fällen dazu, dem Mann ihre Lebensgeschichte zu erzählen, bis sie dann in einen tiefen, traumlosen Schlaf versinkt.

Es wird Ihnen nichts anderes übrigbleiben, als die Schöne noch einmal einzuladen. Gehen Sie so oft wie möglich mit ihr aus, so oft, bis Ihre gemeinsamen Bekannten davon überzeugt

Kleine Geschenke
erhalten die Freundschaft

Geeignet für Waage-Geborene beiderlei Geschlechts

- Kristallvase
- Silberner Kerzenleuchter
- Platten mit Musik des 18. Jahrhunderts
- Aquarell oder eine Pastellzeichnung

Nur für »ihn«:

- Seidenes Halstuch
- Ein philosophisches Werk (erstaunlich viele Philosophen sind Waage-Geborene)
- Rasierzeug
- Siegelring oder Armband

Nur für »sie«

- Ohrringe (Anhänger)
- Ein spitzenbesetztes Negligé
- Ein in Öl gemaltes Portrait
- Tischdecke mit Stickerei und dazu passenden Servietten

Wenn es etwas mehr kosten darf:
- Ein Auto (Coupé)
- Ehering

Das besondere Geschenk

- Eine Batterie (für seinen oder ihren Sohn) oder ein ultramodernes Tischchen aus Plexiglas

sind, daß Sie beide etwas miteinander haben. Nach und nach wird sich die Waage verpflichtet fühlen, das Vakuum auszufüllen. Tut sie das nicht, so läuft sie Gefahr, als frigid oder impotent abgestempelt zu werden. Und das passiert einer Waage, die so viel auf das Urteil der Umwelt gibt!

Was Sie mit einem allzu zögerlichen Waage-Mann anfangen können, um ihm auf die Sprünge zu helfen? Erzwingen Sie die Bekanntschaft, indem Sie an seiner Wohnungstür läuten und sich irgend etwas ausleihen. Sobald Sie die Schwelle überschritten haben, fallen Sie ihm in die Arme. Und als nächstes beschuldigen Sie ihn, er wollte Sie vergewaltigen. Entfesseln Sie einen wunderschönen Streit ... Die Chancen stehen gut, daß jetzt bei ihm der Groschen fällt.

Um mit der Waage-Frau ins Bett zu kommen, müssen Sie einen Sog erzeugen, statt Druck auszuüben. Sie geben sich höflich, aber kühl. Sagen Sie ihr, daß Sie nur ihre Freundschaft suchen. Sex? Sie haben so viele Frauen gehabt, daß Sie die Sache schon irgendwie langweilt ... Und dann verabschieden Sie sich mit wohlgesetzten Worten. Ein paar Tage später wird die Waage-Frau Sie anrufen. Jetzt ist sie zu allem bereit. Weil es Hindernisse gab und weil sie Hindernisse liebt. Gewußt, wie!

Sex

Sie haben es geschafft, den Waage-Menschen ins Bett zu kriegen. Ab sofort hat die Zimperlichkeit ein Ende. Zeigen Sie ihr (oder ihm), wo's lang geht. Es sei denn, es handelt sich um ein noch unberührtes Mädchen, dann ist größte Behutsamkeit angebracht. In allen anderen Fällen entfalten Sie sich zur vollen Leidenschaft. Flüstern Sie ihr (oder ihm) gewagte Worte ins Ohr. Dinge, die jeden anständigen Menschen schockieren müssen ... Sprechen Sie, ohne zu ermüden, von der Schönheit ihres (seines) Körpers, von der Harmonie ihrer (seiner) Bewegungen ... Die Waage muß bestätigt bekommen, daß das, was sie tut, »schön« ist. Hin und wieder sollten Sie Ihre Waage auch in aller Freundschaft vergewaltigen. Natürlich wollen Sie jetzt auch noch wissen, wie man das macht ... Sie sind eine Frau? Zerren Sie »ihn« am hellichten Tag ins Bett, und zwingen Sie ihn zu den Zärtlichkeiten, die Sie jetzt, gerade jetzt so dringend brauchen ... Sie sind ein Mann? Nehmen Sie die Waage-Frau, wenn Sie mit erdbeschmierten Händen und nach Dünger stinkend aus dem Garten kommen. Die Waage mag das. Sie träumt

davon, von dem Geliebten vergewaltigt und »mißbraucht« zu
werden ...

Auf keinen Fall dürfen Sie auf das Waage-Geschwätz von der
platonischen Liebe hereinfallen. Das ist wirklich nur ein Vorwand, um Zeit zu gewinnen und Ihre Beharrlichkeit zu testen.
Für die Waage besteht so etwas wie eine Bindung erst dann,
wenn sie (oder er) mit dem Partner (oder der Partnerin) ins Bett
gegangen ist ...

Das Leben mit der Waage

Die Sache gestaltet sich angenehmer, als Sie sich überhaupt vorstellen können. Waage-Geborene passen sich dem Partner in
jeder Weise an. Sie stellen keine Forderungen, machen keine
Szenen, werden Sie nie anschreien, Ihnen keine Vorwürfe machen, jede Diskussion vermeiden. Es ist ihnen überaus wichtig,
daß die Verbindung auch von ihren Freunden und Bekannten,
von der Familie als solide und harmonisch beurteilt wird. Folglich geht die Waage überaus entgegenkommend mit Ihren Eltern, Ihren Freunden und Ihrer Siamkatze um. Der Waage-
Mann verliert kein Wort darüber, wenn seine Frau trotz des
überzogenen Kontos ein neues Kleid gekauft hat. Die Waage-
Frau oder Waage-Geliebte wird ihrem Mann oder Freund nie
vorhalten, daß er zuviel arbeitet, daß er zuwenig Zeit für sie hat.
Man ist gerührt von so viel Verständnis ... Es sei denn, man ist
ein Widder oder ein Steinbock, der für eine Partnerin, die ihn in
Watte packt, keine Achtung aufbringen kann.

Wenn Sie wollen, daß die Bindung von Dauer ist, sollten Sie
es gegenüber Ihrem Partner (oder Ihrer Partnerin) nicht an Zärtlichkeit fehlen lassen sowohl in der körperlichen Liebe als auch
in den zwischenmenschlichen Beziehungen. Erweisen Sie ihm
(oder ihr) kleine Aufmerksamkeiten. Denken Sie an das kleine
Geschenk, das man ohne besonderen Anlaß mitbringt, helfen
Sie mit, wenn er (oder sie) die gemeinsame Wohnung tapeziert,
und machen Sie keine abfälligen Bemerkungen, wenn die Waage-Frau alle Tische und Fensterbänke mit Samtdeckchen ausstattet und die Vitrinen mit Nippes-Figuren füllt ... Sie dürfen

die Waage auch nicht mit einem anderen Partner (oder Partnerin) betrügen, zumindest müssen Sie das so tun, daß er (oder sie) davon nichts bemerkt ... Es wird Ihnen nicht schwerfallen, die Waage vor solchen Informationen abzuschirmen. Er (oder sie) ist nur allzu gern bereit, vor der Wahrheit die Augen zu schließen!

Wie man einen Waage-Geborenen zur Ehe rumkriegt

Eigentlich wartet er (oder sie) die ganze Zeit darauf, daß geheiratet wird. Vergessen wir nicht, das Lebensziel der Waage ist die Ehe, Einsamkeit ihr größter Feind. Wenn Sie die Waage, mit der Sie es zu tun haben, wirklich lieben, sollten Sie ihr (oder ihm) schon nach der ersten Nacht einen Heiratsantrag machen. Wenn Sie eine Frau sind, ziehen Sie ganz einfach mit Sack und Pack bei »ihm« ein. Oder aber Sie mieten, ohne ihn groß zu fragen, eine Wohnung für Sie beide und transportieren seine Möbel und sein übriges Umzugsgut während seiner Abwesenheit in das neue Heim. Sie dürfen ihm keine Zeit lassen, es sich anders zu überlegen! Wenn die Möbel erst einmal in der Wohnung stehen, ist die Waage viel zu sehr von der Aufgabe in Anspruch genommen, die richtige Anordnung innerhalb der Räume herauszufinden, als daß sie Zeit und Energie für eine Auseinandersetzung mit Ihnen aufbringen könnte.

Mit anderen Worten: Warten Sie nicht darauf, daß sich die Waage aus eigenem Antrieb für irgend etwas entscheidet. Und wenn Sie einen Waage-Menschen lieben, der bereits verheiratet ist, sollten Sie sich nicht in die Idee verrennen, daß er (oder sie) sich scheiden lassen wird, auch dann nicht, wenn er (oder sie) in leidenschaftlicher Liebe mit Ihnen verbunden ist. Eher fließt ein Fluß bergauf, ehe die Waage eine Ehe aufgibt.

DRITTE PHASE

Wie man mit einem Waage-Geborenen Schluß macht

Die Waage-Geborenen haben einen wahren Horror davor, eine bestehende Bindung zu beenden, denn sie hassen Tränen, Szenen und Streit. Die Angst vor den unvermeidlichen Auseinandersetzungen kann die Angehörigen dieses Tierkreiszeichens dazu verführen, immer tiefer in das eigene Unglück hineinzuwaten. Sie lassen die Gelegenheit, mit einem anderen Menschen glücklich zu werden, ungenutzt, weil sie von der Erkenntnis, daß die bisherige Bindung auseinanderbricht, wie gelähmt sind. Man muß ihnen wirklich ein Unrecht zufügen, damit der Bruch vollzogen wird. Auch dann wird die Waage noch lange Zeit in der Hoffnung leben, die Bindung wieder anzuknüpfen. Sie wird diese Hoffnung selbst dann hegen und pflegen, wenn das Verhältnis, aus dem sie herausbugsiert worden ist, alles andere als erfreulich war ... Die Waage lebt lieber in einer unglücklichen Ehe als allein.

Ich verrate Ihnen jetzt, wie Sie doch einen Waage-Menschen loswerden können ... Aber machen Sie sich keine Illusionen! Es bleibt Ihnen nicht erspart, die Initiative zu ergreifen. Meine besten Wünsche begleiten Sie!

Trennung von einem Waage-Mann

- Lernen Sie Geigespielen (das Rezept funktioniert nur, wenn Sie absolut unmusikalisch sind!).
- Reden Sie ihn mit »Mein verehrter Freund« an, wenn Sie bei Freunden eingeladen sind.
- Reißen Sie ihm in Gegenwart von Freunden die Kleider vom Leib und werden Sie, ebenfalls in Gegenwart der Freunde, mit ihm intim ...
- Ziehen Sie in eine Wohnung, die einer Nervenheilanstalt ge-

genüberliegt. Ersatzweise satteln Sie zum Beruf des Psychiaters um und empfangen die gefährlichen Patienten bei sich zu Hause.

- Entwickeln Sie kleptomanische Gelüste, und lassen Sie sich in Gegenwart Ihres Gefährten von der Polizei festnehmen.

Trennung von einer Waage-Frau

- Betrügen Sie sie in schöner Offenheit mit ihrer eigenen Mutter, ihrer Tochter, ihrer Schwester und ihrer besten Freundin.
- Essen Sie grundsätzlich nur noch mit den Fingern. Begleiten Sie jeden Bissen mit einem wohlgefälligen Grunzen.
- Schließen Sie sich einer religiösen Sekte an.
- Treten Sie in beharrlichen Gesprächen mit Ihrer Partnerin für die Wiedereinführung der Todesstrafe ein.
- Verlangen Sie von ihr, daß sie Fallschirmspringen lernt.

Berühmte Waage-Geborene

Herren:

Louis Aragon, Ray Charles, Dwight D. Eisenhower, Mahatma Gandhi, Le Corbusier, Udo Jürgens, John Lennon, Franz Liszt, Yves Montand, Friedrich Nietzsche, Papst Paul VI., Freddy Quinn, Max Schmeling, Luis Trenker, Oscar Wilde, Lech Walesa.

Damen:

Brigitte Bardot, Catherine Deneuve, Anita Ekberg, Melina Mercouri, Nana Mouskouri, Lilo Pulver, Margaret Thatcher.

Die Tierkreiszeichen
und ihr Verhältnis zur Waage

Sie selbst sind ...

Widder

Die Waage ist diejenige, die sie verführt, und das geschieht Ihnen ganz recht ... Wie es weitergeht? Sie drängen auf Tempo, die Waage läßt sich Zeit. Eigentlich sind nur ein paar Zugeständnisse von beiden Seiten notwendig, damit diese Verbindung bestens funktioniert. Die Waage ist bereit, ihren Beitrag zur Annäherung zu leisten. Und Sie?

Stier

Im Gefühlsbereich verstehen Sie sich glänzend. Einziges Risiko: Die Waage begreift nicht, woher Sie Ihre philosophische Ruhe nehmen. Sie wird Sie beschuldigen, ein trockener Gelehrter zu sein. Sie revanchieren sich, indem Sie die Waage als eitel und oberflächlich abqualifizieren. Lösung: Treffen Sie sich für ein Schäferstündchen, aber ziehen Sie nicht in eine gemeinsame Wohnung.

Zwilling

Sehr freundschaftliches Verhältnis. Ihr gemeinsames Leben wird ebenso angenehm wie unterhaltsam sein. Wie lange der Traum dauert? Schwer zu sagen. Immer wenn die Waage mit Ihnen allein sein will, laden Sie jede Menge Freunde ein. Allerdings haben Sie beide genügend Takt, um nach dem unvermeidlichen Zerwürfnis wieder aufeinander zuzugehen. Es bestehen also gute Chancen, daß Sie eine dauerhafte Basis der Verständigung finden.

Krebs

Sie haben oft Streit, weil Sie beide, was die seelische Empfindsamkeit angeht, sehr verschieden sind. Die Waage hält Sie für stur, und Sie halten die Waage für mondsüchtig. Wenn Sie aus dieser Konstellation eine Bindung zimmern wollen, müssen Sie versuchen, gemeinsame Ziele zu finden.

Löwe

Sie bewundern die Eleganz, die Feinfühligkeit und den sicheren
Geschmack der Waage. Es wundert Sie, daß Ihre Gefährtin
(oder Ihr Gefährte) die Flucht antritt, sobald von Liebe und
Leidenschaft die Rede ist. Keine schlechte Konstellation. Sie
werden immer hinter der Waage herlaufen – und sie mag das!

Jungfrau

Eine gute, friedliche, perfekt organisierte Beziehung. Streit ist
selten bei Ihnen. Sie, die Jungfrau, müssen allerdings Ihre
Schüchternheit überwinden. Sie müssen verstehen, daß die
Waage Menschen um sich braucht, denen sie ihre Kunststücke
vorführen kann.

Waage

Bei Ihnen wird jedes Gericht mit Zucker gegessen. Es geht ruhig
zu, weil keiner den anderen zu irgend etwas ermuntert. Sie beide
vertun viel Zeit, indem Sie bei jeder Sache das Für und Wider
abwägen. Demgegenüber steht der Vorteil, daß Sie füreinander
grenzenloses Verständnis haben! Sie respektieren sich. Wenn einer von Ihnen in die Sphäre des anderen eindringt, so geschieht
das höchstens, um eine Rose zu überreichen . . .

Skorpion

Als Sie die Waage kennenlernten, haben Sie sie für ein stilles
Wasser gehalten und haben sich gefragt, was dahintersteckt. Als
Sie dann herausfanden, daß dieses Zeichen Ihnen bei Ihren lei-
denschaftlichen Gipfelstürmen nicht folgen kann, haben Sie
Reißaus genommen.

Schütze

Nein, die Waage hindert Sie nicht, das gesellige Leben zu führen, an dem Ihnen soviel liegt. Sie macht sogar dabei mit. Sie
werden viel Spaß miteinander haben. Allerdings ist die Waage
so feinfühlig und zurückhaltend, daß sie keinen prägenden Einfluß auf Sie ausüben kann. Ihnen wiederum scheint es Spaß zu
machen, Ihre Gefährtin (oder Ihren Gefährten) hin und wieder

zu schockieren, Diplomatie ist nicht Ihre Stärke. Wenn Sie sich beide auch nur ein bißchen anstrengen, kann es klappen.

Steinbock

Sie machen der Waage oft Angst. Trotzdem ist es eine ersprießliche Bindung. Sie beide wollen Lebensqualität, das stärkt den Zusammenhalt. Aber werden Sie den Hunger der Waage nach Zärtlichkeit stillen können?

Wassermann

Ihre Verbindung ähnelt einem Gericht, bei dem Salz und Pfeffer vergessen wurden. Sie beide allerdings stört das nicht, für Sie ist nur wichtig, daß alles sanft und harmonisch verläuft. Genau das ist in Ihrer kleinen Gemeinschaft garantiert. Keine Wolke wird je Ihren Ehehimmel trüben. Einer übertrifft den anderen an Verständnisbereitschaft ... Hoffen wir, daß keiner von Ihnen je von der leidenschaftlichen Versuchung gepackt wird, die Kirschen in Nachbars Garten zu versuchen.

Fische

Bei jeder Entscheidung, die es zu treffen gilt, das gleiche Klagelied: Sag du, wie wir's machen sollen. Da Sie beide sehr passiv sind, häufen sich die Schwierigkeiten. Man kann sich nur schwer vorstellen, daß Sie es lange miteinander aushalten. Allerdings ist es eine sehr gefühlsinnige Verbindung. Wenn es die Blaue Blume der Romantik noch nicht gäbe, Sie beide würden sie erfinden!

Der Skorpion

Element: Wasser
Geburtsherrscher: Pluto

Überblick über die Persönlichkeit des Skorpions

Warum einfach, wenn es auch kompliziert geht? Dieses Motto könnte über dem Leben des Skorpions stehen. Seiner Meinung nach ist alles viel interessanter, wenn es ein bißchen durcheinandergeht. Leidenschaft, wütende Auseinandersetzungen, Streit, gefolgt von Perioden der Ruhe, das ist so recht nach seinem Geschmack. Und in der Tat: Wird man den Frieden nicht viel höher einschätzen, wenn man einen langen Krieg hinter sich hat?

Jeder Skorpion hat sich irgendwann im Leben einmal diese Frage gestellt. Überhaupt besteht das Leben für die Geborenen dieses Zeichens darin, daß sie sich Fragen stellen. Wenn die Fragen von anderen kommen, findet das der Skorpion nicht so gut, er läßt sich ungern in die Enge drängen. Von Jugend auf betrachtet der Skorpion die Welt als Experimentierfeld für seine Leidenschaften. Das Leben ist für sie wie ein Vulkan, der nur dann seinen Zweck erfüllt, wenn er ausbricht. Der Skorpion mag den Streit. Sein erstes Wort, das er als kleines Kind lernt, ist »nein«. Damit stehen alle Signale auf Konfrontation. In der herkömmlichen Astrologie steht das Tierkreiszeichen Skorpion für Tod, Zerstörung, für Hölle und Sadismus, für Verbrechen und Gewalt. Die Geborenen dieses Tierkreiszeichens, so heißt es, sind in die Extreme verliebt. Sie mögen keine lauwarmen Gefühle, keine langweilige Arbeit, keine Halbheiten! Sobald in seiner Umgebung Ruhe und Frieden herrscht, wird der Skorpion ungeduldig. Das kann doch nicht so weitergehen! Um den Wechsel zu erzwingen, wirft er Sand ins Getriebe. Er ist es, der eine Stange Dynamit in der Geburtstagstorte versteckt ... Wenn

Steckbrief des Zeichens Skorpion

Die wichtigsten Tugenden: Willenskraft, Kühnheit, Scharf-
blick
Die wichtigsten Schwachstellen: Ichbezogenheit, Überheb-
lichkeit
Bevorzugte Rolle in der Gesellschaft: Vorsitzender einer Par-
tei, die sich in der Opposition befindet
Historisches Vorbild: Louis XI.
Denkbar ungeeignet als: Klosterschwester, Mönch
Literarisches Vorbild für »ihn«: Mephistopheles
Antikes Vorbild für »sie«: Circe aus der griechischen Mytho-
logie
Bevorzugtes Beförderungsmittel: Leichenwagen
Lieblingsgericht: Curryreis
Drink: Whisky
Lieblingsfarbe: Schwarz
Bevorzugter Lesestoff: Esoterische Zeitschriften
Lieblingssport: Höhlenforschung
Bevorzugte Kleidung: Lederdress
Lieblingsfilm: »Tanz der Vampire« von Roman Polanski
Bevorzugtes Theaterstück: »Geschlossene Gesellschaft« von
Jean-Paul Sartre
Bevorzugte Sendung im Fernsehen: Film-Feuilleton
*Das Möbelstück, das der Skorpion am wenigsten missen
möchte:* Barhocker
Metall: Plutonium
Glücksstein: Topas
Bedrohtes Organ: Genitalien
Lieblingsmusik: Ein Requiem
Wo er (sie) sich am liebsten aufhält: Wüste

das Ganze dann in die Luft fliegt, heuchelt er Anteilnahme: »Tut mir leid, daß ich Sie so erschreckt habe. Ich wußte nicht, daß Sie so sehr an Ihrer Geburtstagstorte gehangen haben. Ich werde Ihnen eine neue besorgen, die schmeckt dann wenigstens nach etwas ...« Es rührt den Skorpion überhaupt nicht, wenn Sie wegen der zur Unkenntlichkeit zerfetzten Geburtstagstorte in Tränen ausbrechen. Im Gegenteil, wenn Sie nicht hinschauen, wird er sich die Hände reiben. Er hat sein Ziel erreicht. Er hat das Gebilde, das ihn aus einem geheimnisvollen Grunde störte, vernichtet. *Er tut das, um etwas Neues erschaffen zu können.*

Kein Wunder, daß der Skorpion nicht nur in der Astrologie als der Bösewicht vom Dienst gehandelt wird. In zahlreichen Romanen, deren Autoren keine astrologischen Neigungen haben, sind es dennoch Skorpion-Geborene, denen die Rolle des Verräters, des skrupellosen Machtmenschen zugewiesen wird. Oft ist er der Held der Geschichte, allerdings keine Lichtgestalt, die für das Gute und Schöne ficht. Der Skorpion ist immer diabolisch gezeichnet, er ist Mephistopheles, Satan, Teufel. Nein, er glaubt nicht daran, daß das Gute triumphieren wird, so etwas gibt es nur im Heimatfilm. Der Skorpion ist kein Mensch, der sich über das Leben Illusionen macht. Keine List, kein Laster ist ihm fremd, auch wenn er sich im Grunde seiner Seele danach sehnt, zum Licht aufzusteigen. Weil der Skorpion die Tiefen der Hölle durchwandert hat, gibt er in vielen Fällen einen guten Psychologen ab ...

Kann man nach alldem den Stab über den Skorpion brechen? Viele schöpferische Persönlichkeiten, die die Entwicklung der Welt vorangetrieben und unserem geistigen Leben ein neues Gepräge gegeben haben, waren Skorpion-Geborene. Ich nenne hier nur Mohammed, Martin Luther, Charles de Gaulle und Pablo Picasso. Diese Namen sind der beste Beweis für die These, daß der Skorpion zerstört, um neu aufzubauen. Es gibt viele Genies unter den Abkömmlingen dieses Zeichens, aber auch einige Zeitgenossen, die ihren Mitmenschen fürchterlich auf die Nerven gehen ...

Skorpione lieben das Dramatische, das gilt auch für den Bereich der Unterhaltung. Wenn sie die Wahl haben, werden sie in ein Drama gehen, nicht in eine Komödie. Sie mögen es, wenn in einem Theaterstück die Leiden und Prüfungen des Helden im Mittelpunkt stehen. Wenn Sie, liebe Leserin oder lieber Leser, einem Drama nichts abgewinnen können, dafür aber gern in ein Musical gehen, sollten Sie den Skorpion links liegenlassen und sich mit einem Waage-Menschen verbinden. Der Skorpion besitzt einen außergewöhnlich stark entwickelten Willen, er läßt sich durch noch so große Schwierigkeiten nicht entmutigen. Hindernisse fachen seinen Eifer nur noch an. Er ist ein guter Beobachter und ruht nicht eher, bis er die Achillesferse seines Gegners ausfindig gemacht hat.

Er ist rachsüchtig, für ihn ist es ganz natürlich, daß aus Rivalität Haß entsteht. Ebenso normal findet er es, daß Liebe und Leidenschaft in ein Chaos einmünden, in ein Fegefeuer, dessen Flammen über den beiden Liebenden zusammenschlagen. Die Hölle ist eine Örtlichkeit, wo sich der Skorpion bestens auskennt ...

Der Skorpion hat das Talent, Lüge und Heuchelei seiner Mitmenschen wie ein Kartenhaus zusammenbrechen zu lassen. Er ist der Mann, der gefeierte Vorbilder kritisiert. Er fasziniert uns, ohne uns Vertrauen einzuflößen. Ich möchte niemandem einen Skorpion als Feind wünschen ... Wenn die Geborenen dieses Zeichens jemanden kritisieren, dann tun sie das übrigens nicht mit groben Worten, sondern mit einer ironischen Bemerkung, die sie auf der Zunge zergehen lassen. Die Devise des Skorpions: *Angriff ist die beste Verteidigung.*

Die Angst ist dem Skorpion ein guter Vertrauter. Sie ist wie ein kleiner Teufel, der den Geborenen dieses Zeichens Mißtrauen und Zweifel gegen alle Welt ins Herz senkt. Die Angst läßt den Skorpion tiefe Krisen durchleben, aus denen er sich siegreich wie ein Phoenix aus der Asche erhebt. In der klassischen Astrologie wird dem Skorpion denn auch der Feuervogel als Symbol beigegeben.

Zur Philosophie des Skorpions gehört die Erkenntnis, daß man für jedes Vergnügen mit Tränen bezahlen muß. In diesem Punkt denkt er ganz anders als die Tierkreiszeichen, die vom Feuer beherrscht werden: Diese glauben nämlich, daß jeder

Mensch Anspruch auf Freude und Glück hat. Unnötig zu sagen, daß der Skorpion sich nicht bekehren, belehren, beeinflussen läßt. Er rebelliert gegen jede Autorität, es sei denn, daß er für die Person, die mit der Autorität ausgestattet ist, eine tiefe Wertschätzung hegt. Der Skorpion will vor allem frei, unabhängig sein, er ist ein überzeugter Individualist. Und so ist es keine leichte Aufgabe, ihn als Partner zu gewinnen ...

Liebe

»Wer du auch bist, ich werde dein Herr sein.« Das hat Voltaire, ein Skorpion, geschrieben. Der Satz deutet darauf hin, daß die Geborenen dieses Zeichens immer auf der Suche nach einem ebenbürtigem Gegner sind, der durchaus eine Person des anderen Geschlechts sein kann. Hier kommt die Liebe ins Spiel ...

Wie alle Menschen, so möchte auch der Skorpion geliebt werden. Er leidet unter der Einsamkeit, auch wenn er noch so sehr auf seine Unabhängigkeit pocht. Man darf die Worte des Skorpions, was dieses Thema angeht, nicht so ernst nehmen. Er fühlt sich verpflichtet, für die Freiheit des Individuums zu plädieren. Wer ihn näher kennt, weiß, daß er damit nur seine Verlassenheit kompensiert!

Sein Problem: Man kann nur geliebt werden, wenn man sich selbst liebt, wenn man vor sich selbst Achtung hat. Der Skorpion allerdings ist sicher, daß er der Liebe eines anderen Menschen nicht wert ist. Er ist von tiefem Mißtrauen gegen Fremde erfüllt. Er befürchtet, daß alle Welt seine Achillesferse kennt. Die Schwäche des Skorpions ist seine Empfindsamkeit. Was den Kontakt zu den Mitmenschen angeht, so kann er sich überhaupt nicht vorstellen, daß man ihn so mag, wie er ist. Dazu paßt, daß er keine Konzessionen macht und niemandem goldene Brücken baut.

Statt die verschlungenen Wege, die zu seinem Herzen führen, mit einigen Laternen zu erleuchten, läßt der Skorpion diese Wege von einem Urwald überwuchern. Er stellt Fallen auf. Er möchte sich auf diese Weise vergewissern, daß der Mensch, der zu ihm will, es wirklich ernst meint. Gelingt es der Besucherin (oder dem Besucher), alle Hindernisse zu überwinden, so ist unser Skorpion im siebten Himmel. Er benimmt sich dann wie ein Kind, das vom Nikolaus eine Tracht Prügel erwartet hat und statt dessen mit Süßigkeiten beschenkt wird. Aus einem argwöhnischen, eher düsteren Menschen wird wie durch ein Wunder ein sanfter, höflicher, liebevoller Gefährte ... Er wird die Partnerin für den Mut belohnen, den sie beim Beschreiten des dunklen Pfades bewiesen hat.

Wie es weitergeht? Alles ist möglich, Flirt, wilde Ehe, Ehe, Scheidung. Nur eines mag der Skorpion nicht: Routine.

Ich will das etwas näher erklären. Der Skorpion, ob männlich oder weiblich, ist durchaus willens, sich dem Rhythmus des gemeinsamen Lebens anzupassen, er braucht das sogar. Er wird sich daran gewöhnen, die Mahlzeiten zu einer bestimmten Zeit einzunehmen und früh schlafenzugehen, wenn er weiß, daß er am nächsten Morgen früh aufstehen muß. Anpassungsfähigkeit in diesem Bereich ist übrigens nicht selbstverständlich. Ich erinnere hier nur an den Zwilling ...

Wenn ich von der Routine gesprochen habe, die dem Skorpion zuwider ist, dann meine ich die Routine in der Liebe. Er mag es, wenn gestritten wird. Diskussionen, die die ganze Nacht dauern, faszinieren ihn. Er verabscheut Ruhe und Frieden, allenfalls ist er zu einem Waffenstillstand bereit. Geht die Partnerin (oder der Partner) auf dieses Modell des Zusammenlebens nicht ein, gibt es ernsthaft Krach. Dann fliegen wirklich die Fetzen! Damit die Dinge so laufen, wie es ihm Spaß macht, wird der Skorpion seine Partnerin auf den Leim führen. Er wird ihr zum Beispiel einen gut aussehenden Freund vorstellen, um zu prüfen, ob sie ihm treu bleibt. Er wird alles tun, was in seiner Macht steht, um die Dinge in Bewegung zu halten.

Ich zeichne hier keine Karikatur des Skorpions, wenn ich sage, daß es in der Liebe dieser Menschen zwei Phasen gibt, die alles andere überstrahlen: Kennenlernen und die Wiederannäherung nach einem Streit. Zu Beginn der Bekanntschaft ist der Skorpion fasziniert von dem Menschen, der zu ihm gefunden hat. Er wird ihn ausfragen, seine Motive ergründen, wird versuchen, das Mysterium zu entschleiern.

Was die Geborenen dieses Zeichens aber noch viel mehr fasziniert, ist die Wiederannäherung nach einem Streit. Sie gehen soweit, eine Diskussion um eine Nichtigkeit zu entfachen, nur um in den Genuß des Augenblicks zu kommen, wo der Partner zu ihnen zurückkehrt. Natürlich ist niemand gezwungen, bei diesem merkwürdigen Spiel mitzumachen. Wer sich indes in die Idee verrannt hat, mit einem Skorpion glücklich zu werden, sollte an diese Grundkomponente seines Partners (oder seiner Partnerin) denken, damit größere Probleme von vornherein ausgeschlossen werden ...

Es ist immer wieder behauptet worden, daß der Skorpion nur an Sex denkt. Ebenso oft wird ihm krankhafte Eifersucht nachgesagt ... Beide Behauptungen sind falsch.

Tatsache ist, daß der Skorpion Sex nach dem Motto »Alles oder nichts« betreibt. Er (oder sie) ist fähig, über Wochen hinweg wie ein Asket zu leben, in dieser Phase sublimiert er (oder sie) die sexuelle Energie, um in anderen Bereichen, zum Beispiel im Beruf, Neues zu schaffen. Begegnet er (oder sie) dann der richtigen Partnerin (oder dem richtigen Partner), folgen Nächte ungezügelter Leidenschaft! Auch wenn der Skorpion mit seiner Partnerin in einer festen Gemeinschaft lebt, lassen sich seine sexuellen Aktivitäten unmöglich vorausberechnen.

Was die Eifersucht des Skorpions angeht, so findet sie nur auf dem intellektuellen Sektor statt. Wenn Sie einen Menschen dieses Zeichens eifersüchtig machen wollen, dann ist es sinnlos, wenn Sie halbnackt auf den Balkon gehen und dem Nachbarn (oder der Nachbarin) schöne Augen machen. Viel wirksamer ist es, wenn Sie zu dem Skorpion sagen: »Ich habe gestern jemanden kennengelernt, mit dem ich ein außergewöhnlich interessantes Gespräch über den und den Film geführt habe ...«

Der Skorpion-Mann

Er ist ein Mensch mit allen seinen Widersprüchen, und er steht zu seinen Charaktereigenschaften. Nein, er wird Ihnen nichts vormachen, weder Ihnen noch anderen Menschen. Man sollte ihm das hoch anrechnen, denn er brockt sich damit nicht selten Schwierigkeiten ein. Zum Beispiel, wenn es um den Kontakt mit

Vorgesetzten geht. Er hört nie richtig zu, wenn man etwas zu ihm sagt. Daß er mit dem Kopf nickt, hat nichts zu bedeuten, er wird trotzdem tun, was er sowieso tun wollte.

Extrovertiert wie Gilbert Bécaud oder introvertiert wie André Gide, der Skorpion birgt immer ein großes schöpferisches Potential in sich.

Im Privatleben benimmt er sich erstaunlicherweise nur selten autoritär. Er respektiert den Lebensrhythmus der Partnerin (oder des Partners), wenn sichergestellt ist, daß sich die Gedanken dieser Frau (oder dieses Mannes) nur um ihn drehen. Ist das nicht der Fall, so ist seine Eifersucht geweckt ...

Eine feste Bindung einzugehen, macht ihm etwas Angst. Unbewußt fürchtet er sich vor der Frau, die ihn kastrieren könnte. Das ist der wahre Grund, warum manche Skorpione eine Reihe von Liebesabenteuern einer Ehe vorziehen.

Die Skorpion-Frau

Die Skorpion-Frau ist ihrem Partner blind ergeben, sie liebt mit ganzem Herzen. Voraussetzung ist, daß er sie respektiert. Während sie im beruflichen Bereich gern die Führung übernimmt, genießt sie es in der Liebe, wenn der Partner sie überflügelt.

In der Phase der Werbung tut sie sich mehr auf ihren Charme als auf ihre äußere Erscheinung zugute. Das größte Vergnügen bereitet es ihr, wenn sie über eine Reihe von Rivalinnen triumphieren kann!

In der Liebe ist die Skorpion-Frau außerordentlich weich und weiblich, das Benehmen gleicht dem einer Raubkatze. Wer mit ihr schläft, sollte nicht vergessen, daß diese Katze scharfe Krallen hat, die sie vorzüglich zu gebrauchen weiß ...

Wenn sie verliebt ist, wird sie vor keinem Hindernis zurückschrecken, um dem Mann ihres Herzens Beistand zu leisten, aber sie verlangt dafür von ihrem Partner absolute Ehrlichkeit. Betrügt er sie, wird sie sich rächen. Achtung, das Raubtier hat das Gedächtnis eines Elefanten!

Bindungen

Für den Skorpion ist die Heiratsurkunde nichts als ein Stück Papier. Er sieht nicht recht ein, wozu das gut sein soll, außer vielleicht für die Legalisierung eines Verhältnisses, wenn schon Kinder da sind. Was für ihn zählt, ist die moralische Verpflichtung, die er gegenüber seiner Partnerin eingegangen ist. Er wird die eingegangene Bindung respektieren und erwartet das gleiche von seiner Partnerin.

Was nicht bedeutet, daß er ihr (oder sie ihm) treu bleiben wird. Der männliche Skorpion hat das beste Gewissen der Welt, wenn er seine Frau betrügt, schließlich handelt es sich nur um ein Abenteuer zur linken Hand. Ebensowenig kann man sich auf die Treue der Skorpion-Frau verlassen. Allerdings hat sie religiös begründete Hemmungen, allzu oft über die Stränge zu schlagen.

Interessantes Detail: Der verheiratete Skorpion betrügt seine Partnerin öfter als jener, der mit ihr ohne Trauschein zusammenlebt. Das ist seine Methode, die Ehe von Langeweile freizuhalten. Ein Skorpion hat mir einmal anvertraut, daß er seine Frau schon auf der Hochzeitsreise betrogen hat!

Zugunsten des Skorpions wäre zu sagen, daß er durch dick und dünn zu seiner Partnerin (oder sie zu ihrem Partner) hält. Der Beweis ist oft erbracht worden. Der Skorpion, der sich in alltäglichen Situationen oft kompliziert und schwierig aufführt, steht fest wie ein Fels in der Brandung, wenn große Gefahren seine Partnerin bedrohen. Er weigert sich, den tropfenden Wasserhahn zu reparieren, und versetzt dem kaputten Staubsauger einen verächtlichen Tritt, statt den Kurzschluß im Kabel zu beseitigen. Aber wenn das Haus abbrennt, wird er seine Gefährtin todesmutig aus den Flammen retten ...

Rat an Eva

Sie sollten sich für einen Skorpion-Mann entscheiden, wenn folgende Feststellungen für Sie zutreffen:

- Sie sind davon überzeugt, daß James Bond nur ein Romanheld ist.

Die Berufe des Skorpions

1. Berufe, die mit Leben, Tod und Geschlecht (in der anatomischen oder sexuellen Bedeutung des Wortes) zu tun haben:
   – Versicherungsvertreter, Totengräber, Bestattungsunternehmer
   – Arzt, Chirurg, Tierarzt, Gerichtsarzt, Pathologe
   – Gynäkologe, Sexualtherapeut, Geburtshelfer
2. Berufe, die mit Forschung, Psychologie, Kriminalistik, Astrologie und Graphologie zu tun haben:
   – Psychiater, Psychologe, Psychoanalytiker, Biologe
   – Detektiv, Kriminalbeamter, Forscher
   – Astrologe, Röntgenarzt, Graphologe
   – Vulkanologe, Höhlenforscher
3. Kreative Berufe:
   – Kunstmaler, Bildhauer, Schriftsteller, Komponist ...

- Wenn Sie abends nach Hause kommen, beschäftigen Sie sich am liebsten mit Ihrem Meerschweinchen.
- Sie glauben, daß der Teufel in dieser Welt ebenso unentbehrlich ist wie der liebe Gott.

Warnung! Vermeiden Sie die Verbindung mit einem Skorpion-Mann, wenn folgende Feststellung für Sie zutrifft:

- Sie gehen sehr früh ins Bett und stehen sehr früh auf.

Rat an Adam

Sie sollten sich für eine Skorpion-Frau entscheiden, wenn folgende Feststellungen für Sie zutreffen:

- Sie finden, daß die Schauspielerin Scarlett O'Hara ein äußerst schwieriges Geschöpf, aber alles in allem eine faszinierende Frau war.

- Sie träumen davon, irgendwo im Orient eine Spionin zu verführen. Der Irrtum endet regelmäßig mit dem Tod der beiden Hauptpersonen, die sich bei dieser Gelegenheit eng umschlingen ...
- Wenn Sie nur ein einziges Tier auf die Arche Noah bringen könnten, würden Sie sich für die Schlange entscheiden.
- Für Sie ist das Bett der Kampfplatz, wo Sie Ihre größten Triumphe errungen haben ... Leichte Siege allerdings langweilen Sie.

Warnung! Vermeiden Sie die Verbindung mit einer Skorpion-Frau, wenn die folgende Feststellung für Sie zutrifft:

- Fragen, die Ihr Privatleben betreffen, betrachten Sie grundsätzlich als eine Verletzung Ihrer Intimsphäre.

ERSTE PHASE

Kennenlernen

Wo treffe ich Skorpione?

Die Skorpione haben eine Besonderheit: Sie hassen es, sich von irgend jemandem abhängig zu machen. Dieses Sternzeichen tut sich also schwer, wenn es darum geht, sich für eine Stellung zu bewerben, um Fürsprache für ein bestimmtes Anliegen zu bitten, beim Amt einen Antrag zu stellen. Der Skorpion fragt nicht einmal nach dem Weg, wenn er sich in einer Stadt verirrt hat. Er zieht es vor, ohne fremde Hilfe wieder aus dem Labyrinth herauszufinden ...

Und dann hat der Skorpion auch einen Horror vor Versammlungen und Parties ... Er geht grundsätzlich nicht in ein Restaurant oder in eine Diskothek, die »in« sind. Er macht das Gegenteil von dem, was die anderen machen.

Ich erinnere mich an den Besitzer einer Schuhfabrik, der bei der Bestimmung der Modelle für die Fabrikation immer den Rat seiner Frau, einer Skorpion-Geborenen, einholte. »Wenn meine Frau ein Modell nicht mag, wird es ein Renner.«

Die Skorpione werden erst abends so recht lebendig. Man trifft sie in Cafés, wo sie an der Theke stehen und sich mit dem Inhaber unterhalten. Natürlich duzen sich die beiden ...

Der Mann, der mit hochgeschlagenem Mantelkragen und gerunzelter Stirn durch die Nacht geht und so aussieht, als fechte er einen Kampf mit unsichtbaren Dämonen aus, ist wahrscheinlich ein Skorpion.

Sie müssen also die Nacht zum Tage machen, wenn Sie einen Skorpion kennenlernen wollen. Gehen Sie in die Bars, in die chinesischen und indischen Restaurants ...

Was Theater und Kinos angeht, so sollten Sie wissen, daß sich der Skorpion nicht an den Kritiken orientiert, die in der Zeitung stehen. Da er vom Geist des Widerspruchs erfüllt ist, wird er genau den Film besuchen, der im Feuilleton zerrissen wurde. Was bedeutet, daß er in Kinos anzutreffen ist, wo Kriminalfilme und Science Fiction-Streifen laufen. Natürlich ebenfalls Horrorfilme. Dem Skorpion macht es nichts aus, wenn das Blut von der Leinwand tropft.

Da der Skorpion am liebsten allein arbeitet, werden Sie in Großraumbüros und Verwaltungen nur wenig Geborene dieses Tierkreiszeichens antreffen. Dafür gibt es um so mehr von ihnen, die in Krankenhäusern, Kliniken, psychiatrischen Anstalten, Laboratorien und auf Polizeirevieren arbeiten. Kleiner Tip: Wenn der Skorpion im Dienst ist, ist er kaum ansprechbar.

In den Ferien meidet der Skorpion alle Örtlichkeiten, wo sich viele Menschen auf engem Raum aufhalten. Was ihn interessiert? Ein Segeltörn, eine Wanderung im Himalaya, Zeltlager in der Sahara, Fotosafari, Wildwasserfahrten im Kanu ... Komfort sagt dem Skorpion nichts, allerdings ist ihm wichtig, daß er sich auch im Urlaub regelmäßig waschen kann.

Der Skorpion verabscheut den Mannschaftssport, im Winter finden Sie ihn in den Bergen, abseits der geräumten Pisten. Die meisten Skorpione, ob männlich oder weiblich, mögen Joga,

Judo, Fechten und Bogenschießen. Im Sommer widmet sich der Skorpion dem Segelsport, er reitet gern und schätzt ausgedehnte Wanderungen.

Jene Skorpion-Geborenen, die nicht so sportlich veranlagt sind, bleiben am Strand. Grundsätzlich wird dieses Tierkreiszeichen an keinem sportlichen Wettbewerb teilnehmen, wenn zu befürchten ist, daß ein Rivale den Sieg davonträgt.

Wer die Geborenen dieses Zeichens über einen längeren Zeitraum hinweg beobachtet, dem steht eine überraschende Entdeckung bevor: Wo ein Skorpion ist, sind viele. Es gibt sogar Veranstaltungen und Feste, auf denen Sie fast nur Skorpione antreffen werden!

Einen Skorpion aus seiner Reserve hervorzulocken, ist keine leichte Aufgabe ... Kleiner Trost: Man kann sie sehr leicht aus den anderen Tierkreiszeichen herauskennen. Wie, das werde ich Ihnen sofort erklären ...

Woran man einen Skorpion erkennt

Von klassischer Schönheit sind sie beide nicht, weder der weibliche noch der männliche Skorpion. Aber dieses Tierkreiszeichen hat Charme und Sex-Appeal. Der Skorpion versteht es, das Beste aus sich zu machen. Was die Kleidung angeht, so gehört er (oder sie) zu den Menschen, die sich nicht nach der Mode richten. Man wird an der äußeren Erscheinung des Skorpions immer »das gewisse Etwas« entdecken.

Der Ausdruck der Augen ist wach, durchdringend, fasziniert. Man ist wie gebannt, wenn einen der Skorpion anblickt, und fühlt sich ein bißchen in der Rolle des Kaninchens vor der Schlange. Der Händedruck, der einem dann zuteil wird, ist sympathisch, einnehmend, vielversprechend. Die verborgenen Leidenschaften des Skorpions schimmern durch.

Ein Skorpion ist immer in Bewegung. Achten Sie darauf, sein Fuß schlägt den Takt ... Das Gesicht mag Ruhe ausstrahlen, aber solche Gesten verraten den Zustand der inneren Spannung.

»Er« wird Ihnen nicht durch seine Eleganz auffallen. Für ihn ist die Bügelfalte in der Hose ebenso unwichtig wie der Knopf am Hemd. Sollten Sie einmal auf einen männlichen Skorpion treffen, der wie aus dem Ei gepellt ist, dann können Sie sicher sein, daß es eine Ehefrau, Geliebte oder Mutter gibt, die den Kandidaten für die Öffentlichkeit hergerichtet hat!

Der weibliche Skorpion kleidet sich mit Geschmack, ohne sich um die herrschende Mode zu kümmern. Sie weiß, was ihr steht, und hat eine eigene modische Linie, von der sie ihr ganzes Leben lang nicht mehr abweichen wird. Sie mag die düsteren Farben: Schwarz, dunkelrot, flaschengrün. Sie mag Kuschelstoffe, Samt, Wolle, Jersey. Sie mag ausgefallenen Schmuck und Parfüms mit schwerer, durchdringender Duftnote ...

In einer Gruppe von Menschen kann man den Skorpion auf hundert Schritte herauskennen. Es ist, als hielte er eine Weihnachtskerze in der Hand. Versuchen wir es einmal:

Der Mann, der dort im Sessel sitzt und im Takt zur Musik mit dem Fuß wippt, während sein Blick ironisch über die Gäste streicht, ist ein Skorpion ...

Der Mann, der auf eine Gruppe von Zuhörern einredet, die wie gebannt an seinen Lippen hängen, ist ebenfalls ein Skorpion ...

Die beiden Frauen, die den Rest der Gesellschaft genüßlich durch den Kakao ziehen: Skorpione.

Der Mann, der bei der Besichtigung der Pyramiden diejenige Grabstätte betritt, vor der ein Schild »Eintritt verboten!« hängt: Skorpion.

Natürlich haben Sie längst erkannt, was ich meine. Der Skorpion ist der Außenseiter. Bedeutet das, daß er zu sozialen Kontakten unfähig ist? Nein, aber er ist sehr wählerisch bei der Auswahl seiner Kontakte. Nur wenige Privilegierte dürfen den Garten seiner geheimen Lüste betreten. Oberflächliche Kontakte, wie der Zwilling sie mag, interessieren ihn nicht.

Wie man einen Skorpion auf sich aufmerksam macht

Auch wenn der Skorpion sich von anderen Menschen unterscheiden will, so fühlt er sich doch, wie wir alle, von Charme und Schönheit angezogen. Allerdings gibt er sich damit nicht zufrieden, er will das Besondere, er schätzt die Tiefe, das echte Gefühl, die wahre Leidenschaft ...

Stellen wir uns den Schalterraum der Post wenige Minuten vor Dienstschluß vor. Vor den zwei Schaltern, die noch geöffnet sind, warten zwei lange Schlangen. Sie, die Leserin, sind ein wunderschönes Geschöpf, das in diesem Augenblick die Post betritt. Stellen wir uns weiter vor, daß die Wartenden in der Schlange ausnahmslos männliche Skorpione sind. Natürlich wird man Sie vorlassen, so daß Sie Ihren Luftpostbrief nach Martinique aufgeben können. Die Skorpione werden versuchen, einen heißen Flirt mit Ihnen zu entfesseln, Sie in ein Paradies der Sinne zu entführen, zu dem nur sie, die Skorpione, den Schlüssel haben.

Allerdings würde ich Ihnen abraten, auf solche Annäherungsversuche einzugehen. Sie können mit dieser Methode keine dauerhafte Bindung zustandebringen ...

Ich will Ihnen nun *eine unfehlbare Methode* verraten, mit der Sie die Aufmerksamkeit eines Skorpions, sei er nun männlich oder weiblich, auf sich ziehen können.

Dieses Tierkreiszeichen sehnt sich unbewußt nach einer Gefährtin, die mit ihm die Flucht aus dem Alltag vollzieht. Was bedeutet, daß Sie sich keinesfalls benehmen dürfen wie die anderen Menschen! Um sich von der großen Masse abzuheben, sollten Sie sich nicht scheuen, die folgenden Worte an den Skorpion zu richten: »Sie sind anders als alle anderen Männer, die ich kennengelernt habe.« Eine Variante lautet: »Die Menschen auf dieser Party sind alle wie aus Plastik – außer Ihnen ...« Zweite Variante: »Ich sehe Ihnen an, daß Sie tieferer Gefühle fähig sind, das unterscheidet Sie von den meisten Menschen, die ich kenne ...«

Ich weiß, was Sie sagen wollen. Niemand glaubt heutzutage noch an solche Komplimente. Niemand außer der Skorpion ... Er nämlich ist davon überzeugt, daß Sie meinen, was Sie sagen. Mehr noch, er ist sicher, die Eigenschaften zu besitzen, die Sie ihm zutrauen. Die Folge ist, daß er Ihnen alsbald die Tür zu seinem Herzen öffnen wird.

Sie können den Skorpion auch kennenlernen, indem Sie ihm ganz einfach sagen, daß er Sie interessiert, daß Sie sich mit ihm unterhalten wollen. Er (oder sie) weiß diese Offenheit zu schätzen und ist nicht einmal schockiert, wenn Sie mit einer Einladung in Ihre Wohnung nachziehen. Wenn es sich um eine Skorpion-Frau handelt, wird sie sich noch eine Weile zieren, aber das sollte Sie nicht von Ihrem Ziel abbringen. Daß sie Ihnen überhaupt zuhört, ist der Beweis, daß Sie ihr gefallen.

Die ideale Methode allerdings ist, wenn Sie den Skorpion auf sich aufmerksam machen und dann abwarten, bis er auf Sie zukommt. Er ist durchaus in der Lage, diese Situation zu bewältigen, es macht ihm sogar Spaß.

Was Sie tun können, um die Neugier und die Eroberungslust des Skorpions anzustacheln?

- Wenn Sie sich auf einer Party befinden, wo sich die Gäste über ein bestimmtes Thema unterhalten, behaupten Sie das Gegenteil. Sagen Sie mit schneidender Stimme: »Sie sehen das alles viel zu einfach ...«

- Sobald Sie das nächste Mal U-Bahn fahren, entfalten Sie eine esoterische Zeitschrift, so daß Ihr Gegenüber den Titel entziffern kann. Oder aber Sie lesen ein hochgestochenes Buch über Psychologie.

- Sie befinden sich auf einem festlichen Empfang, der zu Ehren eines berühmten Schauspielers gegeben wird. Stellen Sie durch Ihr Verhalten klar, daß dieser Schauspieler Sie überhaupt nicht interessiert. Statt ihn zu bestürmen, lassen Sie sich ein Autogramm vom Oberkellner geben.

- Befassen Sie sich mit Astrologie, lernen Sie, das Schicksal der Menschen aus der Hand zu lesen. Wenn Sie auf einer Gesellschaft sind, erzählen Sie den Gästen von Ihren Erlebnissen bei den philippinischen Heilkundigen. Sprechen Sie von Ihren früheren Leben ... Ich möchte wetten, daß sich in Sekundenschnelle vier oder fünf Skorpione bei Ihnen einfinden, die Ihnen eine Einladung ins Ohr raunen. »Was Sie da gerade gesagt haben, fasziniert mich. Ich möchte mich mit Ihnen gern einmal unter vier Augen über das Thema unterhalten ...«

Und wenn's nicht klappt? Wenn gar nichts hilft, müssen Sie auf der Party laut und deutlich verkünden, daß Sie ein Skorpion sind! Die anderen Skorpione werden durch dieses Bekenntnis wie magisch angezogen. Sie werden sich vor Einladungen nicht retten können ... Sie glauben mir nicht? Versuchen Sie's, es funktioniert immer.

ZWEITE PHASE

Die Beziehung

Wie man einen Skorpion verführt und an sich bindet

Nachdem die ersten Fäden geknüpft sind, wird es keine Schwierigkeiten bereiten, sich mit dem Skorpion, ob männlich oder weiblich, zu einem Rendezvous zu verabreden. Daß er (oder sie) sich Ihnen zugewandt hat, ist der Beweis, daß er mehr mit Ihnen vorhat ... Er hat sogar Pläne, die Sie in Erstaunen versetzen würden!

Wenn er sagt, daß er Sie näher kennenlernen will, dann heißt das nicht, daß er mit Ihnen ins Kino gehen will. Er wird einen Ort bevorzugen, wo man sich unterhalten kann, zum Beispiel ein Restaurant. Sie brauchen gar nichts zu tun, er selbst wird den Vorschlag aussprechen ... Wenn der Skorpion erst einmal Lunte gerochen hat, geht er geradewegs auf sein Ziel los. Ob das auch für die weiblichen Geborenen dieses Zeichens gilt? Ja. »Sie« wird jetzt die Führung übernehmen. Sie wird Ihnen vorschlagen, wo man hingehen könnte, und dieser Vorschlag wird innerhalb weniger Sekunden über ihre hübschen Lippen kommen!

Am besten ist es, wenn Sie sich in ein Restaurant begeben, wo die Tische nicht so nah beieinander stehen, wo Sie völlig ungestört miteinander reden können. Vielleicht mag Ihre Eroberung exotische Speisen. Ein guter Wein sollte auf den Tisch kommen. Abendessen bei Kerzenlicht ...

Was Sie, wenn Sie eine Frau sind, nicht tun sollten:

1. Den Skorpion in ein Café schleppen, wo man Sie kennt. Es wäre störend, wenn eine gute Freundin Sie mit den Worten begrüßt: »Wen hast du dir denn da schon wieder aufgegabelt?«

2. Darauf bestehen, daß die Rechnung geteilt wird. Der Skorpion ist ein Macho ...

3. Den Abend in einem Nachtclub beschließen.

Am besten ist es, wenn Sie Ihren neuen Freund nach dem Essen in Ihre Wohnung einladen. Sagen Sie ihm, Sie möchten ihm die Platte vorspielen, von der sie ihm beim Essen erzählt haben. Sagen Sie ihm, Sie möchten ihm den Cocktail mixen, den Sie erfunden haben, ein Getränk, das Ihren früheren Eroberungen bestens gemundet hat. Wenn das Wort von Ihren »früheren Eroberungen« fällt, sollten Sie ein sardonisches Lächeln hinzufügen ...

Wenn Sie ein Mann sind, der eine Skorpion-Frau verführen will, lautet das Stichwort: »Ich habe einfach keine Lust, mich schon von Ihnen zu verabschieden ... Fällt Ihnen nichts ein, wo wir jetzt noch hingehen könnten?«

Natürlich werden Sie in Ihrer Wohnung landen. Sie schieben eine Kassette mit Dixieland-Musik ins Gerät und entkorken eine gute Flasche Wein. Was dann kommt, spielt sich auf dem Flokati-Teppich ab ... Nicht, was Sie meinen. Sie werden mit der Skorpion-Frau ein Gespräch führen, das ein paar Stunden dauern kann.

Sprechen Sie von Ihrer Kindheit, von Ihren Siegen und Niederlagen in jungen Jahren. Das Ganze sollte sich zu einer Lebensbeichte entwickeln. Die Skorpion-Frau schmilzt dahin ... Und dann erzählt sie Ihnen, was ihr auf dem Herzen liegt. Plötzlich kommt die ganze Leidenschaft dieser Frau zutage. Worauf warten Sie noch? Sie sollten sich die Gefühle Ihres schönen Gastes zunutze machen! Sie wird sich an Ihre Schulter schmiegen. Sie wird sie küssen.

Tun Sie, was man bei solchen Gelegenheiten tut: Schlafen Sie mit ihr!

Sex

Es mag Sie überraschen, aber der Skorpion liebt auf diesem Gebiet keine langen Wartezeiten. Warum auf morgen verschieben, was man heute mit Genuß erleben kann? Völlige Hingabe schon in der ersten Nacht, das ist die Devise dieses Tierkreiszeichens. Er (oder sie) ist sehr neugierig, ob Sie im Bett den Erwartungen entsprechen, die Sie zu Beginn der Beziehung in ihm (oder ihr) geweckt haben.

Der Mann, der eine Skorpion-Frau verführen will, sollte wissen, daß sie ihn für einen Idioten hält, wenn er die Gelegenheit, die sich am ersten Abend ergibt, ungenutzt vorübergehen läßt. Daß das Standvermögen des Mannes beim ersten Mal vielleicht zu wünschen übrig läßt, vergibt sie ihm eher, als wenn er das angewärmte Gericht unberührt zurückgehen läßt! Nebenbei gesagt, es ist nicht das erste Mal, daß die Skorpion-Frau mit einem Mann zu tun hat, der ihre Leidenschaft nur mit einer gewissen Verzögerung erwidern kann. Tatsache ist, daß viele Frauen dieses Sternzeichens den Mann in der ersten Nacht einschüchtern ... Und noch etwas: Eva, die von einem Skorpion-Mann entkleidet und aufs Sofa geworfen wird, sollte auf die kleinen spitzen Schreie verzichten. »Bitte nicht, Eduard, wir kennen uns doch kaum ...«, solche Bitten treffen beim Skorpion auf taube Ohren.

Zwar mögen die Männer dieses Tierkreiszeichens, wenn die Frau in der ersten Phase der Liebkosungen eine Andeutung von Widerstand leistet, aber sie haben einen Horror davor, wenn die Partnerin sich über Gebühr ziert!

Es ist also sinnlos, das Vorspiel allzu lange auszudehnen: Der Skorpion braucht die körperliche Liebe. Das Ganze mag mit einem gewissen Maß von Takt vollzogen werden, aber dieser Punkt sollte nicht überbewertet werden außer in jenen Fällen, wo es die abflauende Leidenschaft beim Partner wiederzubeleben gilt.

Der Skorpion, ob weiblich oder männlich, ist ein leidenschaftlicher Liebhaber. Die Umarmung ist für ihn die einzige Möglichkeit, sich dem anderen ganz hinzugeben. Hier wird ein gewisser Mystizismus sichtbar, vergleichbar vielleicht mit der Lehre des Tantrismus, die den Akt als Schlüssel zur Gotterkenntnis betrachtet. Die sexuelle Technik und die Stellungen spielen dabei keine Rolle, wichtig ist die Tiefe, die Ernsthaftigkeit der Gefühle. Lassen Sie sich also ganz von der Leidenschaft davontreiben. Nach der Umarmung können Sie an Ihren Skorpion geschmiegt ausruhen ... Zum Schlafen werden Sie allerdings auch nach vollbrachter Tat nicht kommen ... Der Skorpion liebt es, nach der Liebe zu reden, süße Geheimnisse auszutauschen ... Wenn Sie auf diese Neigung nicht eingehen, wird er es Ihnen übelnehmen. Er (oder sie) würde aus Ihrem Vorgehen schließen, daß Sie nicht die Richtige (oder der Richtige) sind.

Wenn Sie regelmäßig sexuelle Beziehungen mit Ihrem Skorpion unterhalten, sollten Sie daran denken, daß die Geborenen dieses Zeichens – das gilt für beide Geschlechter – sich zuweilen abwegigen Fantasien hingeben. Es gibt Skorpione, die es genießen, vom Partner unterjocht zu werden. Was bedeutet, daß Sie Ihren Freund (oder Ihre Freundin) von Zeit zu Zeit »vergewaltigen« können. Zu den weiteren Besonderheiten des Tierkreiszeichens gehört, daß die Wiedervereinigung nach einer Trennung als besonders aufregend und in sexueller Hinsicht befriedigend empfunden wird.

Das Leben mit einem Skorpion

Sie, die Partnerin (oder der Partner) des Skorpions, haben eine aufregende Erfahrung vor sich. Langeweile wird es in Ihrer Beziehung nicht geben, denn der Skorpion läßt es sich angelegen sein, immer neue Facetten im Liebesspiel mit Ihnen zu entdecken. Er strebt eine tiefverwurzelte Partnerschaft an, eine

Gemeinschaft, die allen Stürmen des Lebens trotzen wird. Zwei gegen eine Welt von Feinden ... Der Skorpion wird immer zu Ihnen halten, er wird Sie in jeder Situation gegen die bösen Menschen verteidigen. Von Ihnen erwartet er unbedingte Offenheit. Sie sollten übrigens darauf bestehen, daß er Ihnen gegenüber die gleiche Offenheit beweist. Wenn es zwischen Ihnen beiden Schwierigkeiten gibt, so müssen diese sofort im Gespräch analysiert und aufgeklärt werden. Geschieht das nicht, so nistet sich Zweifel in Ihren Beziehungen ein wie eine Säure, die sich ins Eisen frißt. Ein umfassender geistiger Austausch und Offenheit sind also geboten.

Trotzdem rate ich Ihnen, sich in Ihrem Privatleben Bereiche zu bewahren, die nicht in Ihr Verhältnis zu dem Skorpion einbezogen sind ... Tun Sie das nicht, so würden Sie sich bald wie in einem Gefängnis vorkommen. Ganz nebenbei gesagt, der Skorpion mag, wenn Sie sich selbstsicher geben, das bewundert er. Allzu einfache oder gar einfältige Menschen sind nicht nach seinem Geschmack.

Wenn Sie ein dauerhaftes Verhältnis mit dem Skorpion wünschen, müssen Sie ihm gewisse Freiheiten lassen. Sie dürfen ihn nicht ersticken. Gewähren Sie ihm dann und wann einige Stunden des Alleinseins, in denen er über sich und die Welt nachdenken kann. Mischen Sie sich nicht ein, wenn er in einer seelischen Krise steckt. Er findet es zum Beispiel furchtbar lästig, wenn Sie ihm bei einer Auseinandersetzung, die sich zwischen ihm und anderen Menschen entsponnen hat, zur Mäßigung raten. Tun Sie das, so müssen Sie damit rechnen, daß er Sie wie ein gebrauchtes Spielzeug wegwirft. Ihre Rolle besteht darin, ihm auf Wunsch zur Seite zu stehen. Er braucht das Gefühl, daß sich jemand um ihn kümmert.

Wenn Sie zu den Tierkreiszeichen gehören, die vom Element des Feuers beeinflußt werden, dürfte es Ihnen leichtfallen, dem Skorpion aus verfahrenen Situationen herauszuhelfen ... Erklären Sie ihm, daß der Schlüssel zur Lösung seiner Probleme in seiner Hand liegt. Die Tür des Raumes, in dem er sich gefangen wähnt, ist offen, er braucht nur hinauszugehen.

Wie er reagiert, wenn Sie ihn betrügen? Sie brauchen sich da keine zu großen Sorgen zu machen. Das beste ist, sie gestehen ihm (oder ihr) den Seitensprung, bevor die Sache auf andere Weise bekannt wird. Sagen Sie ihm (oder ihr) klipp und klar, daß es nur eine Affäre war, daß Sie ihn (sie) und nur ihn (sie) lieben.

Wenn er (oder sie) es ist, der Sie betrügt, sollten Sie davon ebenfalls kein großes Aufheben machen. Wenn Sie nämlich das Ganze sehr hochspielen, würde er (oder sie) die begonnene Affäre aus lauter Trotz fortsetzen! Ihre Taktik sollte also darin bestehen, die Sache im gemeinsamen Gespräch zur beiderseitigen Zufriedenheit aufzuklären. Jedenfalls ist es falsch, wenn Sie jetzt in Schmollstellung gehen.

Sie brauchen übrigens nicht zu befürchten, daß der Skorpion Sie leichten Herzens betrügen wird. Wenn Sie als verläßliche Partnerin (oder als verläßlicher Partner) an seiner (oder ihrer) Seite bleiben, wird er (oder sie) gar nicht auf die Idee kommen, sein Glück anderswo zu suchen.

Wie man einen Skorpion zur Ehe rumkriegt

Die Ehe ist ein Instrument, über das sich der Skorpion gern lustig macht ... Immerhin, er hat dafür Verständnis, daß die Kinder aus Ihrer Verbindung nicht unehelich aufwachsen sollten. Ebenso respektiert er, daß die Verwandtschaft über die »wilde Ehe«, die Sie mit ihm führen, nicht gerade begeistert ist. Andererseits dürfen Sie sich nicht einbilden, daß der Skorpion wegen der Trauung in der Kirche seinem Drang nach Unabhängigkeit abschwört. Wenn er sich durch die Ehe gebunden fühlt, wird er Tag und Nacht darüber nachsinnen, wie er dieser Bindung entfliehen kann!

Es ist deshalb wohl besser, wenn Sie sich mit ihm in einer Lebensgemeinschaft zusammenfinden, die nicht vom Standesamt abgesegnet ist ... Soweit Sie religiöse Gründe oder moralische Prinzipien haben, die Sie durchsetzen wollen, können Sie natürlich trotzdem die Ehe mit Ihrem Skorpion schließen. Damit Ihnen das gelingt, werden Sie einen Überraschungsangriff auf Ihren Partner (oder Ihre Partnerin) starten müssen. Stellen

Kleine Geschenke
erhalten die Freundschaft

Geeignet für Skorpione beiderlei Geschlechts:

- Bücher über wissenschaftliche Themen, Psychologie, Parapsychologie, Krimis, Thriller, Gruselbücher, Fantasy-Romane
- Skiferien
- Eine afrikanische Maske
- Ein astrologisches Buch, in dem die Besonderheiten des Skorpions dargelegt sind (Bezähmen Sie Ihre Neugier, der Skorpion darf das Buch vor Ihnen lesen!)

Nur für »ihn«:

- Gewehr oder Revolver
- Sonnenbrille
- Motorrad
- Hypnose-Lehrgang

Nur für »sie«:

- Ausgefallener Schmuck, zum Beispiel ein Ring mit dem Symbol einer Schlange, ein Umhänger mit einem Skarabäus oder mit einem magischen Stein
- Ein schwarzes Abendkleid
- Katze
- Parfüm (Vergewissern Sie sich, vor dem Kauf, welche Marke die Skorpion-Frau bevorzugt, wenn Sie nicht Gefahr laufen wollen, daß sie das Geschenk an die Frau des Hausmeisters weitergibt.)

Wenn es etwas mehr kosten darf:

- Ledersofa oder Lederkleidung
- Eine einsame Insel
- Porzellanlöwe in natürlicher Größe

Das besondere Geschenk:

- Naschwerk

Sie ihn (oder sie) vor vollendete Tatsachen! Bestellen Sie das Aufgebot, sorgen Sie für Trauzeugen, laden Sie seine und Ihre Eltern zur Hochzeit ein ... Mit anderen Worten, Sie müssen Ihren Skorpion regelrecht überfahren. Er wird es nicht wagen, in einer solchen Situation das Handtuch zu werfen. Das verbietet ihm sein Ehrgefühl!

Erklären Sie ihm, während der Standesbeamte sich den Talar überstreift, die Argumente, die für eine Ehe sprechen. »Wir sollten das einfach einmal probieren. Du wirst sehen, uns wird gelingen, was bei so vielen anderen Paaren danebengeht ...«

Da der Skorpion davon überzeugt ist, daß er alles besser kann als andere, bleibt ihm nur noch das Jawort.

Sinnlos ist es, wenn Sie dem Skorpion, um ihn auf die Ehe einzustimmen, mit den materiellen Gründen für eine solche Verbindung im Ohr liegen. Der günstige Steuersatz oder die Halbierung der Heizungskosten, wenn man zusammenzieht, darüber kann er nur lachen ... Auch wenn Sie noch soviel Geld haben, so würde das einen Skorpion nicht davon abhalten, aus einer Bindung herauszugehen, die ihm langweilig geworden ist, denn es handelt sich um ein Tierkreiszeichen, das materielle Werte verneint. Bei allem, was Sie tun, sollten Sie diese Prägung in Betracht ziehen.

DRITTE PHASE

Wie man mit einem Skorpion Schluß macht

Nur keine Panik! Sie haben nicht zu befürchten, daß Ihr Skorpion, um seinem gewalttätigen Ruf gerecht zu werden, ins nächste Waffengeschäft läuft, einen mehrschüssigen Revolver kauft und Sie in ein Sieb verwandelt. Beim Auseinanderbrechen einer Beziehung beweist dieses Tierkreiszeichen, wie edel es ist. Der

Skorpion liebt es zu leiden ... Der andere Partner kommt sich in dieser Phase manchmal wie in einem griechischen Amphitheater vor. Das Drama des Lebens ...

Ob Sie das Theater verlassen sollten, bevor der Held auf der Bühne gewalttätig wird?

Dazu besteht kein Anlaß. Der Skorpion benimmt sich, wenn es um die Beendigung einer Beziehung geht, sehr gesittet. Er wird, weil er sehr feinfühlig ist, schon sehr früh spüren, daß irgend etwas nicht mehr stimmt. Er wird Sie dann – das ist typisch für Masochisten – dazu drängen, ihm klaren Wein einzuschenken. Er will die Sache schnell hinter sich bringen. Eine Liebe, die über Wochen und Monate stirbt, das mag er nicht.

In den meisten Fällen ergreift der Skorpion in einer solchen Situation die Initiative.

Allerdings, ist es wirklich ein endgültiger Bruch, was der Skorpion da mit Ihnen vereinbart? Ist es nicht vielmehr ein Manöver, um eine erkaltete Beziehung wieder zu beleben? Eine Antwort auf diese Frage werden Sie erst ganz zum Schluß bekommen ... Die Art und Weise, wie sich ein Skorpion bei der Trennung von seinem Partner aufführt, bleibt einer der interessantesten Aspekte bei der Beurteilung dieses Tierkreiszeichens.

Der Skorpion weiß sehr wohl, wie einzigartig die Partnerschaft war, die sich zwischen Ihnen herausgebildet hatte, und natürlich ist auch Ihnen der Wert Ihrer Beziehung nicht verborgen geblieben. Und so wird »er« oder »sie«, wenn eine Trennung zur Diskussion steht, das Argument Qualität in die Waagschale werfen. Die Erfahrung zeigt, daß Skorpione dem einstigen Partner in Freundschaft verbunden bleiben, vor allem, wenn der Bruch auf noble Weise vollzogen wurde.

Wenn Sie der zweite oder dritte Weggefährte eines Skorpions sind, werden Sie nicht ohne eine gewisse Verwunderung erleben, wie Ihr Partner (oder Ihre Partnerin) mit einer früheren Flamme Verbindung aufnimmt ... Oder aber Ihr Skorpion wird von einer Ex-Freundin (oder einem Ex-Freund) angerufen ... Wenn Sie ihn dann, was ganz natürlich ist, um eine Erklärung bitten, mit wem er so lange telefoniert hat, wird er Ihnen mit einem strahlenden Lächeln auf dem Gesicht antworten: »Von dieser

Freundin (oder diesem Freund) habe ich dir doch schon erzählt. Wir hatten letztes Jahr eine wunderschöne Liebesaffäre ...«

Der Skorpion kann gar nicht verstehen, daß Sie in einem solchen Fall eifersüchtig werden!

Monogam veranlagte Menschen verzweifeln an dieser Eigenschaft des Skorpions, machen ihm eine Szene ... Was zur Folge hat, daß der Skorpion den Hörer abhebt und mit der Ex-Freundin (oder dem Ex-Freund) ein Rendezvous verabredet, zu dem er ursprünglich gar keine Lust hatte ...

Sollten Sie zu den monogam veranlagten Menschen gehören, die für Ausflüge des Partners in die Vergangenheit kein Verständnis haben, so sollten Sie das gleich am Anfang Ihrer Beziehung mit einem Skorpion klarstellen!

Auch wenn die Bindung des Skorpions zu der (oder dem) »Verflossenen« nur kurze Zeit gedauert hat, wird er bei einem Wiedersehen oder bei einem telefonischen Kontakt Vertraulichkeiten austauschen. Ein typischer Satz: »Du weißt ja, was ich damit sagen will ...« Für die neue Gefährtin (oder den neuen Gefährten) des Skorpions sind solche Unterhaltungen eine arge Nervenprobe!

Ich will Ihnen jetzt verraten, wie Sie den Bruch mit einem Skorpion provozieren können.

Trennung von einem Skorpion-Mann

- Ziehen Sie bei Nacht und Nebel aus der gemeinsamen Wohnung aus, ohne eine Adresse zu hinterlassen, wo Sie erreichbar sind. Sorgen Sie dafür, daß Ihr neuer Wohnsitz mindestens 1000 km entfernt ist.
- Sagen Sie ihm, Sie hätten im Traum gesehen, wie er Sie mit einer anderen betrog. Betrügen Sie ihn mit einem Löwen. Wenn er Sie fragt, was Sie an dem so aufregend finden, sagen Sie: »Der Mann kann wenigstens ein Glas Wein vertragen, ohne betrunken zu werden!«
- Simulieren Sie krampfartige Zustände, sobald er Sex mit Ihnen haben will.

Trennung von einer Skorpion-Frau

- Sagen Sie ihr, daß Sie sie zu kompliziert finden ...
- Beantworten Sie ihre Bemerkungen mit der stereotypen Floskel: »Das hat meine erste Frau (meine frühere Freundin) auch immer gesagt ...«
- Spielen Sie den impotenten Liebhaber, und geben Sie ihr die Schuld daran.
- Sobald sie in Gegenwart von Freunden über ihre Beziehung zu Ihnen spricht, sagen Sie: »Du und deine angelesene Psychologie!«

Eine Methode, die für beide Geschlechter anwendbar ist: Kehren Sie den Materialisten heraus. Verweisen Sie bei jeder Unterhaltung auf Statistiken. Kein Skorpion, der sich nicht durch solche Maßnahmen zum alsbaldigen Abbruch der Beziehungen bewegen ließe!

Berühmte Skorpione

Herren:

Rudolf Augstein, Charles Bronson, Richard Burton, Albert Camus, Alain Delon, Charles de Gaulle, André Gide, Joseph Göbbels, Otto von Habsburg, Gerhart Hauptmann, Rock Hudson, Robert Kennedy, Burt Lancaster, Konrad Lorenz, Martin Luther, Mohammed, François Mitterrand, Alfred Nobel, Pablo Picasso, Friedrich von Schiller, Voltaire.

Damen:

Marie Curie, Indira Gandhi, Fürstin Gracia Patricia von Monaco, Mahalia Jackson, Selma Lagerlöf, Elke Sommer, Luise Ulrich.

Die Tierkreiszeichen
und ihr Verhältnis zum Skorpion

Sie selbst sind ...

Widder

Die Anziehung zwischen Ihnen und dem Skorpion ist ungeheuer stark. Begünstigt wird die Verbindung durch die Tatsache, daß Sie beide sehr unternehmungslustig sind. Trotzdem warne ich Sie. Der Skorpion ist zu kompliziert, er paßt nicht zu Ihnen. Sie würden sich an ihm die Zähne ausbeißen, er würde Sie von morgens bis abends kritisieren. Wenn eine solche Beziehung Sie reizt, bitteschön!

Stier

Leidenschaft wie im Film! Liebe auf den ersten Blick! Ihre Zusammenkünfte und Ihre Zerwürfnisse sind immer recht spektakulär, und natürlich finden die Treffen immer im Schlafzimmer statt. Kleine Warnung: Mit seiner Empfindsamkeit, mit seinen Launen und Ängsten wird Ihnen der Skorpion oft auf den Geist gehen ...

Zwilling

Eine Beziehung, die auf der intellektuellen Ebene bleibt. Sie schätzen den Skorpion wegen seiner Gescheitheit. Er ermutigt Sie, den großen Schritt nach vorn zu wagen, die Welt kennenzulernen ... Sehr bald allerdings werden Sie sich vom Skorpion unterdrückt fühlen ... Für einen Menschen wie Sie ein unerträglicher Zustand. Warum lassen Sie es in Ihrer Beziehung zum Skorpion nicht bei einer bloßen Freundschaft bewenden?

Krebs

Eines ist klar: Sie können dem Skorpion nicht widerstehen. Insgeheim warten Sie nur darauf, daß er Sie in seine Arme nimmt, Sie unterjocht ... Meine Warnung: Wenn Sie sich dem Skorpion ganz überlassen, werden Sie sich eines Tages allein wiederfinden. Besser ist es, wenn Sie sich einen geheimen Garten bewahren, in den er nicht eindringen darf. Dann wird die Bindung halten.

Löwe

Sie ergänzen sich ganz vorzüglich. Sie, der Löwe, vereinfachen alles, der Skorpion hingegen liebt Komplikationen. Der Vorteil für Sie: Ihr Gefährte macht Sie auf Hindernisse aufmerksam, über die Sie stolpern könnten. Trotzdem ist bei dieser Verbindung Vorsicht geboten. Die Persönlichkeit des Skorpions ist genauso stark wie Ihre. Bei einem Konflikt werden Sie beide tiefe Wunden davontragen.

Jungfrau

Weil Sie sich von den Schwierigkeiten des Alltags erdrückt fühlen, kommt Ihnen der Skorpion stark und unverwundbar vor. Er ist der Partner, mit dem Sie sich besprechen, von dem Sie Rat einholen möchten. Sie werden feststellen, daß es Gelegenheiten gibt, wo auch der Skorpion an seine Grenzen stößt ... Dann werden Sie es sein, der ihm aus der Patsche hilft. Eine Verbindung, die für beide Seiten sehr vorteilhaft sein kann ...

Waage

Die Düsternis seines Wesens fasziniert Sie. Sie werden mit dem Skorpion ganz außergewöhnliche Dinge erleben. Dazu gehören Erfahrungen, aus denen Sie vollkommen verwirrt hervorgehen. Ihrem seelischen Gleichgewicht ist der Skorpion nicht gerade zuträglich.

Skorpion

Sie sind die geborenen Komplizen. Sie verstehen sich ohne Worte. Einziger Haken: Sie beide vergessen, daß es außer Ihnen noch die anderen Menschen gibt ... Kaufen Sie sich eine Insel im Pazifik, wo Sie beide wunschlos glücklich werden können.

Schütze

Sie sind das, was man im Sport ein gutes Team nennt. Sie schätzen einander. Keiner läßt sich vom anderen vereinnahmen. Keiner wird versuchen, über den anderen zu dominieren. Sie, der Schütze, wollen allerdings im sexuellen Bereich den Ton angeben. Das wiederum kann der Skorpion nie zulassen! Finden Sie sich damit ab, daß Ihre Bindung nur ein Abenteuer sein wird ...

Steinbock

Der Skorpion liebt Intrigen, und das finden Sie wunderbar. Sie werden es genießen, zusammen mit Ihrem Gefährten die anderen Menschen durch den Kakao zu ziehen. Im beruflichen Bereich ergänzen Sie einander ausgezeichnet. Worauf warten Sie noch? Schnappen Sie sich den Skorpion, ehe er sich unter einem Stein verkriechen kann.

Wassermann

Sie bewundern die Willenskraft und den Mut des Skorpions, haben aber kein Verständnis für die rachsüchtige Seite seines Wesens. Außerdem finden Sie, daß er das Mißtrauen gegenüber der Außenwelt übertreibt. Sie sind schockiert, wenn er auf die anderen Menschen losgeht. Sie sollten wissen, daß er das nur tut, um Ihnen zu beweisen, wie berechtigt sein Pessimismus ist. Vor allem aber sollten Sie seine Auftritte nicht zu ernst nehmen. Ihm macht es nämlich Spaß, Sie in Angst und Schrecken zu versetzen. Da Sie gern das Rotkäppchen mimen, spielt er den Wolf. Vorsicht, der Wolf ist ein Fleischfresser!

Fische

Sie sind bereit, sich vom Skorpion alles gefallen zu lassen. Er belohnt Sie für dieses Vertrauen, indem er Sie in eine Welt der Leidenschaft, der romantischen Liebe einführt ... Es ist eine Erfahrung, die Sie nie vergessen werden. Mein Rat: Sie sollten sich dem Skorpion nicht völlig hingeben, sonst laufen Sie Gefahr, daß er Ihrer bald überdrüssig wird.

Der Schütze

Element: Feuer
Geburtsherrscher: Jupiter

Überblick über die Persönlichkeit des Schützen

Wie der Zwilling, die Jungfrau und der Fisch-Geborene, so ist auch der Schütze ein doppelgesichtiges Zeichen. Zwei Seelen wohnen in seiner Brust.

Die beiden entgegengesetzten Tendenzen kommen in dem Symbol zum Ausdruck, das diesem Tierkreiszeichen in der Mythologie zugeordnet ist, im Zentauren. Man versteht darunter ein vierbeiniges Fabelwesen der griechischen Sage mit menschlichem Oberkörper und Pferdeleib. In der Astrologie wird der Schütze als galoppierender Zentaur dargestellt, der einen Bogen hält und nach oben, in den Himmel, zielt. Ein Geschöpf, das mit den Beinen den Boden berührt, während sein Sehnen auf ideale Werte gerichtet ist. Es gibt also sowohl eine materielle als auch eine spirituelle Komponente.

Ich möchte die beiden Hälften, aus denen der Schütze zusammengefügt ist, *Pferd* und *Mensch* nennen. Sprechen wir zunächst von der tierischen Komponente dieses merkwürdigen Wesens. Das Schütze-Pferd galoppiert, aber es weiß nicht, wohin der Ritt geht. Der Pfeil, der abgeschossen wird, zielt in unendliche Ferne. Sobald das Geschoß die Sehne verlassen hat, vergißt das Schütze-Pferd, was es mit dem Schuß eigentlich bewirken wollte. Das Wesen gleicht jetzt einem jungen, schönen Krieger, der stolz auf sich und seine Leistungen ist. »Schaut her, ich bin der beste Bogenschütze der Welt, ich habe meinen Pfeil abgeschossen, und der Pfeil hat sein Ziel erreicht.« Macht man den Schützen darauf aufmerksam, daß er seinem Pfeil gar keine bestimmte Richtung gegeben hat, daß also von einem »Ziel« nicht die Rede sein kann, so erntet man Verwunderung und Un-

Steckbrief des Zeichens Schütze

Die wichtigsten Tugenden: Optimismus, Selbstvertrauen,
   Unternehmungsgeist
Die wichtigsten Schwachstellen: Konformismus, Größen-
   wahn
Seine liebste Rolle: Forscher
Denkbar ungeeignet als: Mauerblümchen
Historisches Vorbild: Robin Hood
Seine Romanheldin: Angélique
Bevorzugtes Beförderungsmittel: Pferd
Lieblingsgericht: Salat mit exotischen Gewürzen
Drink: Planter's Punch
Lieblingsfarbe: Violett
Lieblingssport: Reiten oder Bogenschießen
Kopfkissenbuch: »In 80 Tagen um die Welt«
Lieblingsfilm: »Bananas« von Woody Allen
Sein Vorbild in der griechischen Mythologie: Prometheus
Bevorzugte Sendung im Fernsehen: Auslandsreportagen
Was der Schütze am wenigsten missen möchte: Das weitge-
   öffnete Fenster
Metall: Zinn
Glücksstein: Amethyst
Bedrohter Körperteil: Hüften, Leber
Lieblingsmusik: Die Nationalhymne
Wo er (sie) sich am liebsten aufhält: In einem Düsenriesen,
   auf einem Langstreckenflug

verständnis. Der Schütze nämlich ist sich seiner Rolle sehr sicher. Er sucht Situationen, wo er seinen Mut beweisen kann,
und verkehrt vorzugsweise mit Menschen, von denen er annimmt, daß sie ihm nützlich sein können. Er setzt seine Hoffnung auf Personen, die einen bekannten Namen oder außergewöhnliche Fähigkeiten haben, die in aller Welt anerkannt sind.

Er sonnt sich in dem Licht, das von den Mächtigen und Großen dieser Welt zurückstrahlt, und schreckt auch nicht davor zurück, sich mit fremden Federn zu schmücken. Gelegentlich maßt er sich einen Einfluß an, der ihm nicht zukommt, nach dem Motto »Ohne mich hätte Müller (Schulze, Schmidt ...) das nie geschafft ...«

Es gibt allerdings auch Fälle, wo der Anspruch zu Recht erhoben wird. Es handelt sich dann um Schützen, die einen Freund oder Schutzbefohlenen zu einer Leistung beflügelt haben, zu der dieser selbst nicht fähig gewesen wäre. Dieses Tierkreiszeichen versteht sich als Impresario, als Manager. Die Art und Weise, wie der Schütze in diesem Bereich agiert, ist allerdings nicht immer sympathisch!

Sprechen wir jetzt von der anderen Komponente seines Wesens, vom Schütze-Menschen. Dieser achtet nicht darauf, wohin er den Fuß setzt. Seine Gedanken sind auf ein hohes Ideal gerichtet, auf ein Ziel, dessen Umrisse meistens im mystischen Dunkel verschwinden. Wenn es kein Ideal gibt, für das der Schütze-Mensch kämpfen kann, schießt er seine Pfeile einfach in den Himmel. Er hofft, daß der glückliche Zufall die Geschosse ins Ziel führen wird.

Während das Schütze-Pferd sich den irdischen Gegebenheiten anpaßt, ist der Schütze-Mensch ein Abenteurer, der gegen alle Zwänge rebelliert. Der Schütze-Mensch ist außerordentlich wandelbar und veränderungsfähig. Man denkt unwillkürlich an Jupiter, den Geburtsherrscher des Schützen, der sich in einen Schwan oder in eine Wolke verwandeln konnte ... »Woanders ist das Gras grüner«, das ist ein Satz, der dem Schützen aus dem Herzen gesprochen ist. Es reizt ihn, ständig neue Länder zu erkunden. Sobald seine Neugier befriedigt ist, interessieren ihn die erschlossenen Gebiete nicht mehr ...

Dem Schütze-Pferd und dem Schütze-Menschen gemeinsam sind Mut, Begeisterungsfähigkeit und die Fähigkeit, sich anderen mitzuteilen. Das Selbstvertrauen, das den Schützen kennzeichnet, lodert wie ein Freudenfeuer, das auf andere Menschen wie ein zündender Funken wirken kann. Dieses Tierkreiszeichen versteht es, zögerliche Zeitgenossen aus ihrer Apathie herauszu-

reißen. Gewiß wird dabei auch viel Porzellan zerschlagen, aber
der Schütze macht das auf so gewinnende Weise, daß die Besitzer der Teller und Tassen es ihm nicht übelnehmen. Beschuldigt
man einen Schützen, daß er sich auf fremdes Territorium vor-
gewagt hat, so wird er sich damit rechtfertigen, daß er nur die
besten Absichten hatte ...

Es ist also nicht einfach, mit einem Schützen auszukommen.
Andererseits hätte sich ohne die Menschen dieses Tierkreiszeichens seit Adam und Eva nicht viel in der Welt bewegt.

Wie verläuft das Leben eines Schützen? Alles beginnt mit einer rebellischen Jugend. Der Schütze ist frühreif auf allen Gebieten. Er ist begierig, neue Erfahrungen zu sammeln, und genießt es, die Menschen zu schockieren und sie mit seinen Leistungen zu beeindrucken. Im Unterschied zum Widder, der ähnlich unternehmungslustig ist, wird der Schütze immer bereit
sein, die Konsequenzen seiner Handlungen zu tragen. Er besitzt
ein stark entwickeltes *Verantwortungsgefühl*. Ein junger Schütze,
der sein Geld fürs Studium in irgendeiner Lasterhöhle verspielt
hat, wird sich bis zum nächsten Monat durchhungern. Er wäre
viel zu stolz, seine Eltern um einen »Vorschuß« zu bitten.

In dieser Phase neigt der Schütze dazu, die Schule oder das
Studienfach zu wechseln, ebenso wie er die Arbeitsstelle und die
Freunde wechselt.

Irgendwann zwischen 30 und 40 wird der Schütze erwachsen.
Er wird friedlich, umgibt sich mit dem Komfort, der ihm nötig
erscheint, entwickelt Prinzipien und Tugenden. Wenn alles gut
geht, wird er zum Patriarchen, der seine Sippe mit eiserner
Hand, zugleich mit einer gewissen Großzügigkeit und Noblesse
regiert. Verläuft die Entwicklung negativ, so kann aus der Me-
tamorphose zum Beispiel ein Beichtvater entstehen, der aus dem
ihm anvertrauten Wissen unter Verletzung aller Sakramente
und Gesetze Kapital schlägt ...

Eine Ausnahme im Spektrum bilden die Schützen, die als
Erwachsene noch einmal das Steuer herumreißen und ohne er-
sichtliches Motiv einen völlig neuen Beruf ergreifen oder sich
einer Berufung widmen, die ihnen niemand zugetraut hätte ...

In den meisten Schützen finden wir beide Tendenzen wieder,

den Patriarchen und den Intriganten. Fast jeder Schütze wird die Beschuldigung zurückweisen, er sei materialistisch veranlagt. Statt dessen, so wird er vortragen, ist er von hohen Idealen erfüllt, ehrlich, großzügig, liberal und tolerant ... Es sind dies Eigenschaften, die er tatsächlich hat, allerdings zeigt er diese Seite seines Charakters nur denjenigen, die die gleichen Ansichten vertreten wie er!

Denn für den Schützen teilt sich die Menschheit in drei Gruppen:

1. Geschäftspartner und Freunde, die dem Schützen treu ergeben sind und seinen Ratschlägen auf allen Gebieten folgen. Dies sind »gute« Menschen.

2. Personen, die andere Auffassungen vertreten als der Schütze. Dies sind »böse« Menschen. Erschwerend kommt hinzu, daß sie »dumm« sind, sonst würden sie sich ja der Führung des Schützen unterordnen.

3. Menschen, die noch keine feste Meinung haben. Von ihnen erwartet der Schütze, daß sie sich alsbald der ersten Gruppe anschließen.

Der Schütze hat eine Fähigkeit, die ihn aus den anderen Tierkreiszeichen heraushebt. Wie kaum ein anderer versteht er es, Menschen auf die Beine zu bringen, Versammlungen zu veranstalten. Er ist der Mann, der Firmen und Clubs gründet. Anders als die Waage, die gern Streitigkeiten schlichtet, verfolgt der Schütze das Ziel, sich in einer größeren Gruppe zu *integrieren*. Dieses Tierkreiszeichen hat große Angst vor der Einsamkeit und verfällt in tiefe Depressionen, wenn es nichts zu tun hat. Der Schütze hat etwas Theatralisches an sich, etwas Großspuriges. Im Beruf wirkt sich das zum Beispiel so aus, daß ein Schütze ein Projekt auf den Weg bringt, die Finanzierung organisiert ... Nicht selten steuert das gegründete Unternehmen in eine Pleite, weil dem Schützen ein guter Geschäftsführer fehlt, der die Tagesarbeit bewältigt ...

Das beste, was dem Schützen passieren kann, ist die Identifikation mit einem Ideal. Dieses Sternzeichen ist in der Lage, für Gerechtigkeit zu kämpfen und seine ganze Energie für andere

Menschen hinzugeben. Für die Mitmenschen, die das jeweilige
Ideal nicht teilen, ist der Schütze allerdings ein unbequemer
Nachbar.

Liebe

Im Gefühlsleben des Schützen zeigt sich die gleiche Gespalten-
heit, die wir in seiner beruflichen Entwicklung beobachten können. Er ist hin- und hergerissen zwischen dem Bedürfnis nach
Sicherheit und dem Drang nach Freiheit.

Er neigt zu spontanen Verbindungen. Irgendwie sieht sich der
Schütze immer als Held einer Sage, die sich die Menschen Jahrhunderte später an heimeligen Winterabenden erzählen werden.

Der Schütze gesteht der Partnerin seine leidenschaftliche Liebe und verschwendet keine Gedanken daran, daß diese Liebe
vielleicht nicht erwidert wird. Für ihn ist klar, daß er jeden
Kampf gewinnt, auch den Kampf um die Geliebte.

Bleibt die Werbung ohne Erfolg, läßt der Schütze den Menschen wie ein heißes Eisen fallen: »Er (oder sie) war meine Liebe
sowieso nicht wert.« Insgesamt verhält sich der Schütze in einer
solchen Situation aber wie ein guter Verlierer. Er verbirgt seine
Enttäuschung und ist sogar in der Lage, der Person gegenüber,
die ihn verschmäht hat, eine gewisse Herzlichkeit zu bewahren.
Bedingung ist allerdings, daß er nicht gekränkt worden ist. Der
Schütze ist nämlich sehr schnell beleidigt!

Dieses Sternbild ist romantisch veranlagt, ohne über das zu
verfügen, was man als Sensibilität gegenüber den Bedürfnissen
anderer Menschen bezeichnen könnte.

Gefühlsausbrüche sind nicht typisch für den Schützen, er findet so etwas sinnlos. Wenn er in der Liebe auf Widerstand stößt,
reagiert er mit Taten, nicht mit Tränen. »Aus den Augen, aus
dem Sinn«, das ist ein Sprichwort, das ein Schütze erfunden
haben könnte ...

Wenn der Schütze eine Bindung beenden will, dann sagt er
das seiner Partnerin (oder seinem Partner) ohne Scheu. Er gibt
dem armen Menschen, der sich in ihn verliebt hat, zum Abschied die Hand und verschwindet.

Zu Ehren des Schützen muß man sagen, daß er nie Liebe heucheln wird. Er schläft mit niemandem, den er nicht wirklich gut leiden mag, und er verabscheut es, zwei Liebesbeziehungen zur gleichen Zeit zu unterhalten.

Nicht selten äußert sich ein Schütze enttäuscht über seine Partnerin oder seinen Partner. Dahinter steckt das Eingeständnis, daß es auf sexuellem Gebiet nicht geklappt hat. Die Schuld daran trägt meistens der Schütze. Es fällt ihm schwer, sich in der Liebe mit Leib und Seele hinzugeben.

Der Schütze-Mann

Er reist gern, er bewegt sich gern. Er braucht viel Platz, viel Raum. Die Fenster in seinem Haus sind ständig offen. Zu atmen, das ist für einen Schützen mehr als eine körperliche Funktion, es ist eine Freude, ein Erfolgserlebnis.

Viele männliche Schützen werden nie richtig erwachsen. Dieser Typ gibt gern an, aber er macht das mit so viel Charme, daß man ihm gern verzeiht. Im Unterschied zu seinem weiblichen Gegenstück ist der männliche Schütze wenig daran interessiert, sein Leben nach vernünftigen Erwägungen auszurichten.

Sein Fernweh macht ihn zum Abenteurer, auch auf geistigem Gebiet. Er verschlingt Buch um Buch, kann von Kultur nicht genug kriegen und verfügt über ein hohes Maß an Intelligenz. Der Schütze liebt Projekte, die sich auf lange Zeiträume erstrecken. Oft überträgt er anderen die Mühe, die Flure und Zimmerfluchten seiner Traumschlösser zu durchwandern und die begonnenen Projekte zu beenden.

Dazu paßt, daß er gern oberflächliche Bekanntschaften schließt. Oft interessiert ihn Quantität mehr als Qualität.

In der Liebe ist es fast unmöglich, ihn zu bändigen. Er ist und bleibt ein Abenteurer, der sich hauptsächlich von Dingen und Menschen angezogen fühlt, die ihm entfliehen möchten.

Die Schütze-Frau

Sie hat Humor und die Fähigkeit zu echter Freundschaft. Ihre intellektuelle Neugier sorgt dafür, daß sich die Schütze-Frau für philosophische Ideen begeistern kann.

Sie liebt Bewegung und alles, was in irgendeiner Weise aus dem Rahmen fällt. Die Schütze-Frau achtet darauf, »in« zu sein. Sie ist immer über die neuesten Ereignisse, den letzten Klatsch auf dem laufenden. Veränderungen, Überraschungen, neue Bekanntschaften, so stellt sie sich das Leben vor. Was die hausfraulichen Pflichten angeht, so hat die Schütze-Frau ein schlechtes Gewissen. Wie gern würde sie die Frau sein, in deren Haus der Fußboden und jedes Möbelstück vor Sauberkeit glänzt. Aber das bleibt nur ein Traum, der sich bei ihr nie erfüllen wird.

Wie ihr männlicher Gegenpart, so fühlt sich auch die Schütze-Frau von allem angezogen, was sich ihr entziehen möchte. Sie liebt es, Männer zu verführen, die Aufmerksamkeit auf ihren Körper zu lenken. Allerdings würde sie sich sehr dagegen wehren, wenn man ihr das Talent zur Anmache vorwirft ... Und doch ist gerade das die Eigenschaft, die einige Schütze-Frauen auszeichnet.

Flattert sie in der Jugend wie ein Schmetterling von einer Blüte zur anderen, so wird die Schütze-Frau in der Ehe das Muster einer treuen Gefährtin. Jetzt ist sie die Dame, die sich streng an den Sitten und Gebräuchen ihrer Schicht orientiert, die Frau, die gute Werke tut. Ihr größter Stolz ist es, wenn sie in einer Zeitung als Spenderin, als Wohltäterin genannt wird.

Bindungen

Da er im Grunde ein Romantiker, ein Naiver ist, glaubt der Schütze allen Ernstes, daß er im Urlaub, an irgendeinem südlichen Strand, die Frau seines Lebens kennenlernen wird. Er ist sicher, daß die Liebe das ganze Leben anhalten wird wie in einem Märchen: Man wechselt die Ringe, der Frosch verwandelt sich in einen wunderschönen Prinzen. Natürlich gibt es eine atemberaubend hübsche Braut, die nach der neusten Mode gekleidet ist. Die beiden küssen sich, lieben sich die ganze Nacht und haben viele gesunde Kinder. Und wenn sie nicht gestorben sind, dann leben sie heute noch ...

Solche Träume sind der Grund, warum viele Schützen schon in jungen Jahren heiraten, zuweilen auch gegen den Rat ihrer Eltern. Die Erwachsenen haben es schwer mit den jungen Leuten: Wer könnte einen Schützen umstimmen? Der Sohn ist fähig und geht zur Fremdenlegion. Die Tochter läuft weg, um sechs Monate später schwanger zurückzukehren und den elterlichen Segen unter Hinweis auf das Kind zu erzwingen!

Nur selten ist den ehelichen Verbindungen des Schützen, soweit sie in früher Jugend geschlossen werden, eine lange Dauer beschieden. Ganz allgemein steht dieses Sternbild mit der Wirklichkeit auf Kriegsfuß. Sein Blick ist immer auf den Horizont gerichtet. Nur logisch, daß ihn die Wäscheleine stört, auf der die Unterhosen und die Kinderwäsche hängen.

Der Schütze ist auch zu neugierig, um längere Zeit auf einen einzigen Menschen fixiert zu bleiben. Auch wenn er die Partnerin (oder den Partner) von Herzen liebt, ist diese Bindung immer gefährdet.

Ich hatte an anderer Stelle bereits erwähnt, daß der Schütze ein ausgeprägtes Verantwortungsgefühl hat; das bedeutet allerdings nicht, daß er gerne Verantwortung für andere übernimmt. Er fühlt sich durch eine solche Verpflichtung beengt und gestreßt.

Leider ist es so, daß der Schütze das Jammertal der Enttäuschungen mit den eigenen Füßen durchwandern muß, bis er die Vorzüge menschlicher Zuneigung und Liebe zu schätzen lernt. Er schlägt jeden Rat in den Wind. Das Schlimmste, was man einem Schützen antun kann, ist ihm auf die Schulter zu klopfen und zu sagen: »Was du jetzt durchmachst, habe ich alles schon erlebt. Warum hast du mich nicht gefragt?«

Der Schütze wird recht unangenehm, wenn er die Geduld verliert. Er wird laut, neigt zu Beleidigungen ... Allerdings ist die ganze Angelegenheit schon zehn Minuten später wieder vergessen. Der Schütze ist nicht nachtragend. Was nicht bedeutet, daß er unfähig wäre, aus Erfahrungen zu lernen. Wenn ein Schütze in einer bestimmten Situation Schiffbruch erlitten hat, wird ihn diese Erfahrung als Trauma das ganze Leben begleiten: Gebranntes Kind scheut das Feuer. Der Schütze gibt keinen guten

Die Berufe des Schützen

1. Berufe, die mit Fremdsprachen und mit Reisen in ferne Länder zu tun haben:
   - Dolmetscher, Übersetzer, Sprachforscher
   - Importeur, Exporteur, Botschafter, Forscher
   - Pilot, Steward, Stewardeß, Navigator
   - Fremdenführer, Angestellter in einem Reisebüro, Reisebegleiter

2. Berufe, die mit einem kulturellen Anspruch verbunden sind:
   - Dozent
   - Philosoph
   - Pfarrer
   - Jurist

3. Berufe, wo man mit Sport oder Tieren zu tun hat:
   - Reitlehrer, Jockey, Pferdezüchter
   - Gymnastiklehrer/in, Tänzer/in

4. Berufe, wo es auf das Knüpfen von Kontakten ankommt:
   - Pressesprecher
   - Impresario
   - PR-Mann, PR-Dame

Masochisten ab. Wenn er auf die linke Backe geschlagen wird, wird er darauf verzichten, die rechte Backe hinzuhalten.

Gern entscheidet sich dieses Tierkreiszeichen für das Leben eines Playboys oder einer Frau, die nichts anbrennen läßt. Viele Abenteuer, aber ja keine Bindung ...

Erst in einem gewissen Alter kehrt Ruhe ein, der Schütze heiratet. Wenn er schon verheiratet ist, läßt er sich scheiden und sucht sich die Partnerin (oder den Partner), nach der (oder dem) er sich sein ganzes Leben gesehnt hat. Diese Entscheidung kann sowohl aus dem Bedürfnis nach Sicherheit als auch aus gesellschaftlichen Erwägungen fallen. Wenn der Schütze zum zweiten

Mal heiratet, wird er sich eine Partnerin (oder einen Partner) aussuchen, der genau das Gegenteil der früheren Gefährtin (oder des früheren Gefährten) ist. Er läßt sich jetzt, Wunder über Wunder, von seiner Vernunft leiten. Zum Beispiel ist der Schütze in dieser Phase in der Lage, auf die geliebte Person zu verzichten, um sich mit dem Menschen zu verbinden, von dem er sich besondere Treue erwartet. Sicher ist sicher. Der Abenteurer verwandelt sich in einen braven Bürger, der allenfalls im Schutz der Dunkelheit oder in einer fremden Stadt vom Pfad der Tugend abweicht.

Allerdings gibt es auch Schützen, die auch im Alter keine Konzessionen an die Gesellschaft machen und bis zu ihrem Lebensende quer durch die Landschaft lieben!

Rat an Eva

Sie sollten sich für einen Schütze-Mann entscheiden, wenn folgende Feststellungen für Sie zutreffen:

- Sie können keinen Matrosen ansehen, ohne den Bommel an seiner Mütze zu berühren.
- Ihr Lieblingsschauspieler ist und bleibt Errol Flynn.
- Sie handeln nach Kiplings Devise »Gehe auf die andere Seite des Berges, dort wartet ein Geheimnis auf dich ...«
- Statt jeden Morgen ins Büro zu tigern, bin ich doch gleich lieber die Frau eines Botschafters ...

Warnung! Vermeiden Sie die Bindung mit einem Schütze-Mann, wenn folgende Feststellung für Sie zutrifft:

- Sie verabscheuen Menschen, die dauernd von ihren Reisen in ferne Länder erzählen.

Rat an Adam

Sie sollten sich für eine Schütze-Frau entscheiden, wenn folgende Feststellungen für Sie zutreffen:

- Sie sind als Vierzehnjähriger von zu Hause ausgerissen, um mit Hilfe einer gefälschten Geburtsurkunde in ein Fallschirmjägerbataillon aufgenommen zu werden.

- Ihr Alptraum ist eine Ehefrau, die Sie zwingt, vor dem Betreten des Wohnzimmers die Schuhe auszuziehen ...
- Auf Ihrem Wappen steht der Wahlspruch »Pflicht, Familie, Vaterland!«
- Ihre letzte Freundin ist in ihrem Provinznest zurückgeblieben, statt Sie auf die Reise in die große, weite Welt zu begleiten. Als Grund dafür hat sie angegeben, daß sie es nicht übers Herz bringt, ihre Goldfische zu verlassen.

Warnung! Vermeiden Sie die Verbindung mit einer Schütze-Frau, wenn folgende Feststellung für sie zutrifft:

- Sie finden es besser, wenn die Frau zu Hause bleibt, anstatt an Demonstrationen für das Recht auf Abtreibung teilzunehmen.

ERSTE PHASE

Kennenlernen

Wo treffe ich Schützen?

Die Schütze-Geborenen sind ebenso gesellig wie die Waage-Geborenen, allerdings sind sie bei der Auswahl ihrer Freunde und Bekannten nicht so wählerisch. Das Treffen im kleinen Kreis und das Abendessen bei Kerzenlicht bedeuten ihnen wenig. Statt dessen gehen sie lieber auf eine Party, wo viel los ist, wo die Leute verkehren, von denen man spricht ... Es ist ihnen vollkommen gleichgültig, was diese Leute für einen Beruf haben, aber sie haben ein sehr feines Gespür dafür, wer von den Gästen »in« oder »out« ist. Wenn in irgendeiner Illustrierten das Foto eines berühmten Stars erscheint, dem im Augenblick der Aufnahme ein wildfremder Mensch auf die Schultern klopft, dann spricht die Wahrscheinlichkeit dafür, daß es sich bei diesem wildfremden Menschen um einen Schützen handelt!

Der geheime Traum des Schützen ist es, zum Jet-Set zu gehö-ren, von einer internationalen Hotelkette zur Eröffnung eines Hotels in den Tropen eingeladen zu werden oder auf Einladung eines echten Maharadschahs auf Tigerjagd zu gehen ...

Wer nicht ganz so hoch zielt, bescheidet sich vielleicht mit der Arbeit in einem Reisebüro oder mit der Tätigkeit in einer Wer-beagentur, die mit der Wahlwerbung für eine Partei beauftragt ist. Tritt der Schütze einem Verein bei, dann vorzugsweise jenen, die sich einem noblen Zweck verschrieben haben, etwa einer Gruppierung, die sich um die Rechte unterdrückter Minderhei-ten kümmert.

Wenn Sie einen Schützen kennenlernen wollen, müssen Sie dafür sorgen, daß Sie oft auf Gesellschaften eingeladen werden. Gehen Sie oft ins Theater, verkehren Sie in Kreisen von Künst-lern, Journalisten und PR-Fachleuten. Es ist für den Erfolg Ih-rer Jagd nicht entscheidend, ob Sie viel Geld verdienen, sondern ob Sie in der Lage sind, viele Kontakte zu knüpfen.

Ich empfehle Ihnen weiter den Besuch politischer Veranstal-tungen, Demonstrationen und Versammlungen. Treten Sie in möglichst viele Vereine ein.

Sehen Sie sich aufmerksam unter den Menschen um, die Ih-nen dort begegnen. Der Mann, der mit beiden Händen gestiku-liert und mit sich überschlagender Stimme über einen völlig un-wichtigen Sachverhalt redet, ist mit ziemlicher Sicherheit ein Schütze.

Unter den Kinos, in die Sie sich auf Ihrer Suche nach den Schützen begeben, sollten Sie jene auswählen, wo Filme von Buster Keaton, von den Marx Brothers, von Charlie Chaplin und Woody Allen gespielt werden. Denn die Schützen haben einen subtilen Humor, der genau mit Filmen der oben beschrie-benen Art befriedigt wird, im Unterschied zu den Zwillingen, die sich bei einer typischen Klamotte, einem volkstümlichen Lust-spiel herrlich amüsieren.

Denken Sie auch daran, daß der Schütze ein großes Kind ist. Sie finden ihn folglich in Kinos, wo Filme von Walt Disney gespielt werden.

Obwohl der Schütze als Geburtsherrscher das Feuer hat und

entsprechend unternehmungslustig ist, ist er nicht immer sportlich interessiert. Wenn er aber Sport treibt, wird es eine Disziplin
sein, bei der man die Beine bewegen muß: Leichtathletik, Ski,
Eiskunstlauf ... Der Schütze liebt außerdem Bogenschießen
und Rudern.

Wenn Sie während Ihres Urlaubs nach Schützen Ausschau
halten wollen, sollten Sie sich für Ferienorte entscheiden, die
gerade »in« sind. Nicht in Frage kommen die Seychellen (zu
wenig Betrieb), die Malediven (aus dem gleichen Grund), Marokko und Tunesien (zu billig).

Bestens geeignet sind Rio und Mombasa. Und die Sahara?
Ich muß Sie enttäuschen, Sie werden dort keinen Schützen antreffen. Weil es dort nämlich keinen Gesellschaftsfotografen
gibt, der ihn (oder sie) für die Klatschspalten irgendeiner Illustrierten aufnimmt!

Woran man einen Schützen erkennt

Das ist gar nicht schwierig. Der Schütze macht sich deutlich
genug bemerkbar. Meist ist er Sprecher oder Anführer irgendeiner Gruppe, zumindest bildet er sich ein, das zu sein. Zuweilen
wird sich der Schütze an die Spitze einer unterdrückten Minderheit stellen, ein gutes Beispiel ist Robin Hood ... Der Schütze
wird, ob er sich nun im Gefängnis, auf den Zinnen eines mittel-
alterlichen Schlosses oder in den Slums der Dritten Welt befindet, auf die Fragen der Journalisten antworten, zum einen, weil
er immer etwas zu sagen hat, zum anderen, weil er sich davon
neue Kontakte erhofft. Ich kenne niemanden, dem es gelungen
wäre, einen Schützen, der eine Rede halten will, an der Ausfüh-
rung zu hindern.

Wenn der Schütze spricht, bezieht er seinen ganzen Körper in
den Vortrag ein. Er gestikuliert, daß jeder Italiener neidisch
werden würde, und es macht ihm nichts aus, wenn dabei vielleicht das wertvolle Porzellan der Gastgeberin zu Bruch geht.
Schließlich geht es ihm um ein hohes Ideal, meistens um die
Freiheit! (In der letzten Zeit werden, wie man immer wieder
liest, viele Verbrechen im Namen der Freiheit begangen.)

Wie der Löwe, so möchte auch der Schütze im Vordergrund stehen. Der Unterschied ist, daß der Löwe nicht so zu Übertreibungen neigt. Stiehlt irgend jemand dem Schützen die Show, so kann er sehr sauer reagieren. Er gleicht diese Schwäche aus, indem er im Augenblick des Triumphes Freunde und Fremde in seine Freude einbezieht. So oder so, er ist schlicht nicht zu übersehen. Er ist der Mann, der auf einer Party jeden Neuankömmling persönlich begrüßt. Er wird die anderen Gäste mit Ihnen bekanntmachen, wird Sie durch den Raum führen und mit ein paar geschickten Worten in Erfahrung bringen, wer Sie sind, woher Sie kommen, was Sie tun. Sobald er darüber ein bißchen Bescheid weiß, wird er Sie bei einer Gruppe von Gästen zurücklassen und sich einem anderen Neuankömmling zuwenden. Inzwischen haben Sie verstanden. Daß er sich um Sie gekümmert hat, hat nichts weiter zu bedeuten. Es entspricht seiner Natur, die nötigen Verbindungen zwischen den Menschen zu schaffen. Manchmal kommt einem der Schütze vor wie ein Liebesgott, der zwischen allen Menschen der Welt zärtliche Bande knüpfen will, dann wieder wie ein Kreisel, der durch den Raum springt und jeden, den er berührt, mit seiner Energie ansteckt!

Das äußere Bild der Menschen dieses Tierkreiszeichens? Das Gesicht ist ausdrucksvoll, der Blick offen bis neugierig, die Mimik lebhaft. Die Hände sind meist vorgestreckt, der Schütze geht auf die Menschen zu. Die Gestik ist schnell, man meint einem Tänzer zuzusehen ... Zuweilen fühlt man sich an ein Vollblutpferd vor dem Start zum Galopprennen erinnert.

Der männliche Schütze ist in seinen jungen Jahren meist schlank und muskulös. Im Laufe der Zeit neigt er dazu, ein Bäuchlein zu entwickeln. Die Schütze-Frau hat eine Tendenz zur Fülle. Was das Hinterteil betrifft, so würde der männliche Betrachter einige Vertreterinnen dieses Tierkreiszeichens, wenn die drastische Ausdrucksweise erlaubt ist, als »Achtzigtalerpferd« bezeichnen. Womit wir wieder beim Zentaur angelangt wären!

Der Schütze legt nur in wenigen Fällen Wert darauf, elegant zu wirken. Beide Geschlechter bevorzugen bequeme, sportliche Kleidung oder aber exotisch anmutende Gewänder. Während der Schütze-Mann sich oft in Klamotten gefällt, die er vor fünf oder zehn Jahren gekauft hat, verkleidet sich die Schütze-Frau gern als Amazone: Hemd und Hose, hüfthohe Stiefel, Minirock und dergleichen.

Soweit die Schütze-Frau Schmuck trägt, ist er auffällig, bunt, jugendlich. Sie liebt lebhafte Farben und Kontraste. Es gibt sogar Schütze-Damen, die es darauf anlegen, ihre Umwelt mit ihrer Kleidung, einer aufsehenerregenden Frisur und einem frechen Make-up zu schockieren.

Der weibliche Schütze geht nach der Mode, wobei »sie« vor Übertreibungen nicht zurückschreckt: Es entspricht der Wesensart dieses Sternzeichens, über das Ziel hinauszuschießen. Wenn ein Vetter fünften Grades stirbt, so wird die Schütze-Frau tiefverschleiert wie eine trauernde Witwe zum Begräbnis antreten. Zum Besuch der Schwiegermutter zieht sie sich an wie ein kleines Mädchen, das zur ersten Kommunion geht. Wird sie von ihrem Herrn Gemahl zum Abendessen ausgeführt, holt sie den eleganten Pelzmantel aus dem Schrank. Ob sie sich der Mode des Tages unterordnet, oder sich für Kleidung entscheidet, die vor allem auffallen soll, sie wird immer etwas übertreiben, das liegt in ihrer Wesensart begründet ...

Wie man einen Schützen auf sich aufmerksam macht

Es gilt der Grundsatz: Nicht kleckern, klotzen! Der Blick des Schützen schweift in die Ferne, wir müssen also mit großem Kaliber auffahren, wenn wir seine Gedanken auf die Erde zurückholen wollen. Ob man mit den ungewöhnlichen Maßnahmen, die dabei zur Anwendung kommen, den Schützen nicht verschreckt? Gewiß, ich kenne Geborene dieses Zeichens, die als brav bis bürgerlich einzuordnen sind. Der Schütze im reifen Alter ist vielleicht ein gemütlicher Dicker, der seinen Gürtel kaum noch zubekommt, die Schütze-Dame eine stämmige Hausfrau. Man vergißt dabei leicht, daß das Dickerchen in seinen jungen Jahren ein As im Hürdenlauf war und die Schütze-Frau die beste Turnerin ihrer Klasse.

Es gibt keine andere Lösung: Wir müssen den Schützen auf irgendeine Weise beeindrucken, damit er (oder sie) den Pfeil auf uns, nicht auf die Sterne richtet. Die beste Methode ist, wir zeigen hervorragende Leistungen auf intellektueller Ebene oder im Sport. Vorsicht! Es wäre sinnlos, wenn Sie vierzehn Jahre studieren, sich den Friedensnobelpreis verleihen lassen oder ein neues Gesetz der Schwerkraft entdecken. So etwas würde den Schützen zwar beeindrucken, aber es würde im Gefühlsbereich keine Anziehung herstellen, und wenn Sie eine Frau sind, würde er Sie sogar für einen Blaustrumpf halten. Wobei ein Schütze die einmal gefaßte Meinung nur in seltenen Fällen revidiert ...

Hier einige Ratschläge, wie Sie Schütze-Geborene nachhaltig auf Ihre Reize aufmerksam machen können:

- Sorgen Sie dafür, daß Sie den Pulitzer-Preis bekommen.
- Entdecken Sie einen neuen Kontinent oder einen Eingeborenenstamm, der noch in keinem Gelehrtenbuch verzeichnet ist.
- Laufen Sie 100 Meter in zehn Sekunden.
- Schreiben Sie einen historischen Roman, der eine Auflage von 1 Million erzielt.
- Wenn Sie eine Frau sind, lassen Sie sich zur Miß Universum, zumindest aber zur Miß Germany wählen.
- Lassen Sie sich in einer aktuellen Fernsehsendung interviewen. Wenn das Fernsehen kein Interesse zeigt, tut es auch ein Interview fürs Radio.
- Verheiraten Sie sich mit einer bekannten Persönlichkeit, und lassen Sie sich dann mit möglichst viel publizistischer Begleitmusik wieder scheiden.
- Fallen Sie bei jeder sich bietenden Gelegenheit aus der Rolle!

Wenn das alles nichts nützt? Wenn die berühmte Persönlichkeit nicht zur Ehe rumzukriegen ist? Dann können Sie sich immer noch auf die Warteliste des Schützen setzen lassen. Und das funktioniert so:

1. Machen Sie eine kleine Erfindung. Was Sie erfinden, ist eigentlich nicht so wichtig, es muß nur wahnsinnig originell sein.

2. Erzählen Sie dem Schützen von Ihrer Erfindung. Beklagen
   Sie sich bei ihm, daß niemand auf der großen, weiten Welt
   Sie versteht. Niemand ist bereit, Ihnen zu helfen, obwohl die
   historische Bedeutung Ihrer Erfindung doch offensichtlich
   ist ...

Der Schütze wird Ihnen jetzt eine Reihe von Fragen stellen, die
alle auf die Rentabilität des Projektes abzielen. In der Folge
übernimmt er es, Sie und Ihre Erfindung bei allen seinen Freunden und Bekannten ins Gespräch zu bringen. »Mein lieber Paul,
es gibt da jemanden, der sich für deine Erfindung interessieren
könnte ...« Damit ist Ihr Glück gemacht, Sie haben die Aufmerksamkeit des Schützen errungen. Leider werden Sie nie erfahren, ob die Verbindung aus Liebe oder im Hinblick auf die
finanzielle Auswertung Ihrer Erfindung zustandekam!
Es gibt eine dritte Methode, um den Schützen aus der Reserve
zu locken. Wir bedienen uns dabei der Vorliebe, die die Geborenen dieses Zeichens für alles Exotische und Fremdartige hegen. Das Stichwort heißt Reisen. Für den Schützen sind Sie interessant, wenn Sie jede Menge Abenteuer in der Fremde erlebt
haben. Es genügt auch, wenn Sie das nur behaupten ... Führen
Sie immer ein paar Fotos mit, die Sie im Kanu, beim Überwinden gefährlicher Stromschnellen, zeigen. Sehr geeignet ist auch
ein Schnappschuß, der Sie beim Erklimmen eines Gipfels im
Karakorum zeigt ... Es beflügelt die Fantasie des Schützen,
wenn Sie Stewardeß bei einer Luftlinie, Chefpilot eines Jumbo-
Jets oder Kapitän eines Kreuzfahrtschiffes sind. Auch Globe-
trotter und die Privatsekretäre (Privatsekretärinnen) des
Außenministers sind für den Geborenen dieses Tierkreiszeichens von großem Interesse. Vielleicht arbeiten Sie in einem
Reisebüro, so daß Sie den Vorteil genießen, Auslandsreisen zum
Spartarif zu buchen ... In all diesen Fällen ist Ihnen die Bewunderung des Schützen gewiß. Sie brauchen ihn jetzt nur noch einzuladen, Sie nach Rio oder Hawaii zu begleiten! Eine Kleinigkeit habe ich vergessen zu sagen: Es kommt nicht darauf an, daß
Sie wirklich Stewardeß oder Kapitän zur See sind, Sie brauchen
dem Schützen nur glaubwürdig den Eindruck vermitteln, daß es

sich so verhält ... Er ist nämlich sehr gutgläubig, was Ihnen bei Ihren Flunkereien eine große Hilfe sein dürfte!

Was tun, wenn's nicht klappt? Was tun, wenn der Schütze bei Ihrer Schilderung der Andenüberquerung zu gähnen beginnt? Was tun, wenn er Ihre Erlebnisse auf der Pauschalreise nach Ibiza überhaupt nicht beeindruckend findet? Es bleibt Ihnen ein letzter Ausweg: Ahmen Sie eine Fertigkeit nach, die der Schütze zur Perfektion beherrscht. Und dann, im entscheidenden Augenblick, machen Sie einen Patzer. Jupiter wird vom Olymp herabsteigen und sich des armen Sterblichen erbarmen, der die Götter herausforderte ...

ZWEITE PHASE

Die Beziehung

Wie man einen Schützen verführt und an sich bindet

Ist es wirklich nur ein Zufall? Unter den Schütze-Geborenen gibt es wenig Menschen, für die eine Enttäuschung in der Liebe einen großen Einbruch in ihrem Gefühlsleben darstellen würde. Laufen die Dinge nicht ganz so, wie es der Schütze sich vorgestellt hat, wendet er sich anderen Dingen zu. Depressionen, wie sie andere Tierkreiszeichen bei solchen Gelegenheiten heimsuchen, kennt er nicht. Eine Weile lang allein zu leben, ist für den Schützen eine Erholung, zumal er weiß, daß die Periode der Einsamkeit nie besonders lange dauert.

Weil der Schütze spontan, liebenswürdig und warmherzig ist, ist er immer von einem Kreis von Freunden umgeben, darunter auch Parasiten, die etwas von seiner Energie in ihren eigenen Blutstrom leiten wollen. Der Schütze weiß das, es macht ihm nichts aus. Er ist nicht geizig. Seine Philosophie: Diese Welt ist die schönste aller möglichen Welten ...

Wegen der oben beschriebenen Charaktereigenschaften ist es nicht leicht, den Schützen allein anzutreffen. Auch wenn Sie ein Gespräch unter vier Augen zustandebringen, müssen Sie jederzeit damit rechnen, daß unangemeldet eine fröhliche Schar bei ihm einfällt. »Wir haben eine Flasche Wein mitgebracht. Wir stören doch nicht, oder?« Nein, den Schützen stört so etwas nicht; Ihr Versuch allerdings, ihn zu verführen, geht in dem freundschaftlichen Aufruhr, der sich jetzt entfaltet, kläglich unter.

Der Schütze findet es völlig normal, daß er von Freundinnen (oder Freunden) umgeben ist, die sich für einen Flirt mit ihm (oder ihr) bereithalten. In diese verschworene Gemeinschaft einzudringen, ist kein leichtes Unterfangen ...

Sie sollten wissen, daß Sie keinen Erfolg haben werden, wenn Sie sich in die Schlange der Verehrerinnen (oder Verehrer) einreihen, die auf einen gnädigen Wink des Schützens hoffen. Um zu Ihrem Ziel zu gelangen, müssen Sie genau das Gegenteil tun: Sich ihm (oder ihr) entziehen. Verhalten Sie sich freundschaftlich, aber kühl. Ihre erotische Ausstrahlung sollten Sie auf das Niveau zurückschrauben, das ein achtzigjähriges Mitglied des Politbüros der UdSSR erreicht ...

Vermitteln Sie dem Schützen das Gefühl, daß Sie zu ihm eine Beziehung aufbauen wollen, die sich von den üblichen Beziehungen unterscheidet. Konzentrieren Sie sich in der Unterhaltung auf ein gemeinsames Ideal. Schlagen Sie ihm vor, daß Sie gemeinsam auf eine politische Veranstaltung oder auf ein Fest gehen könnten.

Werden Sie sein (oder ihr) Komplize, die Freundin (oder der Freund), mit der er (oder sie) sich vergnügt. Wenn Sie ein paar Mal miteinander ausgegangen sind, können Sie beginnen, die Beziehung Ihres Freundes (oder Ihrer Freundin) zu seiner früheren Gefährtin (oder zu ihrem früheren Gefährten) zu unterminieren. »Ich kenne dich ja jetzt recht gut, und deshalb verstehe ich nicht, warum ein Mensch wie du mit Helga (oder Ottokar) verkehrt. Sie (oder er) ist deiner nicht würdig ... Vielleicht täusche ich mich, aber ich habe den Eindruck, daß du sie (oder ihn) sowieso leid bist ...«

Hilfreich ist es auch, wenn Sie ihn (oder sie) eifersüchtig machen. Sie sind, ob's nun stimmt oder nicht, die Frau (oder der Mann), nach der (oder dem) sich alle Männer (oder Mädchen) verzehren. Für den Schützen ist das eine klare Aufforderung, die Rivalen (oder Rivalinnen) aus dem Felde zu schlagen!

In jedem Fall müssen Sie Ihren ganzen Charme, Ihre ganze Energie einsetzen. Wenn Sie zu den Menschen gehören, die bis dahin ihr Aussehen vernachlässigt haben, so müssen Sie eine Wendung um 180 Grad vollziehen. Sie müssen Sport und Gymnastik treiben, Atemübungen machen, sich geistig und körperlich auf die Begegnung mit dem Schützen vorbereiten.

Die Schütze-Frau mag Männer, die etwas von sich hermachen; der Schütze-Mann mag selbstbewußte Frauen, Geschöpfe, die wissen, was sie wollen.

Denken Sie daran, je mehr Widerstand Sie dem Schützen entgegensetzen, um so eher wird er sich mit Ihnen auf das schöne und kitzlige Spiel der Liebe einlassen. Was sich liebt, das neckt sich ...

Sex

Um es ohne Umschweife zu sagen: Sex ist nichts, was dem Schützen sonderlich wichtig erscheint. Nicht, daß die Schütze-Geborenen kein Temperament hätten, viele von ihnen sind erotisch recht aktiv ... Aber sie finden, daß es im Leben eine Reihe Dinge gibt, die mindestens ebenso wichtig sind wie Sex. Was das für Sie bedeutet? Der Schütze gehört nicht zu den Tierkreiszeichen, die man ohne große Anstrengung verführen kann. Außer der eigenen Bereitschaft zum Sex müssen auf Ihrer Seite noch andere Qualitäten hinzukommen, damit der Schütze seinen Pfeil auf Sie abschießt. Ich spreche von Intellekt, Intelligenz, Unternehmungslust.

Ein Schütze kann ein Liebesabenteuer haben, ohne daß ihn (oder sie) das seelisch im geringsten berührt. Erst wenn er (oder sie) sich entschlossen hat, eine tiefere Bindung einzugehen, kommt die Seele ins Spiel. Und so kann es einer Frau, die mit dem Schützen ins Bett geht, passieren, daß er sie am nächsten

Morgen mit einem Klaps auf den Po verabschiedet. »Es war nett mit dir. Ciao!«

Wenn Sie trotz meiner Warnung eine Nacht mit einem Schützen riskieren wollen, dann brauchen Sie sich um die Details keine Sorgen zu machen. Schützen sind im sexuellen Bereich spontan und einfach, ohne Verkrustungen. Die Seitenwege der Liebe, die gewissen anderen Tierkreiszeichen so verlockend erscheinen, können sie nicht reizen. Für sie muß das Ganze Hand und Fuß haben. Klares und Wahres. Die Schütze-Frau wird nicht das Pflänzchen Rühr-mich-nicht-an spielen. Was den männlichen Schützen angeht, so wird er sich auf Sie stürzen wie eine Biene auf die Blume! Wenn die Umarmung vorüber ist, wird er Sie zärtlich streicheln. Wenig später wird er sanft entschlummern ...

Soweit das Ex-und-hopp-Erlebnis mit dem Schützen. Wenn Sie eine richtige Bindung mit einem Schützen eingehen wollen, müssen Sie natürlich eine ganz andere Strategie befolgen.

Wenn es sich um einen Mann handelt, kommt nur eine Methode in Frage: Sie müssen ihn so lange wie möglich zappeln lassen. Ich weiß, das entspricht nicht dem Trend der heutigen Zeit, aber es gibt keine andere Möglichkeit, einen Schütze-Mann dauerhaft an sich zu binden. Wenn Ihnen keine andere Ausrede einfällt, können Sie sich ihm mit dem Argument verweigern, daß Sie Ihre Unschuld dem Vater Ihrer Kinder opfern werden.

Wenn das Argument mit der Jungfernschaft, aus welchen Gründen auch immer, nicht anwendbar ist, sollten Sie sich trotzdem weigern, mit dem Schützen zu schlafen. Sagen Sie ihm: »Ich bin auf eine ernsthafte Bindung aus. Da das mit dir nicht möglich ist, bin ich dafür, daß wir einfach gute Freunde bleiben ...«

Wenn Sie dann endlich seinem Drängen nachgeben, sollten Sie das mit einem gewissen Protokoll umkränzen. Ort und Zeit sind sorgfältig zu wählen. Sie könnten die erste Liebesnacht zum Beispiel im Haus seiner Großeltern erleben ... Wenn es soweit ist, stoßen Sie einen gut hörbaren Schmerzensschrei aus! Der Schütze ist ein Mann, der den Traditionen verhaftet ist. Er wird sich seiner Familie gegenüber verpflichtet fühlen, die Sache in legale Bahnen überzuleiten. Wenn er noch sehr jung ist, müssen Sie Jungfrau sein. Es gibt keine andere Lösung!

Wenn Sie ein Mann sind, der eine Schütze-Frau verführen will, müssen Sie ebenfalls mit der Verzögerungstaktik arbeiten. Seien Sie ihr ein guter Freund, aber weichen Sie aus, sobald das Bett in Sicht kommt. Wenn Sie dann trotzdem mit ihr schlafen, sagen Sie ihr, Sie hätten eigentlich keine Bindung eingehen wollen. Allerdings sei sie eine Ausnahme, die Ihren Überlegungen eine neue Richtung gegeben hat.

Oder aber Sie »nehmen« die Schütze-Frau mit sanfter Gewalt und halten dann um ihre Hand an. Besser noch: Sie entführen sie ... Keine Schütze-Frau, die sich nicht ihrem Entführer lustvoll hingeben würde.

Das Leben mit einem Schützen

Wenn es sich um einen »braven« Schützen handelt, der in seiner Jugend auf wilde Experimente und Abenteuer verzichtet hat, werden Sie eine bürgerliche Ehe führen. Sollten Sie sich allerdings für den Abenteurertyp (die Mehrheit der Schützen gehört dazu) entschieden haben, so werden Sie alle Energie und unheimlich vel Geduld brauchen, um diese Bindung durchzustehen.

Es ist schon so, der Schütze, ob männlich oder weiblich, möchte sich in der Ehe nicht eingesperrt fühlen. Schon bei der kleinsten Eifersuchtsszene packt er (oder sie) die Koffer. (Ein guter Rat: Wenn der Schütze Sie anschreit, schreien Sie noch lauter zurück. Das wirkt, denn der Schütze ist sehr überrascht, wenn ihm in gleicher Münze heimgezahlt wird.)

Jedenfalls ist wichtig, daß Sie seinen (oder ihren) Drang nach Unabhängigkeit respektieren. Lassen Sie ihn (oder sie) an der langen Leine laufen. Nehmen Sie hin, daß er (oder sie) kurze Affären zur linken Hand hat. Wenn die Seitensprünge überhand nehmen, revanchieren Sie sich, indem auch Sie sich in Nachbars Garten umsehen. Schließlich haben Sie die gleichen Rechte, oder etwa nicht?

Allerdings sollten Sie sich mit dem Schützen wegen dieser

Dinge nicht streiten, und natürlich sollte es wegen solcher Seitensprünge zwischen Ihnen auch nie zu Tätlichkeiten kommen. Der Schütze, ob Mann oder Frau, verabscheut Zwist, Ärger, Zerwürfnisse. Er würde aus einer solchen Bindung, wenn dieses Extrem erreicht ist, sehr schnell herausgehen und für immer verschwinden. Die Affären, die der Schütze hat, müssen übrigens nicht immer im Bett enden. Kaum ein anderes Tierkreiszeichen kann das verstehen, aber der männliche Schütze sehnt sich nicht so sehr nach einer Freundin, mit der er seine Frau betrügen kann, als nach einer Vertrauten, mit der er sich wie mit einem guten Freund aussprechen kann. In ähnlicher Weise zieht es die verheiratete Schütze-Frau nicht in ein fremdes Bett, sondern an den Tisch eines verständnisvollen Mannes, vor dem sie ihre Probleme ausbreiten kann. Wenn die Partnerin des Schützen ein eifersüchtiger Stier oder ein unsicherer Skorpion ist, dürfte der Haussegen oft schiefhängen!

Eine Lösung für auftauchende Probleme ist, daß Sie sich einem anderen Ideal zuwenden, als es der Schütze verfolgt. Die beste Lösung ist und bleibt natürlich, wenn Sie und Ihr Schütze, unangefochten von anderen Menschen, die gleichen Ziele verfolgen.

Wie man einen Schützen zur Ehe rumkriegt

Der Schütze, dessen Pfeile bis ins Universum fliegen, ist ein Wesen, das sich höchst ungern an die Kette legen läßt. Es kann zum Beispiel vorkommen, daß er (oder sie) am Vorabend der geplanten Trauung spurlos verschwindet. Vor allem der männliche Schütze hat einen Horror, wenn er sich vorstellt, daß er nun seine Freiheit verlieren wird, an der er so hängt, und so neigt er dazu, fünf Minuten vor zwölf einen Vorwand zu konstruieren, damit der bittere Kelch an ihm vorübergeht.

Etwas leichter fällt der Gang zum Standesamt der Schütze-Frau. Zwar ist auch sie von dem Streben nach Unabhängigkeit beseelt, aber sie möchte zugleich als »anständige« Frau gelten. Dazu gehört die Heirat.

Der Schütze-Mann wird sich in vielen Fällen nur dann zur

Kleine Geschenke
erhalten die Freundschaft

Geeignet für Schützen beiderlei Geschlechts:

- Pfeil und Bogen
- Ski
- Atlas
- Ferienreise ins Ausland

Nur für »ihn«:

- Cowboy-Stiefel oder Jogging-Schuhe
- Abonnement für ein Nachrichtenmagazin
- Fliege oder Krawatte
- Billardtisch

Nur für »sie«:

- Wildlederkleid mit Fransen
- Ballettschuhe und Trikot
- Bücher, die von früheren Zivilisationen, von Religionsgeschichte und Moral-Theologie handeln ...
- Tierfell als Wandschmuck

Wenn es etwas mehr kosten darf:

- Reisebüro
- Ein Ideal, für das er (oder sie) kämpfen kann

Das besondere Geschenk:

- Das Buch eines bekannten Autors, dessen Thesen in krassem Gegensatz zu den Ansichten des Schützen stehen

Ehe durchringen, wenn es keine andere Möglichkeit gibt, an die Frau seiner Träume heranzukommen. Jetzt macht es sich bezahlt, daß Sie seiner Werbung nicht gleich nachgegeben haben!

Die beste Methode, den Schützen zum Traualtar zu schleppen, ist, ihn zu überzeugen. Sagen Sie ihm (oder ihr), daß er (oder sie) der ideale Vater (oder die ideale Mutter) Ihrer künftigen Kinder ist. Es gibt natürlich noch einige Tricks, die unterhalb der Gürtellinie liegen. Ich werde diese Methode hier nicht beschreiben. Wer etwas Fantasie hat, wird von selbst darauf kommen ...

Wenn Sie mit dem Schützen die Ringe getauscht haben, sollten Sie, der Herr der Schöpfung, nicht den Spießer, den guten Bürger mit festen (und langweiligen) Angewohnheiten herauskehren. Sie, die Frau des Schützen, sollten sich auf keinen Fall in eine perfekte Hausfrau verwandeln. Für die Ehe mit einem Schützen wäre das tödlich. »Er« würde sich vom besten Abendessen der Welt nicht von seinen Eskapaden abhalten lassen, und »sie« würde sich alsbald einen neuen Partner suchen, der keine Karikatur, sondern ein richtiger Mann ist.

DRITTE PHASE

Wie man mit einem Schützen Schluß macht

Die Trennung von einem Schützen ist leicht, das ist vielfach bewiesen. Das Eheversprechen, der gute Ruf, die Angst vor dem Skandal, die früheren Gemeinsamkeiten – all die Gründe, die andere Tierkreiszeichen vor der Beendigung einer Beziehung zurückschrecken lassen, sind in den Augen eines Schützen belanglos. Nicht einmal die Kinder sind für ihn (oder sie) ein Argument, daß man weiterhin zusammenleben sollte. Er findet nämlich, daß Kinder besser bei der geschiedenen Mutter oder dem geschiedenen Vater aufwachsen als in einem Elternhaus, wo dauernd Streit herrscht. Eine Ansicht, die einiges für sich hat!

Ein Grund, der oft gegen eine Trennung oder Scheidung ins Feld geführt wird, läßt den Schützen kalt: Der Hinweis darauf, daß der Partner leiden könnte. Er, der Schütze, leidet nämlich überhaupt nicht – und geht wie selbstverständlich davon aus, daß der Partner (oder die Partnerin) die Trennung oder Scheidung ebenso unbeschadet übersteht.

Der Schütze verschwindet freiwillig, statt sich rausschmeißen zu lassen; wenn der Bruch unvermeidlich scheint, ergreift er die Initiative. Er geht dabei nicht immer sehr fair vor. Zum Beispiel gibt es viele Schützen, die den Partner in einer Nacht- und Nebelaktion verlassen. Ist es der Schütze, der verlassen wird, so wird der Grund oft darin liegen, daß er den Bogen überspannt hat.

Es gibt eine Minderheit weiblicher Schützen, die sich mit Händen und Füßen einer Scheidung widersetzen werden. Sie pochen auf das Gesetz, auf die Familie, auf die Tradition, und setzen dem armen Mann, der sich von ihnen lossagen will, mit allen möglichen Mitteln zu. Sie kommen ins Büro des Mannes, wo sie einen Skandal sondergleichen entfesseln. Sie bedrohen die »Neue«, obwohl die nun wirklich nichts dafür kann, daß die Ehe nicht funktioniert hat ... Es gibt nur eine Methode, um die Trennung von einer solchen Frau zu vollziehen: die Flucht. Ziehen Sie in ein fernes Land, wo Sie das ungeliebte Wesen nicht mehr erreichen kann. Überlassen Sie ihr die Kinder, und machen Sie drei Kreuze hinter die ganze Angelegenheit.

Kleiner Tip: Wenn Sie einen Schützen verlassen, so kann das die abgekühlten Beziehungen zwischen Ihnen auch wieder anwärmen ...

Ich will Ihnen jetzt verraten, wie Sie die Trennung oder Scheidung von einem Schützen beschleunigen können ...

Wie man einen Schütze-Mann nervt

- Folgen Sie ihm auf Schritt und Tritt.
- Beauftragen Sie einen Privatdetektiv damit, ihn zu beschatten. Den schriftlichen Bericht des Detektivs legen Sie dem Schützen auf den Frühstückstisch.
- Rufen Sie ihn täglich zwanzigmal im Büro an, um ihn daran zu erinnern, daß er Windeln für das Kind und Aspirin kaufen soll; bitten Sie bei jedem Anruf seine Sekretärin, darauf zu achten, daß er seine Leberpillen nimmt ...
- Sagen Sie bei einem Essen in Gesellschaft von Freunden: »Wenn ich dich doch nur nicht geheiratet hätte! Meine Mut-

ter hat mich übrigens gleich gewarnt, sie war von Anfang an der Ansicht, ich würde mit Klaus-Dieter viel glücklicher werden ...«

Wie man eine Schütze-Frau nervt

- Zwingen Sie Ihre Frau, mit Ihnen und Ihrer Mutter unter dem gleichen Dach zu leben.
- Planen Sie Ihre Zukunft bis ins letzte Detail. Beispiel: »In zehn Jahren kaufen wir uns das und das Auto ...«
- Sprechen Sie schlecht über ihre Freundinnen und Freunde. Beispiel: »Merkst du denn nicht, daß sie dich und deinen Idealismus überhaupt nicht ernstnehmen?«
- Variante: »Eigentlich war ich beim Entschluß für unsere Ehe davon ausgegangen, daß du eine Frau bist, keine Freizeitpolitikerin!«

Für Schützen beiderlei Geschlechts anwendbar:

- Nehmen Sie ihr (oder ihm) den Reisepaß weg.
- Ihnen wird bei jeder Reise schlecht, egal, ob Sie im Zug, im Flugzeug oder im Auto sitzen ...

Berühmte Schützen

Herren:

Woody Allen, Ludwig van Beethoven, Willy Brandt, Horst Buchholz, Winston Churchill, Sammy Davis, Walt Disney, Kirk Douglas, Paul Getty, Heinrich Heine, Papst Johannes XIII., Curd Jürgens, Robert Koch, Rainer Maria Rilke, Maximilian Schell, Frank Sinatra, Alexander Solschenizyn, Josef Stalin, Henri de Toulouse-Lautrec, Gustave Flaubert.

Damen:

Maria Callas, Jane Birkin, Jane Fonda, Edith Piaf, Liv Ullmann, Barbara Valentin.

Die Tierkreiszeichen
und ihr Verhältnis zum Schützen

Sie selbst sind ...

Widder

Sie mögen den Schützen, weil er Ihren Träumen von Freiheit und Abenteuern Flügel verleiht. Sie beide verfügen über viel Energie und Begeisterungsfähigkeit ... Aber es fehlt Ihnen am Sinn fürs Praktische. Die erste Telefonrechnung oder der erste Lohnsteuerjahresausgleich kann das Ende Ihres Idylls bedeuten!

Stier

»Ein Mensch, der zu leben versteht.« Das ist Ihr Urteil über den Schützen. Klar, daß Ihnen sein Mut, seine ganze Art, die Dinge anzugehen, gefällt. Recht bald aber werden Sie seiner überdrüssig werden. Vorsicht: Er ist nicht der Typ, der nach einer Trennung wieder zu Kreuze kriecht.

Zwilling

»Endlich mal ein Mensch, der weiß, was er will!« Das ist Ihre Einschätzung des Schützen. Sie sind beeindruckt von der Leichtigkeit, mit der er Entscheidungen trifft. Außerdem werden Sie an ihm schätzen lernen, daß er Ihnen genau die Freiheit läßt, die Sie brauchen. Ihre Verbindung wird glücklich sein und sehr, sehr lange dauern ...

Krebs

Er, der Schütze, hat den Mut, die Dinge zu tun, von denen Sie nur träumen. Zwischen Ihnen funkt es ganz gehörig. Allerdings sind Sie zu kompliziert für Ihren Partner, und er ist ein so schlechter Psychologe, daß er Sie nie verstehen wird. Zwei Königskinder, die nie zusammenkommen werden.

Löwe

Sie werden sich gut verstehen. Allerdings ist keiner von Ihnen bereit, dem anderen die Führung zu überlassen. Was bedeutet, daß es gewisse Spannungen geben wird, die ihr Verhältnis beleben werden. Trotzdem werden Sie gemeinsam große Erfolge erringen ...

Jungfrau

Sie sind von dem Schützen überwältigt, finden ihn aber zugleich sehr unvernünftig. Wenn er auf Sie eingeht, könnte die Bindung einige Zeit halten. Ich zweifle allerdings daran, daß er zu einem solchen Entgegenkommen bereit ist ...

Waage

Der Schütze übt auf Sie einen positiven, dynamisierenden Einfluß aus. Eine Entscheidung hinauszögern, das kennt er nicht. Er hat den Mut, der Ihnen so oft fehlt. Wie Sie, so möchte auch der Schütze ein bewegtes Leben führen. Wenn er Sie nicht wie ein Püppchen behandelt, könnte alles gutgehen!

Skorpion

Sie lieben den Schützen, weil er so dynamisch ist, aber Sie kreiden ihm an, daß er so dick aufträgt. Seine Selbstsicherheit empfinden Sie als Vorwurf. Sie hätten große Lust, das Gebäude seines Hochmuts zu erschüttern. Offen gesagt, Sie haben wenig Chancen, das zu schaffen. Mein Rat: Nehmen Sie den Schützen, wie er ist!

Schütze

Sie werden diese Zeilen nicht lesen, weil Sie mit Ihrem Ebenbild längst auf eine Reise gegangen sind. Wenn Sie zurückkehren, werden Sie unglaubliche Abenteuer zu erzählen haben!

Steinbock

Ganz schön schwierig! Sie halten ihn für einen Flegel, er hält Sie für strohdumm. Wenn der Schütze noch jung ist, gibt es keine Möglichkeit der Verständigung. Erst wenn Ihr Partner älter wird, können Sie es versuchen. Kleine Überraschung: Inzwischen sind Sie einander ziemlich ähnlich geworden!

Wassermann

Eine Verbindung, die in jeder Beziehung positiv ist. Übrigens brauchen sie keine Wohnung zu mieten, Sie werden selten zu

Hause sein! Der Schütze und Sie werden gute Freunde sein, nicht so sehr das Liebespaar, das man sich bei einer idealen Verbindung vorstellt. Aber das ist etwas, was nur Sie angeht ...

Fische

Lassen Sie sich von der Energie des Schützen nicht allzusehr beeindrucken. Natürlich fasziniert so etwas. Sie sollten aber wissen, daß Ihnen der Schütze im Gefühlsbereich nicht gewachsen ist. Er kann die Bandbreite Ihrer Empfindungen nicht verstehen, und er ist nicht in der Lage, seinen eigenen Gefühlen freien Lauf zu lassen.

Der Steinbock

Element: Erde
Geburtsherrscher: Saturn

Überblick über die Persönlichkeit des Steinbocks

Das Leben des Steinbocks teilt sich in zwei Perioden: Die Zeit vor dem dreißigsten Lebensjahr und die Zeit danach. Das entspricht genau der Umlaufzeit seines Geburtsherrschers Saturn. Dieser Planet braucht 29 Jahre und 167 Tage, um seine Bahn um die Sonne zu vollenden.

In den ersten dreißig Jahren seines Lebens befindet sich der Steinbock auf der Suche. Ihm ist nicht wohl in seiner Haut. Er ist unsicher, er befürchtet, von den anderen Menschen zurückgewiesen zu werden. Man könnte sagen, daß der Steinbock in diesem Stadium noch ein Embryo ist.

Nach dem dreißigsten Lebensjahr ist der Steinbock in der Lage, die Erfahrungen zu verwerten, für die er in seiner Jugend teuer bezahlt hat. Er schließt Frieden mit sich selbst.

Weil sich die eigentliche Reifung des Steinbocks erst nach dem dreißigsten Lebensjahr vollzieht, verhält er sich in der Jugend recht zögerlich. Die sexuellen Beziehungen zum anderen Geschlecht werden oft mit einer gewissen Verspätung begonnen. Die beruflichen Erfolge stellen sich später ein als bei anderen Sternzeichen. Der Steinbock heiratet auch später als die meisten Menschen.

Der Steinbock ist von geradezu krankhafter Empfindlichkeit. Von der Außenwelt schottet er sich durch zur Schau getragene Ruhe ab. Gefühle zu zeigen, das ist für die Geborenen dieses Zeichens eine Aufgabe, die nur noch mit dem Schwierigkeitsgrad einer Doktorarbeit zu vergleichen ist!

Der Steinbock ist für seine Strenge bekannt. Er nimmt alles sehr, sehr ernst. Er ist der Mensch, der seine Versprechen pünkt-

Steckbrief des Zeichens Steinbock

Die wichtigsten Tugenden: Ernsthaftigkeit, Härte, Ehrlichkeit

Die wichtigsten Schwachstellen: Übertriebene Strenge und die Neigung, alles viel zu ernst zu nehmen

Bevorzugte Rolle in der Gesellschaft: Beichtvater

Denkbar ungeeignet als: Arbeitstier

Vorbild: Louis Pasteur

Antikes Vorbild: Penelope

Bevorzugtes Beförderungsmittel: Traktor

Lieblingsgericht: Gemüsesuppe

Lieblingsgetränk: Schnaps

Lieblingsfarbe: Alle Brauntöne

Lieblingssport: Bergsteigen

Bevorzugte Kleidung: Anthrazitfarbener Überzieher

Kopfkissenbuch: »Der Graf von Monte Christo«

Bevorzugte Sendung im Fernsehen: Podiumsdiskussion über politische Themen

Das Möbelstück, das der Steinbock am wenigsten missen möchte: Standuhr

Metall: Blei

Glücksstein: Onyx

Bedrohter Körperteil: Knochen und Gelenke

Lieblingsmusik: Gregorianische Gesänge

Wo er (sie) sich am liebsten aufhält: Kloster

lich einlöst und sich an die geschlossenen Verträge hält. Ein Mann, ein Wort. Lüge und Heuchelei, das ist für den Steinbock Teufelswerk. Seine Ideale: *Wahrheit, Werte, Echtheit.* Der Steinbock verachtet Verkleidung und Schminke, er haßt die Oberflächlichkeit und alles, was künstlich ist.

Von vielen Mitmenschen wird der gestrenge, penible Steinbock als langweilig eingestuft. Natürlich weiß er das – und leidet darunter ... Er reagiert mit grimmigem Humor, schreckt nicht davor zurück, die eigenen Schwächen zu geißeln (wobei ihm jedermann recht geben wird) und kritisiert mit beißender Ironie die Schwächen seiner Mitmenschen (wobei ihm regelmäßig der Beifall versagt wird).

Zwei Fähigkeiten zeichnen den Steinbock unter allen anderen Tierkreiszeichen aus: Geduld und Sinn für Absurditäten. Beides zusammen hilft dem Steinbock, Ereignisse und Menschen mit bewundernswerter Klarsicht zu verstehen. So recht glücklich ist er allerdings nicht. Wie gern würde er Dummheiten machen wie die anderen Sternzeichen, den schönen Versuchungen nachgeben ... Wie gern würde er sich aus dem Gefängnis befreien, das er sich selbst gebaut hat ... Aber das gelingt ihm nur selten!

Der Freund des Steinbocks ist die Zeit, sie hilft ihm, fast alle Gegner zu besiegen. Die Geborenen dieses Zeichens verstehen die Stunden des Tages gut einzuteilen. Sie wissen, wie man einen Angriff plant, das beweisen sie im Beruf, im Geschäft und in der Liebe ... Das Motto des Steinbocks: Steter Tropfen höhlt den Stein!

Wenn der Steinbock etwas tut, dann gründlich. Sein Urteil fällt immer extrem aus, es gibt keine Nuancen ... Das ist auch der Bereich, wo die größte Schwäche des Steinbocks, der Hochmut, zu suchen ist. In einigen Fällen halten sich die Geborenen dieses Zeichens für eine Art »Deux ex machina«. Sie glauben, sie haben die Weisheit mit Löffeln gegessen. Sie sind die Menschen, die die Welt vor Krieg, Anarchie und laschen Sitten retten wollen. Sobald sie zu einem Problem Sachkenntnis erworben haben, formulieren sie ihr Gutachten. Sie dulden keinen Widerspruch. A ist möglich, B ist unmöglich. C existiert, D existiert nicht. Was kümmern den Steinbock die Argumente, die andere vorbringen! Das kann in Einzelfällen dramatische Ausmaße annehmen. Dem Steinbock wäre zuzutrauen, daß er die Luftverschmutzung bekämpft, indem er eine Bakterienbombe zündet!

Gewiß, das ist eine Karikatur ... Und doch hat jeder, der je mit einem Steinbock zusammengelebt hat, die »schwarze« Seite seines Wesens kennengelernt. Der Steinbock ist intolerant. Es hat wenig Sinn, ihm in der Sache zu widersprechen. Besser ist es, an seine Intelligenz und an seine Logik zu appellieren. Vielleicht auch an seinen Humor ... Wenn der Steinbock erst einmal schmunzelt, ist er nicht mehr gefährlich.

Der Steinbock ist ein ausdauernder und fleißiger Arbeiter. Sein Ehrgeiz ist grenzenlos, und seine Geduld bei der Verfolgung der gesetzten Ziele unerschöpflich ... Er siegt nicht mit seinem Charme oder aufgrund seiner guten Beziehungen, er siegt aufgrund seiner Leistung. In einigen Fällen verzichtet der Steinbock auf die ihm zur Verfügung stehende Macht, er wird dann zum Asketen, der das Symbol der Reinheit anbetet. Die Frage ist erlaubt, ob es sich dabei nicht um eine Kompensation seines Ehrgeizes handelt.

Liebe

Das ist eine Disziplin, in der sich der Steinbock schwertut! Alle seine Gefühle sind von Angst überschattet. Typischer Einwand eines Steinbocks: »Das ist ja alles gut und schön, aber wie lange wird das halten?«

Der Steinbock ist das treueste von allen Tierkreiszeichen. Wenn er seiner Partnerin trotzdem untreu wird, so nicht aus Sorglosigkeit, sondern aus schwerwiegenden Gründen. Wenn sich im Kino die Hauptdarsteller beim Happy-End umarmen, fragt sich der Steinbock: Was wird aus den beiden, wenn die Flitterwochen vorüber sind?

Was uns zu der Erkenntnis bringt, daß der Steinbock Angst vor der Liebe hat. Er hat Angst, sich im Partner zu täuschen, Angst, in die Einsamkeit zurückgeschleudert zu werden.

Nein, er hat nicht viele Liebschaften. Wenn er sich aber verliebt, dann ist es ihm sehr ernst. Wird sein Vertrauen enttäuscht, so entsteht ein Vakuum von interstellaren Ausmaßen ...

Weil der Steinbock so tief, so intensiv liebt, kommt es oft zu regelrechten Katastrophen. Der Partner bekommt es mit der Angst zu tun. Er hat das Gefühl, vom Steinbock erdrückt zu werden, und rettet sich vor der bedrohlichen Umarmung, indem er aus der Bindung ausbricht. Für den Steinbock ist ein solcher Bruch eine traumatische Erfahrung, die sein Mißtrauen schärft. Er ist hinfort geneigt, Liebe für eine gefährliche Krankheit zu halten, von der man besser nicht befallen wird. Es dauert lange, bis der verletzte Steinbock sich einem anderen Menschen zuwendet. Man darf übrigens nicht von ihm erwarten, daß er seinen Gefühlen Ausdruck gibt. Je tiefer die Liebe, um so unfähiger sind die Geborenen dieses Zeichens, wenn es darum geht, ihre Gefühle zu veräußerlichen. Der Steinbock, das ist wirklich pathologisch, bringt die drei Worte »ich liebe dich« nur unter größten Schwierigkeiten über die Lippen ...

Die Angewohnheit, Gefühle zu verbergen, führt nicht selten dazu, daß der Steinbock einen Menschen liebt, der davon überhaupt noch nichts weiß.

Allerdings würde man den Steinbock unterschätzen, wollte man annehmen, daß er ohne Hoffnung liebt ... *Er wartet auf den richtigen Augenblick.* Und oft hat er mit seiner Geduld Erfolg.

Der Steinbock scheint kühl, aber das täuscht. Ich würde ihn mit einem schlafenden Vulkan vergleichen. Wenn der Vulkan ausbricht, tritt eine sexuelle Leidenschaft zutage, die keine Grenzen kennt.

Der Steinbock-Mann

In achtzig Prozent der Fälle ist er charakterstark, von würdigem Auftreten, bisweilen etwas belehrend in seiner Art und uneingeschränkt vertrauenswürdig. Er ist der geborene Beschützer. Wenn Sie, die Leserin, jemanden zum Anlehnen brauchen, dann sollten Sie nicht länger umhersuchen, der Steinbock ist Ihr Mann! Zu sagen wäre allerdings, daß dieser Patriarch nicht nur die Vorzüge einer Vaterfigur, sondern auch deren Nachteile hat. Der Steinbock ist autoritär. Er neigt dazu, für andere zu entscheiden, ob das nun gut oder schlecht für die Betroffenen ist ... In einigen Fällen reagiert der Partner so verunsichert, daß er ohne den Steinbock überhaupt keine Entscheidungen mehr treffen kann!

Vorsicht, für den Steinbock ist die Arbeit das Wichtigste im

Leben. Er will vor allem Erfolg. Gewiß, er wird Sie an diesem Erfolg beteiligen, aber nur unter der Voraussetzung, daß Sie ihm durch dick und dünn folgen. Er würde nie verstehen, daß Sie sich weigern, mit ihm nach Alaska zu gehen, wo er von seiner Firma hinbeordert worden ist.

Und die restlichen zwanzig Prozent? Lüstlinge. Mit Vorsicht zu genießen ...

Die Steinbock-Frau

Sie hat eine starke Persönlichkeit – und sie weiß es. Sie weiß auch, daß ihre innere Energie sich oft als Handikap erweist. Viele Männer ziehen eine Frau vor, die nicht so zielstrebig, nicht so intelligent, dafür zerbrechlich, hilfebedürftig und weiblich ist.

Und so versucht die Steinbock-Geborene, schwach und verletzlich zu erscheinen, ein Mädchen, das auf einen Beschützer wartet ... Frißt ein Mann diesen Köder, erlebt er eine Überraschung: eine eiserne Faust, in einem seidenen Handschuh verborgen ... Aber die List hat nur selten Erfolg. Nach einer gewissen Wartezeit verwandelt sich unser zartes Wesen wieder in die »Superfrau«, die im Grunde ihres Herzens todunglücklich und allein ist.

Kommt es zu einer Bindung, so erweist sich die Steinbock-Frau als sehr treu. Sie hat nichts gegen flüchtige Abenteuer, das läuft bei ihr unter dem Begriff »Körperhygiene«. Insgesamt zieht sie aber Bindungen von längerer Dauer vor. Ihr Fehler ist, daß sie im privaten Bereich unbedingt über den Partner dominieren will. *Sie übt gern Macht aus.* Gelingt es ihr, dieses Bedürfnis im beruflichen Bereich zu befriedigen, so ist der Weg für Harmonie in Liebe und Ehe frei.

Bindungen

Ich werde mich immer an eine Steinbock-Geborene erinnern, die ich anläßlich ihrer Hochzeit kennenlernte. Das Mädchen war erst zwanzig Jahre alt und im Begriff, eine Liebesheirat zu machen. Ich war dabei, als sie ihren Eltern die Frage stellte:

»Natürlich liebe ich ihn heute. Aber wie kann ich sicher sein, daß ich ihn in zehn Jahren immer noch liebe?«

Dieses Verhalten ist typisch für den Steinbock. Es zeigt uns sehr deutlich, daß die Geborenen dieses Zeichens von der Angst besessen sind, einen Fehler zu machen. Eigentlich möchte der Steinbock nur eine Entscheidung treffen, wenn er über den Ausgang der Angelegenheit völlig sicher sein kann. Schon in jungen Jahren ist ihm bewußt, welche Unwägbarkeiten das Gefühlsleben der Menschen birgt. Er spürt, daß er sich, wenn er liebt, der Gefahr aussetzt, verletzt zu werden.

Die Vorsicht zwingt sie, alle möglichen Trümpfe zu sammeln, bevor sie einen Entschluß fassen. In diesem Zusammenhang sind für einen Steinbock auch finanzielle Überlegungen von Bedeutung, und das ist der Grund, warum die Geborenen dieses Zeichens von ihren Mitmenschen oft als Materialisten eingestuft werden.

In Wirklichkeit sind sie nur vernünftig. Kein Steinbock hat den Mut zu einer Blitzhochzeit. Zwar macht er sich, wenn die Gelegenheit vorübergegangen ist, oft Vorwürfe, daß er wieder einmal alles verpatzt hat, aber er ist einfach zu mißtrauisch, um seine Hemmungen zu überwinden!

Der Steinbock ist ein guter Beobachter. Unbewußt registriert er alle Streitigkeiten, alle unangenehmen Auseinandersetzungen, derer er Zeuge wird. Die auf diese Weise gesammelten Informationen ermutigen ihn nicht gerade dazu, Bindungen einzugehen. In einigen Fällen wird der Steinbock eine Vernunftehe schließen. Die intellektuelle Übereinstimmung mit der Partnerin oder dem Partner steht dann für ihn im Vordergrund. Oder aber er heiratet die Frau, die ihm von der Familie vorgeschrieben wird. Materielle Erwägungen spielen nicht selten eine große Rolle, die Romantik und die Überlegung, ob die Partnerin physisch anziehend ist, bleiben dabei auf der Strecke.

Der Faktor Zeit ist von fundamentaler Bedeutung für das Liebesleben des Steinbocks. Die Geborenen dieses Zeichens müssen sehen, um zu glauben, weil sie im Grunde daran zweifeln, daß jemand sie um ihrer selbst willen lieben könnte. Je länger die Bindung anhält, um so sicherer wird der Steinbock.

Wenn man ihm Zeit läßt, kann er ein zärtlicher, warmherziger, aufmerksamer und liebenswerter Partner werden, alles Qualitäten, über die der Steinbock verfügt, die er aber normalerweise nicht zeigen kann.

Der Steinbock läßt sich Zeit, ehe er eine Bindung eingeht. Ist die Entscheidung dann aber gefallen, wird er sie nur in ganz extremen Fällen wieder umstoßen. Die Geborenen dieses Zeichens sind treu und anhänglich, sie sind immer da, wenn man sie braucht. Allerdings stellen sie an den Partner hohe Ansprüche. Wenn dieser sein Wort bricht, zeigt sich der Steinbock von seiner unangenehmen Seite. Er wird unerträglich, nörglerisch, ergeht sich in ironischen und verletzenden Bemerkungen. Ob

Die Berufe des Steinbocks

1. Wissenschaftliche Berufe:
   - Forscher, Mathematiker, Biologe, Insektenforscher
   - Sprachforscher, Gelehrter
   - Pharmakologe, Apotheker
   - Ingenieur
2. Kulturelle Berufe:
   - Bibliothekar, Archivar
   - Archäologe, Konservator in einem Museum
3. Berufe, wo es auf die Fähigkeit zur Analyse, Kontrolle und Verwaltung ankommt:
   - Buchhalter, Controller, Steuerberater, Finanzbeamter
   - Geschäftsführer, Firmenberater, Verwaltungsfachmann, Verwaltungsangestellter
4. Berufe, wo man mit Steinen und mit der Erde in Berührung kommt:
   - Architekt, Bauunternehmer
   - Bildhauer, Steinmetz
   - Töpfer, Tiefbauunternehmer, Schachtmeister
   - Maurer, Bergmann
5. Alle Berufe, die mit der Politik im Zusammenhang stehen

der Bruch je wieder verheilt? Bei einem Steinbock besteht dafür keine Hoffnung. Wenn es um die Bindung zwischen den Geschlechtern geht, kennt er keinen Spaß. Wer noch nie mit einem Steinbock zu tun gehabt hat, sollte das unbedingt beherzigen.

Rat an Eva

Sie sollten sich für einen Steinbock entscheiden, wenn folgende Feststellungen für Sie zutreffen:

- Sie verabscheuen schlüpfrige Reden und finden es überhaupt nicht lustig, wenn ein Mann Ihnen in den Hintern kneift.
- Sie würden eher in ein Kloster gehen, als einen Mann zu heiraten, der Ihnen nicht zusagt.
- Als kleines Mädchen waren Sie eine eifrige Bibelleserin.
- Sie hatten immer eine sehr innige Beziehung zu Ihrem Großvater.

Warnung! Vermeiden Sie die Verbindung mit einem Steinbock, wenn folgende Feststellung für Sie zutrifft:

- Wenn Sie in einer Zeitung von einem traurigen Ereignis lesen, brechen Sie in Tränen aus.

Rat an Adam

Sie sollten sich für eine Steinbock-Frau entscheiden, wenn folgende Feststellungen für Sie zutreffen:

- Sie finden es unerträglich, wenn ein Partner den anderen mit seinen Gefühlen erpreßt.
- Von Kindfrauen halten Sie überhaupt nichts.
- Ihre letzte Freundin oder Ihre frühere Ehefrau war Krebs.
- Kein Interesse an Frauen, die weder Bridge noch Schach spielen!
- Sie finden, daß es nicht genügt, wenn eine Frau schön ist.

Warnung! Vermeiden Sie die Verbindung mit einer Steinbock-Frau, wenn folgende Feststellung für Sie zutrifft:

- Sie sind der Überzeugung, daß Frauen von der Natur mit einem Spatzenhirn ausgestattet wurden.

ERSTE PHASE

Kennenlernen

Wo treffe ich Steinböcke?

Die Frage ist gar nicht so leicht zu beantworten, weil der Steinbock ausgerechnet ein Sternzeichen ist, das nicht zur Geselligkeit neigt. Der Steinbock hat sogar eine ausgesprochene Abneigung gegen Menschenmassen, Versammlungen und den Lärm, der damit verbunden ist. Das Stimmengewirr auf einer Party, das Gläserklingen und Gelächter, all das ist ihm unangenehm. Er sehnt sich nach der wohltuenden Stille einer weiten Landschaft ... Der innere Frieden, der 10 km unter der Erdoberfläche über den Menschen kommt, die Erhabenheit der Gedanken, die den Ballonfahrer in einer Höhe von 10 000 m erfüllt, die grandiose Einsamkeit, die in der Arktis herrscht, das sind Erlebnisse, die einen Steinbock begeistern können! Oder aber der frische Wind, der über die menschenleere Taiga streicht ... Wie kann ein vernünftiger Mensch sich freiwillig an einen überfüllten, schmutzigen Strand begeben, wo doch in Sibirien soviel Platz ist!

Wenn Sie einem Steinbock über den Weg laufen wollen, dann müssen Sie sich also mit einem Feldstecher, einem Eispickel, Nagelschuhen und einem Seil ausrüsten. Natürlich müssen Sie sich allein auf den Weg machen. Um Sie zu ermutigen, möchte ich Ihnen sagen, daß der Steinbock ganz umgänglich wird, wenn Sie erst einmal mit ihm auf Tuchfühlung sind. Die Sache ist wirklich einen Versuch wert!

Ein vorzüglicher Jagdgrund ist das berufliche Umfeld, das Büro. Allerdings müssen Sie dort sehr geschickt vorgehen, denn der Steinbock hat die Angewohnheit, sich konsequent gegen alles, was seine Leistungsfähigkeit und seine Arbeitsergebnisse beeinträchtigen könnte, abzuschirmen. Seine Fähigkeit zur Konzentration grenzt ans Wunderbare. Der Steinbock würde sogar noch dann ruhig vor seinem Mikroskop sitzenbleiben, wenn in einem Meter Entfernung von seiem Arbeitsplatz Raquel Welch einen Striptease hinlegte. Es würde Ihnen also nichts nützen, wenn Sie sich bei Ihrem Fischzug im Großraumbüro als Journalistin ausgeben, die irgendeine Umfrage macht. Im Gegensatz dazu wird sich der Steinbock Ihnen mit echtem Interesse zuwenden, wenn Sie die Rolle der begabten Nachwuchskraft, der Kollegin, die von ihm eine Information erbittet, spielen. Inzwischen haben Sie verstanden, daß dieses Sternzeichen Fremden gegenüber recht mißtrauisch ist. Wie der Stier, sein bester Freund, braucht auch der Steinbock einige Zeit, bis er sich an einen Menschen gewöhnt hat. Erst wenn diese Phase vorüber ist, wird er sich für die Möglichkeit eines näheren Kontaktes oder einer Bindung interessieren.

Sie sollten sich also in die Universitäten und in die großen Forschungszentren begeben, wo die Konzentration von Superhirnen pro Quadratmeter besonders groß ist. Jede Menge Steinböcke werden Sie auch in Banken und in den politischen Kreisen antreffen, in Bibliotheken, Museen und ähnlichen Kulturstätten und, nicht zu vergessen, auf Baustellen. Steinböcke sind Architekten der schöpferischen Art.

Wenn ihr Steinbock in einem Büro arbeitet, so tun Sie gut daran, zu seinem treuen Schatten zu werden. Es muß soweit kommen, daß er Sie morgens begrüßt, wenn er an seinen Arbeitsplatz kommt. Wirklich kein unmögliches Ziel, denn der Steinbock, zerstreut wie er ist, begrüßt auch den Garderobenständer oder die Kaffeemaschine, wenn er an seinem Arbeitsplatz ankommt. Sie werden ihn erleben, wie er bei Dienstschluß seine Aktentasche in den Müllschlucker wirft und mit dem gefüllten Papierkorb unter dem Arm nach Hause geht, so geistesabwesend kann wirklich nur ein Steinbock sein. Für Sie hat die Zerstreutheit Ihres Traummannes einen Vorteil: Wenn Sie sich bei Dienstschluß genau an die Stelle begeben, wo sonst der Papierkorb steht, ist es gar nicht ausgeschlossen, daß der Steinbock, ohne den Unterschied zu bemerken, Sie ergreift und mit nach Hause nimmt ...

In den Ferien ist der Kontakt zum Steinbock vergleichsweise

leicht zu knüpfen, allerdings neigen die Geborenen dieses Zeichens dazu, sich in Winkeln und Ecken zu verstecken. Sie sind rechte Gewohnheitstiere. Der Steinbock verkehrt in Restaurants und Cafés, wo man ihn schon kennt. Hier fühlt er sich wohl, hier geht er aus seiner Reserve heraus. In einer solchen Umgebung ist er sogar bereit, neue Kontakte zu knüpfen ... Da für den Steinbock Intelligenz mehr zählt als Schönheit, haben Sie selbst dann noch Chancen, wenn Sie mit dem Glöckner von Notre Dame in direkter Linie verwandt sind.

Was den Bereich Unterhaltung angeht, so bevorzugt der Steinbock aus intellektueller Neugier die modernen, kleinen Theater und Konzerte mit klassischer Musik, wenn er sich nicht einen politischen Film ansieht. Der Steinbock geht auch gern in ein Café-Theater, wo man herzlich lachen kann. Er gehört zu den Menschen, denen englischer Humor etwas sagt.

Bisweilen werden Sie den männlichen Steinbock in einem Kino antreffen, wo ein erotischer Film läuft. Sie erkennen ihn daran, daß er verschämt das Gesicht abwendet, wenn Sie ihm in die Augen sehen wollen. Er meint nämlich, daß sich der Besuch eines solchen Kinos nicht schickt ...

In den Ferien hat der Steinbock ein Faible für das einfache Leben. Er mag eine Landschaft, wo friedliche Schafe grasen, kulturschwangere Stätten, Kurse für Töpferei und Meditation ...

Der Steinbock geht gern in die Berge, ganz unabhängig von der Jahreszeit. Klettern und wandern machen ihm Spaß ... Was er verabscheut, sind Modestrände, Luxushotels und alle Örtlichkeiten, wo man sich formell benehmen, wo man repräsentieren muß. Der Steinbock mag keine Blitzlichter, keine Mikrophone, keine neugierigen Journalisten, die in seinem Privatleben herumstochern. In der Einsamkeit geschichtsträchtiger Gemäuer gedeiht der Lorbeer, die Lieblingspflanze aller Steinböcke, am besten.

Wenn er nicht gerade in den Ferien ist, ist der Steinbock ein Stubenhocker. Sein Apartment liegt vorzugsweise in einem ruhigen Wohnviertel, abseits vom Straßenlärm. Er mag Wohnungen mit hoher Decke. Stellen Sie sich einen Menschen vor,

der in einer gepflegten Altbauwohnung umhergeht und sich am
Ende des Tages in ein gemütlich, aber nicht modisch eingerich-
tetes Wohnzimmer begibt.

Woran man einen Steinbock erkennt

Es wäre übertrieben, wollte man behaupten, daß der Steinbock
überhaupt nicht bemerkt werden will. Tatsache ist allerdings,
daß die Geborenen dieses Zeichens unauffällige Kleidung tragen
und sich auch in ihrem Benehmen nicht von anderen Menschen
abheben.

Die äußere Erscheinung des Steinbocks wird sehr von den
Ansichten, der Lebensphilosophie und Zielsetzung des jeweiligen Exemplars abhängen. Natürlich spielt auch die Situation
eine Rolle, in der Sie ihn kennenlernen. Niemand schaut unglücklicher drein als ein Steinbock, der an seiner Ausstrahlung
auf das andere Geschlecht zweifelt. Das Gesicht wirkt bleich,
das Haar ungekämmt, die Kleidung nachlässig, grau in grau ...
Wenn es eine Frau ist, wird sie auf Make-up verzichten.
Aschenputtel war ganz sicher ein Steinbock!

Typisch für den Steinbock ist allerdings, daß die Kluft vom
Aschenputtel zum strahlenden Filmstar sehr schnell überbrückt
wird. Ich möchte dieses Sternzeichen mit einer Raupe vergleichen, die kurz vor der Verwandlung in einen Schmetterling
steht. Es bedarf nur eines gewissen Maßes an Bestätigung, Liebe
und Zuspruch von außen, damit der Schmetterling ausschlüpft.
Vergessen wir nicht, daß Schönheiten wie Marlene Dietrich und
Ava Gardner im Zeichen Steinbock geboren sind ...

Wir finden unter den Steinböcken eine ganze Anzahl eleganter,
rassiger Menschen. Unter den Frauen wird es einige Blau-
strümpfe geben, der Typ, der sich in knöchellange Röcke und
fransenverzierte Blusen hüllt ...

Allgemeines Erkennungszeichen für den Steinbock ist seine
Schlankheit. Einige Geborene dieses Zeichens sind sogar ausgesprochen mager, sie haben die Ausstrahlung eines Asketen, eines religiösen Fanatikers, der für immer auf die fleischlichen
Freuden verzichtet hat und für den Dinge wie Essen und Trin-

ken nebensächlich geworden sind. Ein scharfgeschnittenes Gesicht, auf dem die Jahre ihre Spuren hinterlassen haben. Je älter der Steinbock wird, desto attraktiver wird er. In der Jugend machen die Geborenen dieses Zeichens oft einen verlegenen Eindruck. Der Student mit Mitessern im Gesicht, der sich keiner Frau in die Augen zu sehen traut, ist ein typischer Steinbock.

Was die Kleidung angeht, so bevorzugt der Steinbock den klassischen Stil, der nicht der Mode unterworfen ist. Er mag Qualität. Vor allem aber muß die Kleidung bequem sein. Seine bevorzugte Farbe ist schwarz, gefolgt von allen möglichen Grautönen. Es gibt aber auch Steinbock-Frauen, die sich wie ein Callgirl, wie eine Luxusdirne anziehen ...

Die typische Steinbock-Frau allerdings verwendet nur wenig Make-up, sie ist sehr sauber und pflegt ihren Teint. Ähnlich wie beim männlichen Gegenstück wird einem bei der Steinbock-Frau oft der abwesende Blick auffallen, eine gewisse Düsternis im Ausdruck. Es ist ein Wesenszug, der manchen Menschen Angst machen dürfte ... Man hat den Eindruck, daß der Steinbock seine Schritte zählt, seine Bewegungen nach einem geheimen Schema plant. Eine gewisse Grazie kann man den Geborenen dieses Zeichens nicht absprechen. Allerdings ist es die Art von Anmut, die Distanz schafft. Man fühlt sich nicht gerade ermuntert, dem Steinbock auf die Schulter zu klopfen.

Der falsche Steinbock – davon gibt es sehr viele – wird sich, was die Kleidung angeht, an dem Einfluß orientieren, der von seinem Aszendenten ausgeht. Ich spreche hier von jenen Exemplaren, die von den Zeichen des Feuers (Aszendent Widder, Löwe oder Schütze), oder der Luft (Aszendent Zwillinge oder Waage) oder vom mächtigen Jupiter bestrahlt sind ... Und dann gibt es auch Steinböcke, die sich in der Mode um keinerlei astrale Einflüsse kümmern, sondern sich so kleiden, wie es ihnen gerade paßt.

In der Gruppe erkennt man den Steinbock an seinem abwesenden Gesichtsausdruck. Er wirkt, als hätte er gerade den Blick durch den Raums schweifen lassen und nach alten Bekannten Ausschau gehalten. Sobald er vertraute Gesichter bemerkt, ist der Steinbock beruhigt. Er geht zum nächsten Sessel, setzt sich und wird den Rest des Abends damit verbringen, die Leute zu beobachten. Das ist der Moment, wo Ihr Auftritt beginnt ...

Wie man einen Steinbock auf sich aufmerksam macht

Der Steinbock ist ein Perfektionist. Jeder Fehler, jeder Lapsus kommt in seinen Augen einem Verbrechen gleich! Einzige Ausnahme: Der Steinbock wird seinen Mitmenschen alle Pannen vergeben, die durch Schüchternheit verursacht worden sind, denn das ist ein Gefühl, das ihm sehr vertraut ist. Für den Steinbock machen Sie sich nicht lächerlich, wenn Sie bei der Begrüßung erröten oder zu stottern beginnen. Er hat auch Verständnis dafür, wenn jemand beim Examen durchdreht oder bei der Vorstellung weiche Knie bekommt. Was der Steinbock hingegen überhaupt nicht mag: Leute, die sich sehr selbstsicher geben und irgendwelchen Unsinn reden!

Der Steinbock wird Sie nur respektieren, wenn Sie ehrlich, wenn Sie wahrhaftig sind. Er haßt es, wenn jemand sich aufspielt, wenn jemand sich verstellt. Dieser Mensch, so denkt er, wird sich, wenn wir uns erst einmal näher kennen, noch viel schlimmer benehmen!

Sie haben folglich die Wahl zwischen zwei Methoden. Welche der beiden Sie verwenden, hängt ganz von Ihren persönlichen Fähigkeiten ab. Es kommt wirklich darauf an, daß Sie für die Rolle, die Sie spielen wollen, eine echte Begabung haben. Der Laser-Blick des Steinbocks würde es sofort durchschauen, wenn Sie ihm etwas vormachen wollen.

Wenn Sie ein begabter Erzähler sind und etwas Humor haben, sollten Sie versuchen, den Steinbock zum Lachen zu bringen. Zugegeben, die Situation ist für ihn sehr ungewohnt, und doch ist es eine Tatsache, daß er sich im Grunde seines Wesens danach sehnt, daß ihn jemand aufheitert! Wenn die Grübchen in seinem Gesicht zu zucken beginnen, wenn die Augen zu glänzen beginnen, dann sollten Sie wissen, daß Sie drauf und dran sind, das Kind, das im Steinbock steckt, aus seinem düsteren Verlies zu befreien. Sobald es Ihnen gelungen ist, den Steinbock zu erheitern, haben Sie gewonnenes Spiel. Er erwartet keineswegs von Ihnen, daß Sie vor Geist sprühen und eine lustige Geschichte nach der anderen erzählen. Er gibt sich damit zufrieden, daß Sie seine Trübsal verscheucht haben und belohnt Sie mit seiner Anhänglichkeit. Noch nach dreißig Jahren wird er davon schwärmen, wie Sie ihn damals zum Lachen gebracht haben.

Sie haben keinen Humor? Sie gehören zu den Menschen, die sich beim Betrachten der Witze in einer Illustrierten kopfschüttelnd fragen, was denn daran so lustig ist? Dann müssen Sie dem Steinbock gegenüber Ihre Ernsthaftigkeit ausspielen. Ideal ist, wenn man von Ihnen sagt: »Er (oder sie) ist ein wahnsinnig gewissenhafter Mensch. Was er (oder sie) macht, macht er (oder sie) perfekt.« Vielleicht ist es notwendig, daß Sie einige Jahre Studium investieren, bevor Sie sich in einem bestimmten Themenbereich so sicher fühlen, daß Sie sich dem Steinbock nahen wollen. Sachverhalte, die den Steinbock interessieren? Öffentliche Mißstände, Ungerechtigkeiten, Betrügereien. Seien Sie derjenige, der die Moral und das Recht verteidigt. Schimpfen Sie auf die Scharlatane unter den Ärzten. Übertreffen Sie den Steinbock in seiner eigenen Disziplin! Darüber kann er zwar nicht lächeln, aber er ist beeindruckt, er faßt Vertrauen zu Ihnen, und das ist schließlich die Hauptsache.

Natürlich können Sie auch einen gemeinsamen Freund bitten, daß er Sie miteinander bekannt macht. Wichtig ist, daß Sie sich im Gespräch auf ein Thema einschießen, das dem Steinbock etwas sagt. Sie werden dann die Erfahrung machen, daß der wortkarge Mensch, von dem Sie keine Antwort erwartet haben, gar nicht mehr zu reden aufhört. Wenn Sie bei ihm eingeladen sind, wird er Sie bitten, länger zu bleiben. Das Gespräch wird erst irgendwann um fünf in der Nacht enden, und der Steinbock wird Sie um ein neues Rendezvous bitten. Damit es so läuft, müssen Sie sich vor dem ersten Treffen nach seinen Interessen erkundigen. Bei der Begegnung müssen Sie dann mit viel Mut und Fingerspitzengefühl Seelenmassage ausüben. Mit einer oberflächlichen Unterhaltung können Sie keinen Steinbock beeindrucken.

Ich verrate Ihnen jetzt noch eine Geheimwaffe, die Sie bei der Eroberung Ihres Steinbocks ins Feld führen können. Sie geben sich zunächst von Ihrer lustigen Seite, erzählen ihm einen Scherz nach dem anderen, fügen ein paar Zynismen hinzu, um sich dann plötzlich wie eine Trauerweide an seine Schulter zu lehnen und ihm zu gestehen: »Ich kann nicht länger den Clown spielen. Es ist alles so furchtbar traurig ...« Kein Steinbock kann dieser Taktik widerstehen. Versprechen Sie mir aber bitte, daß Sie diesen Trick niemandem verraten werden ...

Eifersucht, die bei anderen Sternzeichen Wunder wirkt, funktioniert beim Steinbock nicht. Wenn Sie ihm Ihre neue Eroberung, einen wahren Apoll oder eine wunderschöne Eva, vorführen, wird er Sie noch dazu beglückwünschen. Mag sein, daß er sich an die Stelle des Menschen wünscht, den Sie in den Armen halten, aber er wird nichts tun, um diesen Zustand herbeizuführen. Ganz im Gegenteil, er wird das Feld räumen. Er mag solche Sandkastenspiele nicht. Viel mehr Erfolg haben Sie bei ihm, wenn Sie den Eindruck eines Menschen machen, der immer von einem sicheren Hafen, von einem verläßlichen Partner, geträumt hat, diesen Traum aber nie verwirklichen konnte ...

ZWEITE PHASE

Die Beziehung

*Wie man einen Steinbock verführt
und an sich bindet*

Zunächst müssen Sie sich einprägen, daß Sie sich nie von der Ironie des Steinbocks abschrecken lassen dürfen. Er benutzt diese Ausdrucksweise zu seinem Schutz, nur so kann er verhindern, daß er von seinen Gefühlen davongetragen wird. Also noch einmal: Wenn der Steinbock Ihre Annäherungsversuche zurückweist, dann hat das nicht notwendigerweise zu bedeuten, daß er Sie nicht mag. Die Erklärung ist, daß er ganz einfach etwas Zeit, etwas Abstand braucht, bis er sich über seine Empfindungen Ihnen gegenüber klargeworden ist.

Sie müssen also Geduld und Engagement beweisen. Um einen Steinbock zu verführen, brauchen sie Beharrlichkeit! Was andere Menschen abschrecken würde, hinterläßt bei ihm einen positiven Eindruck. Geduld ist in den Augen des Steinbocks die größte Tugend, die ein Mensch haben kann.

Wichtig ist, daß Sie einen selbstsicheren Eindruck machen. Sie sind der Mensch, der sich und seine Gefühle voll unter Kontrolle hat. Er, der Steinbock, hat so viele Zweifel, daß es für zwei reicht. Allmählich wird Ihre Selbstsicherheit auf ihn übergehen. Alles in allem müssen Sie ihm den Eindruck vermitteln, als sei er das einzige Ziel, das Sie auf Erden haben. Er ist der Gral ...

Ein Rendezvous mit dem Steinbock können Sie am besten zustandebringen, wenn Sie ein Gespräch über berufliche Dinge, zum Beispiel eine Unterhaltung über die Arbeit, mit der er gerade beschäftigt ist, beginnen. Wenn nötig, erbitten sie einen Rat von ihm. Lassen Sie ihn spüren, daß Sie seine Hilfe brauchen. Es macht sich sehr gut, wenn Sie sich mit einem Arm voll Akten bewaffnen und sich zu ihm begeben ...

Sprechen Sie in diesem Stadium noch nicht von Ihren Gefühlen. Verschweigen Sie ihm die Leidenschaft, die Sie für ihn empfinden. Würden Sie zugeben, daß Sie in ihn verliebt sind, würde er daraus schließen, daß Sie dem nächsten Mann, der Ihnen begegnet, das gleiche Geständnis machen. Viel besser ist es, wenn Sie ihn sehnsuchtsvoll anblicken: »Ich würde dir so gern sagen, daß ich dich liebe, aber ich traue mich nicht ...«

Wenn er Sie barsch abweist, wie es seiner Wesensart entspricht, dürfen Sie nicht den Mut verlieren. Beschränken Sie sich darauf, den strategischen Rückzug anzutreten. Der Steinbock reagiert mit Schuldkomplexen. Er wird zu Ihnen kommen und sich bei Ihnen entschuldigen.

Am besten ist es, wenn Sie ihn dazu bringen, daß er den ersten Schritt tut. Das ist gar nicht so schwierig, wie es sich anhört. Ein verliebter Steinbock kennt keine Hindernisse. Um sein Ziel

zu erreichen, wird er eine bewunderswerte Geduld aufbringen.
Erzeugen Sie einen Sog, anstatt Druck auszuüben. Lassen Sie
Tage und Monate vergehen, ohne ihm Ihre Liebe zu gestehen.
Er hat gar keine andere Wahl, als die Initiative zu ergreifen. Um
die Sache zu beschleunigen, können Sie mit etwas Alkohol
nachhelfen. Jawohl, sorgen Sie dafür, daß er etwas über den
Durst trinkt. Der alkoholisierte Steinbock neigt dazu, seine fest-
gefügten Grundsätze aufzugeben, seine Komplexe zu überwin-
den. In diesem Zustand kommt die sympathische Seite seines
Wesens zum Vorschein, dann ist er plötzlich feinfühlig, humor-
voll, schnell von Begriff ... Im entscheidenden Moment müssen
Sie ihm aber trotzdem helfen, die letzten Hemmungen über
Bord zu werfen!

Warum es so wichtig ist, daß er, nicht Sie, den ersten Schritt
tut? Weil sie sich damit künftige Probleme ersparen. Ich will
Ihnen erklären, wie ich das meine.

Wenn der Steinbock Sie verführt, die daraus entstandene Beziehung aber zu Bruch geht, wird er die Schuld an der Katastrophe sich selbst zuweisen. Er ist zu ehrlich, um den Schwarzen
Peter einem anderen in die Hand zu drücken.

Sind Sie beim Beginn der Beziehung die treibende Kraft,
würde er im Falle des Scheiterns der Beziehung Ihnen die Verantwortung aufbürden ... Er würde Ihnen ein Leben lang Vorwürfe machen, würde Sie beschuldigen, daß Sie ihm Sand in die
Augen gestreut, daß Sie ihn getäuscht und belogen haben, und
was dergleichen Beschuldigungen mehr sind.

Vergessen Sie nicht, daß die Wahrheit für den Steinbock eine
unveränderliche Größe ist. Jeden Wechsel, ja schon die kleinste
Abweichung vom ursprünglichen Ziel wertet er als Verrat.

Sex

Sie sind jetzt im Begriff, eine intime Beziehung mit dem Steinbock zu beginnen. Sie sitzen sozusagen auf seiner Bettkante. Benutzen Sie die kleine Pause, um sich über ein paar Dinge klar-
zuwerden. Zunächst einmal sollten Sie sich die Frage stellen, ob

Sie den Steinbock schon lange genug kennen. Haben Sie dafür gesorgt, daß er von der Ernsthaftigkeit Ihrer Gefühle überzeugt ist? Sie sollten diese Punkte klären, damit Sie nicht in die Falle laufen, die der Steinbock Ihnen in seinem Unterbewußtsein stellt.

Die Falle besteht darin, daß er die Beziehung mit Ihnen in die Schublade »Geplante Abenteuer« steckt. Insbesondere der männliche Steinbock neigt dazu, Ihrem Werben nachzugeben, nach dem Motto: Wenn sie unbedingt will, mir macht's Spaß, und es verpflichtet mich zu nichts.

Mit anderen Worten: Wenn Sie zu schnell im Bett landen, wird der Steinbock Sie schon nach dem ersten Mal in die Wüste schicken.

Wenn Sie hingegen warten können, bis die sexuellen Wünsche des Steinbocks sein ganzes Bewußtsein erfüllen, kann daraus eine solide, langfristige Bindung entstehen.

Sie müssen sich also entscheiden, ob Sie mit dem Steinbock nur eine Nacht oder das ganze Leben zusammensein wollen. Bevor Sie Ihren Entschluß fassen, will ich Ihnen eines verraten: Wenn Sie sich für die zweite Möglichkeit entscheiden, ist es ein Weg ohne Umkehr.

Sobald eine echte Beziehung zwischen Ihnen beiden entstanden ist, dürfen Sie sich kein Abenteuer mehr leisten. Der Steinbock ist außerordentlich besitzergreifend und eifersüchtig. Wenn Treue nicht Ihre Stärke ist, sollten Sie das dem Steinbock gleich zu Beginn sagen. Sagen Sie ihm, daß Sie eine Beziehung wünschen, in der Sie Ihre sexuelle Freiheit behalten, das erspart Ihnen große Komplikationen.

Nehmen wir an, Sie haben sich dafür entschieden, dem Steinbock eine treue Partnerin zu sein. Nehmen wir weiter an, daß sich eine Situation ergibt, wo Sie diesen Entschluß bedauern. Es gibt einen anderen Mann, für den Sie in Liebe entbrannt sind ... Machen Sie sich auf ein Drama gefaßt. Der Steinbock bringt Sie eher um, als daß er Sie einem anderen überlassen würde. Ertappt er Sie bei einem Seitensprung, wird er Ihnen über den Tod hinaus Vorwürfe machen. Er wird mit Ihnen unter der Erde liegen und Sie beschimpfen, daß Sie ihn betrogen haben. Es gibt

wohl kein anderes Tierkreiszeichen, das so nachtragend ist wie
der Steinbock!

Ob auch der weibliche Steinbock so reagiert? Es gibt einige
wenige Exemplare, die in der Lage sind, vor der Untreue des
Mannes die Augen zu schließen. Sie rächen sich, indem sie Jahre
später, wenn der Mann alt geworden ist, das Kommando in der
Ehe übernehmen ... Dann werden dem Ärmsten Nahrung und
Sex mit der Apothekerwaage zugemessen.

Grund genug, dem Steinbock, ob weiblich oder männlich, die
Treue zu bewahren!

Das Leben mit einem Steinbock

Wenn Sie zu den Menschen gehören, die immer davon geträumt
haben, von ihrem Mann (oder ihrer Frau) beschützt zu werden,
dann sollten Sie sich vertrauensvoll an die schmächtige Schulter
eines Steinbocks anlehnen. »Er« wird Tag und Nacht arbeiten,
um Ihnen die Annehmlichkeiten und die Sicherheit zu verschaffen, die Sie brauchen. »Sie« wird Ihren Haushalt mit eiserner
Hand führen, mit einer Perfektion, daß Sie sich dann und wann
nach der schlampigen Haushälterin zurücksehnen, die in Ihrer
Junggesellenzeit bei Ihnen saubermachte ...

Ich brauche hier wohl nicht zu sagen, daß weder der erste,
noch der zweite Fall wünschenswert sind. Deshalb nicht, weil
sich der Partner dabei völlig den Wünschen des Steinbocks unterordnet.

Besser ist es, wenn Sie die Grenzen gleich zu Beginn der Beziehung einvernehmlich abstecken. Der Steinbock wird sich an
die getroffenen Abmachungen halten, weil er ein sehr diszipli-
nierter Mensch ist. Fehlen solche Absprachen, so laufen Sie Gefahr, daß der Steinbock Ihnen im Privatleben jede Entschei-
dungsfreiheit nimmt ... Sie würden wahrscheinlich versuchen,
den Druck zurückzugeben, was die Beziehung gefährden würde.
Keiner der beiden Partner hätte jetzt noch die Möglichkeit, sich
innerhalb der Ehe oder Lebensgemeinschaft weiterzuent-
wickeln.

Im Unterschied dazu wird sich der Steinbock in einer wohlgeordneten Zweierbeziehung als vertrauenswürdiger, treuer, solider Partner erweisen ... Die ideale Lösung, wenn man auf Sicherheit aus ist!

Wie man den Steinbock zur Ehe rumkriegt

Mag sein, daß der Steinbock mit Ihnen zusammenzieht, weil er Sie liebt, aber Liebe ist für ihn lange kein Grund, eine Ehe einzugehen. Für eine Heirat braucht er Argumente, die mit Gefühlen nichts zu tun haben. Mit anderen Worten: Die Ehe wird nur zustandekommen, wenn es im moralischen und finanziellen Interesse des Steinbocks liegt!

Wenn er sich aber mit Ihnen verheiratet, dann tut er das nicht, um sich nach fünf Jahren schon wieder scheiden zu lassen; um eine solche Katastrophe zu vermeiden, wird er die Ehe auf ein möglichst festes Fundament gründen.

Damit er überhaupt Interesse an einer ehelichen Verbindung bekommt, müssen Sie ihm mit logischen Argumenten nachweisen, daß die Heirat die beste Lösung darstellt. Zum Beispiel können Sie ihm Gütertrennung vorschlagen, eine Regelung, die sicherstellt, daß Sie beide unabhängig voneinander über Ihre finanziellen Dinge entscheiden können. Ein Argument, das in den Augen des Steinbocks für die Ehe spricht, ist auch der Hinweis, daß Sie, wenn Sie in der gleichen Wohnung leben, viel billiger leben können als bisher. Sagen Sie ihm außerdem, daß es im Verhältnis zur Verwandtschaft praktischer ist, wenn man die Bindung auf dem Standesamt absegnen läßt. Erklären Sie ihm, daß Sie dann keine Postvollmacht mehr von ihm brauchen, wenn Sie für ihn ein Paket entgegennehmen wollen ...

Sie dürfen sich bei alledem nicht erhoffen, daß er Sie aufgrund solcher Argumente kurzerhand zum Traualtar führen wird. Eine solche Entscheidung wird er allenfalls nach einigen Jahren des Zusammenlebens treffen, wenn er Ihre Vorzüge kennengelernt hat. Der Heiratsantrag dürfte sich dann etwa so anhören: »Übrigens, du mußt da heute ein Dokument unterschreiben ... Wir treffen uns um 14.00 Uhr auf dem Standesamt!«

Kleine Geschenke
erhalten die Freundschaft

Geeignet für Steinböcke beiderlei Geschlechts:

- Kletterpflanze
- Wolldecke (Steinböcke frieren leicht)
- Langspielplatte oder Kassette mit Musik von Johann Sebastian Bach
- Lieblingsbuch in einer Prunkausgabe

Nur für »ihn«:

- Lederhandschuhe
- Konversationslexikon in mehreren Bänden
- Abonnement für eine Tageszeitung
- Poster mit einem spärlich bekleideten Mädchen

Nur für »sie«:
- Necessaire aus Schildpatt
- Schwarzer Lederrock
- Ein Schmunzelbuch
- Ein einfaches Goldkettchen

Wenn es etwas mehr kosten darf:

- Eine Eigentumswohnung in einem Wintersportort
- Ein antiker Schrank
- Ein offener Kamin

Das besondere Geschenk:
Für »ihn«:
- Ein Slip mit eingewebtem Herzchen

Für »sie«:
- Ein Bikini mit Blümchenmuster

Die Steinbock-Frau hegt die gleichen Befürchtungen und geht mit der gleichen Vorsicht zu Werke wie die männlichen Geborenen dieses Zeichens. In gewisser Weise hat sie recht. Sie kommt allein sehr gut zurecht. Einziger Vorteil einer Ehe: mehr Sicherheit. Wenn Sie die Steinbock-Frau um ihre Hand bitten, wird sie von der beklagenswerten Lage der Ehefrauen sprechen. Sie wird Sie darauf hinweisen, daß die Frau in der Ehe eigentlich zur Sklavin reduziert wird ... Sie wird behaupten, daß sie viel zu klug sei, um in diese Falle zu tappen ... Glauben Sie ihr kein Wort! Zeigen Sie ihr statt dessen die Verlobungsringe. Sprechen Sie davon, wie schön ein weißes Brautkleid auf dem Foto aussieht ... »Sie« wird dahinschmelzen!

Wichtigste Regel, wenn Sie mit einem Steinbock glücklich werden wollen: Sie müssen Geduld haben. Die Geborenen dieses Zeichens gleichen dem Wein, der um so besser schmeckt, je älter er wird. Im Unterschied zur Jungfrau schleifen sich beim Steinbock mit den Jahren die Ecken und Kanten ab. Das Verhalten wird lockerer, weicher, menschlicher. Der Steinbock nimmt sich jetzt nicht mehr so furchtbar ernst. Er lernt Toleranz zu üben. Mancher Steinbock verändert sich mit den Jahren charakterlich so sehr, daß ihn seine besten Freunde nicht mehr wiedererkennen. Fast immer ist es eine Änderung zum Guten ...

DRITTE PHASE

Wie man mit einem Steinbock Schluß macht

Eine Kletterpflanze, die keinen Halt an der Wand findet, verdorrt. Ähnlich ergeht es dem Steinbock. Er fühlt sich nur wohl, wenn er mit dem Partner eng und fest verbunden bleibt!

Mit einem Steinbock Schluß zu machen, ist für den Partner eine dramatische Erfahrung ... Das Unternehmen gestaltet sich um so schwieriger, je länger Sie schon zusammenleben.

Zwar hat der Steinbock sich in der Vergangenheit, ob zu Recht oder zu Unrecht, oft darüber beklagt, daß Sie ihn nicht mehr lieben. Er hat Ihnen damit gedroht, die Bindung aufzukündigen. Aber natürlich möchte er nicht beim Wort genommen werden.

Jedenfalls wird er alles tun, um die Ehe oder Lebensgemeinschaft mit Ihnen fortzuführen. Sie müssen ihn schon sehr verletzen, bevor er die Bindung aufkündigt. Nur selten wird der Steinbock aus eigener Initiative das Handtuch werfen, etwa weil er einen Menschen kennengelernt hat, der ihn mehr interessiert als Sie. Er trägt Ihr Bild in seinem Herzen, und dieses Herz ist nicht groß genug, um außerdem Träume von einer anderen Frau aufzunehmen.

In den seltenen Fällen, in denen der Steinbock eine feste Beziehung von sich aus abbricht, geschieht das von einem Augenblick auf den anderen. Schuldgefühle? Damit hat er keine Probleme. Die Nüchternheit, ja Kaltblütigkeit, die der Steinbock in solchen Situationen beweist, führt dazu, daß die Geborenen dieses Zeichens oft der Grausamkeit beschuldigt werden. Was ungerecht ist. Der Steinbock hat gelitten, bevor er sich zu dieser einschneidenden Maßnahme entschloß. Er hatte gar keine Zeit, an die Folgen zu denken, die sich aus seinem Schritt für die Partnerin ergeben.

Ganz anders ist die Situation, wenn der Steinbock von seiner Partnerin verlassen wird. Er reagiert tief verletzt, in vielen Fällen wird er krank, leidet an Depressionen, die sich bis zum Nervenzusammenbruch verstärken können. Manche Steinböcke vergessen ihren Schmerz, indem sie sich in die berufliche Arbeit stürzen.

Mein Rat: Wenn Sie sich von einem Steinbock, ob männlich oder weiblich, trennen wollen, so sollten Sie das so fair wie möglich tun. Erklären Sie ihm (oder ihr) die Situation. Versorgen Sie den Steinbock mit vernünftigen Argumenten, die für eine Beendigung der Beziehung sprechen. Das hilft ihm die Situation zu überbrücken, auch wenn er nach dem vollzogenen Bruch die furchtbare Leere in seinem Innern spüren wird. Ganz wichtig ist, daß Sie die Beziehung nicht einfach beenden, indem Sie die

Flucht ergreifen! Der Steinbock ist fähig und verbringt den Rest seines Lebens in der Hoffnung, daß Sie zu ihm zurückfinden werden. Da er ein sehr konsequenter Mensch ist, wird er die Erfahrung, die er mit Ihnen gemacht hat, verallgemeinern. Er würde künftig allen möglichen Partnern unüberwindbares Mißtrauen entgegenbringen.

Wenn es unter den zwölf Tierkreiszeichen eines gibt, von dem man sagen könnte, daß es »nur einmal liebt«, dann trifft diese Einordnung auf den Steinbock zu. Verständlich, wenn man weiß, wie schmerzhaft der Bruch einer Beziehung von den Geborenen dieses Zeichens empfunden wird ... Von der Art und Weise, wie die Bindung aufgelöst wird, hängt es ab, ob der Steinbock wieder sein seelisches Gleichgewicht findet.

Für die Ex-Partnerin (oder den Ex-Partner) eines Steinbocks ist es wichtig zu wissen, wie sich dieser Mensch in den Jahren nach der Trennung verhält. In einigen Fällen wird der Steinbock – auch wenn es überhaupt keine Kontakte mehr zwischen Ihnen

---

Berühmte Steinböcke

Herren:

Konrad Adenauer, Al Capone, Pablo Casals, Paul Cézanne, Cassius Clay, Friedrich Dürrenmatt, Federico Fellini, Benjamin Franklin, Cary Grant, Howard Hughes, Martin Luther King, Rudyard Kipling, Sergio Leone, Henry Miller, Willy Millowitsch, Molière, Isaac Newton, Richard Nixon, Onassis, Elvis Presley, Albert Schweitzer, Mao Tsetung.

Damen:

Joan Baez, Simone de Beauvoir, Dalida, Marlene Dietrich, Kaiserin Elisabeth von Österreich (»Sissi«), Ava Gardner, Françoise Hardy, Christine Kaufmann, Diane Keaton, Hildegard Knef, die Jungfrau von Orléans, Hanna Schygulla, Caterina Valente.

gibt – darauf hoffen, daß der Bruch auf wunderbare Weise wieder gekittet wird. Auch wenn die Hoffnung darauf noch so unbegründet ist, so genügt das winzige Licht, um die Gefühle des Steinbocks am Flackern zu erhalten.

Hinter der Fähigkeit zu lieben oder geliebt zu werden, verbirgt sich im Falle des Steinbocks, was in der Psychologie mit *Bindungsangst* umschrieben wird. Wenn man jemanden liebt, der diese Liebe nicht erwidert, braucht man keine Angst mehr zu haben, beim Wort genommen zu werden ...

Nachdem Sie nun die Bedingungen und Risiken einer Trennung oder Scheidung kennen, will ich Ihnen einige Tips geben, wie Sie den Steinbock ein für allemal vergraulen können ...

Wie man einen männlichen Steinbock nervt

- Führen Sie sich bei seiner Familie wie ein leichtes Mädchen auf. Verführen Sie seinen Großvater ...
- Bevor er vom Büro in die Wohnung zurückkehrt, verschütten Sie einen Liter Wein auf dem Teppich. Einen weiteren Liter Wein gießen Sie über Ihre Haare und Ihr Kleid. Empfangen Sie Ihren Mann oder Lebensgefährten dann, indem Sie ein nicht ganz stubenreines Lied lallen.
- Kommen Sie regelmäßig zu spät zu den Verabredungen mit Ihrem Steinbock. Besser noch: Vertun Sie sich, was den Wochentag für das Treffen angeht!

Wie man einen weiblichen Steinbock nervt

- Legen Sie ihr eine Maus oder eine Spinne aus Plastik ins Bett. Sie wird sich fürchterlich erschrecken. Nachdem sie festgestellt hat, daß es sich nur um einen Scherzartikel handelt, wird sie sich schämen, weil sie sich vor Ihnen lächerlich gemacht hat. Sie der Lächerlichkeit preiszugeben, das ist so ungefähr das Schlimmste, was Sie einer Steinbock-Frau antun können!
- Kommen Sie um sechs Uhr früh nach durchzechter Nacht nach Hause, und sorgen Sie dafür, daß Sie bei dieser Gelegenheit nach einem billigen Parfüm stinken. Sehr wirkungsvoll sind auch Spuren von Lippenstift an Ihrem Hemdkragen!

- Sprechen Sie während eines Abendessens mit Freunden in Gegenwart Ihrer Frau oder Ihrer Lebensgefährtin über die sexuellen Besonderheiten Ihrer Beziehung. Schildern Sie Ihren Freunden in allen Einzelheiten, wie »sie« sich im Bett benimmt.
- Mäkeln Sie an ihrer Mutter herum (viele weibliche Steinböcke empfinden große Verehrung für ihre Mutter).

Die Tierkreiszeichen und ihr Verhältnis zum Steinbock

Sie selbst sind ...

Widder

Er ist der »Fels in der Brandung«. Das beeindruckt Sie, aber es macht Ihnen auch Angst. Lassen Sie sich von seiner »Kälte« nicht täuschen, dahinter verbirgt sich ein fühlendes Herz. Die Unterschiede zwischen Ihnen sind so groß, daß Sie vielleicht nicht den ganzen Lebensweg miteinander gehen werden. Trotzdem hat der eine dem anderen so viel zu geben, daß die Beziehung als positiv zu werten ist.

Stier

Der Steinbock ist ein Partner, auf den Sie sich verlassen können. Kein Wunder, daß Sie sofort Vertrauen zu ihm gefaßt haben. Seine Ernsthaftigkeit bedeutet für Sie Sicherheit in der Zukunft. Das ist keine Utopie. Sie werden sich mit dem Steinbock sehr gut verstehen. So gut, daß er Ihnen sogar verzeiht, wenn Sie sich über seine Strenge lustigmachen.

Zwilling

Wenn Sie Gelegenheit haben, die Bekanntschaft eines Steinbocks zu machen, sollten Sie sie unbedingt nutzen. Sie können sich damit nur Gutes tun. Ihr Einfluß auf den Steinbock wird ihm die Entspannung bringen, die er dringend nötig hat. Er wiederum wird Sie davor bewahren, Ihre Kräfte zu zersplittern. Die Beziehung ist gewiß nicht einfach, aber die Mühe lohnt sich, sowohl auf dem Sektor Liebe als auch im Bereich kameradschaftlicher Beziehungen.

Krebs

»Gegensätze ziehen sich an«, das ist ein altes Sprichwort ... Sie beide machen keine Ausnahme von dieser Regel. Sie als Krebs begreifen recht gut, daß sich hinter dem kühlen, ironischen Benehmen des Steinbocks sein Bedürfnis nach Zärtlichkeit verbirgt. Es mag zwischen Ihnen das eine oder andere Mißverständnis geben, aber da Sie beide einen Horror vor gescheiterten Beziehungen haben, werden Sie zusammenbleiben!

Löwe

Seine Art, die Dinge zu kritisieren, ist für Sie nur schwer erträglich. Immer wieder wird er einen Flecken auf dem prächtigen Bild entdecken, das Sie von sich zeichnen. Allerdings ist seine Kritik für Sie auch ein wertvoller Ansporn, an sich zu arbeiten. Und das hat noch jedem Menschen gut getan.

Jungfrau

Ideales Einvernehmen, das Verständnis zwischen zwei Menschen könnte gar nicht besser sein. Einziger Wermutstropfen: Sie beide neigen dazu, an Ihren eigenen Fähigkeiten zu zweifeln. Aber was macht das schon ... Sie sind vom Schicksal füreinander bestimmt.

Waage

Seine Wahrhaftigkeit, sein Ernst und seine nüchterne Strenge haben Sie überzeugt. Sie sind in ihn verliebt und werden Ihren ganzen Charme einsetzen, um ihn zu verführen. Das Hindernis ist, daß Sie für seinen Geschmack zu gesellig, zu mitteilsam veranlagt sind, für ihn ist das ein Beweis für Oberflächlichkeit. Sie werden Ihren ganzen Vorrat an Duldsamkeit brauchen, um die Sturheit des Steinbocks zu ertragen.

Skorpion

Ihnen beiden ist die Lust am Kritisieren gemeinsam. Skorpion und Steinbock erwarten viel von den anderen Menschen und vom Leben im allgemeinen. Soweit die Eigenschaften, die Sie verbinden ... Hinderlich für Ihre Verbindung ist, daß Sie sich nie mit der Überheblichkeit des Steinbocks abfinden werden! Wenn er sich dazu durchringt, von seiner intellektuellen Strenge ein paar Abstriche zu machen, werden Sie sich gut verstehen. Wenn nicht, sehe ich schwarz ...

Schütze

Der wichtigste Pfeiler des Hauses, an dem Sie und der Steinbock bauen, ist der gute Wille, der auf beiden Seiten reichlich vorhanden ist. Was Sie, den Schützen, angeht, so werden Sie außerdem ein dickes Fell brauchen, an dem die nicht immer sehr freundlichen Bemerkungen des Steinbocks abprallen. Was dahintersteckt? Der Steinbock fühlt sich in Ihrer Gesellschaft einfach nicht wohl ...

Steinbock

Für einen Winter können Sie sich mit dem Steinbock in ein warmes Nest verkriechen, länger wird die Verbindung nicht halten. Gewiß, jeder versteht die Motive des anderen, schließlich sind Sie beide Steinbock. Das Problem ist, daß es unangenehm ist, in einen Spiegel zu blicken. Wo die eigenen Fehler sichtbar werden. Mein Rat: Sehen Sie sich nach einem Partner um, der besser zu Ihnen paßt.

Wassermann

Der Steinbock ist für Ihren Geschmack zu extrem, denn Sie sind ein Mensch, der alles aus einer gewissen Distanz angeht. Die unterschiedliche Auffassung wird sich besonders in der Liebe bemerkbar machen. Ihre Beziehung läßt viel zu wünschen übrig, weil Sie dem Steinbock ausweichen und weil er Ihre Motive nicht versteht. Es ist allerdings möglich, daß Sie auf der intellektuellen Ebene bestens miteinander harmonieren.

Fische

Jeder von Ihnen wird sich oft über den anderen beklagen.
»Morgen, spätestens übermorgen werde ich diesen Menschen
verlassen, der mich überhaupt nicht versteht!« Ist das wirklich
so? Im intimen Bereich verstehen Sie sich doch ausgezeichnet.
Ich wette, Sie werden noch recht lange zusammenbleiben!

Der Wassermann

Element: Luft
Geburtsherrscher: Uranus

Überblick über die Persönlichkeit des Wassermanns

Der Wassermann entspricht im Aussehen und Benehmen in etwa dem Bild, das wir uns von den Wesen machen, die aus den Tiefen des Raums zu uns kommen. In den Tiefen der Galaxis hat sich eine Rasse entwickelt, die uns weit überlegen ist. Die fremden Wesen haben eine Welt geschaffen, die voller Harmonie ist und Städte gebaut, wo die Häuser keine Türen haben.

Sobald der Wassermann auf die Erde kommt, macht er die Erfahrung, daß hier alles anders läuft als in den fernen Galaxien. Zuerst einmal bekommt er eine Tür auf die Nase geknallt, daß ihm Hören und Sehen vergeht. Spätestens jetzt stellt sich der Wassermann die Frage, auf die er nie eine Antwort finden wird: *Was zum Teufel habe ich auf diesem Planeten verloren?*

Zwar ist der Wassermann durchaus bereit, sich den irdischen Erfordernissen anzupassen. Wenn er trotzdem ein Außenseiter bleibt, dann aufgrund der einfachen Tatsache, daß die Unterschiede zwischen ihm und den Sterblichen zu groß sind. Vieles, was er schockierend findet, ist auf der Erde notwendig, wenn wir überleben wollen ...

Und so steht der Wassermann vor einem Dilemma ... Es gibt zwei Wege, aber keiner dieser Wege ist ideal. Der erste Ausweg ist die *Resignation*. Wenn sich der Wassermann für diese Lösung entscheidet, versinkt er in Melancholie. Er geht zu Menschen und Dingen auf Distanz, er vermeidet es, Gefühle zu investieren. Er errichtet zwischen sich und der Außenwelt eine bewegliche Trennwand aus Glas. Normalerweise ist die Trennwand im Boden versenkt. Erst wenn sich in seiner Nähe Dinge ereignen, die

Steckbrief des Zeichens Wassermann

Die wichtigsten Tugenden: Idealismus, Toleranz, Einfalls-
   reichtum
Die wichtigsten Schwachstellen: Gleichgültigkeit, Kühle
Seine beste Rolle: Befreier
Denkbar ungeeignet als: Anführer im Krieg
Historisches Vorbild: Abraham Lincoln
Männliches Vorbild im Film: Zorro
Weibliches Vorbild im Film: Barbarella
Lieblingsgericht: Ihm schmeckt alles, was aus dem
   Automaten kommt
Bevorzugtes Getränk: Mineralwasser
Lieblingsfarbe: Blau-grau metallic
Bevorzugtes Beförderungsmittel: Flugdrachen
Kleidung, in der er sich wohl fühlt: Raumanzug
Kopfkissenbuch: »Die Zeitmaschine« von H. G. Wells
Lieblingsfilm: Erscheinungen der Dritten Art
*Das Möbelstück, das der Wassermann in seiner Wohnung auf
   keinen Fall missen möchte:* Fernsehgerät
Metall: Uran
Glücksstein: Kristall
Bedrohtes Organ: Atemorgane
Lieblingsmusik: Revolutionslieder
Wo er (sie) sich am liebsten aufhalten würde: Im Weltraum

ihm bedrohlich erscheinen, drückt der Wassermann auf den
Knopf. Die Trennwand kommt aus dem Boden. Von welchen
Situationen sich die Geborenen dieses Zeichens bedroht fühlen?
Zum Beispiel von leidenschaftlichen Verwicklungen oder von
der Notwendigkeit, eine Entscheidung zu treffen.

   Daß die Sterblichen an die Scheibe klopfen, den Schutz sogar
zu durchbrechen versuchen, kümmert den Wassermann wenig.

Er hat sich inzwischen in eine nebelhafte Ferne zurückgezogen, wo er die Menschen, die ihn stören, nicht mehr sieht und ihre Rufe nicht mehr hört. Für ihn eine sehr angenehme Situation, deshalb ist die Wolke der Fantasie, auf der er sich ausruht, auch sein Lieblingsplätzchen!

Der zweite Ausweg aus dem Konflikt heißt *Kampf.* Wenn einem die Welt nicht gefällt, wie sie ist, muß man sie ändern, sie den eigenen Idealen anpassen. Es gibt Wassermann-Geborene, denen genau das gelungen ist, Genies, die ihre Spuren auf der Erde hinterlassen haben. Da wäre Abraham Lincoln zu nennen, der die Sklaverei abgeschafft hat (der Kampf gegen Unterdrückung ist ein typisches Ideal des Wassermanns). Da ist der Wassermann Wolfgang Amadeus Mozart, der eine Musik geschrieben hat, die den Menschen eine andere, bessere Welt eröffnet. Andere Weltverbesserer mußten auf halbem Weg wieder umkehren.

Einige Wassermänner haben ihre Energie darauf verwandt, Maschinen und Techniken zu erfinden, die uns eine Flucht in den Weltenraum oder eine Reise durch die Zeit ermöglichen. Ich spreche von Jules Verne und H. G. Wells, den berühmten Science Fiction-Autoren. Aber auch Charles Lindbergh, der als erster den Atlantik überquerte, und der Flugzeugkonstrukteur Marcel Dassault sind im Zeichen Wassermann geboren.

Wie alle Tierkreiszeichen, die vom Element Luft beherrscht werden, so hat auch der Wassermann Angst vor überschwenglichen Gefühlen. Er vermeidet, wenn es irgendwie geht, Situationen, die er nicht mehr mit Hilfe des Verstandes kontrollieren kann. Der eigene Kopf, der Intellekt, ist für die Geborenen dieses Zeichens so etwas wie eine Fluchtburg, und keiner von ihnen zögert, diese Fluchtburg im Falle der Gefahr zu benutzen.

Im Grunde gutmütig, verständnisvoll, hilfsbereit und tolerant, vermeidet es der Wassermann, für die eine oder andere Seite Partei zu ergreifen. Er hält nichts von extremen Standpunkten. *Es ist eine Einstellung, die dem Wassermann nicht selten den Vorwurf der Laschheit einträgt.* Wenn ein Wassermann etwas nicht sehen will, dann sieht er es nicht ...

Wenn ein Mensch ihn um Hilfe bittet, wird der Wassermann

ihm mit einem guten Rat antworten. Er wird eine große Rede halten, statt ihm zu helfen, denn er liebt keine Komplikationen. Macht man ihn darauf aufmerksam, daß der betreffende Mensch keine guten Worte, sondern tatkräftige Unterstützung braucht, wird der Wassermann versuchen, sich mit Geld freizukaufen.

Der Wassermann hat grandiose Vorstellungen, was aus der Menschheit einmal werden sollte, seine Ideale sind recht hoch angesetzt. Er neigt dazu, sich für Utopien und nebelhafte Ideen zu begeistern. Hüten sie sich vor dem Wassermann, der Kapital zur Gründung einer Firma oder zur Finanzierung eines Geschäfts sucht, Sie haben es entweder mit einem Genie oder einem Verrückten zu tun. In jedem Falle sollten Sie vorsichtig sein und nähere Erkundungen einziehen, bevor Sie eine Entscheidung treffen. Dem Wassermann fehlt jedes Verständnis, jeder Sinn für die materiellen Gegebenheiten. Seine größte Schwäche besteht darin, daß er die Ideale, die er predigt, nicht auf sich selbst anwendet. Er meint es ganz ehrlich, wenn er die Menschheit retten will, aber er vergißt über dieser großen Aufgabe, daß es auch alltägliche Pflichten gibt, die zu erfüllen sind. Der Wassermann vergißt zum Beispiel, seiner Frau guten Morgen zu sagen. Er sieht durch die eigenen Kinder hindurch, die ihm einen Kuß geben wollen. Er läßt die Goldfische verhungern, weil er sich nicht vorstellen kann, daß Lebewesen Nahrung brauchen.

Wenn man ihm wegen seiner Gleichgültigkeit Vorwürfe macht, wird der Wassermann sich mit folgenden Worten verteidigen: »Wie kannst du es wagen, dich über dein Schicksal zu beklagen? Weißt du denn nicht, daß es in der Welt Millionen von Menschen gibt, die noch viel unglücklicher sind als du?«

Frustrierend, nicht wahr?

Das ist der Grund, warum der Wassermann oft als Egoist beschuldigt wird, wo er doch durchaus soziale Anwandlungen hat ... Aber er kämpft immer für das Kollektiv, nie für ein Individuum. In diesem Punkt unterscheidet sich der Wassermann wirklich von den anderen Menschen.

Wenn es ihm nicht gelingt, seine Ideale durchzusetzen, zieht sich der Wassermann auf sich selbst zurück. Er baut eine Festung, deren Mauern aus Egoismus bestehen. Das ist seine Methode, sich vor unangenehmen Überraschungen zu schützen. Im Wortschatz vieler Wassermänner fehlt das vertrauliche Du!

Der Wassermann ist von ruhiger Wesensart, er ist jedoch zu leidenschaftlichen Ausbrüchen fähig, wenn er in die Enge gedrängt wird.

Liebe

Die Wassermann-Geborenen sehnen sich nach einer Welt, die von dem Gefühl der Freundschaft regiert wird. Liebe findet in dieser Welt nur auf platonischer Ebene statt. Warum es platonisch zugehen muß? Die Liebe, glaubt der Wassermann, birgt große Gefahren in sich, als da sind: gebrochene Herzen und erschossene Nebenbuhler. Am Ende mancher Liebe steht das Drama, und das gefällt dem Wassermann überhaupt nicht, es macht ihm sogar Angst.

Und so gibt es nicht wenige Geborene dieses Zeichens, die die Meinung vertreten, ohne Liebe gäbe es viel weniger Komplikationen auf der Welt ... Einige von ihnen gehen soweit zu behaupten, daß Gefühle ein tierisches Erbgut sind ...

Die meisten Wassermann-Geborenen schwanken zwischen Verstand und Gefühl. Sie filtern ihre Empfindungen mit dem Intellekt, um die Risiken von Liebe und Leidenschaft zu mindern.

Es ist sehr selten, daß ein Wassermann der Liebe einen überragenden Platz in seinem Leben zugesteht. Liebe, das ist ein Gefühl, das weit hinter den anderen Idealen dieses Tierkreiszeichens rangiert. Der Kampf für die Freiheit, die beruflichen Pflichten, all das ist wichtiger als die Liebe. Dem Gott Eros opfert dieses Tierkreiszeichen nur sehr ungern. Sobald die Opfergabe verbrannt ist, flüchtet sich der Wassermann wieder auf seine Wolke, wo er von der Befreiung der Unterdrückten und anderen sozialen Werken träumen kann.

Der Wassermann hat das Bedürfnis, über die Pflichten des Alltags erhoben zu werden. Im Kontakt mit anderen Menschen gibt er sich liebenswürdig, tolerant, meist auch etwas vage und zerstreut. Die Achtung vor der Freiheit der anderen ist ihm das Wichtigste. Das geht soweit, daß ein Wassermann die eigene Eifersucht bezähmt ...

Die Mitmenschen legen ihm solch ein Verhalten oft als Gleichgültigkeit aus, was den Nagel indes nicht ganz auf den Kopf trifft. Der Wassermann ist einfach sehr ungeschickt, wenn es darum geht, seine Gefühle zu äußern. »Aha, du willst also zu Peter (Gerd, Kurt, Otto ...) ziehen? Glaubst du, daß du mit dem glücklich wirst? Du hast sicher recht, ich wünsche dir im weiteren Leben viel Glück! Wenn du etwas brauchst, du kannst mich jederzeit anrufen!«

Nachdem die Ungetreue das Haus verlassen hat, wird unser Wassermann eine Weile lang leiden. Worauf er sich vornimmt, sich nie wieder aufs Glatteis locken zu lassen. Das ist schon alles. Trennungsschmerz, der in Tränen ausartet, darf man vom Wassermann nicht erwarten. Ebensowenig wird er (oder sie) der Frau (oder dem Mann), die aus der Bindung ausbrechen, nachlaufen, das ist nicht sein Stil. Über solche Gefühle sind sie wirklich erhaben.

Herr Wassermann

Er ist ein Mensch, mit dem man sehr angenehm zusammenleben kann, unter der Bedingung, daß man auf die Aufmerksamkeiten, die eine Frau von Männern gewohnt ist, verzichtet. Der Wassermann ist nie indiskret, er ist auch in keiner Weise mißtrauisch. Er gehört zu den Männern, die der Frau wirklich gleiche Rechte zubilligen. Im Gegenzug erwartet er, daß sie sich verantwortungsbewußt und wie ein erwachsener Mensch benimmt, eine Erwartung, die zuweilen bitter enttäuscht wird ... Seine berufliche Karriere besteht aus mehreren Stufen. Der Grund: Der Wassermann weicht vom ursprünglichen Ziel ab, wenn sich eine neue Situation ergibt. Er ist fasziniert vom Fortschritt; sobald sich ein Stillstand ergibt (oder das, was der Wassermann für Stillstand hält), wechselt er die Firma.

Er liebt seine Familie und versorgt sie, so gut er kann ... Seine Schwäche ist die Gleichgültigkeit gegenüber auftretenden

Problemen. Wenn eine Situation schwierig zu meistern ist, taucht der Wassermann weg.

Frau Wassermann

Sie ist eine Frau, die sich für die anderen aufopfert. Alles für die Familie ... Und doch beherbergt der gleiche Kopf die Vorstellung, daß das Leben einer Frau sich nicht auf die Rolle am Herd beschränken sollte. Was unseren Blick auf die erstaunliche Tatsache lenkt, daß die eigentlichen Qualitäten von der Wassermann-Frau im beruflichen Bereich liegen.

Was die Liebe betrifft, ist sie vielleicht das einzige Tierkreiszeichen, das keine Besitzansprüche auf den Partner erhebt. Sie ist eine leidenschaftliche Liebhaberin, ohne vom Manne für ihre Hingabe eine feste Bindung einhandeln zu wollen. Sie läßt dem Partner jede Freiheit. Mütterlich ist sie weder zu ihrem Geliebten noch zu ihren Kindern ...

Bindungen

Der Wassermann, ob männlich oder weiblich, ist ein Mensch, der den Wert einer Bindung sehr hoch ansetzt. Er verabscheut die Lüge. Stellt ihm die Partnerin die idiotische Frage »Liebst du mich noch?«, so bekommt sie die Wahrheit zu hören, auch wenn die nicht sehr schmeichelhaft ist ...

Wenn ein Wassermann sich zu einer wirklichen Bindung entschließt, dann meist, weil er eine Partnerin gefunden zu haben glaubt, die ihn nicht in ein Gefängnis einsperrt. Er ist ein treuer Liebhaber und alles in allem ein treuer Ehemann. Sagen wir gleich dazu, daß er sich auf diese Eigenschaft nicht viel einzubilden braucht, sie ist ihm nämlich angeboren. Der Wassermann ist Versuchungen gegenüber ziemlich unempfindlich. Wenn er in einer befriedigenden Beziehung lebt, wird er nur in äußerst seltenen Fällen aus dieser Bindung ausbrechen. Eine Ausnahme bilden jene Wassermann-Geborenen, die im Namen der sexuellen Freiheit den Partnertausch praktizieren: die Swinger. Auch der »normale« Wassermann träumt von Partnertausch und

Gruppensex. Er hat dabei kein schlechtes Gewissen, denn er weiß, daß er sich, wenn der Traum zur Wirklichkeit wird, gefühlsmäßig nicht engagieren würde. Aber der Traum bleibt ein Traum. Der Wassermann wird seine Gefährtin (oder seinen Gefährten) nicht verlassen, jedenfalls nicht ohne sie (oder ihn) vorher um aktive Teilnahme an dem prickelnden Vergnügen gebeten zu haben.

Kommt es zu einer Trennung oder zur Scheidung, so verhält sich der Wassermann denkbar fair. Er wünscht der Partnerin (oder dem Partner) für die Zukunft alles Gute, und das ist nicht einmal ironisch gemeint. Seine Gedanken sind auf die Zukunft gerichtet, nicht auf die Vergangenheit. Der Wassermann ist in jeder Phase seines Lebens bereit, im Notfall wieder bei Null anzufangen. Es ist für ihn ein Gebot der Gerechtigkeit, daß er das Recht zu einem solchen Neubeginn auch der Partnerin (oder dem Partner) zubilligt. Dies ist eine der lobenswertesten Eigenschaften dieses Tierkreiszeichens.

Rat an Eva

Sie sollten sich für einen Wassermann entscheiden, wenn folgende Feststellungen für Sie zutreffen:

- Die Männer sind alle verrückt, sie denken immer nur an das Eine ...
- Sie hassen Hausarbeit, Sie hassen das Kochen.
- Sie haben immer davon geträumt, ein Liebesabenteuer mit einem außerirdischen Wesen zu erleben.

Warnung! Vermeiden Sie die Verbindung mit einem Wassermann, wenn folgende Feststellung für Sie zutrifft:

- Sie sind eine Frau, die an Festtagen von Blumen überschüttet zu werden gewohnt ist.

Rat an Adam

Sie sollten sich für eine Frau vom Tierkreiszeichen Wassermann entscheiden, wenn folgende Feststellungen für Sie zutreffen:

- Sie haben einen Horror vor der Verwandtschaft, und Sie hassen Familienfeiern.
- Sie hassen jede feste Zeiteinteilung. Warum nicht um vier Uhr Nachmittags die größte Mahlzeit des Tages einnehmen, wenn man um diese Zeit Hunger hat?
- Sie lieben Frauen, die für Überraschungen gut sind.
- Sie haben lange mit einer Frau vom Tierkreiszeichen Stier

Die Berufe des Wassermanns

1. Berufe, die mit der Vorsorge für die Zukunft, mit dem technischen Fortschritt und mit Reisen zu tun haben:
   - Pilot, Stewardeß
   - Astronaut, Raumfahrtforscher, Ingenieur, Informatikwissenschaftler, Meteorologe
   - Mechaniker, Techniker, Wartungstechniker für Flugzeuge, Fluglotse
   - Erfinder, Radiologe, Elektriker, Elektronikfachmann

2. Berufe, wo man unmittelbar mit den Menschen zu tun hat:
   - Psychologe, Psychotherapeut, Pädagoge
   - Dozent, Studienrat, Lehrer
   - Animateur in einem kulturellen Zentrum, Pädagoge
   - für behinderte Kinder

3. Berufe, die der Kommunikation zwischen Menschen dienen:
   - Radiosprecher/in
   - Fernsehansager/in
   - Angestellter in einem Rundfunk- oder Fernsehsender,
   - Platzanweiser/in in einem Kino
   - Radio- und Fernsehtechniker, Verkäufer elektrischer Haushaltsgeräte
   - Spielzeugverkäufer
   - Autor von Zukunftsromanen

zusammengelebt, die die unangenehme Angewohnheit hatte, Ihre Anzugtaschen zu durchsuchen.

Warnung! Vermeiden Sie die Verbindung mit einer Frau vom Tierkreiszeichen Wassermann, wenn die folgende Feststellung für Sie zutrifft:

● In einer idealen Beziehung müssen die beiden Partner jede Sekunde des Tages und der Nacht zusammensein.

ERSTE PHASE

Kennenlernen

Wo treffe ich Wassermänner?

Die Geborenen dieses Zeichens werden Sie überall dort antreffen, wo Dinge und Menschen in Bewegung sind. Die Zukunft und der Fortschritt sind Themen, die jeden Wassermann interessieren. Tätigkeiten, wo man mit der Vergangenheit konfrontiert wird, lassen sie gleichgültig, und auch die Gegenwart interessiert sie nur insofern, als sie das Sprungbrett in die Zukunft ist. Kaum ein anderes Tierkreiszeichen ist in der Lage, die Erfüllung seiner Wünsche so lange aufzuschieben wie der Wassermann. Eine der Lieblingsbeschäftigungen der Geborenen dieses Zeichens besteht darin, das Fell des Bären zu verteilen, bevor der Bär erlegt ist. Stellt sich dann heraus, daß es überhaupt keinen Bären gibt, den man schießen könnte, sitzt der Wassermann in der Patsche; kommt es aber zum Abschuß des armen Tieres, so wird der Wassermann eine Aktiengesellschaft gründen, die sich mit der Verarbeitung von Bärenfällen befaßt!

Der Wassermann fühlt sich nur wohl, wenn er aufdecken, berichtigen, befreien, ein Unrecht beseitigen kann. Er schreckt

in keinem Fall davor zurück, einen erkannten Mißstand auszu-
merzen. Seine Unbestechlichkeit trägt dazu bei, daß dem Wassermann die Sympathien der Menschen zufliegen. Es ist wirklich
so, daß er Vetternwirtschaft und Korruption haßt. Das ist auch
der Grund, warum ihm in gewissen Behörden und in Teilen der
Wirtschaft jede Karriere versperrt ist.

Es ist demnach wenig sinnvoll, im Parlament, in den Banken
und in den Verwaltungsgebäuden der großen Aktiengesellschaf-
ten nach einem Wassermann zu suchen. Nur wenn gerade ein
Streik ausgerufen worden ist, kann man den Wassermann an
den genannten Örtlichkeiten antreffen. Er ist der Mann, der das
Spruchband mit den Forderungen trägt. Er ist der Mann, der
das Mikrophon ergreift und die Streikenden aufputscht!

Auch im Stadtrat wird man den einen oder anderen Wassermann antreffen, er ist dort meist damit beschäftigt, irgendwelche
Unregelmäßigkeiten aufzuklären. Besonders viele Wassermänner gibt es in den Forschungszentren der Raumfahrt, in den
Instituten für Astrophysik, in den Planetarien und Sternwar-
ten ...

In der Freizeit widmet sich der Wassermann im wesentlichen
seinen Freunden. Er hat viele Freunde und kennt jeden einzelnen von ihnen bis in die letzten privaten Besonderheiten. Der
Wassermann wird seinen Freunden zuhören, ihnen seinen Rat
geben, sie in jeder Weise unterstützen. Seine Tür ist immer offen. Freunde spielen wirklich eine große Rolle in seinem Leben ...

Der Wassermann geht gern in Science Fiction-Filme, die von
außerirdischen Wesen handeln. Das Drehbuch, wie es dem
Wassermann gefällt: Die grünen Männlein erbarmen sich der
armen Menschen und bringen ihnen den Fortschritt, der in den
fernen Galaxien selbstverständlich ist. Für den Wassermann
sind die merkwürdigen Wesen aus dem All gewissermaßen ent-
fernte Verwandte ... In den Ferien und an den Wochenenden
läuft beim Wassermann ein Programm, das wenig mit Touris-
mus und viel mit menschlichen Beziehungen zu tun hat. Alte
Gemäuer lassen ihn kalt, dafür kümmert er sich mit um so größerer Leidenschaft um die Minderheiten in fremden Ländern,

um die Hungernden der Welt, um die Förderung unterent-
wickelter Gebiete und ähnlicher Projekte. Wenn der Wassermann die Pyramiden in Ägypten besucht, dann wird er möglicherweise auf den eigentlichen Zweck des Besuchs, nämlich auf
die Besichtigung der Grabkammern verzichten. Er wird sich
statt dessen mit dem halbverhungerten Kameltreiber unterhalten, der vor der Pyramide auf Touristen wartet ...

Sport kann den Wassermann nur wenig reizen. Er mag keinen Wettstreit, es ist ihm egal, wer da gewinnt oder verliert.
Wenn er überhaupt Sport betreibt, dann eine Disziplin, die nicht
in Gruppen ausgeübt werden muß ... Halt, ich habe die Vorliebe des Wassermanns für das Fliegen vergessen. Viele Piloten,
viele Fallschirmspringer, viele Drachenflieger sind diesem Tierkreiszeichen zuzuordnen.

Fragen Sie den Wassermann, was für ein Tier er sein möchte.
Seine Antwort ist klar: ein Vogel.

Woran man einen Wassermann erkennt

Nein, die Wassermänner sind alles andere als auffällige Wesen.
Sie mögen keine grellen Farben und keine wilden Gesten, sie
verabscheuen lärmendes Benehmen. Hier bestätigt sich der
Grundzug ihres Wesens, nämlich ihr großes Bedürfnis nach
Ruhe und Harmonie.

Äußerlich gibt es an dem Wassermann-Geborenen nichts Besonderes zu entdecken. Sie sind meist großgewachsen und
schlank und machen einen geistesabwesenden Eindruck. Ihr
Blick verliert sich irgendwo in der Zukunft, oder aber er richtet
sich auf die Wolken. Die Ausstrahlung ihrer Augen könnte man
klar und hell nennen, dieser Eindruck gilt merkwürdigerweise
auch für jene Wassermann-Geborene, die schwarze Augen haben.

Ob es eine typische Wassermann-Figur gibt? Ich würde Valéry Giscard d'Estaing nennen, der ja auch wirklich diesem Tierkreiszeichen angehört. Das Gesicht ist oval, Körper und Glied-
maßen schlank, der Gesamteindruck zerstreut bis nachdenklich,

was aber durch das warmherzige Lächeln abgemildert wird. Hoffen wir, daß Giscard d'Estaing immer etwas zu lachen hat ... Es gibt übrigens eine Variante der typischen Wassermann-Figur. Die Rede ist von den Engeln, wie sie von den Malern des Mittelalters dargestellt wurden: blondes Haar, durchgeistigter Gesichtsausdruck.

Wenn man den Wassermann noch nicht gut kennt, meint man immer, er blickt an einem vorbei. Aber das ist ein Irrtum, in Wirklichkeit blickt er durch einen hindurch.

Die meisten Geborenen dieses Zeichens legen nur wenig Wert auf Kleidungsfragen, das ist bei beiden Geschlechtern so. Ihnen ist nur wichtig, daß sie sich in ihrer Kleidung wohl fühlen, daß sie sich ungehindert darin bewegen können. Hin und wieder überkommt die Wassermann-Frau der Kaufrausch. Sie erwirbt dann supermoderne Kleidung aus Nylon, Polyester- und Acryl-Faser, die mit allerlei Flitterwerk aus Metall verziert ist.

Die Wassermänner beider Geschlechter haben eine Schwäche für enggeschnittene Hosenanzüge. Alles in allem werden sich die Geborenen dieses Zeichens immer so kleiden, wie man sich die Wesen von einem anderen Stern vorstellt ... Zum Selbstverständnis des Wassermanns gehört, daß er Vitaminpillen mit sich führt. Sollte es eines Tages ein Raketentriebwerk geben, das man sich an die Füße schnallen kann, so werden die Wassermänner zu den ersten Käufern dieser Errungenschaft zählen. Ihr Wunsch ist es nämlich, schon bei dem kleinsten Konflikt in eine andere, harmonischere Welt zu entfliehen.

Innerhalb einer Gruppe ist der Wassermann nur schwer zu unterscheiden, weil er auffällige Gesten vermeidet und grundsätzlich mit gedämpfter Stimme spricht. Einzig und allein der Hang zu moderner Kleidung bietet einen Hinweis. Aber die Spur ist in den meisten Fällen so vage, daß ich Ihnen rate, sich beim Besuch einer Party ganz einfach in die Mitte des Raumes zu stellen und zu rufen: »Gibt es hier jemanden vom Sternzeichen Wassermann?«

Wie man einen Wassermann auf sich aufmerksam macht

Der Wassermann zeichnet sich durch sein echtes Interesse am Wohlergehen aller Lebewesen aus. Auch der kleinste Wurm ist in seinen Augen schützenswert, allerdings nur unter der Bedingung, daß der Wurm sich anstrengt, die Stufen der Evolution zu erklimmen. Diese Bedingung erklärt sich aus der Tatsache, daß der Wassermann von der Sehnsucht nach Weiterentwicklung, nach Fortschritt erfüllt ist. Wir alle müssen unser Bewußtsein schärfen und die Möglichkeiten, die uns von der Natur gegeben sind, wahrnehmen, das ist die Philosophie dieses Tierkreiszeichens. Der gute Wille wird anerkannt. Der Wassermann registriert mit unendlich feinem Gespür, ob ein Mensch nach Höherem strebt oder ob er sich damit zufriedengibt, in den Niederungen materialistischen Denkens zu verharren. Er ist bereit, uns zu verzeihen, wenn wir ihm beweisen, daß wir wirklich »unser Bestes getan« haben.

Engel oder Teufel, der Wassermann wird über niemanden den Stab brechen, wenn der Mensch, um den es geht, ihm glaubhaft verkündet, daß er »ein anderer werden will« ... Die Ziele, die dieses Tierkreiszeichen für wünschenswert erachtet? Intelligenz, Schönheit, Geistesschärfe ... Man hat die Wahl zwischen einer ganzen Reihe nobler Eigenschaften!

Was der Wassermann gar nicht mag: Wenn seine Partnerin (oder sein Partner) sich der Welt bemächtigt, als sei die Natur unser Eigentum. Er verachtet den Hochmut und die Selbstgefälligkeit, die sich hinter dieser Einstellung verbirgt. Rasselt der Wassermann mit einem solchen Zeitgenossen zusammen, wird er mit Kritik nicht sparen und oft auch aggressiv werden ... Vorsicht, der Wassermann hat eine scharfe Zunge! Seine Ironie kann verletzen, und es macht ihm gar nichts aus, wenn aufgrund seiner Angriffe der Sockel unseres Selbstbewußtseins zu zerbröckeln beginnt; bei einer solchen Auseinandersetzung wird man feststellen, daß die Krallen des Wassermanns schärfer sind, als es zunächst den Anschein hatte ... Auf der anderen Seite fühlt sich der Wassermann von allen Menschen angezogen, die eine bescheidene Ausstrahlung haben. Er schätzt an einer potentiellen Partnerin Wißbegier und Naivität. Es ist deshalb von Vorteil, wenn man ihm gegenüber den Eindruck des Blumenmädchens erweckt, das davon träumt, von Professor Higgins in eine Dame der Gesellschaft verwandelt zu werden. Die ideale Frau in den Augen des Wassermanns ist das Wesen, das »wie Wachs in seinen Händen« ist. Freilich kann man nie wissen, welche Form er der Frau seiner Träume geben wird. Vielleicht wird man zur Freiheitsstatue, vielleicht auch zur Salzsäule von Sodom und Gomorrha umgeschaffen. Jedenfalls besteht die Gefahr, daß man als versteinertes Denkmal endet!

Mancher wird versucht sein, voll auf die Ideen des Wassermanns einzuschwenken und sich seine revolutionären Ideen zu eigen zu machen... Man muß nur wissen, daß der Wassermann unsere Bereitschaft zur Veränderung ganz wörtlich nimmt. Er kann sich gar nicht vorstellen, daß wir vielleicht insgeheim ganz andere Ziele haben, als wir im Gespräch mit ihm vorgeben; stellt sich dann heraus, daß es zwischen seinen und unseren Absichten wesentliche Unterschiede gibt, wird uns das der Wassermann sehr übelnehmen. Hand aufs Herz, wollen Sie wirklich die Weggefährtin eines Menschen werden, der die Nächte nicht im Bett, sondern an der Druckerpresse verbringt, wo er Flugblätter zum Sturz des Tyrannen herstellt? Wenn ja, dann werden Sie mit dem Wassermann keinerlei Probleme haben, Sie werden in die Geschichte Ihres Landes eingehen und in den Schulbüchern mit einem Lorbeerkranz, ersatzweise mit einem angedeuteten Heiligenschein abgebildet werden. Wenn nicht, dann ist es besser, Sie bleiben der Mensch, der Sie sind, ein unvollkommenes Wesen... In jedem Fall ist es richtig, wenn Sie dem Wassermann klar sagen, was Sie wollen und wo Ihre Schwerpunkte liegen... Sagen Sie ihm auch, daß Sie ihn mögen. Nehmen Sie ihm die Angst, die er vor allen fremden Menschen hat. Denken Sie an das Dilemma, mit dem jeder Wassermann zu kämpfen hat: »Soll ich mich engagieren oder nicht?«

Gewiß, die Partnerin (oder der Partner) des Wassermanns geht bei alldem ein gewisses Risiko ein... Ihr Verbündeter bei diesem Unternehmen ist die grenzenlose Neugier dieses Tier-

kreiszeichens. Zögern Sie nicht, auf den Wassermann zuzugehen. Sie beginnen, indem Sie sich eine Weile in seiner Nähe aufhalten. Irgendwann treten Sie dann vor ihn hin und sagen: »Sie
werden es vielleicht lächerlich finden, aber ich fühle mich außerordentlich stark von Ihnen angezogen! Seit ich Sie gesehen habe,
habe ich überhaupt kein Interesse mehr an anderen Männern ...« Selbstverständlich gilt dieser Rat in der entsprechenden Formulierung auch für den Fall, daß Sie ein männliches
Wesen sind, das einen weiblichen Wassermann verführen will.

Sollte der Wassermann auf Ihre Schmeichelei nicht eingehen,
was mich sehr wundern würde, können Sie folgenden Satz hinzufügen: »Ich weiß, daß ich Ihnen wie eine Verrückte (ein Ver-
rückter) vorkommen muß ... Ich bin ansonsten sehr vernunft-
betont. Ich weiß nicht, was mich gepackt hat ... Ich sage Ihnen
das alles, weil ich nicht möchte, daß Sie an meinem Verhalten
Anstoß nehmen ... Wie auch immer, wenn ich Ihnen nicht so
gut gefalle wie Sie mir, dann bin ich auch damit zufrieden, daß
wir nur gute Freunde werden.«

Wenn auch das noch nicht funktioniert, bleibt eine Geheimwaffe, deren Anwendung allerdings das Risiko in sich birgt, daß
wir dem Wassermann eine gehörige Angst einjagen ... So oder
so ist es eine sichere Methode, seine Aufmerksamkeit auf uns zu
ziehen. Die Rede ist von der Anteilnahme, die der Wassermann
für Außenseiter, für die Randgruppen der Gesellschaft, aufbringt. Damit auch wir zu diesen Außenseitern gezählt werden,
geben wir uns betont unbürgerlich, locker und vorurteilsfrei.
Unsere Rolle ist die eines Menschen, der keinen festen Wohnsitz
und keine Bindungen hat. Wir tauchen sozusagen aus dem
Nichts auf. Wir ziehen zu diesem Zweck aus unserer Vorstadt-
wohnung aus, geben unseren Hasso in eine Tierpension, lassen
das abonnierte Börsenblatt für einige Wochen an einen Freund
adressieren, der sich für Aktienkurse interessiert ... Wir kleiden
uns wie ein Hippie aus den sechziger Jahren und malen uns mit
Augenbrauenstift das Wörtchen »love« auf die Stirn ... Wenn
wir dem Wassermann in dieser Aufmachung einige Male begegnet sind, kommt der Augenblick, wo er uns leutselig mustert
und sagt: »Wie konnte es mit Ihnen soweit kommen?«

Womit die größten Hindernisse auf dem Weg zu seinem Herzen beseitigt sein müßten!

ZWEITE PHASE

Die Beziehung

Wie man einen Wassermann verführt und an sich bindet

Zunächst einmal müssen Sie sich einprägen, daß der Wassermann, was Gefühle und Liebe angeht, sich immer den Rückzug offenhalten wird. Er wird sich in jeder Bindung einen Freiheitsraum bewahren. Er behält sich sozusagen die Möglichkeit vor, den »Vertrag« aufzukündigen und das Weite zu suchen. Er bleibt immer auf dem Sprung. Es ist möglich, daß er in einer lebenslangen Bindung verharrt, aber nur unter der Bedingung, daß er sich darin nicht eingesperrt vorkommt ...

Die üblichen Spiele zwischen den Geschlechtern – Eifersucht, Leidenschaft, Irrungen und Wirrungen im erotischen Bereich – können einem Wassermann nicht den Kopf verdrehen. Hinzu kommt, daß er nicht die Angewohnheit hat, über seine Gefühle zu sprechen. Es kann einem passieren, daß man viele Jahre mit einem Wassermann zusammenlebt, ohne je zu erfahren, was in seinem Kopf vor sich geht.

Entschließt er sich, uns sein Herz auszuschütten, dann sollten wir ihm sehr aufmerksam zuhören! Die Gelegenheit, einen Blick in sein Innerstes zu tun, wird so bald nicht wiederkehren.

Um einen Geborenen des Zeichens Wassermann zu verführen, gibt es kein Patentrezept. Alles kommt auf den richtigen Augenblick an. Wählt die Frau für ihren Angriff auf die Festung seiner Gefühle den falschen Zeitpunkt, so kann sie so schön wie die Prinzessin in Tausendundeiner Nacht sein, der

Wassermann wird sie geistesabwesend ansehen und alsbald zu seinen Pflichten zurückkehren. Was für die Frau zugegebenermaßen sehr ärgerlich ist. Eben deshalb müssen wir Vorkehrungen treffen, diese Untiefe zu umschiffen.

Wir haben eine gute Chance. Wenn der Wassermann sich entschlossen hat, uns einen Winkel seines Herzens zu öffnen, können wir mit seiner Großzügigkeit rechnen. Er ist jetzt in einem Zustand, wo er auch den häßlichsten Straßenköter, der ihm zuläuft, wie einen reinrassigen Afghanen behandeln wird.

Weiterer strategischer Vorteil: Die Wassermann-Geborenen verabscheuen die Einsamkeit. Das gilt auch dann, wenn sie sich nach außen hin selbständig und unabhängig geben ... Das Wichtigste ist, daß wir ihnen zum richtigen Zeitpunkt unter die Augen treten!

Zu Beginn der Bindung sollten Sie sich unter keinen Umständen wie ein Skorpion benehmen, der in einer solchen Situation Angst und Nervosität durchblicken läßt. Ganz im Gegenteil, Sie müssen ruhig und entspannt wirken, wie jemand, der einen guten Freund besucht. Werfen Sie sich dem Wassermann nicht an den Hals. Vermeiden Sie den Eindruck, als hätten Sie sechs Monate auf einer einsamen Insel zugebracht und verzehrten sich jetzt nach der körperlichen Vereinigung mit einer Person des anderen Geschlechts. Mit einem solchen Verhalten würden Sie den Wassermann, sei er nun männlich oder weiblichen Geschlechts, nur Angst einjagen! Stellen Sie im Gespräch mit Ihrem neuen Bekannten statt dessen die gemeinsamen Interessen in den Vordergrund. Sprechen Sie vom Fortschritt der Menschheit, von der Evolution der menschlichen Rasse, von der Eroberung des Weltraums, von den neuen Heilmethoden, die irgendwelche Forscher gegen irgendwelche Krankheiten entwickelt haben. Machen Sie mit dem Wassermann ausgedehnte Spaziergänge. Denken Sie daran, daß er keine angeregte Unterhaltung von Ihnen erwartet. Nach seiner Ansicht müssen sich zwei Menschen auch ohne Worte verstehen.

Je mehr Zeit vergeht, bis Sie miteinander im Bett landen, um so besser. Der Wassermann schöpft Vertrauen zu Ihnen. Um mich klar auszudrücken: Herr Wassermann wird die Frau, die sich ihm schon in den ersten Tagen der Bekanntschaft mit Leib und Seele hingibt, nicht von der Bettkante stoßen – allerdings würde er diese Frau als »leichtes Mädchen« einstufen ... Die Beziehung, die sich nach einer solchen Eröffnung entwickelt, kann eine von Freundschaft geprägte Liebesaffäre sein. Als Ehepartnerin oder Lebensgefährtin kann der Wassermann eine solche Frau aber nicht mehr akzeptieren.

Liebe

Wenn der entscheidende Augenblick gekommen ist, sollten Sie, ob Frau oder Mann, alles vergessen, was Sie an erotischen Erfahrungen in Ihrem Leben ansammeln konnten. Vorkenntnisse auf amourösem Gebiet würden diesen Wassermann mißtrauisch machen. Das Beste ist, wenn Sie den gesunden Mittelweg nehmen. Lassen sie durchschimmern, daß Sie sexueller Leidenschaften fähig sind, aber zeigen Sie zugleich, daß Sie im Grunde naiv, spontan und unerfahren sind. Sie verstehen sicher, was ich mit dieser Empfehlung zum Ausdruck bringen will ...

Später dann, wenn Sie enge Freundschaft miteinander geschlossen haben, können Sie ganz vorsichtig die Idee des Partnertausches zur Sprache bringen. Es gibt viele Wassermänner beiderlei Geschlechts, deren erotische Fantasien sich in dieser Richtung bewegen.

Das Leben mit einem Wassermann

Sie werden sehen, es ist eine ideale Beziehung, besonders wenn sie vorher mit einem Partner geschlagen waren, der Sie mit seiner Eifersucht verfolgte. Es gibt wohl kaum ein Tierkreiszeichen, das die Freiheit des Partners so sehr respektiert wie der Wassermann. Er wird Ihnen nie indiskrete Fragen stellen. Sie brauchen ihm keine Rechenschaft darüber abzulegen, wie Sie den Tag oder den Abend verbracht haben. Wenn der Wassermann einem Menschen sein Vertrauen schenkt, dann ohne jede Einschränkung. Er wird Sie nie irgendwelcher Seitensprünge verdächtigen ... Für ihn ist es einfach undenkbar, daß ein Part-

ner den anderen in der oben beschriebenen Weise kontrolliert.
Und so wird der Wassermann Sie zu keinem Zeitpunkt mit pein-
lichen Fragen behelligen – auch dann nicht, wenn er insgeheim
vor Eifersucht zerspringt!

Im Gegenzug erwartet er von Ihnen, daß Sie seinen Mangel
an Mitteilungsbereitschaft, seine gelegentlichen »Ausflüge« in
die außereheliche Grauzone und seine Unabhängigkeit respektieren. Vermeiden Sie es, Ihren Gefährten einzumauern. Was die
häuslichen Dinge betrifft, so werden Sie feststellen, daß es dem
Wassermann herzlich egal ist, wie es in der Wohnung aussieht.
»Hauptsache, ich habe meine Ruhe«, das ist seine Devise. Wenn
Sie ihn allerdings bitten, im Haus mit Hand anzulegen, so wird
er Ihnen in rührender Weise behilflich sein. Die Wassermann-
Frau ist natürlich alles andere als eine perfekte Hausfrau, bei ihr
herrscht das organisierte Chaos. Ein Wunder, daß sie die notwendigen Arbeiten trotzdem rechtzeitig zu Ende bringt.

Mit anderen Worten: Wenn Sie eine partnerschaftliche Beziehung mit einem modern gesinnten, liberal denkenden Menschen
aufbauen wollen, dann ist der Wassermann – das gilt für beide
Geschlechter dieses Zeichens – genau das Richtige ... Sie müssen nur daran denken, daß Sie auf einen Partner dieses Tierkreiszeichens nie Besitzansprüche anmelden dürfen. Vermeiden
Sie es, ihm Eifersuchtsszenen zu machen. Sobald der Wassermann den Eindruck gewinnt, daß Sie an seiner Treue zweifeln,
würde er aus der Bindung mit Ihnen herausgehen.

Wie man einen Wassermann zur Ehe rumkriegt

Es ist dem Einfluß des Planeten Uranus auf den Wassermann zu
verdanken, daß dieses Tierkreiszeichen der Lebensform des
Konkubinats und nicht der Ehe in ihrer klassischen Form zu-
neigt. Wenn er (oder sie) mit einer Partnerin (oder einem Partner) die Ringe wechselt, dann hat der Wassermann das Gefühl,
als schlössen sich die Türen eines Gefängnisses hinter ihm. Sie
müssen es sich also gut überlegen, bevor Sie mit einem Geborenen dieses Zeichens vor den Traualtar treten ... Denkbar, daß
Ihr Partner, der sich schon in der vorehelichen Phase sehr unab-

hängig zeigte, seine Selbständigkeit in der Ehe noch mehr betont.

Für den Wassermann, wie übrigens auch für den Schützen, ist die Ehe nur interessant, wenn sie als Abenteuer angelegt ist. Sie, die Partnerin (oder der Partner), müssen wissen, daß dieses Tierkreiszeichen vor einer Scheidung in keiner Weise zurückschreckt, es sei denn, es gibt Kinder, die unter dem Abbruch der Beziehung leiden könnten. Ist das nicht der Fall, so ist der Gang zum Scheidungsrichter für den Wassermann eine Angelegenheit, die er zwischen zwölf und Mittag hinter sich bringt. Nur selten wird der Abbruch der Beziehung für ihn ein traumatisches Erlebnis darstellen. Der Glückliche! Da er sich für die Vergangenheit nur sehr am Rande interessiert, fällt es ihm leicht, schmerzliche Erlebnisse zu verdrängen.

DRITTE PHASE

Wie man mit einem Wassermann Schluß macht

Ich will nicht soweit gehen und behaupten, daß man sich mit dem Wassermann besonders gut versteht, sobald die Trennung von Tisch und Bett vollzogen ist, aber ich kann Ihnen versichern, daß Sie keine größeren Probleme haben werden, wenn Ihre Beziehung mit Menschen dieses Tierkreiszeichens zerbricht. Tatsache ist, daß der Wassermann überhaupt nicht besitzergreifend ist. Folglich empfindet er den Weggang des Partners nicht als Verlust – im Unterschied zu den meisten anderen Sternzeichen, die in einer solchen Situation sehr empfindlich reagieren.

Wenn es bei der Trennung überhaupt ein Problem gibt, dann die Befürchtung des Wassermanns, er könnte Ihnen bei dieser Gelegenheit Schmerz zufügen. Um das zu vermeiden, wird er sich in vielen Fällen in ein schwer zu durchbrechendes Schweigen vergraben. Er wird Ihnen ausweichen oder sogar jeden Kontakt mit Ihnen meiden, was insofern sehr peinlich ist, als er Ihnen für sein Verhalten eine Reihe von widersprüchlichen Erklärungen anbieten wird. Er wird Ihnen zum Beispiel verkünden: »Ich liebe dich nicht mehr, aber ich bin nicht sicher, ob wir uns deshalb trennen sollten ...«

Für die Partnerin (oder den Partner) des Wassermanns ist diese Phase alles andere als ein Zuckerschlecken ...

Es gibt Wassermann-Geborene, die sich verflüchtigen, ohne dem Partner überhaupt eine Erklärung zu geben. Sie sind der Ansicht, daß die Tatsache der Trennung für sich spricht. Man kann ihnen in diesem Punkt nur recht geben, aber das ändert nichts an der Tatsache, daß der verlassene Teil unter einem solchen Verhalten mehr als notwendig leidet. So kann es bei der Beendigung einer Beziehung zwischen Wassermann und Krebs zu Problemen von apokalyptischem Ausmaß kommen!

Wenn Sie derjenige sind, der mit dem Wassermann Schluß machen möchte, empfehle ich Ihnen, Ihren Partner beiseite zu nehmen und ihm in aller Ruhe klaren Wein einzuschenken. Sprechen Sie mit ihm (oder ihr) unter vier Augen. Sagen Sie dem Wassermann, aus welchem Grund Sie mit ihm Schluß machen wollen. Er wird nach der Trennung Ihr treuer Freund bleiben, ein Mensch, der Ihnen hilft, wenn Sie Hilfe brauchen.

Wenn Sie jedoch wollen, daß die Initiative für die Trennung oder Scheidung von ihm ausgeht, dann können Sie sich der folgenden Tricks bedienen ...

Trennung von Herrn Wassermann

- Jedesmal, wenn Sie ihn im Gespräch mit einem Freund antreffen, unterbrechen Sie die beiden und sagen: »Darf ich erfahren, was ihr wieder für Geheimnisse habt?«
- Variante: Machen Sie ihm jedesmal eine fürchterliche Szene, wenn er mit seinen Freunden ausgehen will.
- Verlangen Sie von ihm, daß er Rechenschaft über seine persönlichen Ausgaben ablegt. Fragen Sie ihn zum Beispiel: »Wieviel hast du für diese Zeitschriften, für deine Zigaretten, für dieses Buch ausgegeben?«
- Gestehen Sie ihm mit einem hinterhältigen Lächeln, daß Sie

Kleine Geschenke
erhalten die Freundschaft

Geeignet für Wassermänner beiderlei Geschlechts:
- Eine kleine Sternwarte
- Tonbandgerät
- Halogen-Taschenlampe

Nur für »ihn«:
- Flugreise nach Cap Canaveral
- Computerspiel
- Die Gesammelten Werke von Jules Verne
- Synthesizer für Musikaufnahmen

Nur für »sie«:
- Roboter, der ihr den Haushalt macht
- Bodybuilding-Gerät
- Modellkleid von Paco Rabanne
- Flugreise

Wenn es etwas mehr kosten darf:
- Ticket für eine Reise zu den Sternen ...
- Friedensnobelpreis

Das besondere Geschenk
- Ein Sklave oder eine Sklavin
- Kochbuch

ihm seit zwanzig Jahren jeden Morgen eine Messerspitze Arsen in den Kaffee getan haben, und äußern Sie bei dieser Gelegenheit Ihre Verwunderung, daß er das überlebt hat!

Trennung von Frau Wassermann
- Wenn sie eine wohlschmeckende Mahlzeit aufträgt, sagen Sie zu ihr: »Das ist jetzt innerhalb von zwei Wochen schon das zweite Mal, daß du mir dieses Gericht zumutest!«

- Tun Sie alles, damit sie einen Schuldkomplex entwickelt. Etwa in diesem Stil: »Es ist wirklich erstaunlich, was du in diesen Jahren aus mir gemacht hast ... Wenn ich mir vorstelle, was für ein sorgenfreies Leben ich mit Helga (Monika, Sabine ...) führen könnte ...«
- Entwickeln Sie sich zu einem typischen Kapitalisten, der seine Befriedigung darin findet, andere Menschen zu unterdrücken. Treten Sie im Gespräch mit Ihrer Frau oder Gefährtin für die Abschaffung des Streikrechts ein.
- Verlangen Sie von ihr, daß sie ihre Ideen konkret begründet.

Berühmte Wassermänner

Herren:

Bertolt Brecht, James Dean, Marcel Dassault, Charles Dickens, Heinz Erhardt, Federico Fellini, Friedrich der Große, Clark Gable, Valéry Giscard d'Estaing, Abraham Lincoln, Charles Lindbergh, Norman Mailer, Felix Mendelssohn-Bartholdy, Paul Newman, Hazy Osterwald, Baden Powell, Ronald Reagan, Franklin Roosevelt, Michel Sardou, Georges Simenon, Franz Schubert, John Travolta, Roger Vadim, Jules Verne, Hans-Jochen Vogel, Kaiser Wilhelm II.

Damen:

Prinzessin Beatrix von Holland, Jane Birkin, Eva Braun, Prinzessin Caroline von Monaco, Mia Farrow, Juliette Gréco, Nastassja Kinski, Hedwig Courths-Mahler, Sylvia Krystel, Jeanne Moreau, Charlotte Rampling, Sharon Tate.

Die Tierkreiszeichen
und ihr Verhältnis zum Wassermann

Sie selbst sind ...

Widder

»Immerhin jemand, der noch Ideale hat und sich von der täglichen Routine nicht unterjochen läßt.« So etwa lautet Ihr Urteil
über den Wassermann. Logisch, daß Sie sich zu den Geborenen
dieses Zeichens hingezogen fühlen. Wie Ihre Partnerschaft funktioniert? Einer läßt dem anderen die Freiheit, die er braucht.
Nachteil: Von Leidenschaft kann in dieser Verbindung kaum
die Rede sein. Aber was soll's, bei der Wertschätzung, die Sie
füreinander empfinden, haben Sie die besten Chancen, daß alles
gutgeht.

Stier

Sie finden den Wassermann verrückt und unberechenbar, weil
Sie ihn nicht verstehen. Sein Idealismus und seine Verachtung
materieller Werte stellt für Sie eine Kritik der eigenen Lebens-
weise dar. Damit nicht genug, der Wassermann wird Sie offen
beschuldigen, ein Materialist zu sein! Ich warne Sie. Sie werden
nicht viel Spaß miteinander haben, auch wenn Sie einander
noch so lieben.

Zwilling

Sie senden auf der gleichen Wellenlänge. Der Wassermann wird
Ihre Intimsphäre respektieren, er wird die Art und Weise, wie
Sie Ihr Leben einrichten, nie kritisieren. Zunächst ist das ganz
angenehm. Merkwürdigerweise aber kommt der Tag, wo Sie
sich fragen, ob der Wassermann Sie überhaupt liebt. Sie vermissen bei ihm den Faktor Eifersucht. Ein Beweis mehr für meine
These, daß Zwillinge nicht wissen, was sie wollen!

Krebs

Sie werden sich besser verstehen, als Sie sich heute vorstellen
können. Allerdings sollten Sie wissen, daß sich der Wassermann

nie von Ihnen einsperren läßt. Da Sie sehr monogam veranlagt sind, werden Sie darunter leiden, wenn der Wassermann sich in Nachbars Garten umtut. Der Vorteil dieser Verbindung: Er wird nie an Ihnen herummäkeln. Meiner Meinung nach ein großes Plus!

Löwe

Der Wassermann läßt Sie Ihre Kunststücke aufführen, er beobachtet Sie dabei mit einem amüsierten Lächeln. Keine Frage, Sie ergänzen sich, aber Sie haben verschiedene Wertesysteme. Wenn Sie, der Löwe, mit dem Wassermann eine dauerhafte Beziehung wünschen, müssen Sie die Stärke aufbringen, Mißtrauen und Eifersucht ein für allemal aus der Beziehung zu verbannen.

Jungfrau

Sie leben auf zwei völlig verschiedenen Ebenen. Der Wassermann bewohnt das Erdgeschoß des gemeinsamen Hauses. Sie, die Jungfrau, fühlen sich am wohlsten auf dem Dach. Wenn Sie sich aber sehr lieben, was durchaus im Bereich des Möglichen ist, kann es eine sehr gelungene Verbindung werden. Sie werden sich Ihrem Partner völlig hingeben, er wird Sie mit seiner Toleranz belohnen.

Waage

Sie beide verstehen es meisterhaft, jene Klippen zu umschiffen, die anderen Paaren zum Verhängnis werden. Eine sehr harmonische Beziehung, die sich allerdings, was den Bereich Sex angeht, mehr auf der platonischen Ebene abspielt.

Skorpion

Insgeheim haben Sie den perversen Wunsch, den Wassermann aus dem Elfenbeinturm herauszuholen, wo er sich vor Ihnen abschirmt. Ihr Wunschtraum: Eine Hand voll Sand in das Getriebe seiner Gedanken zu werfen. Wie ärgerlich, daß der Wassermann sich von Ihnen in keiner Weise stören läßt. Eines Tages werden Sie ihn beim Gutenacht-Gebet überraschen: »Herr, vergib ihr, denn sie weiß nicht, was sie tut ...« Das ist dann der Augenblick, wo Sie, der Skorpion, sich vor Wut in den eigenen Schwanz beißen!

Schütze

Gemeinsam ist Ihnen, daß Sie die Pflichten des Alltags sehr lästig finden. Sie träumen davon, irgendwo in Übersee ein neues Leben zu beginnen, armen Menschen zu helfen, gute Werke zu tun. Bei Ihnen, dem Schützen, verbirgt sich hinter diesem Wunsch ein Quentchen kolonialistischer Hochmut. Kein Wunder, daß der Wassermann, der alle unterjochten Völker befreien will, mit Entsetzen reagiert. Es entspricht seinem Naturell, daß er Ihnen tüchtig die Leviten liest! Spätestens bei dieser Aussprache werden Sie verstehen, daß Sie im Grunde wenig Gemeinsamkeiten haben.

Steinbock

Sie lieben Klares und Wahres. Der Wassermann aber möchte nicht festgelegt werden. Sie werden sich bemühen, Ihren Partner auf den »rechten Weg« zu bringen. Er wird sich diesen Versuchen erfolgreich widersetzen. Bei alledem hegen Sie eine tiefe Wertschätzung füreinander. Dieses Gefühl kann genügen, um Ihrer Bindung Dauerhaftigkeit zu verleihen.

Wassermann

Zwischen Ihnen herrscht Freundschaft, nicht das, was man Liebe nennt. Was Ihr Verhältnis zu den anderen Menschen angeht, so lieben Sie es, sich an den Dingen zu reiben. Keiner von Ihnen ist so recht bereit, sich der Wirklichkeit, den Zwängen des Alltags, anzupassen. Sie werden eine wunderschöne Zeit miteinander verleben. Wer könnte einen Wassermann besser verstehen als ein Wassermann ...

Fische

Der eine liebt die klare, dünne Luft auf dem Gipfel, der andere die Düsternis auf dem Grund des Ozeans ... Will heißen, daß Sie sehr verschiedene Zielvorstellungen haben! Die Gefahr besteht, daß Sie nebeneinander herleben, ohne daß der eine von den Vorzügen des anderen profitiert. Weiteres Hindernis: Der Wassermann ist zu »anständig«, um für Ihre besonders gelagerten erotischen Gelüste Verständnis aufzubringen.

Fische

Element: Wasser
Geburtsherrscher: Neptun

Überblick über die Persönlichkeit der Fische-Geborenen

Um es gleich vorweg zu sagen: Es ist schwer, die Fische unter einen Hut zu bringen. Wie sollte man auch einen gemeinsamen Nenner für die Vielfalt der Geschöpfe, die im Meer leben, finden? Bei den anderen Tierkreiszeichen stellt sich das Problem nicht. Ein Löwe ist ein Löwe, ein Skorpion ist ein Skorpion, es gibt da keine 36 Varianten. Selbst bei den doppelgesichtigen Zeichen, den Zwillingen, der Jungfrau und dem Schützen, haben wir jeweils nur zwei Tendenzen zu berücksichtigen. Ganz anders bei den Fischen! Hier haben wir es mit einem wahren Universum von Lebewesen zu tun, von denen jedes einzigartig zu sein scheint ...

Das astrologische Symbol dieses Tierkreiszeichens wird aus zwei Fischen gebildet, die durch eine Schnur miteinander verbunden sind, jedoch in entgegengesetzter Richtung schwimmen. Schon in diesem Sinnbild wird die Ambivalenz der Fische-Geborenen deutlich. Versuchen wir trotzdem, für die Vielzahl von Arten bestimmte Gemeinsamkeiten zu finden.

Es gibt, genaugenommen, zwei Planeten, die als Geburtsherrscher für die Fische zu berücksichtigen sind: Neptun, der erst im Jahr 1846 entdeckt wurde, und Jupiter, der schon in der Antike bekannt war.

Der vom Jupiter geprägte Fisch ist extrovertiert. Er ist von liebenswürdigem Wesen, gesellig, leichtfüßig und erstaunlich anpassungsfähig. Den Mitmenschen begegnet er voller Verständnis und Mitgefühl. Er ist jederzeit bereit, dem Nächsten zu

Steckbrief des Tierkreiszeichens Fische

Die wichtigsten Tugenden: Fähigkeit zur Hingabe, Fähigkeit
zum Mitleid

Die wichtigsten Schwachstellen: Sturheit, mangelnder Wirklichkeitssinn, mangelnde Objektivität

Bevorzugte Rolle: Medium

Denkbar ungeeignet als: Geldverleiher

Historisches Vorbild: Frédéric Chopin

Antikes Vorbild: Die christlichen Märtyrer

Was »ihm« und »ihr« an Dänemark gefällt: Die Kleine Meer-
jungfrau in Kopenhagen

Bevorzugtes Beförderungsmittel: Tauchkapsel

Drink: Chartreuse

Lieblingsfarbe: blau-grün

Bevorzugte Zeitschrift: Magazin für den Bootssport (Segeln,
Motorjachten)

Lieblingssport: Tiefseetauchen

Kleidung, in der »sie« sich besonders wohl fühlt: Die Sieben
Schleier

Bevorzugte Zerstreuung: Holiday on Ice

Bevorzugte Sendung im Fernsehen: Cousteau-Reportagen

Das Möbelstück, das der Fisch am wenigsten missen möchte:
Wasserbett

Metall: Nickel

Glücksstein: Aquamarin

Gefährdeter Körperteil: Hände und Füße

Bevorzugter Komponist: Debussy

Wo er (sie) sich am liebsten aufhält: Auf einem Boot

helfen, wobei es für einen Fisch keinen Widerspruch darstellt, wenn er aus der geleisteten Hilfe einen Vorteil für sich ziehen kann. Um es einmal klar zu sagen: Die vom Jupiter geprägten Fische-Geborenen haben einen Hang zum Opportunismus. Sie leben gern auf Kosten anderer Menschen, auch wenn die Betroffenen das erst sehr spät oder überhaupt nicht merken. Wäre der Fisch bei alledem nicht so unrealistisch und nachlässig, er hätte schon längst alles unterjocht, was auf der Erde kreucht und fleucht! Glücklicherweise, wie man aus der Sicht der anderen Sternzeichen sagen muß, ist er nur selten in der Lage, eine Idee logisch voranzutreiben. Er hängt wunderschönen Träumen nach, statt zu handeln. Mit anderen Worten: Er lebt in seiner eigenen Welt, dort allerdings ist er der unbeschränkte Herrscher.

Er ist sich selbst und anderen gegenüber nachsichtig. Viele kritisieren ihn als vage. Er ist vergeßlich, vor allem was die eigenen Sünden betrifft.

Im Unterschied dazu ist der vom Neptun geprägte Fisch ein Mystiker, ein Wesen, das seine Existenzberechtigung aus den empfangenen Leiden herleitet. Freilich spielt dabei das Selbstmitleid eine nicht zu unterschätzende Rolle. »Ich werde immer nur ausgenutzt ...« Weist man den Fisch ganz höflich darauf hin, daß er nur eine Kleinigkeit in seiner Lebensführung zu ändern brauchte, um seinen Leiden ein Ende zu bereiten, wird er einen ganz entsetzt ansehen und die Diskussion abbrechen. Man versteht jetzt, daß er den Schmerz sucht.

Unter den Fischen dieser Prägung wird man einige Exemplare antreffen, bei denen uns klar wird, daß sie in Verbindung mit anderen Seinsebenen stehen, und nicht selten trifft diese Behauptung sogar zu. Eine Anzahl großer Astronomen und Wissenschaftler, von Galilei über Michelangelo bis Einstein, waren Fische-Geborene ...

Es gibt eine zweite Eigenart, die diesen Fische-Typ auszeichnet. Die Rede ist von der außerordentlichen Feinfühligkeit, die wir bei zahlreichen Menschen dieses Tierkreiszeichens antreffen. Als seien sie mit Radar ausgestattet, empfangen diese Personen die leisesten Schwingungen und Signale sowohl positive als auch negative, ohne daß sie in diesem Augenblick in der Lage wären, die nötigen Schlüsse zu ziehen und zur befreienden Tat zu schreiten.

Tatsache ist, daß ihre Empfindlichkeit die Fische-Geborenen mit einer Kreativität und Vorstellungskraft ausstattet, von denen andere Zeichen nur träumen können. Tatsache ist aber auch, daß die Fische durch die empfangenen Signale nicht selten in ein Wirrwarr von Gefühlen gestürzt werden, das sie tiefen Seelenqualen ausliefert ... Das ist der Grund, warum ein Fisch eine Viertelstunde braucht, um beispielsweise die ganz einfache Feststellung »Das gefällt mir nicht« zu treffen. Das Durcheinander in ihrem Denken trägt nicht gerade dazu bei, ihnen in der Welt, in der wir leben, einen Platz an der Sonne zu verschaffen. Da der Fisch alles andere als dumm ist, kompensiert er seine Schwächen, indem er das entwickelt, was ich das Jungfrauen-Syndrom nennen möchte. Die Jungfrau ist das Tierkreiszeichen, das in Opposition zum Fisch steht und ihn ergänzt. Das Syndrom wirkt sich so aus, daß der Fisch aus Angst vor der unermeßlichen Tiefe der eigenen Gedanken die Flucht nach vorn, in die Wirklichkeit antritt. Er verwirft jetzt alles, was sich der Erfassung durch den gesunden Menschenverstand entzieht. Er entwickelt sich zu einem Musterbeispiel für Ordnung, Genauigkeit, Pünktlichkeit. Ähnlich wie die Jungfrau-Geborenen wird er Berufe bevorzugen, wo es auf absolute Gewissenhaftigkeit ankommt. Das ist der Grund, warum wir unter den Mathematikern, den Informationstechnikern und Finanzbeamten viele Fische antreffen.

Fehlen gefühlsmäßige Bindungen, so wird der Fisch sich in seine Arbeit vergraben, sich mehr und mehr Verantwortung aufladen, Überstunden noch und noch ableisten ... Was ihn allerdings nicht hindert, im Privatleben ein Bohemien zu sein.

Allen Fischen gemeinsam ist eine Großzügigkeit des Herzens und eine Opferbereitschaft, die man nicht geringschätzen sollte. Die Geborenen dieses Zeichens sind erst glücklich, wenn sie sich »nützlich« fühlen. Noch besser fühlen sie sich, wenn sie im Urteil der Mitmenschen in den Rang der Unentbehrlichkeit aufsteigen.

Die meisten Fische sind ausgesprochen höflich, angenehme

Lebenspartner, verständnisvoll und liebesfähig; es kommt allerdings vor, daß ein Fisch sich in Mythen versteigt und in Bereiche entflieht, wohin ihm niemand mehr folgen kann. Wenn die Fische Erfolg haben, so haben sie das ihrem feinen Gespür zu verdanken; wenn sie scheitern, ist Faulheit oder sträfliche Passivität der Grund. Fische haben wirklich Charme!

Liebe

Fische lieben Liebesdramen, spektakuläre Trennungen, denen die leidenschaftliche Wiedervereinigung auf dem Fuße folgt. Was sie tun, das tun sie vollen Herzens!

Sie sind die geborenen Romantiker. Es gibt Fische, die den geliebten Partner verlassen, nur weil sie »mal etwas anderes erleben« wollen. Dieses Tierkreiszeichen strebt das Unmögliche an: die Koexistenz zwischen Liebe und Alltag.

Wer mit einem Fisch zusammenlebt, muß sich auf Streit und leidenschaftliche Szenen gefaßtmachen. Es geht unzählige Male vor und zurück, so oft, daß der Partner zum Schluß nicht mehr weiß, wo ihm der Kopf steht!

Was der Fisch mit dieser Strategie erreichen will? Er träumt von der vollständigen Vereinigung, von der Verschmelzung des Körpers und der Seele. Miteinander einswerden, das ist ein Ausdruck, den nur ein Fisch erfunden haben kann.

Im sexuellen Bereich hat der Fisch keine Probleme, für ihn ist der Akt etwas ganz Natürliches. Ihm kommt dabei zu Hilfe, daß er sich völlig gehenlassen kann. Er ist, das muß im Hinblick auf seine negativen Eigenschaften betont werden, wirklich fähig, sich dem Partner hinzugeben. Er identifiziert sich mit den Wünschen des anderen, mit seinen Träumen und Fantasien auch im erotischen Bereich ... Instinktiv spürt er, was für den geliebten Menschen wichtig ist. An Zärtlichkeit läßt es der Fisch nicht zu wünschen übrig. Er hat alles, was zu einem rechten Don Juan oder zu einer heißblütigen Carmen gehört.

Sein schwacher Punkt in charakterlicher Hinsicht ist eine latente Veranlagung zu sado-masochistischen Praktiken. Sadismus ist für den Fisch interessant, weil er auf diese Weise den anderen Menschen eine Schuld zuweisen kann. Der Masochismus lockt ihn, weil er die empfangenen Leiden wirklich genießt. Es gibt freilich nur wenige Fische, die sich offen zu ihrer Veranlagung bekennen – die meisten verstecken sich hinter ausweichenden Redensarten: »Ich habe in diesem Leben kein Glück. Ich falle immer wieder auf Menschen herein, die mich nicht lieben, die mich unglücklich machen, mit denen man nicht harmonisch zusammenleben kann.«

Eine Besonderheit des Fisches: der Bernhardiner-Komplex. Der Fisch will immer ein armes Waisenkind vor dem Erfrieren im Schnee retten. Im Sommer, wenn auf dem Sankt-Bernhardin-Paß kein Schnee mehr liegt, bescheidet er sich auch schon mal mit einem Baby, das er aus den Fängen eines Löwen rettet ...

Der Fische-Mann

Wenn Sie einen Partner suchen, an den Sie sich anlehnen können, sollten Sie die Verbindung mit einem Fische-Geborenen meiden. Er ist es, der eine starke Schulter braucht, an der er sich ausweinen kann. Man ist oft gerührt, wenn man einen Fisch kennenlernt. Viele Geborene dieses Zeichens haben etwas von einem kleinen Jungen, der seine Mutter verloren hat. Der Fisch hat zum Beispiel gar nichts dagegen, wenn er von einer Frau ausgehalten wird! Er versteht es ausgezeichnet, die mütterlichen Instinkte einer solchen Partnerin für sich einzuspannen ... Der Fisch ist ein geschickter Räuber. Im beruflichen Bereich ist er das Finanzgenie oder der Finanzier, der vor dem Konkurs stehende Firmen aufkauft. Er versteht es, aus Katastrophen Geld zu machen. Er ist der Mann, der vier oder fünf Dirnen für sich arbeiten läßt, um sich nach Mitternacht mit dem besten Gewissen der Welt in die Arme seiner Ehefrau zu begeben.

Sagen wir gleich dazu, daß es eine Ausnahme ist, wenn der Fisch von den Mädchen, die für ihn arbeiten, nicht nach Strich und Faden übers Ohr gehauen wird. Er ist ein herzlich schlechter Buchhalter. Mit den Zahlen steht er auf Kriegsfuß. Er ist der Mann, der grundsätzlich zu jedem Rendezvous zu spät erscheint. Er ist großzügig, aber auch unzuverlässig.

Die Fische-Frau

Von allen Tierkreiszeichen ist sie die Frau, die für ihre Weiblichkeit berühmt ist. Selbst wenn die Fische-Frau einen Beruf ausübt, wo es auf eher »männliche« Eigenschaften wie Selbständigkeit und Leistung ankommt, so wird sie sich nach Dienstschluß in eine Geisha verwandeln. Sie ist eine überaus geschickte Verführerin. Sie versteht es, die Männer um den kleinen Finger zu wickeln. Sie tut das schon deshalb, weil sie unter keinen Umständen allein sein möchte ... Sie genießt es, geliebt zu werden.

Besonders angezogen fühlt sie sich von Männern, für die sie sich »opfern« kann. Sie mag die schwierigen Typen, wobei sie die Hoffnung hegt, daß sie diese Männer ummodeln kann. Um dieses Ziel zu erreichen, nimmt sie abenteuerliche Belastungen auf sich; sobald es ihr allerdings gelungen ist, den Saulus in einen Paulus zu verwandeln, erlahmt ihr Interesse. Brave Männer langweilen sie. Die Fische-Frau wird alsbald nach einem neuen Problemfall Ausschau halten, an dem sie ihre Kräfte messen kann.

Es gibt wohl keine andere Frau, die den Mann so gut trösten und ihm seine Ängste nehmen kann, wie die Fische-Geborene. Nur sie ist in der Lage, aus dem Abend im Ehebett ein Märchen aus Tausendundeiner Nacht zu machen.

Bindungen

Der Fisch ist ein treuer Partner, sobald er sich für eine feste Bindung entschieden hat. Voraussetzung ist, daß er die seelische Reife besitzt, um den Anspruch zu erfüllen.

Es entspricht seiner charakterlichen Prägung, daß er manchmal aus einer Fliege einen Elefanten macht. Auf der anderen Seite steht seine Fähigkeit, Belastungen seitens des Partners oder der Partnerin hinzunehmen, unter der andere Tierkreiszeichen zusammenbrechen würden. Man kann einen Fisch betrügen, ohne die üblichen Nachteile einstecken zu müssen, jedenfalls stehen die Schwierigkeiten in keinem Vergleich zu dem Drama, das sich anbahnt, wenn man solch ein Unrecht einem anderen Zeichen antut ... Der Fisch wird auch in einer solchen Situation immer versuchen, die Partnerin zu verstehen. Mit einer Besonnenheit, die schon rührend ist, wird er darauf hoffen, daß die Untreue zu ihm zurückfindet.

Kommt es beim Fisch zu einem Wutausbruch, so kann man sich darauf verlassen, daß das Zerwürfnis schon zehn Minuten später wieder vergessen ist. Der Fisch ist höchst erstaunt, wenn man ihn zwei Tage später auf die Angelegenheit hin anspricht.

Oft wird der Fisch von den anderen Tierkreiszeichen als Lügner bezichtigt – zu Unrecht. Der Fisch lebt und denkt auf mehreren Ebenen, die untereinander in keiner Verbindung stehen. So ist es zu erklären, daß er sich wirklich nicht an das Ereignis erinnert, das dem Partner im Gedächtnis geblieben ist.

Es ist durchaus denkbar, daß der Fisch in jungen Jahren seine Partnerin oder seinen Partner betrügt ... Die Triebfeder in diesem Fall ist die Neugier. Manchmal geht der Fisch auch mit einer anderen Partnerin ins Bett, weil er ganz einfach nicht »nein« sagen konnte. »Die Sache mit Barbara ist doch wirklich nicht so wichtig, Liebling ...«

Damit man ihm seine Eskapaden vergibt, zeigt sich der Fisch außerordentlich liebenswürdig und zärtlich. Hinzuzufügen ist, daß er selbst nicht ganz sicher ist, ob er das Abenteuer zur linken Hand nur geträumt oder wirklich erlebt hat ...

Gibt es denn gar nichts, worauf man sich bei einem Fisch verlassen kann? Nein. Der Fisch ist fähig und bleibt bei einem ungeliebten Partner, weil er irgendwie nicht auf den Gedanken kommt, daß man eine solche Bindung auflösen könnte. Er ist fähig, sich sang- und klanglos von seinem Partner zu verabschieden, um einige Zeit später wieder zu ihm zurückzukehren, als sei nichts passiert ...

Menschen, die leicht einzuschüchtern sind, sollten sich nicht mit einem Fisch verbinden. Es handelt sich um ein Tier, das elektrische Schläge austeilen kann, das seine Beute aufschlitzen und sich selbst, nach dem Vorbild des Tintenfisches, hinter einen Nebelvorhang zurückziehen kann ...

Die Berufe der Fische-Geborenen

1. Dienstleistungsberufe, die ein besonders hohes Maß an menschlicher Hingabe verlangen:
   – Arzt, Tierarzt, Krankenschwester, Krankenpfleger, Pädagoge/Pädagogin, Krankengymnastiker, Fahrer eines Krankenwagens, Sozialarbeiter/in, Gefängniswärter, Armenpfleger, Anstaltsgeistlicher
2. Berufe, die am oder im Wasser ausgeübt werden:
   – Monitor für die verschiedenen Wassersportdisziplinen (Schwimmen, Segeln, Tauchen)
   – Seemann
   – Fischer
   – Meereswissenschaftler
   – Alle Berufe, die an Bord eines Schiffes ausgeübt werden, vom Kapitän bis hinunter zum Koch

Rat an Eva

Sie sollten sich für einen Fische-Mann entscheiden, wenn folgende Feststellungen für Sie zutreffen:

- Sie träumen davon, daß Ihnen ein Mann im Mondenschein seine Liebe erklärt; der Duft von Jasmin streicht durch die Büsche, Sie tragen ein weißes Tüllkleid ...
- Sie waren mit einem Steinbock verheiratet, und das hat herzlich schlecht funktioniert!
- Sie sind eine Frau, die wirklich nur ein einziges Gericht kochen kann: Harte Eier.
- Sie sind aus irgendeinem Grund in der Gosse gelandet und brauchen jemanden, der Sie wieder aufrichtet.

Warnung! Vermeiden Sie die Verbindung mit einem Fische-Mann, wenn folgende Feststellung für Sie zutrifft:

- Pünktlichkeit ist die Höflichkeit der Könige.

Rat an Adam

Sie sollten sich für eine Fische-Frau entscheiden, wenn folgende Feststellungen für Sie zutreffen:

- Sie wollen von Ihrer Frau oder Gefährtin wie von einer Mutter verwöhnt werden.
- Sie träumen von einer Frau halb Nixe, halb Fee. Sie sehnen sich danach, von dieser Frau in einen süßen Pfuhl der Sünde hinabgezogen zu werden ...
- Sie verabscheuen Hausfrauen. Schon beim bloßen Anblick eines Staubsaugers packt Sie die Lust, auf eine Südseeinsel auszuwandern, wo es keinen elektrischen Strom, keine Staubsauger und vor allem keine reinlichkeitsbeflissenen Ehefrauen gibt.
- Sie haben gerade eine längere Freiheitsstrafe verbüßt und brauchen jede Menge seelischen Zuspruch.

Warnung! Vermeiden Sie die Verbindung mit einer Fische-Frau, wenn folgende Feststellung für Sie zutrifft:

- Sie würden nie einen streunenden Hund bei sich aufnehmen. Der Grund: Sie wollen keine Flöhe in Ihrem Haus haben.

ERSTE PHASE

Kennenlernen

Wo treffe ich Fische?

Denken Sie daran, daß die Geborenen dieses Zeichens das Bedürfnis haben, sich nützlich zu machen, anderen Menschen zu helfen. Mein Rat also: Bewaffnen Sie sich mit reichlich Kleingeld, und suchen Sie alle Örtlichkeiten auf, wo Wohlfahrtspflege betrieben wird. Begeben Sie sich in die Büros der öffentlichen Wohlfahrtsträger, wo die Ärmsten der Armen verköstigt werden, in die Büros von Hilfsorganisationen, die hilfsbedürftige Ausländer betreuen. Gehen Sie in die Waisenhäuser und Spitäler ... Unter dem Personal werden Sie Fische-Geborene in großer Zahl antreffen!

Sollten Sie bei Ihrem Rundgang nicht gleich auf den Fisch Ihrer Träume stoßen, so richten Sie Ihr Augenmerk auf die Naturschützer und auf die Verfechter der Ökologiebewegung. Der typische Umweltschützer ist ein Fisch.

Fische können Sie auch in genügender Zahl unter den Beamten und Beamtinnen des Sozialamtes, auf dem Finanzamt, an den Informationsschaltern der verschiedenen Behörden und auf Ihrer Sparkasse antreffen. Es handelt sich um Menschen, die das Durcheinander der eigenen Gedanken durch einen Beruf kompensieren, der Organisation und Ordnung verlangt.

In den Ferien wird der Fisch eine Gegend wählen, wo er Freiheit und Auslauf hat. Das Bedürfnis sich auszubreiten ist tief im Charakter dieses Tierkreiszeichens verankert.

Der Fisch ist ein wahrer Meister, wenn es darum geht, Wochenenden und arbeitsfreie Tage so aneinanderzureihen, daß ein möglichst langer Urlaub entsteht!

Es gibt Fische, die mit dem Reiseprospekt in der Hand aus dem Büro kommen und zur nächsten Telefonzelle spurten, wo sie ein Reisebüro oder eine Fluggesellschaft anrufen; es macht ihnen einfach Spaß, bei der Anfrage oder Buchung eines Reiseziels einen Vorgeschmack auf die Ferien zu bekommen!

Wenn der Urlaub beginnt, wird der Fisch zu jenen gehören, die schon mitten in der Nacht aufbrechen. Auf komfortable Hotels oder gepflegte Küche legt der Fisch wenig Wert. Statt dessen verwendet er die Zeit und Energie während seiner Ferien darauf, in die Landschaft einzutauchen. Er ist der Mann, der schon wenige Stunden nach der Ankunft in Tunesien ein paar Brocken Arabisch beherrscht. Er wird sich den Sitten des Gastlandes entsprechend benehmen, wie überhaupt die Anpassungsfähigkeit eine seiner großen Tugenden ist.

Sie werden den Fisch im Urlaub zum Beispiel in einem überfüllten Bus, in Gesellschaft der Einheimischen, antreffen. Welche Länder er bevorzugt? Jedenfalls nicht die Gebiete, die »in«

sind, und auch nicht die hoffnungslos überfüllten Strände am Mittelmeer. Statt dessen begibt sich der Fisch in entlegene Gebiete in Schwarzafrika oder Asien. Tibet und China sind typische Reiseziele für die Geborenen dieses Zeichens. Interessantes Detail: Wenn ein Fisch reich genug ist, um sich ein Luxushotel leisten zu können, wird er trotzdem mit einer einfacheren Unterkunft vorliebnehmen und das Restgeld verwenden, um eine neue Reise anzutreten oder um Reiseandenken zu kaufen.

Der Fisch schließt sich gern Expeditionen an, zum Beispiel einer Safari, die in ein Gebiet führt, wo vom Aussterben bedrohte Tierarten leben. Er liebt Urlaubsländer, an deren Küsten es wunderschöne Tauchgründe gibt, zum Beispiel Mexiko oder das Inselreich der Malediven, die Karibik und die Südsee. Dabei sind die Fisch-Geborenen nur in seltenen Fällen gute Sportler!

Beliebtes Urlaubsvergnügen für Fische sind Kreuzfahrten ... Und natürlich wird man in den Hafenvierteln überall auf der Welt reichlich Fische-Geborene antreffen, zum Beispiel in den Bars, wo Matrosen und Huren verkehren ... Ein paar Wochen später wird der gleiche Mann wieder an seinem Schreibtisch irgendwo in Mitteleuropa sitzen und Zahlenkolonnen addieren.

Wenn der Fisch gezwungen ist, in der Stadt zu bleiben, entflieht er der grauen Wirklichkeit mit Hilfe des Fernsehens oder indem er ins Kino geht. Er sieht gern Streifen, die ökologische Probleme aufarbeiten, Dokumentarfilme über das Leben der Tiere, Filme, die in fernen Ländern spielen. Ebenso ist der Fisch an Filmen interessiert, wo unschuldige Opfer von Bösewichtern gefoltert und in letzter Sekunde vom Tode errettet werden.

Woran man einen Fische-Geborenen erkennt

Zunächst einmal am Benehmen. Der Blick ist nachdenklich, weich, beseelt. Ich habe noch nie einen lebhaften Fisch angetroffen, wohl aber viele Widder, Zwillinge und Schützen, die eine beispiellose Aktivität ausstrahlten. Der Fisch wirkt immer, als befände er sich im Zustand der Ruhe und Entspannung. Zwar wird die Ruhe dann und wann von einigen raschen Gesten unterbrochen, dann aber sinkt der Fisch in sein unsichtbares Bett zurück ... Das Benehmen ist nie kantig und hart, sondern immer verbindlich und angenehm.

Man hat meist den Eindruck, daß der Fisch sich außerordentlich wohl fühlt. Die typische Haltung ist horizontal. Der Fisch liegt ausgestreckt an irgendeinem Strand, läßt sich die Sonne auf den Rücken brennen und unterhält sich mit Gleichgesinnten. Eine lockere, wohlgelaunte Atmosphäre ...

Unter den Fischen gibt es nicht wenige, die viele Länder bereist haben. Die Geborenen dieses Zeichens lieben es, sich irgendwo im Ausland mit ihren langjährigen Freunden zu treffen.

Was die Kleidung angeht, so ist dieses Tierkreiszeichen schlicht unberechenbar. Der Fische-Mann legt wenig Wert auf modische Mätzchen. Es ist typisch für ihn, daß er jahrelang die gleichen Anzüge trägt. Daß das Revers der Jacke vielleicht einen Fleck hat, stört ihn nicht. Er sieht diesen Flecken gar nicht. Weil er der Kleidung so wenig Bedeutung beimißt, kann es vorkommen, daß er beim Verlassen eines Restaurants einen Mantel überstreift, der ihm gar nicht gehört. Wenn sich die Frau des Fische-Geborenen ein neues Kleid kauft, wird sie vergeblich darauf warten, daß ihr Mann sie darauf anspricht. Sein Blick ist nach innen gerichtet. Oder auf das grenzenlose Blau des Himmels ...

Die Fische-Frau zieht entweder an, was die Mode vorschreibt, oder aber sie kleidet sich nach Lust und Laune. Ob das grüne Kleid zu dem orangefarbenen Mantel paßt, über solche Dinge zerbricht sie sich nicht den Kopf! Einige Fische-Frauen haben einen fürchterlichen Geschmack, was Farben und Formen angeht, obwohl sie für ihre Kleider ein Vermögen ausgeben. Die meisten folgen der herrschenden Mode, die Ästhetik bleibt dabei gelegentlich auf der Strecke! So wird man Fische-Frauen antreffen, die sich trotz üppiger Figur mit Volants schmücken, und andere, die trotz überdurchschnittlicher Körpergröße einen Schnitt bevorzugen, der sie wie eine Bohnenstange aussehen läßt.

Ob es bei den Frauen eine typische Fische-Mode gibt? Ja. Leichte, zuweilen durchsichtige Gewänder, fließend in der Form, überaus weiblich ... Freilich wird der angenehme Eindruck oft von einem grellen Schal oder einer unmöglichen Brosche wieder zunichte gemacht!

Es gibt noch etwas, woran Sie die Fische erkennen können: die Augen. Oft haben die Geborenen dieses Zeichens große Augen. Der Blick wirkt verträumt, als könnte der Fisch in eine Welt hineinschauen, die uns Sterblichen ewig verborgen bleibt. Der Fisch wirkt zerstreut, geistesabwesend, wie ein Medium, das einen Pendel hält ... Zwingen Sie die Menschen dieses Tierkreiszeichens nicht, aus ihrer Traumwelt auf die Erde zurückzukehren, sie könnten auf der rauhen Oberfläche unseres Planeten allzu leicht Schaden nehmen. Statt dessen sollten Sie den Fisch bitten, daß er Sie mitnimmt auf seiner geheimnisvollen Reise durch das Universum seines Geistes ...

Wie man einen Fisch auf sich aufmerksam macht

Wenn Sie einem Fische-Geborenen gegenübertreten, werden Sie zunächst einmal das unangenehme Gefühl verspüren, als seien Sie durchsichtig. Sein Blick gleitet über Sie hinweg, als hätte er einen völlig unwichtigen Gegenstand gestreift ... Wenn Sie den gleichen Menschen ein paar Tage später wiedertreffen, werden Sie erstaunt feststellen, daß er Sie sehr wohl registriert hat. Nicht nur, daß er sich an Sie erinnert, er begrüßt Sie sogar mit ausgesuchter Höflichkeit. Sie sollten sich auf die nette Geste allerdings nicht zuviel einbilden; es gehört zur Natur des Fisches, sich allen Menschen gegenüber liebenswürdig zu geben. Seine Philosophie läßt sich in zwei Sätze kleiden: Es kostet nur eine winzige Anstrengung, nett zu den Menschen zu sein. Aber diese winzige Anstrengung macht das Leben soviel angenehmer ...

Der nächste Tag kommt. Der Fisch grüßt Sie nicht einmal. Vielleicht hat er schlecht geschlafen, oder er hat einen schweren Kopf, weil er am Abend zuvor zuviel getrunken hat. Jedenfalls wäre es eine falsche Reaktion, wenn Sie sich den Mangel an Höflichkeit zu Herzen nähmen. Denken Sie daran, das Wohlbefinden des Fisches hängt von so vielen Faktoren ab, daß schon eine Kleinigkeit die Balance zum Schlechten verändern kann.

In den meisten Fällen wird dem Fisch der Wechsel von der

Liebenswürdigkeit zur Ruppigkeit nicht einmal bewußt. Er ist ehrlich schockiert, wenn er von einem guten Freund auf seinen Fauxpas hingewiesen wird. Trotzdem wird er wenig später den gleichen Fehler machen!

Wenn Sie wollen, daß der Fisch sein Auge auf Sie wirft, dann müssen Sie sich Zugang zu seiner Traumwelt verschaffen. Der Zufall kann Ihnen dabei behilflich sein. Sie werden Glück brauchen!

Ich will Ihnen jetzt die Menschen nennen, an denen kein Fisch vorübergehen kann, ohne den Versuch eines Kontaktes zu machen:

- Alkoholiker, denen ihre Krankheit deutlich anzusehen ist
- Drogensüchtige, die »an der Gesellschaft zerbrochen« sind
- Der Mann, der seinen Weg sucht
- Der Verbrecher, der seine Taten bereut
- Der Yogi. Der Priester. Die Dirne, die nicht mehr auf den Strich zu gehen verspricht
- Missionare. Ärzte, die den Kranken in der Dritten Welt helfen. Geniale, aber leider weithin unbekannte Künstler.
- Alle Menschen, die verfolgt werden. Die Entwurzelten aus allen Ländern der Erde. Die Menschen mit Minderwertigkeitskomplexen. Personen, die unglücklich sind, weil sie glauben, sie seien zu dick oder zu dünn, zu groß oder zu klein ...

Sie sehen, der Fächer spannt sich sehr weit! Aber der Fisch hat ein großes Herz. »Kommt her, die ihr mühselig und beladen seid ...« Ich schreibe das nicht, um die Bibel zu zitieren, sondern weil Sie die Aufforderung wörtlich nehmen sollten. Sie sollten auf den Fisch zugehen, und zwar ohne langes Zögern. Geduld ist nämlich nicht gerade die starke Seite dieses Tierkreiszeichens!

Was tun, wenn der Fisch Sie nicht beachtet? Es gibt ein paar Methoden, die nicht sehr fein, aber wirksam sind. Eine kleine Auswahl:

1. Veranstalten Sie eine Demonstration vor dem Haus Ihres Fisches. Tragen Sie ein Spruchband mit der Aufschrift »Nieder mit der Atomenergie!« vor sich her.

2. Befestigen Sie auf der Heckscheibe Ihres Autos einen Aufkleber mit der Aufschrift »Rettet die Wale!«

3. Klingeln Sie an der Wohnungstür Ihres Fisches. Stellen Sie sich ihm als Beauftragte des Tierheims vor, das sich um herrenlose Hunde und Katzen kümmert. Sie sind gekommen, weil Sie Geld für die armen Tiere sammeln. Zugleich wollten Sie fragen, ob Ihr Fisch sich nicht in der Arbeit des Tierheims engagieren möchte ...

4. Leihen Sie sich Geld vom Fisch Ihrer Träume. Fische verleihen gern Geld, auch wenn sie selbst wenig haben. Jeder Fisch hat eine lange Liste mit den Namen der Schuldner an ihn. Natürlich weiß er, daß er das Geld nie wiederbekommen wird.

ZWEITE PHASE

Die Beziehung

Wie man einen Fisch verführt und an sich bindet

Alles hängt vom Alter, von der physischen und seelischen Reife des Fisches ab. Als junger Mensch ist der Fisch sehr kapriziös, er entzieht sich unserem Zugriff. Sobald er ein gewisses Alter erreicht hat, erwächst in ihm der Wunsch nach Sicherheit, nach Liebe, die mehr ist als nur Sex. Weil der Fisch inzwischen einige Enttäuschungen erlebt hat, ist er auch bereit, Konzessionen zu machen. Was die ganze Sache natürlich sehr erleichtert.

Betrachten wir nun die Methoden, die für die Verführung eines Fisches in Frage kommen.

Erster Punkt: Das *Ambiente* ist überaus wichtig. Der Fisch ist nämlich sehr sensibel. Die Aufgabe für Sie, die Anglerin, besteht also zunächst darin, den geeigneten äußeren Rahmen zu schaffen.

Ideal wäre es, wenn Sie den Fisch in den Ferien fangen, in romantischer Umgebung. Verona kommt in Frage, wo Romeo und Julia sich unsterblich ineinander verliebten. Natürlich auch die Südsee, weil er dort alle seine Sorgen vergißt. Allgemein gilt, daß sich der Fisch zu Orten hingezogen fühlt, die Schauplatz großer Liebestragödien waren. Je trauriger die Sache ausging, um so höher steigt die Örtlichkeit im Ansehen der Fische-Geborenen. Wichtig wäre auch, daß Sie mit dem Fisch in einer gemütlich eingerichteten Wohnung und im kleinen Kreise warmwerden ... Wenn er sein Visier hochklappen soll, darf er sich nicht beobachtet oder kontrolliert fühlen. Eine Berghütte in einem Wintersport-Eldorado wäre gar nicht schlecht. Das Kaminfeuer prasselt, Sie liegen auf einem Bärenfell, und natürlich ist auch das bequeme, breite Bett mit Fellen bedeckt. Der Fisch hat jetzt nur noch Augen für Sie. Was bedeutet, daß Sie die Falle zuschnappen lassen können ... Oder aber Sie verführen ihn an einem mondbeschienenen Strand. Es ist Mitternacht, wenn Sie Hand in Hand in die leise plätschernden Wogen waten. Auch am Strand sollte es übrigens ein kleines Feuer geben, und sei es nur, um irgendwann in der Nacht die frischgefangenen Fische zu braten. »Er« spielt Robinson, Sie sind Freitag!

Wenn die Jahreszeit für Ausflüge in die Berge oder ans Meer nicht geeignet ist, müssen Sie den Fisch in Ihre Wohnung einladen. Kümmern Sie sich um die Details, die für die nötige Stimmung sorgen. Wieder ein Feuerchen? Richtig geraten. Ohne flackernden Kamin geht es nicht. Knöcheltiefer Fellteppich. Möbel aus Asien. Der Duft von Räucherstäbchen schwebt durch den Raum ... Der Fisch muß beim Überqueren Ihrer Schwelle den Eindruck haben, daß er in eine Zauberwelt hinüberwechselt. Ihre Wohnung ist nur ein Studio, das 20 Quadratmeter mißt? Das macht nichts. Auch auf kleinem Raum können Sie die Atmosphäre schaffen, die den Fisch in Ihr Netz führt. Tragen Sie das Sofa mit Hilfe Ihres Nachbarn in die Wohnung nebenan, so daß Sie Platz für die Sitzkissen gewinnen. Dekorieren Sie den Raum mit indischen Tüchern.

Damit der Fisch die Falle nicht wittert, die Sie für ihn aufgestellt haben, sollten Sie ein paar Gäste als Staffage einladen, nette, originelle Leute. Servieren Sie chinesische, japanische oder indische Leckerbissen. Und Cocktails. Ganz nebenbei gesagt: Der Fisch verträgt nicht viel Alkohol. Gut für Sie. Wenn er erst einmal ein Glas getrunken hat, fallen alle Hemmungen. Inzwischen haben Sie die Hintergrundmusik angestellt ...

Sobald der Fisch in Ihrem Netz zappelt, geben Sie Ihren Freunden den diskreten Wink, Sie mit ihm alleinzulassen. Jetzt sind Sie Ihres Glückes Schmied! Das Schwierigste ist bereits geschafft.

Sex

Sie müssen Fantasie entwickeln, damit der Fisch auch wirklich in Ihren Armen landet. Nehmen wir an, es handelt sich um eine Frau, die sich als Jungfrau aufspielt. Lassen Sie sich durch solch ein Theater nicht dazu verleiten, auf herkömmliche und irgendwie langweilige Sexualpraktiken auszuweichen. Die Fische-Frau erwartet sich von Ihnen etwas Ausgefallenes, und genauso ist es mit dem Fische-Mann, den Sie mit viel List in Ihre Wohnung gelockt haben!

Sie haben den Eindruck, daß »Ihr« Fisch eine erstaunliche Passivität an den Tag legt? Der Eindruck ist völlig richtig. »Er« oder »sie« möchte, daß Sie beim Sex die Initiative übernehmen. Sie können gar nicht lasziv genug sein ... Exotisches Zubehör? Jederzeit. Den Fisch erregt es, wenn Sie ihm etwas Angst machen ... Er genießt es, wenn Sie ihn fest an die Hand nehmen und mit ihm die Grenzen des Erlaubten überschreiten. Für einen Fisch ist Sex gleich Sünde und Sünde gleich Erfüllung. Wenn er sich mit Schuldgefühlen an die erste Nacht mit Ihnen erinnert, wenn er bis über beide Ohren rot wird, sobald Sie bei späteren Gesprächen das wunderschöne erste Mal erwähnen, haben Sie es richtig gemacht!

Das Leben mit einem Fisch

Bevor Sie sich in dieses Abenteuer stürzen, sollten Sie wissen, daß es im Liebesleben für einen Fisch nur zwei Alternativen gibt: Leiden oder Schmerz zufügen. Natürlich ist »er« oder »sie«

sich der Zusammenhänge nicht bewußt. Aber Sie wissen Bescheid und können entsprechend Ihrer sexuellen Prägung die Weichen stellen.

Vergessen Sie nicht, daß der Fisch eine Eigenschaft besitzt, die ihn für das andere Geschlecht nahezu unwiderstehlich macht. Er versteht es, das Bild der geliebten Person wie ein schönfärberischer Spiegel zurückzuwerfen. Auch ein mittelmäßiger Mann wird sich, wenn er sich in den Augen einer Fische-Frau spiegelt, wie ein Casanova vorkommen. Ebenso wird sich Aschenputtel in den Armen ihres Fische-Mannes wie eine wunderschöne Sünderin fühlen ...

Scheinbar ohne Anstrengung entführt Sie der Fisch in eine Welt, wo es keine Pflichten, keine Mißerfolge, keinen Alltag gibt. Wenn Sie das neue Universum erst einmal kennengelernt haben, werden Sie es nie mehr verlassen wollen. Was ich sehr gut verstehen kann. Es ist eben sehr angenehm, sich wie ein Supermann oder wie eine Traumfrau zu fühlen ...

Das Drama beginnt, wenn der erste Brief vom Finanzamt kommt. Oder wenn das Baby plärrt und die Windeln gewechselt werden müssen. Sie, der geradeaus denkt, können nicht verstehen, daß der Fisch in einer solchen Situation die Flucht ergreift. Mein Rat: Versuchen Sie nicht, »ihn« oder »sie« mit guten Ratschlägen einzudecken. Auch wenn Sie es wirklich gut meinen, der Fisch wird Sie für Ihr eigenmächtiges Eingreifen mit der Vertreibung aus dem Paradies bestrafen. Ohne Vorwarnung und ohne Mitleid.

Was den Alltag angeht, so macht der Fisch viele Dinge »aus dem Handgelenk«. Er folgt seinem Gefühl, das ihn oft genug in die Irre führt. Es ist typisch, daß der Fisch wichtige Termine vergißt und daß er komplizierte Dinge erst kurz vor Toresschluß regelt. Wenn der Fall mit erlaubten Mitteln nicht mehr hinzubiegen ist, scheut der Fisch auch vor dem Mogeln nicht zurück ...

Es ist nicht immer leicht, mit einem Ehepartner verheiratet zu sein, der im materiellen Bereich wenig Sicherheit bietet. Ein Ausweg: Man nimmt die finanziellen Dinge selbst in die Hand und denkt ab sofort für zwei.

Und noch etwas: Der Fisch reagiert sauer, wenn sich irgend jemand in seine Angelegenheiten mischt. Für ihn sind das ganz einfach neugierige Pedanten, die man in die Wüste schicken muß. Der Freund, der ihm einen guten Rat geben will, der Haarspalter, der Ordnungsfanatiker – der Fisch wirft sie alle in den gleichen Topf mit der Aufschrift »Spinner«. Wenn Sie in Harmonie mit dem Fisch leben wollen, müssen Sie seine Besonderheiten respektieren, auch wenn Ihnen das eine oder das andere von Herzen mißfällt.

Von Zeit zu Zeit, wenn Sie sehr brav gewesen sind, wird der Fisch das Portal zu seinem Zauberreich öffnen und Sie zu sich einlassen. Was er Ihnen zeigt, lohnt das Warten. Versuchen Sie jedoch nie, ihm die Schlüssel zum Paradies abzuluchsen!

Wie können Sie Schwierigkeiten in der Ehe oder Lebensgemeinschaft mit dem Fisch vermeiden und trotzdem auf Ihre Kosten kommen? Indem Sie sich für eine dieser drei Lösungen entscheiden:

1. Wenn der Fisch in Ihrer Beziehung der dominierende Teil ist, fügen Sie sich. Lassen Sie ihm die Freiheit, die er braucht. Versuchen Sie nicht, seinen Lebensrhythmus zu beeinflussen, Sie würden mit Sicherheit scheitern.

2. Sind Sie der dominierende Partner, dann liegt es in Ihrem Interesse, das Verhältnis auf der erreichten Ebene fortzusetzen. Bemuttern Sie den Fisch, aber lassen Sie ihm so lange Leine, daß er die Beschränkungen, die Sie ihm auferlegen, nicht als schmerzhaft empfindet. Sollte er aus dem Käfig ausbrechen, den Sie ihm gebaut haben, so immer nur für kurze Zeit. Er wird voller Reue zurückkehren, um das vertraute Wasser Ihres Aquariums zu schlürfen ...

3. Am kompliziertesten ist es, wenn Sie beide gleich stark sind. Keiner von Ihnen wird je wissen, woran er ist. Ein Vorteil: Langweilig dürfte es Ihnen in dieser Richtung nicht werden.

Wenn Ihr Fisch masochistisch veranlagt ist, sollten Sie beachten, daß er Sie um so mehr liebt, je schlechter Sie ihn behandeln. Sie kommen betrunken nach Hause, nachdem Sie die Nacht mit einer hübschen Hetäre verbracht haben? Macht nichts, die Fische-Frau empfängt Sie mit einem Kuß. Sie haben Ihren Fische-Mann mit einem Gigolo betrogen und setzen dem Faß die Krone auf, indem Sie Ihren Liebhaber in die eheliche Wohnung mitnehmen? Kein Problem, Ihr Gemahl wird dem Besucher einen Drink anbieten und Sie nach seinem Weggang mit um so größerer Leidenschaft lieben. Eigentlich machen Sie dem masochistisch veranlagten Fisch mit Ihrer Treulosigkeit ein wunderschönes Geschenk. Sie liefern ihm das Motiv, sich über sein Pech im Leben zu beklagen. Das nämlich tut er lieber als alles andere!

Wie man einen Fisch zur Ehe rumkriegt

Der Fisch hat meist etwas Angst vor der Ehe. Er braucht das Gefühl, jederzeit wieder gehen zu können. Das Haus, das Sie auf beider Namen kaufen, der Kredit, den Sie gemeinsam aufnehmen, in seiner Sicht sind das nichts als Hindernisse auf dem möglichen Fluchtweg.

Das ist der wahre Grund, warum so viele Fische eine Lebensgemeinschaft ohne Trauring bevorzugen. Nur ein Kind kann dieser Einstellung einen Stoß versetzen. Um dem Kind eine gute Zukunft zu sichern, wird der Fisch Zugeständnisse machen.

Es gibt noch ein anderes Motiv, warum Fische heiraten: Sie opfern sich. Charlotte heiratet ihren Vetter, obwohl sie Werther liebt. Sie tut das, weil sie ihrem Vater auf dem Totenbett versprochen hat, den Vetter zu ehelichen ...

Es gibt auch Fische, die sich zu einer Ehe entschließen, weil sie sich an einem ganz bestimmten Menschen rächen wollen ...

Und manche heiraten aus finanziellen Erwägungen, sie heiraten nicht den Partner, sondern sein Geld. Um die Wahrheit zu sagen, es gibt Fische, die anderen das Blut aussaugen. Der Fische-Mann wird, wenn erst einmal die Ringe getauscht sind, seiner Frau die Treue bewahren. Allerdings erwartet er sich von ihr eine gewisse Bewegungsfreiheit. Zum Beispiel macht es ihm Vergnügen, anderen Frauen den Hof zu machen. Keine Sorge, außer ein paar Komplimenten passiert da gar nichts ...

Auch die Fische-Frau bleibt ihrem Mann treu, für sie hat die

Familie Vorrang. Sie opfert sich auf für die Kinder, sie opfert sich auf für ihren Gemahl. Grundsätzlich gilt, daß Fische, die in ihrer Jugend sehr wild, sehr unzuverlässig waren, mit zunehmendem Alter ausgeglichener und ruhiger werden.

Kleine Geschenke erhalten die Freundschaft

Geeignet für Fische beiderlei Geschlechts:

- Aquarium samt Fischen
- Badethermometer
- Ein Ex-Voto-Bild
- Gemälde oder Stich eines Segelschiffes

Nur für »ihn«:

- Armbanduhr, die zur vollen Stunde zu piepsen beginnt
- Morgenrock aus Kaschmirwolle
- Fernrohr
- Buch von Sven Hedin

Nur für »sie«:

- Bestickte Bettbezüge
- Eine Kristallkugel
- Ein durchscheinendes Abendkleid

Wenn es etwas mehr kosten darf:

- Eine Flugreise nach den Seychellen, auf die Osterinseln oder nach Galapagos
- Ein Apartment am Meer

Das besondere Geschenk:

- Ein Puzzlespiel
- Eine russische Rechenmaschine mit Kugeln, die man hin und her schieben kann!

DRITTE PHASE

Wie man mit einem Fisch Schluß macht

Wenn ein Fisch Ihnen die Bindung aufkündigen will, steht er vor einem großen Dilemma. Der Satz »Ich liebe dich nicht mehr« will ihm nicht über die Lippen. Der Partnerin die Gründe für die gewünschte Trennung zu erklären, das geht über seine Kräfte. Außerdem ist er nicht ganz sicher, ob er wirklich mit ihr Schluß machen will ... Und so läßt er sie einfach sitzen, kehrt nach ein paar Tagen zurück, verabschiedet sich ein zweites Mal auf französisch, kommt wieder, verschwindet aufs neue, verspricht ihr zurückzukehren ...

Der verlassene Partner empfindet diese Strategie als außerordentlich grausam, aber der Fisch ist sich nicht bewußt, daß er etwas Böses tut. Er hat ein gutes Gewissen, wenn er geht, und ein noch besseres Gewissen, wenn er wiederkommt ... Er denkt nicht daran, daß er dem Partner mit seinem Verhalten trügerische Hoffnungen einflößt.

Mein Rat: Wenn »Ihr« Fisch in seiner Zuneigung zu Ihnen schwankend wird, wenn er Sie einem Wechselbad von Liebe und Gleichgültigkeit aussetzt, versuchen Sie erst einmal die Gründe für diese Entwicklung herauszufinden. Das geht aber nicht, indem Sie ihn fragen: »Liebst du mich, oder liebst du mich nicht?« Er kann Ihnen diese Frage gar nicht beantworten, zum einen weil er nicht genau weiß, ob er Sie noch liebt, und zum zweiten, weil er Ihnen mit seiner Antwort auf keinen Fall weh tun will ... Er kann sich überhaupt nicht vorstellen, daß Sie wirklich die bittere Wahrheit wissen wollen.

Kommen wir nun zu dem Fall, bei dem Sie es sind, der aus der Bindung mit einem Fisch heraus will. Die klassische Methode, dem Partner brutal die Wahrheit zu sagen, kommt hier nicht in Frage, der latente Masochismus Ihres Gefährten würde geweckt werden und zu einer Festigung der Bindung führen, die nicht in Ihrem Interesse liegt. Darauf zu hoffen, daß seine Liebe zu Ihnen erkalten wird, wäre eine gefährliche Utopie. Einzige Lösung: Den Fisch an den Flossen packen und rauswerfen. Danach müssen Sie umziehen, es sei denn, Sie können sich damit abfinden, daß Ihr Ex-Mann oder ihre Ex-Frau täglich dreimal mit der Gebärde eines bettelnden Hundes vor Ihrem Fenster auftaucht ...

Sie wollen den endgültigen Bruch der Beziehung, aber Sie wollen die Schuld dafür Ihrem Partner zuschieben? Dann will ich Ihnen ein paar Tricks verraten, wie Sie das Ende erzwingen können.

Trennung von einem Fische-Mann

- Bestehen Sie darauf, daß er Ihnen die Bankauszüge vorlegt.
- Verspotten Sie ihn, wenn er Ihnen wieder einmal von seinen Wehwehchen erzählt. Sagen Sie ihm: »Wenn du vernünftig arbeiten würdest wie andere Männer, hättest du gar keine Zeit, Bauchschmerzen zu simulieren.«
- Machen Sie ihm jedesmal eine Eifersuchtsszene, wenn er einer anderen Frau den Hof macht. Wichtig ist, daß die Auseinandersetzung in aller Öffentlichkeit über die Bühne geht. Stampfen Sie mit dem Fuß auf, schreien Sie ihn an, beleidigen Sie ihn und alle Anwesenden, vor allem die Frau, der er den Hof gemacht hat. Zerschmettern Sie ein paar teure Vasen. (Dies alles funktioniert nur, wenn Sie es wirklich in aller Öffentlichkeit abspulen. Unter vier Augen würden Sie mit Ihrer Szene genau das Gegenteil erzielen. Er würde die Situation sexuell erregend finden und Sie ins Bett schleppen!)

Trennung von einer Fische-Frau

- Schimpfen Sie mit den Kindern. Sorgen Sie dafür, daß Ihre Frau den Eindruck bekommt, die Kinder hätten Angst vor Ihnen.
- Sagen Sie ihr so oft wie möglich, sie sei die schwatzhafteste Frau auf der Welt.
- Behandeln Sie sie wie Luft. Reagieren Sie eisig auf ihre Liebkosungen.

Was bei beiden Geschlechtern wirkt

- Sperren Sie den Schoßhund des Partners aus.
- Tragen Sie einen Pelzmantel, der aus den Fellen von Robbenbabys zusammengenäht ist.
- Sammeln Sie Stoßzähne von Elefanten und andere Jagdtrophäen.

Berühmte Fische

Herren:

Harry Belafonte, Luis Buñuel, Frédéric Chopin, Kopernikus, André Courrèges, Albert Einstein, Galilei, Lorin Maazel, Michelangelo, Montaigne, Pier Paolo Pasolini, Auguste Renoir, Rossini, Stalin, Antonio Vivaldi, George Washington, Georg Friedrich Händel, Joseph von Eichendorff, Erich Kästner, Heinz Rühmann, Joachim Fuchsberger, Marlon Brando.

Damen:

Ursula Andress, Jean Harlow, Elizabeth Taylor, Michèle Morgan, Rosa Luxemburg, Zarah Leander.

Die Tierkreiszeichen und ihr Verhältnis zum Fisch

Sie selbst sind ...

Widder

Sie sind von der Geschmeidigkeit des Fisches fasziniert und möchten unbedingt das Geheimnis ergründen, das diesen Menschen umgibt. Mit dieser Aufgabe werden Sie bis an Ihr Lebensende beschäftigt sein. Wenn's Ihnen Spaß macht ...

Stier

Sie sind verliebt in die Sinnlichkeit des Fisches, Ihre erotische Fantasie ist angestachelt. Und nun? Der Fisch ist ein idealer Partner für ein Wochenende. Wenn der Montag kommt, wird Ihnen auffallen, daß dieses Tierkreiszeichen wenig Bezug zur Wirklichkeit hat. Ganz anders als Sie, der mit Vernunft für zwei auf die Welt gekommen ist.

Zwilling

Was sich zwischen Ihnen beiden entspinnt, ist keine Beziehung, sondern ein Versteckspiel. Zunächst mag Ihnen das sogar Spaß machen, dann aber kommt der Tag, wo Sie die Wechselhaftigkeit des Fisches leid sind und ihn mangelnder Sensibilität beschuldigen werden. Der Fisch wird unter dieser Beschuldigung sehr leiden. Da er gerne leidet, hat Ihr Versteckspiel gute Chancen, ein ganzes Leben lang anzudauern.

Krebs

Ihre Hochzeit findet unter Wasser statt. Von oben sieht man nicht viel, für den Fisch und Sie jedoch ist es ein unvergeßliches Erlebnis. Die Liebe in den Alltag hinüberzuretten, ist schon schwieriger. Keiner von Ihnen beiden ist besonders geschickt, wenn es um das Lösen von Problemen geht ...

Löwe

Sie glauben vielleicht, Sie können mit dem Fisch machen, was Sie wollen. Täuschen Sie sich nicht. So schwach, ja zerbrechlich sich dieses Wesen gibt, so ist es doch klug genug, alsbald Ihre Schwächen zu ergründen. Der Fisch wird Sie kräftig an den Schnurrbarthaaren ziehen! Wenn Sie Pech haben, wird er Ihnen die Haare auch einzeln ausreißen, mit einem süßen Lächeln auf den Lippen.

Jungfrau

Alles hängt davon ab, ob Sie es schaffen, Ihren Hang zum Kritisieren zu bezähmen. Wenn Sie sich den fantasievollen Zärtlichkeiten des Fisches überlassen, werden Sie viel Profit aus dieser Verbindung ziehen. Ich meine, das alles ist es wert zu lernen, im richtigen Moment den Mund zu halten.

Waage

Weder der Fisch noch Sie lieben es, Entscheidungen zu treffen. Und so werden Sie sich oft miteinander streiten, anstatt das Notwendige und Naheliegende zu unternehmen. Wenn Sie lange genug gestritten haben, werden Sie zusammen in ein gutes Restaurant gehen und Ihren Ärger mit einem teuren Tropfen hinunterspülen. Sie führen ein Leben à la Bohème. Für Ihre Verbindung spricht, daß Sie beide sehr rücksichtsvoll und zärtlich miteinander umgehen. Freilich wissen weder Sie noch die Waage, woran Sie eigentlich sind. War es das, was Sie sich unter einer glücklichen Ehe vorstellten?

Skorpion

Eine harmonische Verbindung. Zu beachten ist, daß Sie über den Fisch dominieren werden. Dabei ist wichtig, daß Sie verantwortlich handeln. Ihr Partner nämlich wird sich Ihnen mit Haut und Haaren ausliefern ...

Schütze

Sie unterschätzen die Empfindlichkeit des Fisches. Abgesehen davon könnte Ihre Beziehung sehr harmonisch verlaufen. Ein Rat: Warum tun Sie sich nicht mit Ihrem Lebensgefährten zusammen, um Drehbücher für den Fantastischen Film zu schreiben? Begabt genug wären Sie, denn Sie und der Fisch haben die Mystik mit Löffeln gefressen.

Steinbock

Der Fisch hat ein Talent, Sie aus dem Gleichgewicht zu bringen. Vor ihm sind Sie wie ein stotterndes Kind, das jedesmal, wenn es aufgerufen wird, rote Ohren bekommt. Die Fremdartigkeit des Fisches fasziniert Sie, obwohl – oder weil – sich Ihnen die Geheimnisse dieses Wesens nie erschließen werden. Sie senden beide auf ganz unterschiedlichen Wellenlängen, werden aber trotzdem eine sehr glückliche Ehe miteinander führen.

Wassermann

Auch wenn Sie sich noch so sehr anstrengen, der Fisch wird immer eine Nasenlänge vor oder hinter Ihnen schwimmen. Der Grund: Sie bewegen sich mit gleichbleibender Geschwindigkeit und geradeaus, er aber mag Tempowechsel und Umwege. Was Sie außerdem an Ihrem Gefährten wundert: Er findet nicht aus seinen Schwierigkeiten heraus, obwohl das kinderleicht wäre. Der Fisch wird für Sie immer ein Monstrum bleiben, wie man es auf dem Jahrmarkt zur Schau stellt.

Fische

Er liebt mich, er liebt mich nicht, er liebt mich, er liebt mich nicht ... So geht das zwischen Ihnen hin und her. Krach, Versöhnung, leidenschaftliche Liebe und wieder Krach. Wenigstens kann es Ihnen dabei nie langweilig werden. Mein Rat: Engagieren Sie einen Menschen, der Ihnen Dinge wie Bank und Finanzamt abnimmt, sonst könnten Sie noch am Bettelstab enden.